文明的交汇

周欣平 著

图书在版编目(CIP)数据

文明的交汇/周欣平著. —北京:商务印书馆,2022
ISBN 978-7-100-21288-5

Ⅰ.①文… Ⅱ.①周… Ⅲ.①文化交流—中国、西方国家—文集 Ⅳ.①G04-53

中国版本图书馆 CIP 数据核字(2022)第 100611 号

权利保留,侵权必究。

文明的交汇

周欣平 著

商 务 印 书 馆 出 版
(北京王府井大街36号 邮政编码100710)
商 务 印 书 馆 发 行
北 京 通 州 皇 家 印 刷 厂 印 刷
ISBN 978-7-100-21288-5

2022 年 12 月第 1 版　　开本 880×1230　1/32
2022 年 12 月北京第 1 次印刷　印张 14½
定价:78.00 元

目 录

自 序 ································· 1

学术篇
东学西渐，百年书缘

中美百年书缘 ························· 7
东学西渐与海外中国学 ················· 26
《西文汉学书目》····················· 40
汉字罗马化在西方 ····················· 47
文明的印记 ··························· 60
嘉业堂珍本流散美国始末 ··············· 80
中国学术的话语权 ····················· 96

人物篇
文明交汇的行者

赵元任的学术生涯 ····················· 107

1957年甄选台湾"中研院"院长风波
　　——从赵元任的几封信说起 241
《文汇报》2016年6月17日有关赵元任的访谈选录 258
傅兰雅与时新小说
　　——中国现代小说的起源 269
方保罗与民国电影史料研究 296
史海钩沉
　　——美国华人移民与致公堂档案 322

时代篇
数字时代文明的延续

永恒的敦煌 347
文明的数字传承 363
文史哲中的大数据 373
网络时代的学习 388
文明交汇的基石
　　——平等与多元文化 395
两个世界，三个故事 416
"点起光亮" 424

后　记 442

自　序

这本书从宏观上谈到了东西方文化，包括思想和世俗文化，以及东西方文明之间的互动和交往。这两种文明都各具特征，也有差异。在我的学术生涯里，我一直沉浸在它们之中。它们之间的互动也在不断地影响着我。不同的文明都是世界性的，各种文化的优秀之处可以在不同地区和国家里生存并发展壮大，而记录这种文明的交汇也就成了我写这本书的驱动力。美国知名学者、政治学家塞缪尔·亨廷顿（Samuel Huntington）在20世纪90年代提出了"文明冲突论"，指出21世纪世界政治格局将以不同文明之间的冲突为主要特点，即西方文明与非西方文明之间的冲突。这个理论影响巨大。与这个理论对应的是"文明的交汇"。世界上不同文明之间除了冲突外，它们一直都在不断地交汇和融合之中。在人类历史的长河中，文明之间的冲突与交汇一直都是并存的。文明之间的冲突是短暂的，而文明之间的交汇与融合则是永恒的。这也就是世界上不同文明能生存至今的原因。文明交汇大过文明冲突，也更为持久。文明之间的交汇造就了世界的进步与繁荣。

什么是文明的交汇呢？它涉及思想、文化、学术传统和人民之间的交流，最终引起一种心灵和精神上的交融。世界上有多种不同的文明，但它们中差别最大、影响最深远的可能就是东西方文明，即以儒家思想为主导的东方文明和以欧美基督教思想体系为主导的西方文明。这两种文明在接触时产生碰撞和火花，引发思想和文化方面的碰撞与融合。它们也彼此吸收对方的优秀思想和文化精髓。

不同文明之间的交融比较容易通过思想文化的交流和书籍的传播得以实现。人们通过书籍的传播，向对方传播自己的思想和文化。起初，当世界还处在较为落后的封闭状态时，世界各大陆之间的跨洋交通极为不便，人们只能通过阅读书籍和听演说来了解外面的世界，而任何文明中最优秀的那一部分往往会被记录在存世的书籍之中。于是，通过书籍，东西方开始慢慢了解对方的思想体系和文化传统。大航海的兴起，使文明之间的交往在世界各地开展起来。居住在世界不同地方的人们开始了迁移，来自亚洲的移民在19世纪时在欧洲人之后进入北美地区，而大批的西方传教士和旅行者也到了东方。这就使得原本属于一个特定地区的文化向外扩散，把各种各样的民族文化推向了世界各地，其中就包括中华文明向北美地区的扩散。这种文明之间的交汇是渐进式的、跨时代的，前后经历了一百多年。透过交往，人们最终达成了不同文明之间的理解和共处，相互包容、取长补短，弥补了地域和思想方面的差异，形成了今天不同文明体系在北美地区生生不息、共存共荣的局面。

文明的交汇不是一个简单抽象的过程，而是一个具体的、由各种元素组成的聚合。在这本书中，我描述了不同层面上的循序渐进式的聚合，它跨越了文化、语言、时代、地域、传统和心灵的障碍，从中华民族最宝贵的精神财富——书籍在北美地区的流传和存藏到东西方学者和文化人士孜孜不倦地探索，从东西方迥异的学术传统到彼此的相互了解，从中美之间的文化碰撞到合作，从人类文明的数字延续到文明传承和科学探索所承载的社会责任，这些问题在本书中都有涉及。本书还讨论了一些学术问题，如东西学术研究方法比较、北美汉学研究的发展、北美地区重要的汉籍典藏以及北美汉学界的重要人物，等等。这些讨论从不同的侧面描述了东西方在过去一百多年里的交往，涉及的有中国人，也有美国人，有著名的学者，也有一般平民。这是一个令人兴奋的文明交融过程。由于 21 世纪的文明交汇与传承将在数字化的环境中展开，我亦在本书的最后一部分讨论了数字时代文明的延续和文化遗产的传承问题、数字敦煌、社会科学中大数据的使用、数字文献的永久保存以及数字时代的学习等问题。

本书共收入了本人撰写的 20 篇论文，是一部旨在探讨中西学术文化与文明融合交流的文集。它力求雅俗共赏，也希望能吸引更多有识之士对文化交流和文明交往予以关注与研究。不当之处，还祈望各路方家指正。

2022 年 4 月 20 日于湾区梅斋

学术篇

东学西渐,百年书缘

谈到中华文明对世界的影响，我们首先要谈中华文明的思想体系和民族价值观对世界的影响，这包括记录在书籍中的东方文明思想体系在世界其他地区的传播。中华民族尊崇典籍的传统源远流长。中国的传世书籍中凝聚了中华民族几千年的传统与智慧。同样对典籍崇拜和敬畏的民族是犹太民族。几千年来，《希伯来圣经》《塔木德》《密释纳》等犹太典籍为犹太民族赖以生存的精神支柱。在两千多年前惨遭亡国厄运后，犹太民族经历了被驱逐和杀戮的命运。在流离颠沛的艰难历程里，犹太人保存了这些典籍，恪守着典籍所记录的先民精神和行为规范，保持了他们的民族传统和精神血脉，没有被其他文明同化。最终，流散在世界各地的犹太人历经千辛万苦和流血牺牲，在两千多年之后复国，使古老的犹太文明得以新生。同样，千百年来，中华民族也曾历经外强侵略、生灵涂炭、国破家亡，但始终没有亡国灭种。历史长河中多有分分合合，但中国人凭着对民族传统的坚守，始终保持了中华民族的大一统和中华文明整体无间断的延续，中华文明是世界上没有间断过的延续时间最长的文明。

这一切都归于中国人对文明传承和典籍的呵护与崇拜。中华典籍里凝聚着中国人的民族性和思想体系。没有典籍就没有中华文明的传承。几百年来，这种凝聚在中国典籍中的文明体系和思想脉络逐步传播到了西方，东方文明向西方的扩展则被称为"东学西渐"现象。在这一部分，我将探讨中国书籍在近代向西方流传的过程，以北美地区为例，追溯中国典籍的西传而引发的西方汉学发展，分析西方人对中国的研究，并探讨中西学术的差异。

中美百年书缘

中文典籍浩如烟海，一百多年以来，大量中文典籍流传到了北美地区。目前北美几乎所有重要的大学都有中文藏书。我想全面阐述中美之间的百年书缘，从宏观的角度来探讨中国书籍在北美地区的流传史。对于北美学术机构何时开始收藏东亚语言的书籍，各家见仁见智。根据我主编的在中国大陆地区出版的《东学西渐：北美东亚图书馆1868—2008》一书（高等教育出版社2012年版）和在中国台湾地区出版的同名书（台湾华艺学术出版部2019年版），这是从1868年开始的。那年耶鲁大学图书馆收到了两本日本德川时代的木刻书籍，分别是《安政见闻志》和《安政风闻集》，是美国图书馆界第一次收藏东亚语言书籍。随着新材料的发现，这个起点有可能还会向前推移。耶鲁大学图书馆馆长艾迪生·范·内姆（Addison Van Name，1835—1922）于1871年开始在耶鲁教授中日语言文学课程，并从1873年开始为该校图书馆采购日文图书。他一开始收集的数量就比较可观，从1873年到1876年三年期间，他为耶鲁图书馆采购日文书籍共计2700册。与日文书籍相比，耶鲁大学收藏中文书籍的历史略晚一些。1878年中国第一位留美学人容闳（1828—1912）将他的私人藏书约1280册赠送给耶鲁大学，为该校中文典藏的开始。在他捐赠的书中还包括了一本 1716 年印刷的《康熙字典》。

容闳于 1846 年来到美国，先是进入一所预科学校学习，尔后进入耶鲁大学。1870 年他开始倡导在耶鲁开设中文课程，他给耶鲁的捐书也和这一倡议相关，他还希望能够通过他的捐赠让耶鲁抢在哈佛大学之前开设中文课程。在容闳捐赠中文图书时，耶鲁大学已经准备好设一个中国语言文学研究生课程的教职。1877 年在华传教士、学者和外交官卫三畏（Samuel Wells Williams，1812—1884）出任耶鲁大学首位中文教师。

1907 年，耶鲁毕业的日本校友朝河贯一（Kan'ichi Asakawa, 1873—1948）回到该校担任历史系教授，并担任耶鲁大学东亚图书馆第一任馆长，从此之后耶鲁大学每年都采购中日文书籍。耶鲁大学东方研究学系 1936 年正式成立，该校的中日文藏书得到进一步的利用。与后来许多收藏中日文书籍的美国图书馆不同的是，耶鲁大学的中日文藏书一直被放在大学图书馆的总馆书库里和其他语种的藏书混合收藏，而不是单独成一体系。

在北美地区最早收藏中文书的是美国国会图书馆。国会图书馆也是世界上收藏书籍最多的图书馆，建于 1800 年。在耶鲁大学开始收藏日文图书一年后的 1869 年，清朝同治皇帝将明、清刻印的中国学术和科学方面的 10 种书籍共 933 卷，赠送给美国国会图书馆，为北美地区收藏中文书籍之始。时至今日，美国国会图书馆收藏中文书籍的数量仍为各家之首，共计一百多万册，其中以传统学术著作最为著名，包括《永乐大典》《古今图书集成》和敦煌残卷在内的宋元明清善本两千多种以及大量的地方志、档案、纳西文献等稀珍文献。国会图书馆的藏文馆藏也非常优秀，有从8世纪至今的藏文文献、宗教文本、传记、乐谱、语法、世俗文学、历史、传统医学、占星术、图像学和其他社会科学方面的书籍。美国国会图书馆的中文典藏隶属亚洲部，该部由美国汉学研究的先驱恒慕义（Arthur W. Hummel, Sr., 1884—1975）于1928年建立。该部的名称曾多次改变。最早成立时称为中国文献部，1932年改为东方文献部，1978年正式被命名为亚洲部。

恒慕义于1884年3月6日出生于密苏里州的沃热顿镇。他于1909年毕业于芝加哥大学，获得学士学位。1931年恒慕义获得荷兰莱顿大学的博士学位，他博士论文的题目是"一个中国历史学家的自传"①（"The Autobiography of a Chinese Historian"）。他的孪生兄弟于1908年开始在南京金陵大学的前身汇文书院教授历史和宗教学，恒慕义来中国看望他兄弟时，对中国产生了兴趣。1914年他就和新婚妻子接受美国基督教传教会的派遣来到福州传教。在从事教会工作的同时，他对中国的铜币和地图产生了浓厚的兴趣，于是他开始用福建的方志作为自学教材来研究中国的语言、历史和地理，并对中国传统学术加深了了解。后来他在任职美国国会图书馆亚洲部主任期间大量收集中国的地方志，与他这一段经历是分不开的。1924年他来到北京，在燕京大学为欧美来的学生讲授中国历史和文化科目，也就是国学指南，前后长达三年之久。1927年他回到美国后，

---

① 论文中文题目为本书作者所译。本书中所有原为外文的书名、文章名、演讲题目均由作者译为中文。

在华盛顿与美国国会图书馆地图部主任劳伦斯·马丁（Lawrence Martin）谈到了他在中国收集中国地图的故事。马丁随后请恒慕义把他收集到的中国地图拿到华盛顿来给他过目。恒慕义就把他的38幅明清两代的地图送到了国会图书给马丁和当时的国会图书馆馆长赫伯特·帕特曼（Herbert Putnam）看。帕特曼看后当即就聘请恒慕义来国会图书馆筹建亚洲部。[①] 次年，恒慕义正式担任国会图书馆亚洲部（当时叫作中国文献部）的主任。恒慕义建立美国国会图书馆亚洲部，开了美国图书馆收集汉典之先河。

在恒慕义任亚洲部主任期间，他邀请了多个重量级的中国学者到国会图书馆做短期工作和访问，其中包括方志学家朱世嘉，朱后来著有《美国国会图书馆藏中国地方志目录》一书；中国图书馆事业的先驱袁同礼在国会图书馆工作期间编写了《西方文献中的中国》（China in Western Literature）一书；图书馆学家王重民也在访问国会图书馆期间编写了《美国国会图书馆所藏善本书录》一书；文献学家邓嗣禹也曾经在国会图书馆工作，后来他编写了《中文参考书目选注》（An Annotated Bibliography of Selected Chinese Reference）一书，这是他在图书文献方面最重要的一部书，也是美国汉学研究学者的必备书。历史学家房兆楹曾一度担任恒慕义的助手，并参加了由恒慕义在1934年主编的《清代名人传略》（Eminent Chinese of the Ch'ing Period, 1644-1912）的编写工作，这是海外汉学研究的一部工具书。当时还年轻的美国著名汉学家费正清（John King Fairbank，1907—1991）

---

① 参见 Edwin G. Beal and Janet F. Beal, "Arthur W. Hummel: 1884-1975", *Journal of Asian Studies*, Vol. XXXV No. 2 (February 1976), pp. 265-276。

也参加了该书的编撰工作。另外在恒慕义的协助下,抗战期间北平图书馆的2800册珍贵善本书由著名图书馆专家钱存训负责押运到美国,以避免在战争中遭到损害或劫毁。这批国宝在1941年日本偷袭珍珠港前一个月运抵美国国会图书馆。恒慕义后来在征得时任驻美大使胡适的同意后,将这批善本书全部拍摄了缩微胶片,并按胡适的要求,免费向中方提供三套胶片。这批珍贵藏书后来归还给了台湾当局,现存台湾"故宫博物院"。

在1879年,也就是美国国会图书馆开始收藏中文典籍的十年之后,来自宁波的华人戈鲲化到哈佛大学教授中文,他是第一个在哈佛大学教书的中国人。当时波士顿地区的一些哈佛大学的校友参与对华通商,在与中国人做生意时他们深感语言交流的重要,于是就向母校哈佛大学建议在该校设立中文课程,培养会说中文的人才。19世纪末的宁波是中美通商的重要港口,在宁波经商的哈佛校友就推荐了戈鲲化来哈佛教中文。戈鲲化带来了一批中文书籍用于汉语教学,包括他所用的汉语课本,这些书籍成为哈佛大学最早收藏的中文典籍。可惜的是戈鲲化到达哈佛大学两年后就去世了。

哈佛大学真正开始系统地收藏中、日典籍是在30多年以后。1914年,两位来自日本的学者服部宇之吉和姊崎正治为哈佛带来了5000册中文书籍,包括《古今图书集成》《大藏经》和《续藏经》等。1923年,哈佛大学拨出5000美元专门用于购买中文图书。1928年哈佛燕京学社和哈佛燕京图书馆正式成立,华人学者裘开明担任第一任哈佛燕京图书馆馆长。裘开明后来发明了著名的"哈佛燕京分类法",俗称"裘开明编目法",首次为在海外的中、日、韩文图书制定了编目规则。

在北美众多研究型大学的东亚图书馆里，宾夕法尼亚大学的东亚图书馆不算大，但它的历史却非常悠久。1891年，宾夕法尼亚大学建立麦嘉缔东方馆藏。麦嘉缔（D. B. McCartee，1820—1900）是19世纪来华传教士，主要在宁波地区传教。作为一名医学传教士，在华期间他对中国的博物学颇有研究，并撰写过相关的论文数十篇。1891年他向母校宾夕法尼亚大学捐赠了他从中国和日本收集来的一千多册中日文书籍。在当时的美国，这批图书的数量算是很大的了。这一笔捐赠开始了宾夕法尼亚大学中文典藏的历史。

在这之后的几十年里，宾夕法尼亚大学并没有继续收藏中文图书。但在1926年的费城世界博览会上，中国北洋政府把送到费城来展览的一箱中文图书赠送给了宾夕法尼亚大学，从那之后，宾夕法尼亚大学才开始系统地收集汉籍。

位于美国西岸伯克利的加州大学建校于1868年。由于该校地处美国太平洋地区的西大门，从建校开始，加州大学就被定位为面向亚洲的大学，并在建校四年后设立了东方学讲座教授席位。1896年，当时在上海江南制造局担任首席翻译的英国人傅兰雅（John Fryer，1839—1928）来到伯克利接受这个席位，成为加州大学历史上第一位讲座教授。傅兰雅开始在伯克利讲授中国语言文学，并创建了东方语言文学系。19世纪中期他在上海江南制造局翻译署主持工作，把西方著名的科学技术著作翻译成中文，先后主持翻译了157部西方科学技术著作，极大地影响了晚清中国的变革，被学界誉为"构建东西方文化交流之桥梁的巨匠"和"传递科技之火于华夏的普罗米修斯"。1896年，傅兰雅把他个人在中国收集到的两千多册书籍带到伯克利，为该校中文藏书的开始。

哥伦比亚大学于1901年建立丁龙讲座教授席位，开始教授中文课程。在建立了这个讲座教席后，哥伦比亚大学校长委托美国驻华大使向清政府请求捐赠图书。1901年李鸿章去世前，代表慈禧太后向哥伦比亚大学赠送了5044册《钦定古今图书集成》一套。这套书于1902年运抵哥伦比亚大学，成为哥伦比亚大学中文典藏的开始。哥伦比亚大学的中文藏书丰富，以传统文献为主。另外，该校的民国档案收藏乃北美地区各藏家中之翘楚。值得一提的是20世纪中期在胡适、唐德刚等学者的推动倡导下，该校开始了民国名人档案的收藏和口述历史记录工作，保存了大量丰富资料，开创了北美高等学府建立中国近代史口述历史档案的先河。

几乎与哥伦比亚大学同时，康奈尔大学在1902年开始收集中文书籍，并接受了当时在康奈尔大学学习的中国留学生们的赠书共350册。但是，康奈尔大学最重要的有关中国的藏书——华森文库却是在16年后的1918年建立的。华森（Charles W. Watson, 1854—1918）是康奈尔大学的校友。出于一个偶然机会，他对中国产生了兴趣，而成为一位毕生收集有关中国的出版物和汉籍的人。华森于1854年出生在美国克利夫兰市。早年他对火车的电气化感兴趣，后来成为多个火车公司和电力公司的老板。1903年他和妻子到中国旅游，对这个当时正在经历社会转型的文明古国产生了极大的兴趣。从中国回来后，他开始收集有关中国的书籍。他的志向是通过建立一个有关中国的典藏来增进中美两国人民之间的了解。因此他不遗余力地收集当时市面上每一本英文的有关中国的书籍，同时也请他的出版商朋友亚瑟·克拉克（Arthur W. Clark）在全世界范围内收购其他语种的有关中国的书籍，收集到的重要藏书有与18世纪中国外交有关的档案、清代中国海关资料、八国联军入侵中国时幸存的《永乐大典》残卷、18世纪和19世纪来华商船的航海日记等。他的华森文库成了当时著名的中国学研究特色文库，兼有中西文献。1918年华森去世时，这个文库已经有九千多册书籍、期刊、档案、文稿和报刊汇编资料。华森生前立下遗嘱，死后将这个文库捐献给他的母校康奈尔大学。1919年，康奈尔大学图书馆正式接管华森文库，成为北美收藏有关中国的文献的重镇。华森文库是北美20世纪初著名的西文中国研究文库，也是最早建立的以促进中国研究为目的的特色文库。它初步奠定了西方研究中国问题的文献框架和传统。

20世纪初，有一大批来自中国的留学生来到了康奈尔大学，包括第二批庚子赔款留学生中的胡适和赵元任。在倡导以书籍传播文化思想方面，胡适做得尤为突出。1911年10月19日他致信给康奈尔大学图书馆馆长说道："我常以为，若缺中文书籍，美国图书馆虽不减其价值，但若拥有中文书籍，美国图书馆则必定更为完美。中文已有四千年的历史和超过四亿之众的使用者。唯有经由这一语言，人们方能理解东方文明的起源、历史和真正伟大之处。须知，东方也曾经有过自己的米尔顿和狄更斯。"他建议："为帮助图书馆的发展，为使美国朋友未来学习中文有资料之助，同时也为康奈尔大学未来汉语系的建立，我们祈望康奈尔大学图书馆能接受我们捐赠的中文书借以建立一个中文书库。"①

　　华森文库在康奈尔大学落户两年后，地处亚洲的夏威夷大学1920年开始了日本书籍的收藏，并在1922年开始收藏中文书籍。夏威夷是美国距离中国最近的一个州，它深受日本和中国文化的影响。一些中国著名的政治家和学者，如孙中山、梁启超等人都曾经把夏威夷作为他们的活动基地。清朝末代皇帝溥仪也曾捐赠给夏威夷大学一套1884年刊印的《古今图书集成》，后来华人学者李方桂也向夏威夷大学捐赠了三百多册语言学研究方面的藏书。这些文化和学术交流使得夏威夷大学的中文藏书变得丰富多样。夏威夷大学收藏晚清至民国期间夏威夷地区华人社团出版的报刊名录和其他中文出版物是一大特色。另外，该校收藏的清代资料，中国东南沿海各省、县、镇的地方史和族谱，各省的历史，特别是广东、福建和台湾省地方史料，以及太平天国、农民起义和少数民族等方面的资料皆为可贵。

　　1926年葛思德中文图书馆在加拿大的麦基尔大学建立，最初约有藏书230种、8000多册，一开始人员经费基本上由葛思德（Guion Moore Gest，1864—1948）本人提供，麦基尔大学仅提供藏书馆舍。不久，麦基尔大学正式接管这批中文书籍，并于1928年聘请华人学者江亢虎来校讲授汉学并协助扩展葛氏的中文图书馆，开始从中国购书。但随后发生在美国的经济大萧条波及了加拿大，麦基尔大学经费拮据，被迫关闭了葛思德中文图书馆，并在1934年终止聘任江亢虎。

――――――――――
　　① 康奈尔大学藏胡适档案，1910—1963（档案号：41-5-2578）和由胡适编辑的《中国学生1911年12月28日捐赠康奈尔大学图书馆图书清单》，收藏在康奈尔大学图书馆善本及特藏部。

葛思德不得不开始为他的藏书寻找去处。1936年美国普林斯顿高级研究院宣布购买葛思德中文图书馆所藏的全部图书。同年，葛思德中文图书馆的藏书从加拿大的蒙特利尔运到了普林斯顿，改名为葛思德东方图书馆（Gest Oriental Library）。1936年至1948年间，汉学家孙念礼（Nancy Lee Swann，1881—1966）在普林斯顿高级研究院主持葛思德东方图书馆的工作。1948年6月，普林斯顿高级研究院将葛思德东方图书馆移交给普林斯顿大学，成为普林斯顿大学图书馆的一部分，延续至今，为海外重要中文典藏之一。

葛思德是葛氏工程公司的老板，他在20世纪头二十年里经常到中国做生意。在华期间，他的青光眼疾病通过中医治疗得到了很大改善，因此他开始对中医产生兴趣，并请他的朋友，美国驻华公使馆海军上校义理寿（I. V. Gillis，1875—1948）替他采购中医有关眼科的书籍。后来他的采购又扩展到其他领域，最后转到中国传统文化和汉学典籍方面。义理寿娶了一个满族女子为妻，并辞去了海军上校的职务，开始与北京的上流社会交往。他从宣统皇帝的老师陈宝琛那里购得8000多册珍贵中文藏书，也从张之洞、李鸿章和蔡元培等人那里购得部分书籍。葛思德藏书中有大量中国古代医学方面的著作和善本古籍。屈万里1975年为该藏书撰写了书志，指出该藏书中有300多种没有被《四库全书总目》提到，尤为珍稀可贵。[1]

1933年加拿大中华圣公会河南主教怀履光（Rev. William Charles White，1873—1960）收购了中国学者慕学勋所藏古籍40000余册，

---

[1] 参见屈万里：《普林斯顿大学葛思德东方图书馆中文善本书志》，台北：艺文印书馆，1975年版。

其中除少量宋元明版刻本，大部分为清代刊本。慕学勋曾在北京德国公使馆担任中文秘书长达17年，此人一生致力于搜集中国古籍，民国年间曾自编自印过个人藏书目录《蓬莱慕氏藏书目》。怀履光于1935年将这批书连同他在中国河南和山东等地收购的约10000册地方志和5000册拓片一起运至加拿大多伦多，捐赠给多伦多大学，成为多伦多大学中文藏书的开始。

与上面谈到的来华传教士傅兰雅和麦嘉缔相比，怀履光在中国却没有那样良好的名声。怀履光是加拿大圣公会传教士，于1897年来华，先后在福建和河南省传教，并于1910年担任河南开封加拿大圣公会主教直至1934年回国。在华37年，除了致力于传教活动和社会福利事业外，怀履光从1924年开始，为加拿大多伦多市的安大略省皇家博物馆在中国大肆收集文物，并把大量宝贵的中国文物运到加拿大，仅在1925年一年就达数百件之多。怀履光也参与了洛阳金村周墓和马坡周墓出土文物的盗掘。据《洛阳市志》记载："金村周墓位于汉魏洛阳城的东北隅，是东周王陵及贵族的墓葬。1928年夏秋之交，因大雨致使墓室塌陷，加拿大传教士怀履光闻讯即觅人盗掘，费时六年。共发掘八座大型木椁墓，出土文物多达数千件，大都被送往加拿大卖掉。"

1936年芝加哥大学成立了远东图书馆（现为东亚图书馆），是美国中西部地区最早收藏中国图书的图书馆。芝加哥大学远东图书馆的建立得到了洛克菲勒基金会的资助。建馆初期，该馆仅有800多册中文书籍和2000多册由顾立雅（Herrlee G. Creel）捐献的中文期刊。八年之后，芝加哥大学远东图书馆收购到了该馆历史上最重要的一个馆藏，即著名的纽伯里图书馆（Newberry Library）的中文馆藏。纽伯里图书馆的中文馆藏是由20世纪初著名的汉学家、德裔美籍学者贝特霍尔德·劳费尔（Berthold Laufer, 1874—1934）帮助纽伯里图书馆建立的。在20世纪30年代，美国有两个很著名的中文典藏，一个在纽伯里图书馆，一个在约翰·克勒拉图书馆（John Crerar Library），这两个图书馆都在芝加哥。纽伯里图书馆是以收藏欧洲文明特藏文献、手稿和珍品而著名的私人图书馆，而约翰·克勒拉图书馆则是以收藏科学文献而著名的科学图书馆。劳费尔为纽伯里图书馆购买的书有20000多册，大部分是文史方面的中文典籍，也包括一些藏文、日文、蒙古文和满文书籍。他也为约翰·克勒拉图书馆收集了大约10000多册中文书籍，着重在农业、医学、地理和自然科学领域。1928年约翰·克勒拉图书馆将其中文藏书卖给了美国国会图书馆，纽伯里图书馆的中文书籍则在1944年被芝加哥大学收购。

华人学者钱存训长期担任芝加哥大学远东图书馆（东亚图书馆）的馆长。在他主持工作期间，除了扩大中文藏书规模，他还在芝加哥大学协助开设了中国图书史和图书馆学方面的博士课程，为美国学界和图书馆界培养了一批精通中国印刷史和历史文献学方面的人才。芝加哥大学的中文藏书在汉学经典、哲学、考古学、历史、文字学、艺术史和文学方面收藏丰富、别具特色，善本、地方志和丛书方面的收藏也实力雄厚。

在芝加哥大学开始建立中文馆藏一年后，位于西雅图的华盛顿大学也开始了中文书籍的收藏。同加州大学伯克利分校一样，华盛顿大学也是一个地处美国西部、面向亚洲的大学。另外，同芝加哥大学一样，华盛顿大学第一批中文图书采购项目也是由洛克菲勒基金会的资助而展开的，同时该校也从本校的教授手中收集了一些私人收藏的中文书籍，一并组成了该校的中文典藏。从那之后，华盛顿大学的东亚研究迅速启动，成为美国西部中国问题研究的重镇，吸引了一大批著名华人学者如萧公权、李方桂、施友忠等到该校任教。华盛顿大学的中文馆藏是美国战后数量增加最快的中文馆藏之一，其中包括在1952年入藏的洛克藏书（Joseph F. Rock Collection），收有洛克在19世纪20年代早期从云南和西藏地区收集到的少数民族文献和地方志。

位于斯坦福大学的胡佛研究所是研究革命、战争、国家政策和国际关系等问题的著名美国智库和研究机构，它始建于1919年。但是它收藏中国文献却是从二战后的1945年才开始的。著名中国问题研究学者费正清的第一个学生芮玛丽（Mary Wright，1917—1970）为胡佛研究所中文馆藏的创始人。芮玛丽在胡佛研究所建立中文典藏之初就把眼光投到了当代中国政治、经济研究领域，以此为胡佛研究所的中文典藏定位，包括收集中国共产党史档案、解放区报刊、革命宣传画等资料。这些举措不但迅速扩充了胡佛研究所的中文典藏，而且还影响了战后美国的中国研究方向，使大批学者和学生加入到当代中国社会政治和经济问题研究的行列。这种传统一直延续到今天。斯坦福大学胡佛研究所近年来收藏的"两蒋日记"就是一例。斯坦福大学胡佛研究所的东亚图书馆于2001年并入大学图书馆系统，但档案文献仍留在胡佛研究所。该东亚图书馆的中文馆藏主要侧重在社会科学和近现代中国研究方面，中国古代研究以及历代传世文献和古籍相对较少。从21世纪开始，该馆开始全面扩充中文馆藏，收集领域扩展到包括中国古代研究的所有人文社科研究领域，藏书的深度和广度都有了长足的发展。

同样在二战后建立并迅速发展起来的中文典藏还有加州大学洛杉矶分校的馆藏。1948年，与芮玛丽一样，加州大学洛杉矶分校中国研究的创始人、汉学家鲁德福（Richard C. Rudolph，1909—2003）来到上海、北平、兰州、西宁、成都、汉口和广州等地收集中文书籍。与芮玛丽不同的是，鲁德福收集的重点在中国传统学术领域，包括丛书、文集、国学参考书、考古学图书和古籍善本等。他采购的这批书籍成了加州大学洛杉矶分校最早的中文典藏。后来加州大学洛杉矶分校的东亚图书馆也以他的名字被命名为鲁德福东亚图书馆，以纪念这位卓越的学者和他在发展东亚馆藏方面作出的重要贡献。这也是至今美国唯一的一个以汉学家的名字命名的东亚图书馆。鲁德福从中国收集了大量考古和艺术史方面的资料，因而加州大学洛杉矶分校的中文藏书在这一方面尤为出色。另外，加州大学洛杉矶分校中文藏书在戏剧、民俗、中医和近代史资料方面的收藏也为人称赞。

在鲁德福来华收集中文书籍的同一年，即1948年，密歇根大学于开始收集东亚书籍。但在最初的十年里，该校馆藏发展侧重在日文文献，中文典籍收藏较少。随着战后美国经济的迅速发展，拥有美国汽车工业产业的密歇根州政府为高等教育注入了大量资金，促进了密歇根大学中国学研究的蓬勃发展。它的中文馆藏发展也后来者居上，一跃成为美国主要的中文馆藏之一。尤为重要的是该馆购得了大量中文古籍善本的缩微胶片，包括原北平图书馆（现中国国家图书馆）、台湾"中央图书馆"以及其他图书馆藏有的中文善本和罕见文献胶片，弥补了该馆中文古籍善本不多的局限。

1950年，华人学者邓嗣禹从芝加哥大学来到印第安纳大学开设中国研究课程。邓嗣禹早年在燕京大学师从洪业和邓之诚，并编辑过燕京大学图书馆目录。他的到来成为印地安纳大学中文典藏的开始。该大学最早的中文图书都是由邓嗣禹精心选购的，主要是汉学研究的核心文献和工具书，其古籍善本部分则来自该校华人教授柳无忌的私人收藏和从日本等国家及香港等地购得的明清刊本。柳无忌是20世纪初期中国诗坛泰斗及南社代表人物柳亚子之子。他的藏书中有与他研究有关的元、明戏曲研究资料和诗文及通俗文学类的书籍。

1952年，明尼苏达大学收购了德国学者石坦安（Diether von den Steinen，1903—1955）的私人藏书共10000多册，大多是中文古籍，善本不多。这批图书成为明尼苏达大学第一批中文典藏。明尼苏达大学大规模正式收藏中文图书开始于1965年。那年，裘开明从哈佛大学燕京图书馆退休，被聘请来明尼苏达大学建立东亚图书馆。在裘开明的指导下，该校开始系统地收藏中文书籍。裘开明上任后不久就大举收购中文书籍，企图让该校进入全美优秀中文藏书机构之一，可是由于明尼苏达州的亚洲人口不足，缺乏多元文化氛围，他的计划未能实现。

1959年，加拿大的不列颠哥伦比亚大学收购了澳门藏书家姚均石所藏的蒲坂藏书，该校开始了中文书籍的收藏。蒲坂藏书顾问，原香港大学冯平山图书馆馆长李直方对这批书籍作了如下描述："蒲坂藏书计有线装古籍约3200种，45000余册，多半为广东著名之南州书楼旧藏。"这批书中有宋元版图书和大量明清刊印本，包括地方志、历代典籍、丛书和历史文献，又以与广东有关的传世文献居多，如广东省的历史、文献、地方志、文学书籍和手稿。后来该馆还购得景颐斋文库和宋学鹏文库的藏书，前者含明清刊本4000多册，后者收录图书500余册，部分为广东省地方志。

为了与苏联进行太空和科技领域的竞争，美国国会于1958年通过了国防教育法案，给美国的高等教育注入了大量资金。该法案明确规定要在四年制大学里开设外语教学课程并加强图书馆建设。于是许多美国大学都利用联邦政府的资金相继设立了中文图书馆藏，开始系统收集中文书籍。其中就包括1959年建立的堪萨斯大学中文馆藏、1960年建立的匹兹堡大学中文馆藏、1961年建立的俄亥俄州立大学中文馆藏、1964年建立的北卡罗来纳州大学教堂山分校中文馆藏、1965年建立的伊利诺伊大学香槟校区亚洲馆藏和1967年建立的加州大学圣地亚哥校区中文馆藏等。这些中文典藏所拥有的中文古籍善本一般相对较少，除了收集重印的古籍外，馆藏重点在20世纪出版物方面。

现今北美地区收藏中国书籍最多的单位依次是美国国会图书馆、哈佛大学燕京图书馆、普林斯顿大学葛思德东亚图书馆、加州大学伯克利分校东亚图书馆、哥伦比亚大学东亚图书馆、芝加哥大学东亚图书馆、耶鲁大学东亚图书馆、康奈尔大学华森文库和多伦多大学东亚图书馆等。它们的馆藏都包括大量善本，上至中国早期的雕版印刷、敦煌写卷，下至宋元明清珍本。

二战以前的美国中文书籍的收购主要是民间和个人行为。一些收藏家们利用他们的财力和人脉资源，从中国收集到汉籍并将它们带到美国，这是20世纪初美国汉典收藏的重要特点。相比之下，二战之后，国会图书馆和各个顶尖大学开始大规模、系统地收集中文出版物，则得益于政府和学界的帮助。美国各大基金会，如洛克菲勒基金会、福特基金会等也注入了大量资金，帮助大学和研究机构收购中文出版物。二战前后美国中文典藏的发展截然不同。二战以后，美国利用其巨大的财力和全球影响力成为主导国际事务的超级大国，美国各高校的中文藏书规模因此都得到了巨大的发展。这是美国收藏中文书籍的鼎盛时期。由于美国历史上从未遭受过外来侵略，也没有太大的天灾人祸，再加上美国大学图书馆优良的藏书环境和保存措施，流传到美国的中文书籍大都受到良好保护，少有损失或遭到破坏的情况。客观来说，它们的存藏状况甚至好于中国国内的同类藏书。从数量和质量来说，现今美国是亚洲之外收藏中国书籍最重要的地方。

战后美国中文书籍收藏的蓬勃发展标志着美国各界对中国的重视。二战前美国民众对亚洲普遍缺乏重视。那时的美国是一个典型的面向大西洋的国家。第二次世界大战特别是太平洋战争使美国人对亚洲，特别是东亚地区的重要性有了了解，东亚地区在美国的国家战略上被提升到了空前的高度。希望研究中国和了解中国的美国人越来越多。此外，中国在20世纪80年代开始通过实行改革开放的举措，加快了中美两国政府和民间的交往，美国人普遍对中国有好感，形成了中国热。随着21世纪中国的崛起及中美两国经济发展的融合，中国的影响可见于美国社会经济的各个方面。美国学界更为重视中国研究。在这些社会和文化交往的各个层面上，美国国内中文书籍的收藏和传播成为了一个标杆。

在过去的一百多年里，中国学者在美国中文书籍收藏发展中起到了举足轻重的作用。在今天美国图书馆的中文部里，90%以上的从业人员是来自中国的学者和图书馆员。从历史上来看，最早参与美国中文馆藏建设的华人学者是中国第一个留美学生容闳。华人学者中最早主持东亚图书馆的是哈佛大学的裘开明，为北美大学东亚图书馆的先驱。在裘开明之后，学者钱存训于1947年担任芝加哥大学远东图书馆长。著名学者胡适一直关注美国中文图书收藏，并于1950年至1952年担任普林斯顿大学葛思德东亚图书馆馆长。他从葛思德图书馆的13万多册书中确认了41195册为真正善本。华人学者吴文津于1965年在裘开明之后担任哈佛燕京图书馆馆长，达32年之久。另外，童世纲在胡适之后主持葛思德东亚图书馆的工作长达25年之久，被誉为是普林斯顿大学的中国通。华人学者邓嗣禹和严文郁在20世纪中，分别在印第安纳大学和俄亥俄州立大学创建中文藏书，使汉学研究资源极端匮乏的美国中西部的农业州里第一次有了中文典藏，填补了地域文化上的空白。

一个世纪以来，北美中文古籍善本和其他珍贵文献的整理工作，多有中国学者和专家参加。屈万里撰写的《普林斯顿大学葛思德东方图书馆中文善本书志》（台北艺文印书馆1975年版）、沈津编写的《美国哈佛大学哈佛燕京图书馆中文善本书志》（上海辞书出版社1999年版）和陈先行主编的《柏克莱加州大学东亚图书馆中文古籍善本书志》（上海古籍出版社2005年版）皆是海外中国学文献研究的重要成果。与此同时，一些著名的中国学术机构也参与了北美中文古文献的整理和保护工作。北京大学中国古文献研究中心多年来从事北美中文古籍善本的调研，颇有成效。西安碑林博物馆赵力光和原台湾"中研院"学者毛汉光、耿慧林等人参加了加州大学伯克利分校东亚图书馆的碑帖整理工作。今天美国国会图书馆和各一流大学里几乎全部由来自中国的学者主持东亚图书馆的工作。众多的北美中文馆藏个个系统全面，深入细致，且都各具特色。

中美两国从民间到政府之间的交往已百年有余，其中以思想文化的传播最为重要。中华文明通过书籍传播到北美地区，这种文明和思想的交流对世界影响深远。

东学西渐与海外中国学

多年来我一直想从中国典籍在西方流传的这个角度来探讨中国文化对西方的影响。在此之前，中国人经常谈的是从19世纪以来，西学对中国的影响和西学在中国近代社会转型中所起到的巨大作用，即所谓的西学东渐问题。诚然，"五四"以来中国人打倒了老祖宗留下的"孔家店"，追求了西方的科学与民主共和思想，把一个古老的封建帝国改造并建设成了一个现代化强国。西学在这个社会转型和富民强国的历史进程中是功不可没的。与探讨西学东渐相比，谈东学西渐的人却较少。这或许是因为对比西学对中国近代社会发展的影响来说，东学对西方社会的影响也许要小很多，至少没有颠覆西方社会的价值观和文化传统，影响力只是潜移默化的，且只在文明之间和文化之间交流的层面上。东学对西方的影响，学界还是有过研究的，如英国人李约瑟写的《中国科学技术史》，指出16世纪之前中国是世界科技和学术研究的中心。但类似的研究并没有涉及近代东学对西方的影响。

在近代封闭的中国社会，中国人开始对西方完全不了解。19世纪末，许多西方的书籍陆续被翻译成中文，成为了传播了西方科学技术和新思想、新理念的主要推力。中国近代史上翻译西方著作的重要人物有严复（1854—1921）。1896年他翻译了《天演论》，传播了"物竞天择，适者生存"的理论思想。在严复之前，把西方近代学术和科技思想系统地介绍给中国人的一个重要人物是傅兰雅（John Fryer，1839—1928）。傅氏最开始是英国圣公会派来华担任传教士的，在众多的传教士中，他算个异类，做了几年传教工作后就不做了，开始对中国社会的改良运动产生了兴趣。1867—1896年间，他出任上海江南制造局翻译馆的首席翻译，前后长达29年。在此期间他与众多的中国专业人士一起翻译了157部西方著作。以下这些我们至今耳熟能详的科学词汇，如：电学、光学、植物学、铝、钙、碳、氧等，就是从这些翻译的书籍里来的。

随着西方书籍通过翻译的渠道传播到中国，从19世纪末开始，大量的中国留学生远赴西方，其中就包括用庚子赔款的美国退款建立的"庚款兴学"计划，向美国选送留学生。1911年诞生了赴美留学预科学校清华学堂（辛亥革命后改名清华学校，为清华大学的前身）。辛亥革命之后，全面引进了西方的教育体制，按照从小学到大学的教育体系建立的学校遍布全国。1912年国立京师图书馆也由部分庚子赔款退款资助开馆，引发了在全国各地开办图书馆和医院的潮流，为西学东传广开大门。

相比之下，如果说西学东渐的结果是改变了中国近代社会的"本"，即西方的科学教育思想被中国人广泛使用起来了，那东学对西方影响的结果就是"面"了。虽然东学没有对西方的社会体系和政治制度产生根本影响，但在过去的几个世纪里，它却在文化交流和渗透中不断影响着西方人的思想体系，使得西方的教育和社会变得更加多元多彩。西方人开始接受并研究中国的哲学、历史、文字和文学等学术思想，创立了汉学这门学科。汉学，顾名思义，就是外国人对中国学术的研究，英文叫 Sinology。它源自 17 世纪开始的欧洲汉学。欧洲早期来华的传教士最早开始研究中国，并把中国古代文化、语言文字、风土人情介绍给了西方人。当西方科学思想随着书籍的翻译传播到中国的时候，中国的书籍和思想也同样被传播到了西方。欧洲汉学启蒙时期的一些著名的西方传教士虽然不是受过专门训练的学者，但是他们通过在中国的所见所闻和他们翻译的汉文典籍向西方人打开了中国之门。明末清初来华传教士罗明坚（Michele Ruggieri，1543—1607）和利玛窦（Matteo Ricci，1552—1610）把"四书五经"等儒家经典翻译成拉丁文，并开始探讨儒家哲学与基督教神学之间的关系。1687 年由比利时传教士柏应理（Philippe Couplet，1624—1692）等西方传教士撰写的《中国哲学家孔子》在巴黎正式出版，儒学思想被介绍给了欧洲人。18 世纪，法国启蒙运动思想家伏尔泰、狄德罗、卢梭、孟德斯鸠等人都热衷中国文化，并推崇中国儒家思想和道德理念。伏尔泰更是亲自翻译了《赵氏孤儿》一书。其他中国典籍通过翻译流传到西方的例子还有 18 世纪法国传教士赫苍璧（Julien-Placide Hervieu，1671—1746）、白晋（Joachim Bouvet，1656—1730）、宋君荣（Antoine Gaubil，1689—1759）等翻译的《诗经》，法国汉学家儒莲（Stanislas Julien，1797—1873）翻译的《灰阑纪》《赵氏孤儿记》《西厢记》《平山冷燕》，苏格兰传教士马礼逊（Robert Morrison，1782—1834）翻译的《大学》、英国伦敦布道会传教士理雅各（James Legge，1815—1897）和德国同善会传教士卫礼贤（Richard Wilhelm，

1873—1930）翻译的英、德、法语的"四书五经"等。这些人都是东学西渐的重要推手。前面谈到的傅兰雅是理雅各的同时代人，两人都是英国传教士。1843年，英华书院由马六甲迁到香港时，理雅各出任英华书院校长，傅兰雅则在1865年出任英华书院校长，是理雅各的后辈。理雅各在1892年编辑出版的《华英字典》不失为一个里程碑。他后来与当时在剑桥大学任中文讲师的威妥玛（Thomas Francis Wade, 1818—1895）一起创建了威妥玛氏拼音，俗称威氏音标。此拼音是基于罗马拼音系统，并加以修改，后被纳入《华英字典》中。

从17世纪到19世纪，中国的儒家思想传到欧洲开启了系统的东学西渐的过程，尽管在社会文化上的影响仅仅停留在"中国热"层面上。对于西方人来说，中国是个神秘的国度，这个以儒家无神思想主导的东方文明与西方有神基督教文明形成了鲜明对照，她悠久的历史和灿烂的哲学、文学和世俗文化从一开始就让西方人着迷。在18至19世纪的欧洲，法国汉学占据主导地位，儒莲、沙畹（Edouard Chavannes, 1865—1918）、马伯乐（Henri Maspero, 1883—1945）和葛兰言（Marcel Granet, 1884—1940）都是古典汉学大师。儒莲是法兰西学院院士，曾担任过法兰西研究院图书馆副馆长，在翻译介绍儒家经典、中国文字和文学典籍方面做了开创性的工作。沙畹是敦煌学研究的鼻祖。马伯乐做出了杰出的古代中国社会和政治制度、宗教信仰和神话以及文学和哲学学派发展方面的研究，葛兰言运用社会学理论及分析方法系统地研究中国古代的社会、文化、宗教和礼俗，而且主要致力于中国古代宗教的研究。他们在传播和研究中国文化中起到了巨大的作用。法国学者伯希和（Paul Pelliot, 1878—1945）出于沙畹门下。在英国人斯坦因（Aurel Stein，1862—1943）1900年盗走了大批敦煌文书后，他也来到敦煌拿走了大批残卷，并且利用敦煌遗书做了大学问，登上了法国金石铭文研究大师和文艺学院院士的宝座。从1900年敦煌遗书的发现到流传至西方，大大促进了欧洲基于文献的系统汉学研究，从之前的以研究哲学、儒家经典、语言和世俗文化为主，以介绍性的记录报道类的探讨为主，转为系统地对中国古代文献的研究，包括完全基于传世文献的文、史、哲及宗教、民族学和考古学等多方位研究。另外，斯坦因也在中国西域考察中对那里的地理风貌做了详尽的描述，都记录在斯坦因报告中。瑞典探险家斯文·赫定（Sven Hedin，1865—1952）也在19世纪末和20世纪初期进行了中国西部探险之旅。在研究中国语言方面，瑞典学者高本汉（Bernhard Karlgren，1889—1978）通过对汉语语音学、方言学和文字方面的研究，在中国传统音韵学、训诂类研究的基础上，加入了欧洲结构语言学的框架，多有建树，影响极大。其他重要的欧洲汉学家还有不少，比如德国的福兰阁（Otto Franke，1863—1946）和傅吾康（Wolfgan Franke，1912—2007）等，他们皆是欧洲汉学的代表人物。

  19世纪末，一些重要的传教士从中国回到美国。虽然他们不算汉学家，但他们在传播中国文化和传统学术方面做了不少工作。卫三畏（Sammuel Wells Williams，1812—1884）在华期间编辑出版了《中国总论》，并于1875年回到美国担任耶鲁大学教授。英国人傅兰雅于1896年从上海江南造船局受聘到美国伯克利加州大学担任该校的首位中文教授。20世纪初，欧洲汉学逐渐传到美国，为美国东方学研究之始。19世纪末到20世纪初美国重要的汉学家是从欧洲来的，如芝加哥费尔德博物馆的学者劳费尔（Berthold Laufer，1874—1934）。劳费尔于1874年出生在德国科隆市的一个犹太人的家庭，1897年他在德国莱比锡大学（University of Leipzig）获得东方学博士学位。他的博士论文做的是西藏研究。1898年劳费尔来到了美国。他对美国早期的汉学研究做出了以下贡献：首先，他对当时美国学界把东方学研究作为附属在西方文明大框架下的做法提出挑战，指出美国的东方学研究必须自成体系。[1]其次，他多次率领探险队来华，并为纽伯里图书馆（Newberry Library）购买了4万多册中文书籍。另外，他以超人的精力，著书立说，介绍中华文明和中国学术，涉及的领域之广令人难以置信，包括中国历史、哲学、语言文字、文学、考古、陶瓷、玉器、昆虫、鸟兽、手工艺品等。劳费尔一生仅在哥伦比亚大学担任过两年的讲师，弟子不多，但他对中国的语言文化有很深的造诣。他曾担任费尔德博物馆人类学部主任和美国东方学会主席等职务。恒慕义（Arthur Hummel，1884—1975）把劳费尔称为20世纪最初35年里美国唯一的汉学家。恒慕义是劳费尔的同代人，本人也是汉学家。恒慕义也是美国东方学会的创始人，这个组织就是今天美国著名的亚洲研究学会的前身，他本人也于1948至1949年间担任过这个学会的主席。在1934年劳费尔去世的前几年有几个年轻的汉学家在美国出现，如卜弼德（Peter Boodberg，1903—1972）、宾板桥（Woodbridge Bingham，1901—1986）等人。劳费尔去世之后，一些汉学家陆续从

---

[1] Arthur W. Hummel, "Berthold Laufer: 1874-1934", *American Anthropologists*, New Series, Vol. 38, No. 1 (Jan. -Mar., 1936), pp. 101-111.

欧洲来到美国,如雷兴(Ferdinand Lessing,1882—1961)等人。

第二次世界大战之后,美国学界对中国的了解和研究有了很大的改变,这使得美国后来居上,一跃成为在西方中国研究方面最强的国家。战后美国国力得到了巨大提升。经历过一次在太平洋地区的战争后,美国人的眼光扩展到了亚太地区。他们认识到美国虽然在文化和历史遗产方面属于大西洋文化圈,但从政治、经济和国家战略安全方面来说,美国更应该是一个太平洋地区国家。美国人迫切需要了解中国。第二次世界大战之后,以费正清(John King Fairbank,1907—1991)为首的美国学者创建了"区域研究"的学术传统,把中国研究系统地纳入世界主要文明体系研究之中,并开展了全方位研究,把欧洲传统"汉学"改造成为"中国研究"。这种改造具有以下特征:(1)把从单一研究中国古代历史文化问题转变为既研究古代历史文化又研究现代问题;(2)把"中国研究"推向社会、政治、经济、法律、军事、外交等多学科,而不是仅仅局限在语言、文学、哲学、历史等传统领域;(3)把"中国研究"普及化、系统化,在大学本科就开始中文学习并系统开设中国文化课程;(4)不把精通汉语作为入门的门槛,广纳贤才,扩大"中国研究"阵营;(5)在"中国研究"领域营造热点课题,如国情研究、国际关系、地区安全、战争与和平、世界秩序等,引起了政府和全社会的广泛关注。

严格说来,费正清本人不是个真正的汉学家。他在牛津大学拿到了中国学的博士学位,但他没有做严谨的汉学研究。在抗日战争之前,他开始与中国人打交道,来到实地考察中国社会的方方面面,对中国的国情有深刻了解。他并没有一头埋到故纸堆中去琢磨孔孟之道，而是观察中国的社会民生。他和民国时期的著名文人学者，如胡适、梁思成、林徽因、金岳霖、陶孟和、丁文江、周培源等人交情深厚。他的博士论文写的是中国海关史。拿到博士学位后，费正清到哈佛大学教书。抗战期间他再次来到中国，担任美国大使的特别助理和美国战略情报局官员并兼美国国务院文化关系司对华关系处文官。后来他也做过美国新闻署驻华分署主任。这些职位都与学术无关。然而，就是这样丰富的社会生活经历使他后来在哈佛大学创立了新型的中国研究系统，确定了他在中国近代史研究方面的泰斗地位和当代中国研究创始人的崇高名望，桃李满天下。美国20世纪中国研究的著名学者许多都出于他或是出于他学生的门下。费正清独特的经历和视野注定会让他把汉学从一个封闭狭小的象牙塔带到活生生的大千世界里，并把它塑造成一个完整的学术研究体系。费正清建立的新的中国研究体系也确定了美国在海外中国研究领域里的国际领导地位。

虽然美国的中国研究体系跳出了传统欧洲汉学的局限，把对中国的研究从古代文化拓展到了人文社会科学的各个领域，并把研究对象从中国传世文献扩展到各种形态的文献，但是，美国学派的这种变化也不是一帆风顺的。起初，有不少人对这种世俗化的改变嗤之以鼻，认为这都是一些中文不好的外行耐不住学古文的寂寞，不肯下苦功去钻研古书，就想来做大学问。在研究资料上，美国派的中国研究更注重非传统的文献，而不是那些传世经典。他们热衷于政府出版物、社会民生资料、地方戏曲、方志、海关档案、民俗和统计资料等方面的材料。20世纪里，一批优秀的中国学者先后来到了美国，如赵元任、胡适、李方桂、房兆楹、萧公权、洪业、邓嗣禹、杨联陞、何炳棣、袁同礼等人,他们成为美国中国学研究的重要力量。房兆楹于20世纪30年代参加哈佛燕京学社引得编纂处的工作,与他人编有《三十三种清代传记综合引得》《增校清朝进士题名碑录附引得》等著作,也曾编撰加州大学伯克利分校东亚图书馆的《浅见文库目录》。

此外,二战之后美国中国研究方面的学者也在数量上猛增,明星学者辈出。加州大学伯克利分校的历史学教授魏斐德(Frederic Evans Wakeman,1937—2006)就是这样的一位学者。他以其独特的视角和对资料透彻的掌握在中国史学研究方面独占鳌头,写作风格大气潇洒。据他生前对作者说,他的写作受教于他的小说家父亲,而他本人在年轻时也曾有过当作家的愿望,后来转向中国研究。与魏斐德同样以典雅的写作风格出名的中国历史专家还有耶鲁大学教授史景迁(Jonathan D. Spence,1936—2022),他也是美国中国历史研究方面的重量级学者。史景迁曾师从芮玛丽和明清史专家房兆楹。他的历史学著作以叙述见长,风格华丽、思维缜密。此外,曾在芝加哥大学和哈佛大学任教的孔飞力(Philip Alden Kuhn,1933—2016)把人类学研究的方法和视野带到中国史学研究方面,特别擅长美国华人移民史研究。在此之前,美国华人移民史研究一直相当边缘化,很难进入一流学者的视野,这是一个大的进步。孔飞力研究的跨领域特点明显,他用历史学、人类学和社会学的研究方法来探讨历史发展的规律。魏斐德、史景迁和孔飞力三人是学界公认的近30年来美国中国史研究方面的卓越历史学家。

继胡适、赵元任、洪业、杨联陞等战前来美的那一代学者之后,二战之后有一大批著名的华人学者来到美国,如许倬云、余英时、夏志清、唐德刚、杜维明、李欧梵、周策纵、叶文心、王德威等人。他们大多是战后从台湾香港地区来美国的留学生,毕业后留在美国任教,成为美国中国研究领域的领军人物。20世纪80年代中国改革开放之后,一大批来自中国大陆的留学生到了美国,为海外中国学研究注入了新的血液,他们中间的许多人已经成为当今在美国中国研究方面的一流学者,如巫鸿、刘禾、田晓菲、商伟、周雪光、包卫红等。

二战后,大多数美国研究型大学都开设了中国研究专业学科。加入这个学科的人越来越多。美国政府和私人基金会也注入大笔资金。1958年美国国会通过的《国防教育法》在法律上确定了国际研究的重要性。美国教育部每五年一次在美国高校注资开展"第六条款"项目,即根据美国高等教育法第六条,培养外国语言和国际研究人才,扶植包括中国研究在内的项目。许多美国大学设中文和中国文化方面的课程,并有系统地收集中文出版物。这都极大地提高了美国在中国研究方面的学术实力。中国研究的重镇多在美国东西海岸和中西部地区。东部的哈佛大学、耶鲁大学、普林斯顿大学、哥伦比亚大学、康奈尔大学,西部的加州大学伯克利分校、斯坦福大学、华盛顿大学、加州大学洛杉矶分校、加州大学圣地亚哥分校和中西部的芝加哥大学、密歇根大学、威斯康星大学等都有水平很高的中国研究项目。

从20世纪70年代开始,中国研究逐渐融入美国政府决策和国际战略规划中。加州大学伯克利分校政治学教授施乐伯(Robert Scalapino,1919—2011)就曾是美国三任总统的顾问,他也担任过美国中美关系委员会的首任主席。迈克·奥克森伯格(Michel Oksenberg，1938—2001）曾在斯坦福大学、密歇根大学、哥伦比亚大学、夏威夷大学任教，是卡特政府时期国家安全委员会的成员，在中美建交和两国的政府交往和关系方面起到了决策性作用。这些学者型的中国通或中国观察家把中国研究从书斋里解放了出来，提高到了智库和智囊团层面。在这类学者的影响下，中国研究学派成了影响美国政治、外交、军事等方面一股不可小觑的力量。

我们再来看看近年来美国各个中国研究领域里的一些比较受关注的话题。根据张海惠、薛昭慧和蒋树勇编撰的《北美中国学：研究概述与文献资源》（中华书局2010年版），以下是目前北美学界中国研究方面的热点问题：

历史研究方面的核心问题包括19世纪西欧霸权所缔造的世界秩序的改变，太平洋战争，二战后东亚、东南亚、南亚后殖民地时期国家的形式与民族独立运动，资本主义和社会主义两大阵营在二战后的冷战冲突，中华人民共和国的成立与发展，越战，抗美援朝战争，苏联解体，中国的改革开放及由此而产生的新的世界格局等，所牵涉的其他议题有中国的社会主义，中国城市研究，中国的交通、人口、社会与生产力问题，宗教与革命，中国法律史，中国的改革开放及社会转型等。

政治学研究方面的热点议题有管理制度问题，如地方选举、行政管理、公民权益等；社会问题（包括收入不均等问题、腐败问题、环境污染、民族关系等）；社会转型研究，如国企改革、工人福利等。

在国际关系和国际政治方面，美国学界研究的热点在中国的军事力量发展、外交关系走向、中国的崛起对周边国家的影响、对外关系决策过程、海外华人的作用、民族主义浪潮、能源安全、公共卫生等。参加这类研究的人员以华盛顿周边的大学和民间智囊团为主，也包括大量军方人员和遍布美国各地的大学、研究机构和政府部门的分析人员。

在经济研究方面，热点问题主要围绕中国改革开放后所取得的经济发展成就以及对中国未来经济发展的预测，其中包括劳动力、工资和教育、工农业的发展和企业行为、宏观经济学、资本市场、经济体制改革、中国的市场经济转型、国有企业和民企关系、中美贸易、中国制造业、中国房地产、货币政策、地方债务等。

与中国相关的社会学方面的研究也很热门。社会关系是社会学研究中一个活跃的领域，如中国社会阶层问题，不同人员的待遇，国企、政府机构、事业单位、集体企业和私人企业之间的关系等。其他重要的研究包括社会人员的流动、农村和城镇人口问题、住房与消费、性别不平等问题、妇女问题研究等。

文学研究方面以古典文学和经典著作为主，如《诗经》、楚辞、汉赋。中古文学则着眼于魏晋南北朝文学、唐文学。宋、金、元文学方面则包括宋词、元杂剧方面的研究。明清文学着重于白话小说的研究，早期以夏志清和韩南为代表。《金瓶梅》研究、话本小说研究皆成果丰硕。《三国演义》《水浒》《儒林外史》《红楼梦》研究为重头戏。戏曲方面，《牡丹亭》《桃花扇》研究历时长久。通俗文学、明清歌谣、说唱文学也在研究者关注的范围内。现代文学方面，文学与地域政治的关系、伤痕文学、文学中的暴力、后现代文学研究也是美国当代中国文学研究方面的重点课题。

中国语言学研究方面着重在汉语的生成语法方面，其他交叉学科的语言学也比较流行，如汉语社会语言学、心理语言学、计算语言学等。

我们再来谈谈美国的中国研究与中国的传统国学在研究方法上的不同。如前所述，美国的中国研究注重非经典文献，如档案、未出版过的一手资料、大众传媒、经济数据、民间文化、民俗风情、政府出版物、法律法规，甚至还有图像和多媒体方面的材料，着重讲述个人的故事，亦擅长比较文化研究，强调新视野、新方法、新理论。研究对象从下而上，在微观视野里下功夫。中国的传统国学研究则和欧洲的古典汉学更为接近。在研究对象上，国学研究的主要对象是儒家经典、正史、小学、诗词歌赋，用的是经、史、子、集方面的材料，以圣贤明达为主，由上至下。美国的中国研究当然也包括经、史、子、集等传统国学材料，但大多还是从社会和人的角度来做探讨，加入了社会科学和人文科学的视野和材料，比较注重全方位研究。美国的中国研究对象是社会，可以是古代社会，也可以是现代社会，是活生生的人、活生生的事。被研究的对象可以是帝王将相，也可以是市井小民，而对经典文献做考据或诠释方面的研究不多。国学研究则强调经典，引经据典，考据注疏，讲究的是文献的功底和古文的掌握。校勘文献和小学则是入门的基础，一般的人没有经过专门训练和多年的磨炼是做不了国学的。目前，在美国的中国研究界，做这种国学研究的人变得越来越少，可谓凤毛麟角。

与美国的中国研究相比，中国的传统国学是一个书本文化之学。它围绕书本典籍的流传、传承和诠释等方面进行研究。这种学术文化传统在中国和犹太文明中尤为突出，因为这两个民族都视老祖宗传下来的典籍为民族生命的源泉，把典籍作为民族的命根子和最重要的凝聚力。华夏文明推崇的是儒释道的各类学说和经典，而犹太民族则依靠的是犹太教的旧约及法典，这两大文明依据经典文书来维系其自身发展的特征。中国学术在过去的两千多年里始终以典籍和史书的研究为主轴，形成了一个庞大的依据文本和考据的传统。从总体上来说，中国人追崇正统思想，视典籍文献为根本，这个传统自汉、唐至宋代形成规模，清代至乾隆、嘉庆两朝则达到了顶峰。然而，今天这种国学研究的学术传统在美国学界已基本中断。

东学西渐从17世纪到今天，从儒家经典和哲学思想传到西方，到严谨的欧洲汉学，再到博大精深且富有生命力的美国中国研究，前后有好几百年的历史。中国学术思想透过中国典籍的流传从17世纪开始在西方传播，开阔了西方学者的视野，使西方学界建成了完整的汉学和中国研究体系，完成了东学西渐的过程。"不识庐山真面目，只缘身在此山中"，从海外看中国就好比航拍，角度不一样时，视野就不一样，从外面往里面看，看到的东西可能更深入一些。当我们局限在圈子里的时候，视野会受到限制。因此，海外中国学和中国学术两者之间有很大互补性。优秀的西方学者研究中国时在思想探索和创新方面大有建树。读起傅高义（Ezra F. Vogel，1930—2020）、魏斐德和史景迁等美国当代著名中国研究学者的著作，我们会对他们资料掌握之详实、论述之严谨和视野之广阔而敬佩不已。海外中国研究大可为中国学术提供许多新思想、新发现和新结论，可谓"他山之石可以攻玉"。今天中国学在美国已经不再是一个冷门学科。中国文化及学术在美国更加普及。近几百年来，东学西渐，从无到有，从小到大，从欧洲到美洲，构成了一幅文明交汇、东西方相互理解的宏图。

《西文汉学书目》

《西文汉学书目》（Yuan Tung-li, *China in Western Literature: A Continuation of Cordier's Bibliotheca Sinica*, New Haven: Yale University, 1958），又译为《西方文献中的中国》《研究中国的西学书目》《西文论华书目》。是袁同礼海外汉学研究最主要的著作。袁同礼（1895—1965），字守和，河北徐水人。1916年毕业于北京大学，后留学美国哥伦比亚大学，曾任北京大学图书馆馆长、北平图书馆馆长，是中国图书馆界的先驱。袁先生在编纂《西文汉学书目》这本书时，阅读了书中收录的英、法、德文有关中国研究的18000种著作中的大部分书籍，走访了美国和欧洲的许多重要图书馆，并和许多作者进行了交流沟通。西方汉学研究领域里常常被人提到的目录工具书除了这本外，还有19世纪法国人考狄尔（Henri Cordier，1849—1925）撰写的《中国书目》（*Bibliotheca Sinica*）。考狄尔谈的是欧洲的汉学，其实与美国的汉学没有多大关系。袁同礼先生的这部著作为20世纪前50年的美国汉学研究文献体系做了一个总结。《西文汉学书目》（以下简称《书目》）中收有大量政治、经济、军事和国际关系方面的著作和文献，是这个时期美国汉学研究的写照。

用英文撰写的汉学工具书中，能与袁先生这本书媲美的有邓嗣禹和毕乃德（Knight Biggerstaff）1950年合编的《中文参考书目录》(*An Annotated Bibliography of Selected Chinese Reference Works*)；魏根深（Endymion Wilkinson）写的《中国历史研究指南》(*Chinese History: a Manual*)和阿尔文·科恩（Alvin P. Cohen）写的《中文研究资料导论》(*Introduction to Research in Chinese Source Materials*)。相比之下，后面这几本书讨论的是汉学工具书，而袁先生的《西文汉学书目》则既包括了工具书又包括学术著作，其格局和规模都大一些。

《书目》所介绍的书、期刊和文章，大部分是西方汉学家的作品，有许多是非常有趣的书籍，如费正清1950年编的《现代中国：1898至1937年有关中文著作的指南》(*Modern China: a Bibliographic Guide to Chinese Works*)和他1952年编写的《清朝文档之教学大纲》(*Ching Documents: an Introductory Syllabus*)。《书目》中还包括劳费尔1929年写的《麦基尔大学的葛思德中文研究图书馆》("The Gest Chinese Research Library at McGill University")，此文仅八张纸，这是我所知道的最早介绍葛思德中文图书馆的文章。《书目》中还有劳费尔1931年写的一篇题为《古代中国的纸和印刷》("Paper and Printer in Ancient China Printed for the Caxton Club")的文章，是为一个俱乐部所写的短文。连劳费尔为一个俱乐部写的一篇短文也没有漏掉，全部收入书中，恐怕只有袁先生这样认真严谨的学者才可以做到。

我的兴趣所在是那些在《书目》中所收入的大量华人学者用英文撰写的著作和文章。这些文章不少鲜为人知。比如袁先生提到一本1931年由胡适和林语堂的文章汇编而出版的叫作《中国自己的批评者》(*China's Own Critics*)的书，是由汪精卫写的评论，副标题是"胡适和林语堂文集,汪精卫评论"把这三个人联系在一起实在令人寻味。《书目》中也展示了一些著名学者早期的作品,如夏志清的《中国:区域研究手册》(*China: an Area Manual*);叶公超的《中国介绍》(*Introducing China*);胡适的《中国的复兴》(*The Chinese Renaissance*);范存忠的《约翰博士和中国文化》(*Dr. Johnson and Chinese Culture*)等。这些书现在都很难见到了。

在分类方面,《书目》从通类到地理、历史、人物、政治、军事、法律、国际关系、经济、社会、哲学、宗教、教育、语言、文学、考古、音乐、体育、农业、医学等各方面分类,袁先生遵循的是学术领域的基本原则。但在确定这些大范畴时,他还建立了许多专题,来反映西方人研究中国的重点和学术特征,可谓独具匠心,比如马可波罗研究、中国历史人物研究、长江黄河研究、中国共产主义运动研究、抗美援朝战争研究、华人移民史研究等。这中间不乏有趣的作品。比如人物部分,蒋梦麟的《西方潮流:一个中国人的自传》(*Tide from the West, a Chinese Autobiography*)等。在共产主义运动方面我们可以看到英文版的由陈伯达为庆祝中国共产党成立三十周年写的《毛泽东论中国革命》("Mao Tse-tung on the Chinese Revolution");刘少奇的《论共产党员的修养》("How to Be a Good Communist");陆定一在中共中央关于文学艺术和科学会议上的讲话《百花齐放,百家争鸣》("Let Flowers of Many Kinds Blossom, Diverse Schools of Thought Contend");胡乔木的《中国共产党三十年》("Thirty Years of the Communist Party of China");王明和康生1934年的演讲稿《今天的革命中国》("Revolutionary China Today")等。可见袁先生对中国共产主义运动有深刻的了解与研究。在朝鲜战争研究方面，我发现袁先生收入了《十九名被俘的美国飞行员关于他们参与在朝鲜战争中使用细菌战的供词》("Depositions of Nineteen Captured U. S. Airmen on Their Participation in Germ Warfare in Korea")，这篇文章发表在《人民中国》1953 年 12 月 1 日补刊上，显然是袁先生在博览群书的过程中发现而收入的。

《书目》中关于抗日战争方面的文献收入可圈可点。首先要指出的是在一般汉学研究的工具书里很少有人把抗日战争这个题目做如此详细的列举。在这方面，袁先生或许是第一人。全书以多达 30 页的篇幅来列举抗日战争史料和重要文献，包括中日条约、日本侵华战争、日军进攻上海、国际联盟有关日本侵华的文件、1937 年日本侵华文件、汪伪政权等方面，如此细致的探讨彰显了袁先生的民族主义情怀和爱国之心。收入的珍贵文献有施肇基的《中日问题中的大议题》("The Broader Issues of the Sino-Japanese Question")；张治中的《淞沪会战中的第五军》("The Fifth Army in the Shanghai War")；顾维钧的《中国政府就国联调查委员会报告的声明》("A Statement of the Views of the Chinese Government on the Report of the Commission of Enquiry of the League of Nations")；陈诚的《两年抗日战争主要方面之探讨》("A Study of Fundamental Aspects of Two Years of China's War of Resistance")；王明的《中国可以赢：中国人民抗日战争中的新阶段》("China Can Win ; The New Stage in the Aggression of Japanese Imperialism and the New Period in the Struggle of the Chinese People")和阎锡山 1949 年在反侵略大同盟上发表的演讲《对美国对华政策白皮书的评论》("Comments on the White Paper of China")等。

在近代中国的经济建设和国计民生方面，《书目》也提供了珍贵的资料，有 1928 年到 1940 年的上海物价月报和从 1934 年到 1938 年间的上海物价年刊，也有一套六册《上海行业名录》的书，是 1943 年到 1948 年上海工商企业的名录。近年来在美国史学界有一股研究上海热，因为上海的历史和演变是近代中国的窗口。《书目》收入了陶孟和的《上海劳工家庭生活标准研究》(A Study of the Standards of Living of Working Families in Shanghai)，代表中国学者早期对上海的研究。陈果夫的《中国的合作化运动》(The Cooperative Movement in China)，此书是对上海民族工业合作运动的小结，它也早于西方人对上海的研究。还有一本丁文江和曾世英 1930 年合作发表的《重庆至广州湾铁路之勘探》(A Reconnaissance Survey of a Railway Line from Chungching to Kuangchouwan)，并附有地图及表格，应为中国铁路勘探的开山之作。在国民教育方面，蔡元培 1924 年在伦敦发表的《中国教育的发展》("The Development of Chinese Education")是给伦敦的一个叫作"中国学会"的机构做的报告，仅有 11 页，我是第一次看到。陶行知早年的著作《中国的教育》(Education in China)也收在其中。

在语言学方面，《书目》的收入偏重语言教学、语音学和文字学，如赵元任的《国语留声机课程》(A Phonograph Course in the Chinese National Language)、《粤语入门》(Cantonese Primer)和《国语罗马拼写和威氏拼写对应表》("An Equivalent Table between the National Romanization and the Wade System")。黎锦熙的《汉语语音系统和汉

语语言》(Chinese Phonetic System and Language)、董同龢的《中国的语言》(Languages of China)等。但是,《书目》似乎缺少结构主义语言学在文法方面的著作,李方桂在汉语方言学方面的研究也没有列入,此外,历史语言学方面的研究成果也列入不多,这些都是20世纪中国语言学研究收获最丰硕的领域,这部分稍感缺憾。可能因为我的学术训练是在语言学方面,不免有挑剔和难以取悦之嫌。

相比之下《书目》在文学方面的文献收入就丰富得多。柳无忌的《当代中国文学阅读》(Readings in Contemporary Chinese Literature);江亢虎编、威特·宾纳(Witter Bynner)翻译的唐诗三百首《玉山:中国唐诗三百首》(The Jade Mountain: a Chinese Anthology Being Three Hundred Poems of the T'ang Dynasty, 618—906)。其他翻译成西文的中国文学作品和书籍,如郭沫若的话剧《屈原》、贺敬之的歌剧《白毛女》、鲁迅的小说、钱歌川的《中国神话》、丁玲和冰心的新文学作品、周扬的《中国的新文学艺术》(China's New Literature and Art)等都有收入。

在翻译的书目方面,还有西方汉学界熟知的两本书,一本是中译英的《燕京岁时记》。《书目》收入的英文版本是敦礼臣(Tun Li-chen, 1855—1911)所著的《〈燕京岁时记〉中所记录的北京地区年度风俗和节日》(Annual Customs and Festivals in Peking as Recorded in the Yen-ching Sui-shih-chi),由卜德(Derk Bodde)翻译并注解。该英文本是根据文奎堂光绪丙年(1906)刊本《燕京岁时记》翻译的。读《燕京岁时记》仿佛又回到了20世纪初的北京,书中描述了京城的民俗节庆和风土人情,分为元旦、八宝荷包、祭财神、破五、人日、顺星、打春、灯节、筵九、开印、打鬼、填仓、大钟寺、白云观、曹老公观儿、厂甸儿、东西庙、土地庙、花儿市、小药王庙、北药王庙、耍耗子、耍猴儿、耍苟利子、跑旱船、太阳糕、龙抬头等。一本《燕京岁时记》把京城生活的千姿百态描写得惟妙惟肖，栩栩如生。

另外一本翻译作品《清宫二年记》也格外有意思。作者是德龄公主，英文书名为 Two Years in the Forbidden City。中文译本是顾秋心译的，为百新书店1949年的刊本。德龄公主是慈禧太后的御前女官，精通多国语言，并担任慈禧的翻译。她用英文撰写的清宫廷生活和晚清政治见闻在西方影响较大。此书详细描述了她与慈禧在一起的生活，以下就是德龄公主第一次见到慈禧太后的情形："一眼就看见一位老太太，穿着黄缎袍上绣满了大朵的红牡丹。珠宝挂满了太后的冕，两旁各有珠花，左边有一串珠络，中央有一支最纯粹的美玉制成的凤。绣袍外面是披肩……。"作为一个在日本和欧洲生活了多年的清朝贵族后裔，德龄公主对清宫生活的描写生动而真实。如果不重读袁同礼先生的这本《西文汉学书目》，我们可能就不知道这两本关于中国20世纪初期社会文化的书了。

我最早读袁先生的这本书是在美国读研究生时。多年后，重读袁先生的这本书，我仍感受益良多。现在学界对海外汉学研究越来越重视。袁同礼先生的这本书就越发重要了，它可以算是20世纪美国汉学研究的入门指南，也是对20世纪前50年美国汉学研究的兴起和发展所做的诠释。

汉字罗马化在西方

在谈到中华文明对世界的影响时,我们不能不提到汉字对世界的影响和它在世界各地的使用。汉语有其独特的书写方式。方块字是联系分布在世界各个角落亿万华人的文化和血脉纽带,也是传承中华民族几千年文明最重要的手段。方块字优美、博大精深,为世人所喜爱。汉字衍生出来的学术研究涵盖文字学、语法学、词源学、语义学、文献学等诸多学科。汉语方块字作为汉民族文化的基因将永远延续下去。

但是,当中西方文化碰撞开始的时候,西方人就碰上了一个大难题,那就是如何学习汉语。大部分的欧洲语言都是基于语音发音书写的语言,即所谓的拼音文字,通过对每个音节的发音来拼出字和词的发音。因此,当欧洲人开始学习汉语的时候,最简单直接的办法就是用他们熟悉的字母来标写出汉字的发音,这就是汉字罗马化的开始。几百年前从欧洲来到中国的传教士开始用罗马字母拼音来标识汉字,其中就包括16世纪来华的天主教耶稣会传教士利玛窦和同属天主教耶稣会的17世纪来华传教士金尼阁(Nicolas Trigault,1577—1628)等人。从18世纪至19世纪,汉字罗马拼音变成了西方人学习和描述汉字的最主要工具。最著名的是威妥玛氏拼音法

(Wade-Giles romanization），简称威氏拼音法。它是 1867 年开始的由英国人威妥玛等人合编的注音规则。这一汉字罗马化系统在西方广泛使用，前后共有一百多年，影响巨大，使用的人相当多。

中国人其实也一直都在探讨汉字罗马化的途径和办法。从 20 世纪初开始，中国学界和文化界的一些人士就开始了国语罗马字的工作。1926 年，赵元任、钱玄同、黎锦熙、林语堂等人就编辑出了一套"国语罗马字拼音法式"，由当时南京的中华民国大学院于 1928 年公布，为历史上中国人制定的第一套法定的国语罗马字拼音方案。但由于该方案流传时间较短，影响非常有限，世人知道甚少。汉字罗马化方案最具影响力的当属中华人民共和国政府颁布的《汉语拼音方案》。1951 年春，毛泽东明确提出了"文字必须改革，要走世界文字共同的拼音方向"的主张。1952 年 2 月起，中国文字改革研究委员会在进行汉字简化的研究和方案制订工作的同时，便着手开展了汉字拼音化的准备工作，并制订出了《汉语拼音方案》。1956 年 1 月 28 日，中华人民共和国国务院全体会议第 23 次会议通过《关于公布〈汉字简化方案〉的决议》。1958 年，中华人民共和国公布了第二套法定的拉丁化汉语拼音方案，使用了 26 个拉丁字母，用符号表示声调。1958 年公布的这个汉语拼音方案成为全世界范围内的汉语罗马字母拼写的标准方案。1982 年，这个方案正式成为国际标准 ISO7098，即中文罗马字母拼写法。2008 年 9 月，台湾地区确定中文译音政策由"通用拼音"改为采用"汉语拼音"，涉及中文英译的部分，都要求采用汉语拼音，并自 2009 年开始执行。

1977 年 9 月，联合国第三届地名标准化会议根据"名从主人"

的原则,通过了《联合国第三届地名标准化会议:关于推荐用〈汉语拼音方案〉拼写中国地名作为中国地理名称罗马字母拼法的国际标准的决议》。自此,《汉语拼音方案》成为联合会正式使用的汉语罗马字母拼音方案。联合国并规定采用中国制定的《中国地名汉语拼音拼写法》作为中国地理名称的罗马字母拼写系统。此外,1978年9月26日,中国国务院批转了中国文字改革委员会、国家测绘总局等单位的《关于改用汉语拼音方案作为我国人名地名罗马字母拼写法的统一规范的报告》,从1979年1月1日起,中华人民共和国在对外文件、书刊中的人名、地名的罗马字母拼写上一律采用汉语拼音方案拼写。

《汉语拼音方案》作为汉字罗马化的标准规范影响巨大。它解决了以前汉字罗马化方面标准不一、无序混乱的问题,同时,它也给在计算机和电子通信方面的汉字输入和规范方面提供了一个根本性的解决方案,有效地改善了中国和西方国家之间的交流。可是,就在全世界范围内汉语拼音普遍得到使用的同时,我们却看到了一个奇怪的现象。直到20世纪90年代,西方图书馆和档案馆内的汉字罗马化方案却仍然依从威氏拼音体系,拒绝使用汉语拼音。这就形成了一个西方的图书馆、档案馆与学界和国际社会隔离的局面。许多精通汉语的学者和研究人员在西方国家的图书馆里的目录上找不到他们所需要的文献,因为这些图书馆的目录里所用的人名拼写,如毛泽东、老子和庄子的拼写都一律依照威氏拼音拼写,分别是 Mao Tse-tung、Lao Tzu 和 Chuang Tzu。

图书馆和档案馆是西方国家中最主要的文献典藏机构,这个与世界脱节的局面是不能继续下去的。从20世纪70年代末起，人们就开始探讨如何在北美地区的图书馆里采用汉语拼音。主要的挑战是一旦启用汉语拼音，20世纪以来北美图书馆里建立和存储的数千万条的中文书籍和期刊目录机读数据全部要回溯改建，这一文献改建工程量之大是难以想象的。

　　此外，汉语拼音在北美地区图书馆里难以推行也存在一些文化和政治方面的原因。举美国的图书馆为例，20世纪90年代之前在美国图书馆从事中文文献管理的许多专业人员对推行汉语拼音尚存很大的抵触情绪。他们大多来自中国台湾或香港地区，当时他们对使用由中国大陆制定的标准还心存芥蒂，因而一而再、再而三地抵制在西方图书馆里的图书文献管理和检索方面全面推行汉语拼音。我1991年开始在美国学术图书馆任职时，对这一问题就有深切的感受。每次在北美地区的东亚图书馆会议上讨论推行汉语拼音时就会有一大批人站出来激烈反对，他们振振有词地举出种种理由，反对推行汉语拼音，致使这项工作一年又一年地拖延下来。我当时在北美东亚图书馆论坛上提出质问，为什么在汉语拼音已经广泛被西方学界、政府和国际机构普遍使用的情况下，在保存了大量知识和信息资料的西方图书馆里，汉语拼音却不能使用？这种现状不能再继续下去了。在公权和为社会服务的大道理之下必须摒弃任何个人的喜恶爱好和政治立场。

　　随着信息技术的发展，计算机科学给人们带来了福音。1996年澳大利亚国家图书馆率先利用计算机成功地将50多万个含有威氏音标的中文书目期刊数据回溯转换为汉语拼音数据，为在西方的图书馆界全面使用汉语拼音迈出了第一步。但是，在当时的美国东亚图书馆里，澳大利亚国家图书馆用机器转换汉语拼音的成功范例仍旧没有得到认可和支持。更有甚者，有的人还仍旧坚持认为威氏拼音应该永远在图书馆里保留，与汉语拼音并行使用。他们坚决反对在西方图书馆里全面采用汉语拼音并回溯转换原有的威氏拼音书目文献数据。

意想不到的是美国国会图书馆于1997年正式宣布了该馆将在2000年全面正式启用汉语拼音编目，把汉语拼音作为中文字罗马化的唯一标准，宣告放弃使用了半个多世纪的威氏音标。在客观上来说，美国国会图书馆的这一决定终止了汉语拼音和威氏音标谁优谁劣的辩论，并有力地回答了需不需要在西方图书馆和文献数据库里使用汉语拼音的问题。美国国会图书馆是国家指导性图书馆，也是世界上最大的图书馆。它使用汉语拼音的决定实质上确定了北美乃至西方所有图书馆及大型文献数据库都必须采用汉语拼音作为汉字罗马化的标准。

根据这一实际情况，1999年北美东亚图书馆协会主席马泰来任命我担任北美东亚图书馆协会汉语拼音联络工作小组组长，负责牵头与美国国会图书馆和其他有关机构协商，参与制定有关汉语拼音标准和执行方案的工作，以便在所有北美图书馆里推行汉语拼音，全面回溯转换所有威氏音标数据。这样我们就启动了西方图书馆界有史以来最大的一次汉字罗马化的标准推行和文献回溯转换工作。这是个巨大的工程。它涉及成千上万个图书馆和文献中心的机读目录和大型数据库的回溯更新。我有幸参与了这次北美图书馆汉语拼音的转换和汉字罗马化指导方案的讨论和修订工作，并协助和引导推行了这个在北美地区图书馆里全面推行汉语拼音的工程。今天我们在西方的图书馆里唯一使用的汉字罗马化标准就是汉语拼音，威氏音标被废弃。汉语拼音在西方图书馆里得以推行使用为学界和社会带来了极大的方便。

由于汉字罗马化的标准在中国语言学界已经讨论了近一个世纪，这次在北美地区图书馆和文献库范围内推行汉语拼音工作又使得一些汉字罗马化的基本问题重新浮上台面。以下我就美国国会图书馆制定的《汉字罗马化指导方案》做一分析讨论。

（一）汉字罗马化指导方案

美国国会图书馆于1999年公布了《汉字罗马化指导方案》（以下简称《指导方案》），作为在北美书目文献数据中汉语拼音的使用指南，为北美地区图书馆采用汉语拼音回溯建库的核心标准。此外，该方案也用于计算机的程序设置，为自动转换当时两大国际数据库OCLC和RLIN上所有的威氏音标数据提供依据。《指导方案》的制定以方便实用为主，原则上遵从中华人民共和国全国人民代表大会1958年颁布的《汉语拼音方案》。但为了方便西方读者用汉语拼音检索书目文献数据库，该方案对部分汉语拼音的使用做了一些修改和重新规定。

《指导方案》规定汉语拼音以北京方言为标准。声母和韵母的拼写完全依照《汉语拼音方案》，但以单音节标音，不标声调，音节之间也不连接；使用英语字母书写，而非拼音体。如"Li Bai he ta de shi ge"（李白和他的诗歌）。对于人名的处理，《指导方案》采取姓、名分写，名字音节相连的办法，如"Sun Zhongshan"（孙中山），"Ouyang Xiu"（欧阳修）。非汉语人名和单名均连写，如"Nikesong"（尼克松），"Huineng"（惠能），"Wumingshi"（无名氏）。含有人名的专有名词，人名部分连写，其他部分不连写，如"Zhongshan da xue"（中山大学）。专有名词如国家、种族、宗教、部落等要连写，如"Zhongguo ren"（中国人），"Jidu tu"（基督徒），"Maonan zu"（毛南族），"Kejia hua"（客家话）。外国地名一律按汉语拼音拼写，不分节，如"Zhijiage"（芝加哥），"Dongjing"（东京）。其他拼音规则均以1958年颁布的《汉语拼音方案》为准。

大写规则包括：专有名词的第一个字母要大写，如"Meiguo"（美国），"Xizang"（西藏）。机关、组织、企、事业单位和公司等专有名词的第一个字母要大写。除专有名词外，音节不连写，如"Zhongguo she hui ke xue yuan"（中国社会科学院），"Shang wu yin shu guan"（商务印书馆），"Guo ji shu dian"（国际书店）；地名中每一个独立的名词里的第一个字母要大写，如"Anhui Sheng"（安徽省），"Beijing Shi"（北京市），"Zhongxiang Xian"（钟祥县），"Guangxi Zhuangzu Zizhiqu"（广西壮族自治区）。历史朝代名称的第一个字母要大写，如"Tang chao"（唐朝）；书名和期刊名的第一个词的字母要大写，如"Si ku quan shu"（四库全书），"Gu jin tu shu ji cheng"（古今图书集成），"Zhongguo yu wen"（中国语文）。

此外，《指导方案》也依照汉语拼音的惯例，要求在位于音节之间的韵母 a, o, e 之前和 n 与 g 之间加隔音符号,如"Chang'an"(长安),"Yan'an Shi"(延安市)。

(二)中国地名的拼写

《指导方案》关于中国地名的拼写采用美国地名委员会(United States Board on Geographic Names)所颁布的中国地名的罗马字母拼写,中国大陆的地名以北京音为准,采用汉语拼音拼法。香港、澳门特别行政区和台湾地区的地名拼写则采用既定的罗马字母拼写法,如"Hong Kong"(香港),"Kowloon"(九龙),"Tsuen Wan"(荃湾),"Yau Ma Tei"(油麻地),"Taipei"(台北)。香港和澳门特别行政区的地名拼写以粤语方言的发音为准,而台湾地区的地名拼写则以普通话的发音为准,但仍可使用威氏音标,如"Kao-Hsiung"(高雄),"Chia-i shih"(嘉义市)。美国地名委员会颁布的《中国地名罗马字母拼写方案》基本与中国地名委员会、中国文字改革委员会和国家测绘局所颁发的《中国地名汉语拼音字母拼写规则》相同,采取专名、同名分写的方式,但不注声调,用英文字母书写,如"Zhejiang Sheng"(浙江省),"Heilongjiang Sheng"(黑龙江省),"Nanyang Diqu"(南阳地区),"Nanjing Lu"(南京路)。少数民族语地名采取汉语拼音字母音转写,如"Xinjiang Uygur Zizhiqu"(新疆维吾尔自治区),"Ürümuqi"(乌鲁木齐),"Hohhot"(呼和浩特)。这是美国地名委员会颁布的中国地名罗马字母拼写方案与《指导方案》所不同的地方。前者用公认的少数民族语地名转写法,后者用拼音直接拼写。

（三）存在的问题

《指导方案》为在华语地区以外的图书馆采用汉语拼音作为汉字罗马拼写的标准提出了一个可行的方案。它对中华人民共和国人大常委会1958年颁发的《汉语拼音方案》做了部分修改，以方便以汉语为非母语的西方人士使用，并为在大规模的文献数据库上建立中文档案和进行有效检索方面提供了一个依照。但是美中不足的是以下几个问题虽然我们在讨论修订《指导方案》时反复讨论过，但最终没能得到很好的解决。

（A）关于汉语拼音音节不连写问题

《指导方案》（1999）与1958年颁布的《汉语拼音方案》最不同的一个方面就是音节不连写的问题。从1997年开始，美国图书馆人士和专家学者就针对这个问题展开过热烈讨论。1998年初，我们曾经向美国国会图书馆提出汉语拼音工作应该完全依照《汉语拼音方案》来执行的要求，以词为单位进行汉字罗马拼写，不能按音节划分。"Dianshiji"（电视机），"pengyou"（朋友），"qiaokeli"（巧克力），"tushuguan"（图书馆）都是完整的词，不能写成"dian shi ji"，"peng you"，"qiao ke li"，"tu shu guan"，就像不能把英语中的 library（图书馆）和 chocolate（巧克力）写成"lib-ra-ry"和"cho-co-late"一样。此外，如果按音节划分，汉语中的代词和与动词连用的"了""着""过"也要单独拼写，如 wo men（我们），lai le（来了），不符合汉语习惯。反对将音节连写的人的主要观点是西方人懂得用拼音并能正确按词分节的人不多。与其要求在文献数据库中检索的人必须先输入正确的汉语拼音音节连接,不如一切从简,除了专有名词、人名、地名以外,统统按单音节输入,减少使用者的困惑。此外,按单音节拼音也给图书馆的编目人员进行中文文献编目带来了方便。编目人员不必为如何正确组合汉语音节而烦恼。当时的美国两大国际图书馆资料数据库 OCLC 和 RLIN 对汉字罗马拼音中汉语音节的划分采取两种不同的办法。OCLC 按汉字单音节拼音拼写,除了专有名词、人名、地名以外,音节之间一律不连接。RLIN 则基本按照中国国家教委和国家语言文字工作委员会 1988 年颁布的《汉语拼音正词法基本规则》来正确组合拼音并按标准连接音节。经过激烈争论,为了从实际出发并求得一个最简单的办法,我们最终还是同意了汉字拼音以单个音节划分的妥协方案。

(B)音节不标声调

《指导方案》规定汉字拼音中省去声调,也主要是为了节省数据库的使用者和编目人员的时间,但它却造成了由于声调的省略而影响读者对汉语的理解。由于省略了声调,一个汉字往往可有多种意思。现在看来,这个问题似乎不那么重要。今天多语种的检索平台大都能显示汉字,汉语拼音实际上只是一个检索工具。同样,标不标出声调也只是一个语言学问题,对实际文献检索和储存的影响似乎不大。

(C)非汉语人名、地名和少数民族语中地名的汉语拼音问题

《指导方案》对非汉语人名、地名和少数民族语地名采用汉语拼音拼法,这也与中国文字改革委员会批准的《汉语拼音正词法基本规则》和《少数民族语地名汉语拼音字母音转写法》不一致。比如,"Nikesong"(尼克松)不拼写为"Nixson","Dongjing"(东

京）不拼写为"Tokyo"，"Wulumuqi"（乌鲁木齐）也不拼写为"Ürümuqi"。在另一方面，《指导方案》又要求在处理中国地名标准化的问题上坚持与美国地名委员会所采取的汉语地名一致，这就产生了一个矛盾。因为美国地名委员会采取的是《汉语拼音正词法基本规则》和《少数民族语地名汉语拼音字母音译转写法》的标准。在这种情况下就出现了此类词作为单个主题词，由于要坚持美国地名委员会的标准而采取国际通用的拼音音译转写的办法，比如"Ürümuqi"（乌鲁木齐）不拼写为"Wulumuqi"，但在对标题和其他情况下进行拼音时，《指导方案》却又规定要使用汉语拼音按音节拼写，因此"乌鲁木齐"则被拼写为"Wulumuqi"，而不是"Ürümuqi"。"乌鲁木齐的历史发展"则拼写为"Wulumuqi de li shi fa zhan"。这样的不一致必然产生混乱并影响数据库的检索。

（D）港、澳、台地区地名罗马拼音的拼写问题

《指导方案》对港、澳、台地区地名罗马拼音的拼写采取按既定拼写并与美国地名委员会批准的地名拼写一致的原则，这实际上就肯定了这些地区的地名罗马拼写中保存威氏音标拼写的做法，形成两套标准并存的状况，比如，"高雄"和"嘉义市"在作地名主题词时被拼写为"Kao-hsiung"和"Chia-i shih"，而在作标题和其他语境中它们又被拼写为"Gao Xiong"和"Jiayi shi"。同样，这种两套标准并存的做法也会产生混乱并影响数据库检索的准确性。香港和澳门地区的罗马拼音一般是根据粤语方言拼写，基本形成了既非威氏音标又非汉语拼音的体系，作为独立的汉字罗马化地名存在。这些地名与汉语拼音并立的罗马拼音形式会给数据库的检索和使用带来一定影响。

(E)汉语拼音中威氏音标人名拼写的保留

《指导方案》对中国人名的处理是在使用汉语拼音的基础上,仍尊重"最熟悉的原则"(Best-known principle)。如毛泽东最为人熟悉的拼写是"Mao Zedong",不是"Mao Tse-tung",这里使用的是汉语拼音拼法。但蒋介石最为人熟悉的罗马拼写是"Chiang Kai-shek",而不是"Jiang Jieshi",那么《指导方案》采用"最熟悉的原则"。根据这个原则,《指导方案》允许保留部分已为人们所熟悉的中国人名的威氏音标拼写,作为标准词不变,如蒋经国("Chiang Ching-kuo"),采取威氏音标拼写,不写成"Jiang Jingguo",但马英九的标准拼写却是采用汉语拼音拼法,为"Ma Yingjiu"。这个"最熟悉的原则"显然具有一定的主观随机性,会对香港、台湾和澳门地区的人名拼写造成一定混乱。

在北美地区,汉字罗马化在汉语教学、数据库的建立和信息咨询方面起着重要的作用。汉语拼音的推广和标准化是广大语言工作者、教学科研人员和图书馆工作人员共同关心的问题。《汉字罗马化指导方案》是在《汉语拼音方案》之外为适应非华语地区汉字罗马化的推行和使用而建立的一个特别方案。虽然它存在一些局限性和尚未解决的问题,但是《汉字罗马化指导方案》已经使用多年了,它的建立和使用是中国语言发展史上一个值得纪念的事件。回想当年参与该方案的讨论和修订时,不少人认为将来中文将直接运用到计算机网络上,不需要再建立一个北美地区的汉字罗马化指导方案,也无需把含有威氏音标的文献数据转换为汉语拼音,干脆在数据库里直接使用汉字检索,废除所有的汉字拼音。这种观点今天看来也是错误的,即使汉语在全球范围内风行的今天，人们还是离不开汉语拼音，这对于母语不是汉语的西方人来说尤其重要。另外，全球范围内数据库和文献组织与检索也还需要借助汉语拼音，因此这个《汉字罗马化指导方案》还会长期使用下去。

文明的印记

上面谈到了一百多年来中国书籍传播到美洲的历史和美国的汉学研究及中国研究的发展，下面我想聚焦一个多世纪以来，大量的中国珍贵典籍是如何落户加州大学伯克利分校的，以此揭示海外汉典收藏的广度与深度。这些珍贵中国典籍的传播亦可被视为中华文明传播的印记。加州大学伯克利分校（又称柏克莱加州大学，以下简称伯克利）和太平洋之间仅隔一道狭长的海湾，与邻近的旧金山隔湾相望。在壮丽的金门大桥下面，每天都有许多往返于奥克兰市港口的货轮穿梭而过，使人们自然想起加州和亚洲之间在经济、文化和地缘政治方面的密切联系。

加州大学伯克利分校建立于1868年。学校于1896年设立了东亚（原称东方）语言文学专业，并在该系设立了加州大学历史上的第一位讲座教授席位。讲座教授是美国大学里是级别最高的一类教授，往往设立在最重要的学科里并由学科内最有名的教授来担任。把第一个讲座教授的职务设立在东方语言文学系反映了伯克利初创时的办学理念。伯克利是一所面向太平洋和亚洲的大学。它的文化基因、地域特点和办学理念决定了它的发展与亚洲息息相关。伯克利是加州第一所大学，一开始便叫作加州大学，后来州政府在加州其他地方陆续建立了一系列加州公立的研究型大学，所有这些加州的研究型大学都被挂上了加州大学"分校"的头衔，如加州大学伯克利分校、加州大学洛杉矶分校，加州大学圣地亚哥分校，加州大学戴维斯分校等，其实它们每一所都是完整独立的大学。伯克利是加州大学的起源地，加州大学的其他九个分校和邻近的斯坦福大学都是在它后来才成立的。因此这个东方学讲座教授也是整个加州大学，乃至整个加州高等教育史上的第一个讲座教授席位，可谓意义非凡。这个讲座教授的桂冠首先落到了在中国传教并工作了35年的英国传教士和学者傅兰雅（John Fryer，1839—1928）的头上。1896年傅兰雅应加州大学的聘请，来伯克利担任这个讲座教授，开始了美国西部地区最早的华语教学和中国文化研究，并把他的私人中文藏书放在校园里为学生们使用。无独有偶，将近一百年后的1990年，美国著名研究型大学的第一位亚裔校长也在伯克利出现了，他就是伯克利的校长、华人工程学教授田长霖。此外，2007年，北美第一座专门用于收藏东亚文献的东亚图书馆独立大楼也在这里落成。这些分别发生于19至21世纪跨越三个世纪的事件成了伯克利这所大学里与中国文化相关的标记。

　　伯克利丰富的东亚藏书是伯克利亚洲文化另一个重要的标记。所谓东亚藏书指的是中、日、韩这三个东亚国家出版的中、日、韩文字书籍，亦包括满、蒙、藏文方面的书籍。从始至今，伯克利的东亚藏书创建和发展始终处于一个充满活力的环境中。它的发展历程是美国高校学术发展史上的重要一页。在所有美国大学里，伯克利的东亚文字纸质藏书量名列第二，仅在哈佛大学之后，有一百多万册，伯克利的日文藏书总量在美国大学里是最高的。1872 年，仅在加州大学建校四年后，旧金山律师和大学董事爱德华·汤普金斯（Edward Tompkins，1815—1872），决定出资在该校东方语言文学系设立阿加西讲座教授席位，开设东方语言文化课程。那时亚洲到美国的留学生都是乘坐轮船在旧金山上岸的。但是他们对刚刚成立的加州大学却不屑一顾，纷纷登上火车去美国东岸的常春藤大学深造。这对汤普金斯来说是个耻辱。他力劝校方设法吸引这些来自亚洲的留学生在伯克利读书。同时，汤普金斯也看到了亚洲经济对加州的重要性。他在1872 年 9 月写给加州大学其他董事的信中说道："加州和亚洲之间的经济贸易已经十分可观，在未来它将超出目前任何最乐观、最大胆的预测。这一切已渐具雏形。我们将会看到我们与太平洋的贸易远胜于与大西洋的贸易。"① 在汤普金斯看来，加州大学的职责是保证加州居民有能力与他们的贸易伙伴进行交流，而这"只能依靠一个体系完善的东方语言文学系"才能做到。

汤普金斯的这个愿景现在看来是完全合理的。今天，加州和亚洲的经济交往已经大大地超过了与欧洲的经济交往。他在一百多年前就正确地预见了"亚洲和太平洋世纪"的到来，与今天的现实完全吻合。另外，他想吸引亚洲学生来伯克利学习的憧憬也已经变为现实。在过去的 20 年里，亚洲背景的学生一直是加州大学伯克利分校的学生中最大的族裔群体，超过了白人和其他族裔的学生群体。

1896—1897 学年，加州大学的课程表上有这样一段描述：

---

① William W. Ferrier, *Origin and Development of the University of California*, Berkeley: Sather Gate Book Shop, 1930, pp. 414–417.

东方语言和文学系：傅兰雅教授最初会讲授一门有关中国和日本语言文学概论方面的课程，而后会为有兴趣学习这两国语言的学生提供专门的指导。他也会担任来自东方国家的年轻学生的导师。他所带来的一批珍贵的私人藏书是他教学上必不可少的辅助工具。

傅兰雅于1928年逝世，逝世之前他将个人藏书正式捐赠给加州大学伯克利分校。他在遗嘱中这样写道：

我把存放在加州大学都尔图书馆416室和420室的私人藏书捐赠给加州大学董事会。馆藏包括2千余册东方书籍、作品和手稿，其中部分可以作为东方语言文学系教授们的参考书。我也把近5千张反映东方世界和其他专题的幻灯片一起捐赠给加州大学董事会，这批幻灯片应与图书放在一起，用于东方语言文学系的教学和研究工作。

从1914至1920年，江亢虎（1883—1954）接替傅兰雅担任加州大学的中文讲师工作。在此期间，江亢虎和威特·宾纳（Witter Bynner，1881—1968）合作出版了第一版英译本的《唐诗三百首》。江亢虎曾于1912年创办"中国社会党"，并把总部设在上海。该党主张建立共和政府。作为该党的领导人，他声称由他领导的这场运动是中国历史上自由政治联盟的开始。然而不久，袁世凯镇压了1913年爆发的"二次革命"，大部分政党也随后被强令解散，江亢虎被迫东渡日本。在东京，江亢虎会见了孙中山，孙中山建议他转赴美国，并交给他一封介绍信去见他在伯克利就读大二的儿子孙科。几个月后，江亢虎来到旧金山，很快便在伯克利声名鹊起。1914年，傅兰雅特意向加州大学校长本杰明·惠勒（Benjamin Wheeler，1854—1927）推荐了江亢虎，随后惠勒校长任命江亢虎为该校东方学系的中文讲师。江亢虎后来在汪精卫伪政权中做了考试院院长，二战后死于上海的监狱，那是后话。

1916年，江亢虎向加州大学校方承诺把他祖父收藏的1600种图书，共13600余册，捐赠给加州大学图书馆。江亢虎幼年时通过阅读这些藏书而自学成才。然而，他祖父的藏书在1900年的义和团运动中损毁惨重，仅剩下原来的四分之一。幸存的13600余册图书存放于北京郊外香山的一座寺庙里。1916年，美国公使馆派船将这批藏书运到了伯克利。[①] 江亢虎捐赠的书籍进一步充实了傅兰雅的个人图书馆，使伯克利的中文藏书变得更加丰富。

加州大学伯克利分校东亚图书馆早期的馆藏发展主要依靠私人捐赠。但在1918年，该馆藏获赠第一笔长期发展基金，从而使藏书获得了飞跃的发展。这笔基金的捐赠人名叫贺拉斯·卡朋蒂埃（Horace W. Carpentier，1824—1918），他是哥伦比亚大学的毕业生。卡朋蒂埃在美国西部的淘金热中发家致富，并在旧金山湾区的政治圈里崭露头角，成为奥克兰市的第一任市长。卡朋蒂埃退休后回到了纽约。在去世之前，他留下遗嘱给加州大学捐赠了10万美元，惠勒校长把这

[①] 江亢虎在其回忆录《如此时光》（*Such a life*）中详细记叙了他的童年和他祖父的图书馆，该手稿现收藏于伯克利东亚图书馆善本库。

笔长期发展基金中的一部分指定用于购买有关"亚细亚五大文明地区"的书籍和资料。从此以后，卡朋蒂埃的这笔赠款就为图书馆购买中文、日文和韩文藏书提供了稳定的资金来源，这笔捐款如今已增值到数百万美金。卡朋蒂埃也给纽约市的哥伦比亚大学捐过款，建立了著名的"丁龙讲座教授"席位，为哥伦比亚大学东亚研究的开始。丁龙是卡朋蒂埃家的仆人，来自中国广东。有一天，丁龙不辞而别，给卡朋蒂埃留下一张字条，并为他做好了饭。卡朋蒂埃感激他的这位仆人，就捐款在哥伦比亚大学建立了以丁龙命名的教席，此事在美国学界传为佳话。

1935年《纽约时报》的一篇报道中，将加州大学伯克利分校的东亚藏书与美国国会图书馆、纽伯里图书馆（Newberry Library）、约翰·克勒拉图书馆（John Crerar Library）等量齐观，称之为当时收藏东亚图书最多的几个图书馆。当时美国东部还有其他一些收藏东亚图书的大馆，例如哥伦比亚大学、耶鲁大学、哈佛大学的东亚图书馆。但在芝加哥以西地区，加州大学伯克利分校东亚馆藏当时却是独一无二的。[1] 伯克利从早期开始就不仅收藏中、日、韩文书籍，还收藏其他语言的文献，诸如藏文、蒙文和满文书籍、1945年之前的西藏木版画等。1945年之后至20世纪90年代的藏书收集则受益于美国国会图书馆的一个被称为"PL480"的海外收藏项目，这个项目在南亚地区收集南亚书籍并以图书换经济援助，即印度和巴基斯坦等国可以用该国出版的图书来偿还部分美国对该国经济援助的债务。这些藏书

---

[1] Edwin E. Williams, "The Library Looks across the Pacific", *California Monthly*, 46, 1935.

侧重于语言、文学、宗教和历史等方面。伯克利的藏书中有一小部分是 1945 年之前的蒙文和满文资料。蒙古语藏书收录有 100 余册的图书和手稿，内容涉及佛学著作、多语字典、中国历史名著译本和天文学著作，其中除了大部分古蒙古语书籍之外，还有一小部分 17 世纪卫拉特人的文书。它是一种古代蒙古语文稿。卫拉特人是蒙古人的最西端群体，其祖先生活在今中国新疆地区和蒙古国西部的阿尔泰地区。满文藏书则大部分为语法著作和字典以及中国宗教、哲学和文学著作的译作等。另外，伯克利的藏书还有少量西夏文的文书刊本。

1947 年，伯克利正式成立东亚图书馆。曾在哈佛大学研究中国文学的学者伊丽莎白·赫夫（Elizabeth Huff，1912—1988），担任东亚图书馆的首任馆长。二战时期，赫夫曾在中国、日本和东南亚生活了 6 年，其中有 3 年时间是在山东的日军拘留营度过的。1950 年，赫夫成功从日本收购到了著名的三井文库，共有 10 万多件中、日、朝鲜的善本、手稿、古地图和碑帖等珍稀藏品，极大丰富了馆藏，并确立了伯克利东亚图书馆为美西地区第一大馆和其东亚善本藏书的重要地位。

在购入三井文库之后，伯克利继续从亚洲地区收购中文善本，包括 20 世纪 70 年代从新加坡购得的"贺蒋佛经善本库"。贺蒋文库有 100 余册宋元明各代抄写和刻印的汉文佛经，包括用金银粉书写的佛经。对于从事中、日、朝鲜古代语言、印刷史和佛教传播研究的学者而言，它们十分罕见珍贵。进入 21 世纪后，伯克利新增的重要藏书包括著名近代藏书家蒋汝藻的孙子，台湾大学前历史系主任蒋孝瑀先生 2003 年捐赠的部分密韵楼旧藏。浙江南浔蒋氏传书堂，又

文明的印记　67

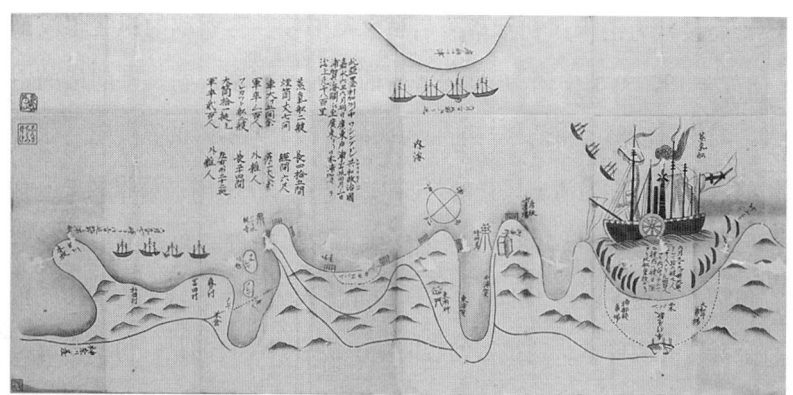

图 1-1　浦贺固的黑船来航图。加州大学伯克利分校获得了三井文库中近 2300 册由手抄、木刻和铜版纸印刷的日本古地图

图 1-2
洪敬谟（Hong Kyong-mo）所著的朝鲜《重定南汉志》。浅见文库手稿

号密韵楼，为清末民初江南著名私家藏书楼。蒋孝瑀的祖父蒋汝藻（1877—1954）是中国20世纪著名的私人藏书家，湖州密韵楼的主人。湖州蒋汝藻的密韵楼与陆心源的皕宋楼、刘承幹的嘉业堂、张石铭的六宜阁被称为清末民初湖州四大藏书楼，在中国书籍收藏史上有重要地位。王国维曾编纂《密韵楼藏书志》20卷。蒋孝瑀捐赠的珍本包括孟蘋先生影抄宋本《重校鹤山先生大全文集》残本等旧籍二箱百余种宋元明珍本，这批密韵楼旧藏中最引人注目的是一份明末清初重要学者钱谦益的手稿《大佛顶首楞严经疏解蒙钞》。此残稿一册，实属珍贵。钱氏此稿民国初年为常熟翟凤起、吴县潘承厚、吴兴张葱玉与常熟曹大铁各藏一册。张氏与密韵楼主蒋汝藻同里，此册或许经由张氏转传蒋氏。翟、潘所藏两册于1951年6月由上海文物保管委员会在上海书贾郭石麟处以重金购得，今藏上海图书馆。曹氏所藏之册后转让他人，此册2004年中国嘉德国际拍卖有限公司以245万人民币的高价拍卖，已流入私人藏家之手。张氏所藏之册经由蒋孝瑀慷慨捐给伯克利，归入公藏，分文不取，亦谢绝任何捐赠仪式和感谢。此乃清芬世守，世代不坠之诚德家风，不愧为中国近代著名藏书家的后代，令人钦佩。

伯克利中文善本质量优良，且多出自著名私人藏书家之手。清乾隆六十年（1795）以前的刻印本和稿抄校本共有8百余种，约1万1千余册，包括宋刻本23种（含佛经16种）、元刻本20种（含佛经8种）、宋刻元配本1种、宋本残叶1种，宋金粟山大藏经写本1种、明抄本5种、清代名家稿本11种、名家批校题跋本8种。由两种宋刻本相匹配的《后村居士集》、未经明代修版的元刻《周易兼义》、元至正丙申翠严精舍刻本《大广益会玉篇》、明万历原刻初印本《方氏墨谱》、明万历四十六年臧氏雕虫馆刻《玉茗新词四种》初印本、清张惠言《茗柯文编》手稿本，以及文源阁四库全书抄本《宋百家诗存》《居业录》等皆为罕见珍品。根据北京大学古文献研究中心的调查，① 北美各典藏机构中所收藏的宋元善本种类的总数近三分之一为伯克利所藏。②

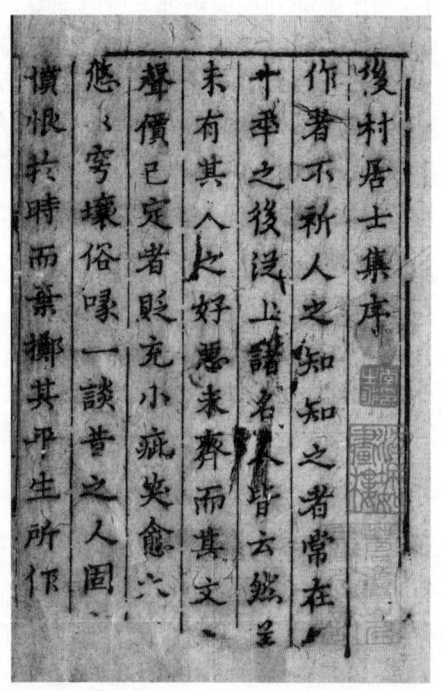

图1-3　由两种宋刻本配补而成的《后村居士集》

---

　　① 卢伟:《美国图书馆收藏中国古籍概况——以宋元版为主》，《北京大学中国古文献研究中心集刊》第十一辑，第21页。

　　② 曹亦冰、卢伟主编:《美国图书馆藏宋元版汉籍图录》，中华书局2015年版。

伯克利所藏古籍珍本中不乏来自吴兴（浙江湖州）人刘承幹（1881—1963）之旧藏，珍贵难得。刘氏系继清末四大藏书家（聊城扬氏、常湖瞿氏、杭州丁氏和归安陆氏）之后最具名望的藏书家与刻书家之一。原由三井家收藏、后为伯克利东亚图书馆所藏的嘉业堂善本和稿抄本共81种、1308册，其中宋刻本3种，元刻本7种，明、清刊本52种，稿本10种，抄本6种，《四库全书》2种，民国刊印本1种。伯克利所收的刘氏旧藏部分曾收录在《嘉业堂善本书影》和《嘉业堂藏书志》之中，但其中亦有从未见诸于世而不为人知的稀世珍本，如清代著名学者翁方纲（1733—1818）之经部手稿5种，均有刘氏嘉业堂收藏印章，却不见于《嘉业堂藏书志》及《嘉业堂抄校本目录》，颇为珍贵。翁氏为清代著名学者、书法家及金石学家，官至内阁大学士。其经学之著述，尤鲜为人知。翁氏晚年奉差守陵，熟阅诸经，将数十年所记的读书笔记，分卷编次，统名曰《附记》，凡《易附记》16卷、《诗附记》10卷、《书附记》14卷、《礼记附记》10卷、《春秋附记》15卷。这批手稿，为台湾出版的收入《清代稿本百种丛刊》的翁氏诗文稿本和现藏澳门的《翁方纲纂四库提要稿》手稿之外，散布在中国大陆之外的第三批翁氏重要手稿，为书林珍宝。

其他所藏重要稿钞本包括《十三经历代名文钞》，为清乾隆吴氏拜经楼抄本，《中国古籍善本书目》未著录。《瀛壖杂志》为清王韬稿本，王韬先后游历英、法、俄诸国，鼓吹维新变法，中法战争时赴沪任《申报》编辑，此系《瀛壖杂志》初稿，此稿多有校改增补，且有友人拜读题识，可窥其成书问世之经历。曹元忠《笺经室所见宋元书

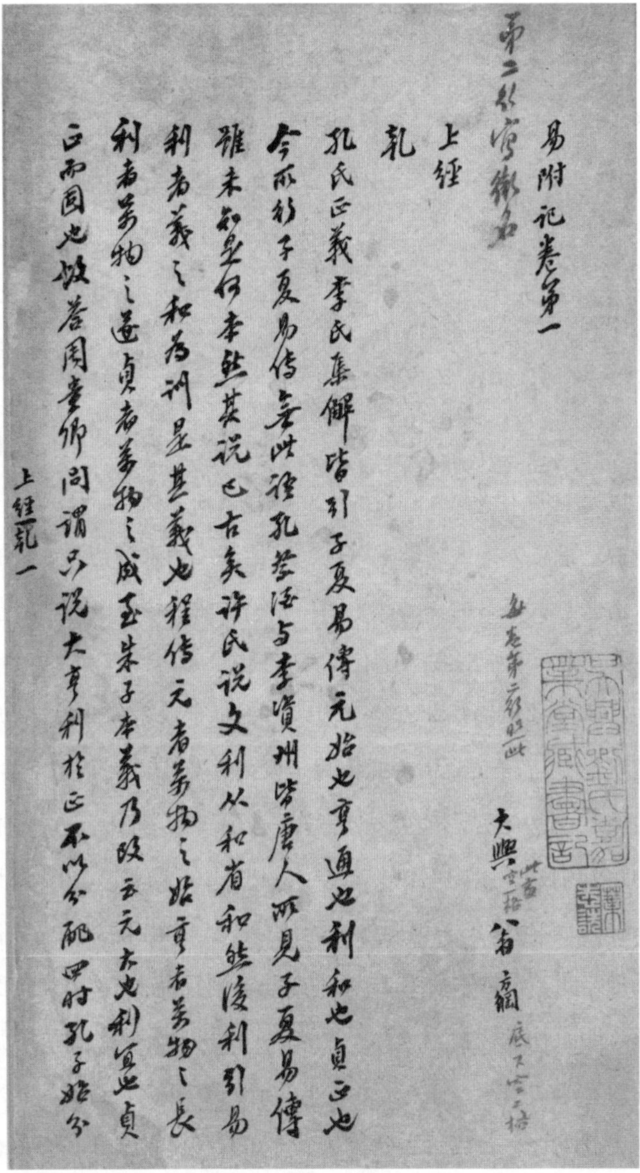

图 1-4　清代学者翁方纲之经部手稿

题跋》《笺经室遗稿》二种为韩绳大抄本，所载题跋，皆为所见宋元孤本之心得，文献与校勘价值不可忽视。《笺经室遗稿》录文1卷、诗1卷、词1卷，可补《笺经室遗集》之缺漏。清陈澧撰写的《学思录》为其《东塾读书记》之初稿，文献价值颇高。宋柴望撰写的《丙丁龟鉴》为明天一阁抄本，此书流传甚稀，中国国家图书馆有清南昌彭氏抄本、上海图书馆藏清郑板桥抄本，保存了原始10卷本面貌，实称绝无仅有，钤有沈德寿等人印记。清彩绘《推背图》描绘着色，十分精美，图凡67帧，较常见本为多，皆是稀世珍品。

重要稿抄本还有《易经合纂宗要编》稿本，代表了明代晚期易学研究之成果。明末清初人祝石的《知好好学录》保存了作者和当时学者钱谦益、徐乾学等人的学术踪迹，并记载了明末清初天主教的活动情况。清张惠言《茗柯文编存》手写原稿，清范当世、近人叶恭绰题跋，8册，为嘉业堂旧藏。还有清王寅撰《高邮耆旧诗馀》稿本、清光绪间抄本《北海渔唱》有凌宴池跋，都弥足珍贵。此外，《大般若波罗蜜多经》（存卷254）为北宋写金粟山广惠禅院大藏本，共4册。金粟山大藏今仅有残册传世，据《中国古籍善本书目》记录，唯贵州省博物馆和中国国家图书馆分藏卷13及卷505两卷，此藏本十分珍贵。《河南尹先生文集》为明抄本配清抄本，明红格抄本。今宋本已佚，世传之明、清抄本多为27卷本，此本则犹存20卷本质面目，殊为可贵。明崇祯韩锡抄本《林子真诗》，其刊本久佚，抄本罕见，此本有韩锡私印"明贤墨渖"。10卷本的清乾隆间抄本《奇零草》为诗文合集，此书今传本不一，有高氏跋者，又不尽为诗文合集。《西清诗话》3卷为明蓝格抄本，今所存为辑本1卷，为3卷原本面貌，传本甚稀。清吴骞撰稿本《拜经楼诗话续编》2卷经嘉业堂刘氏收藏，并请程宗伊校勘，皆为罕见。

伯克利有欧美大学中最丰富的中文金石拓片收藏，所藏的中文碑帖和青铜器铭文拓片长度从1英寸到40英尺不等，其中收藏最为丰富的是法帖和青铜器铭文拓片。最早的碑帖收藏品可以追溯到14世纪。原三井文库的藏品是这部分馆藏的核心——其中1500余种藏品来自日本三井高坚的听冰阁和日本医生土肥庆藏的鹗轩文库。馆藏的许多拓本有中国著名鉴赏家的藏书印章。馆藏的许多碑帖拓片比较罕见，即便在中国或日本的图书馆和博物馆的目录中也少有收录。伯克利现藏金石拓片总共2700余种，39000余份。绝大部分为石刻文字拓。拓片年代多为清末民初。所藏的拓片集藏有序，时代完整，书艺精湛，品类齐全，史料丰富。善本碑帖和各类金石拓片包括有碑、墓志、石经、摩崖、造像、刻帖等，亦包括吉金和砖瓦陶铭拓片，覆盖的时代自商周石鼓文起，迄现代。来源地广及云南、新疆、辽宁、福建、山东、浙江、江苏、四川、陕西、河南、台湾等地。碑帖内容亦广涉历史、文学、书法、世族、语系、官制、地理、宗教、民俗等诸多方面，极具多元性。其中诸多中国古代碑帖的善本珍本，例如三井听冰阁所藏明末清初的《石鼓文》拓本多达四五种。明拓《石鼓文》为明初拓本，墨色淳古，布套函装，曾为戴熙、王孝禹、朱翼盦等人收藏。清初拓本《衡方碑》曾被孙星衍、沈树镛等人收藏。此外，尚有大量汉唐名碑的清代拓片，拓印精良，曾为赵之谦、秦文锦、叶志诜、张祖翼、杨守敬、罗振玉、日下部鸣鹤等著名金石学家收藏，题签或题跋。藏品均弥足珍贵。三井文库藏品中还有山东嘉祥武氏石室汉画像石全拓珍贵拓片50种，为民国初期拓本，收集有序，是研究武氏石室汉画像石资料。分布于云峰山、天柱山、太基山等地的山东云峰刻石，是以北朝郑道昭、郑述祖父子为主镌刻的著名摩崖刻石，伯克利所藏有四套之多，分别是《郑道昭碑全集》41种，题为《北魏郑道昭碑全拓旧本》的拓本43种，题为《郑道昭全套拓本》的拓本42种，以及题为《云峰山全套》的拓本41种。

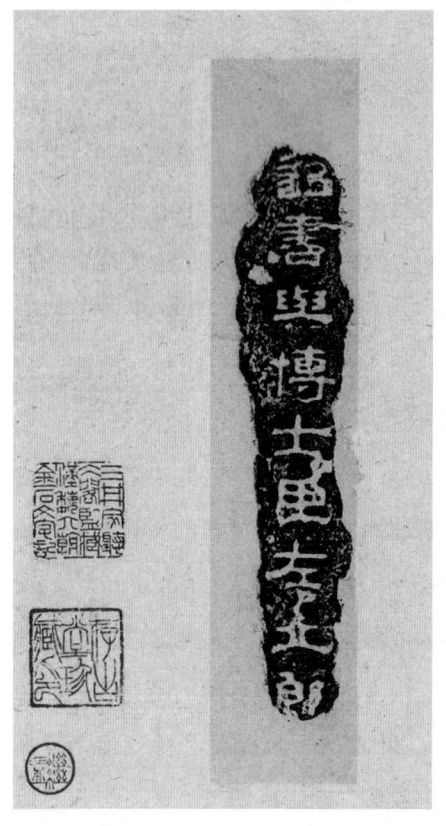

图1-5　熹平石经残石

除此之外，伯克利藏有原由李宗侗收藏的清代著名金石学家陈介祺的《簠斋存古余录》拓本集10册，系以吉金文字为主，拓本上多有陈氏题跋及考证，学术价值颇高。荣宝斋出版社2005年出版之陆明君《簠斋研究》一书列举了陈介祺各种已刊著作及未刊拓本，但未见《簠斋存古余录》拓本集，足见此集之稀世。表现精湛中国书法艺术的金文拓本，除上述的《簠斋存古余录》外，另有清叶志诜所藏并多由其亲手拓制之《金石拓本》3册、及智盦《商周秦汉六朝吉金文字》10册。伯克利所藏《琅玡刻石》为清代拓本，一度曾被认定为清沈树镛收藏，后归并入三井听冰阁藏品。《峄山刻石》原石不传，伯克利的藏本为宋代重刻，明代拓制，但列为善本。汉代为中国碑刻盛世，东汉时刻石技艺已非常精致，丰碑大碣到处林立，所藏汉碑名品甚多，如《衡方碑》《乙瑛碑》《礼器碑》《孔庙碑》《郑固碑》《华山庙碑》《仓颉庙碑》等，多为明清旧拓。伯克利关于魏晋南北朝碑刻拓本的收藏以墓志居多，尤其是像《刁遵墓志》《李超墓志》《司马景和妻墓》《刘懿墓志》等在洛阳、山东地区出土者。河南洛阳龙门石窟造像题记方面，伯克利收藏数量甚多，自成系列，特别是像《始平公造像》《杨大眼造像》《孙秋生造像》《魏灵藏造像》等有"龙门二十品"之称的造像题记精品。单体造像碑则有《曹望禧造像》《姜篡造像》等，造像无不雕刻精美，铭文书法奇绝。伯克利藏的唐碑佳刻亦多，计有欧阳询《温彦博碑》、虞世南《孔子庙堂碑》、传为虞书的《昭仁寺碑》、褚遂良《雁塔圣教序》、书者不明的《孔颖达碑》等。太宗李世民对王羲之书法推崇备至，使"二王"书风得以盛行，伯克利收藏中有多种王羲之《兰亭序》拓本。盛唐之后，颜真卿创下以雄浑见长的"颜体"书风，伯克利有关藏品包括有《颜家庙碑》《臧怀恪碑》《八关齐会碑》《元结碑》等件。继颜体之后，楷书大师柳公权开创了另一风格的"柳体"，伯克利藏品的代表有《李晟碑》，出自其他楷书名家的藏品亦有《不空和尚碑》等等。玄宗李隆基所书《纪泰山铭》为隶书摩崖刻石，气势磅礴。其他隶书名碑藏品有史惟则《大智禅师碑》、梁昇卿《御史台精舍碑》、韩择木《告华岳文》等。唐代篆书伯克利亦藏有代表作，如李阳冰《三坟记》《怡亭铭》等等。自唐以下，伯克利所藏的宋、元、明、清各代碑帖拓品种也众多。

伯克利重要的日本汉籍和朝鲜汉籍的收藏也值得一提，这类文献是域外汉籍的核心。由于美国的汉籍收藏在过去一百多年里一直是与日本和朝鲜书籍的收藏同时进行，它们之间的关系密切，水乳交融。由于许多伯克利所藏的域外汉籍善本均来自日本的三井文库旧藏，馆藏中自然有大量历代在日本和朝鲜刊印的汉籍善本。这类书籍用汉文出版，反映了古代中国文化和出版在东亚地区的深远影响。馆藏的日本和刻本经、史、子、集各类，不少是在日本刊印的中国古籍，亦有许多江户时代刊印的日本学者用汉文撰写的著作和对中国古籍的点校本。

伯克利藏品中有 2800 种是来自日本的写本，共 7700 多册，这些写本的创作年代可追溯到 17 至 20 世纪。大量藏品是江户时代的作品，但也有明治时代和明治以后的材料。日本的写本是我们通常所指的稿抄校本。写本中有近三分之一的藏品是日本收藏家土肥庆藏的旧藏。写本中尚未出版过的手稿包括桃花园三千麿撰写的《教训不鸣莺》、野々口隆正撰写的《古传通解》、山中信古撰写的《增订南海包谱》等。已经出版过的著名文人的手稿和题跋包括福地樱痴的《元寇物语》、近松秋江的《疑惑》、芥川龙之介的《母》、坪内逍遥的《关于歌舞伎剧的保存》、武者小路实笃的《离开奈良之前》、幸田露伴的《关于插花》和小山内薰的《夜明前》等。早期的写本还包括1305年的《十一面观音修法口决》和出自16世纪的《伊势物语闻书》等。这批写本中也包括一些汉籍刊印本的抄本，如《太古正音琴经》，由明张大命著，郑当时校阅，《续修四库全书》艺术类有此刊本，此日本写本的格式与中国刊本一致，可定为中文刊本抄写而成。《历代琴式》，由明林有麟编辑，有万历四十一年（1613）的自序，亦是日本人根据中文刻本抄写而成。它们中有完全用汉字撰写或抄录的写本，反映了汉字在日本历史上的使用情况。这些用汉字撰写或抄写的作品包括《弁道》《迂斋先生学话附录》《近世名家文抄》《近思录》《近思录栏外书》《通鉴绅二》《野客丛书抄录》《开饮酒序》《阅史日抄》《随函录考》《杂字新笺》《（定本）韩非子纂闻》《正学指掌》《五经图汇》《二程治教并朱子行状抄》《今文孝经》《十七史商榷附考》《周易笔记》《多能鄙事》《大学定本》《孟子》《宗书抄录》《容膝亭杂录》《小学序讲义笔记》《尺牍清裁》《左传凡例》《布袋和尚忍字记杂剧》《抄书》《书经蔡氏集注私解》《礼记抄说》《礼记正文》《礼记赘说》《经学名征》《老子道德经》《荀子》《艺苑卮言附录书学部》《杂钞》《诚斋先生易传》《青藤山人路史》《韩子迂评》《墨子》等。

　　朝鲜汉文刊本方面值得一提的是浅见文库。它集来自朝鲜的精美印刷品之大成，为海外罕见的古朝鲜珍本文库，其中大部分是在朝鲜刊印的汉籍或是用汉文出版的朝鲜典籍。浅见伦太郎（Asami Rintaro，1869—1943）在日据时代的朝鲜担任总督判事，相当于今天的大法官。在汉城任职的 12 年里（1906—1918），他大量收藏从 17 世纪到 19 世纪在朝鲜出版的珍贵活字印刷品，包括在朝鲜汉籍以及朝鲜历史、文学、民俗、文字、法律、艺术等方面书籍共 900 种，近 4000 册，其版本之罕见，印刷之精美，类种之齐全，为人赞誉。这批珍贵文献又以收藏家的名字被称为浅见文库。它是至今流传到西方的最重要、最齐全的古代朝鲜活字印刷品典藏之一。浅见伦太郎去世后，他的家人将全部浅见文库卖给了日本三井家族，成为三井文库的一部分。20 世纪 50 年代这批珍贵藏书来到伯克利后，图书馆为浅见文库的每本善本都特别定制函套，将散装的书籍按书名分别入函。每个函套上都请当时在伯克利东亚图书馆任职的著名书法家张充和用正楷体抄写了书名。这批函套数量上千，书名题字至今仍优雅清新，光彩夺目，是张充和一生赐墨数量最大的一批题字，非常珍贵。

图 1-6　浅见文库一瞥，书名皆由书法家张充和题写

除了中、日、韩三国的传世文献，伯克利关于当代中国研究的藏书也颇为丰富。伯克利的当代中国研究藏书始于1957年。随着冷战的开始，美国学界迫切需要关于中国的信息。那时，东亚图书馆的中文馆藏偏重中国历史、语言学、哲学、艺术、考古学和文学。福特基金会和洛克菲勒基金会提供资助，帮助伯克利建立了"中国研究中心图书馆"，并邀请了前美国著名外交家，美国国务院前官员谢伟思（John Service, 1909—1999）担任这个"中国研究中心图书馆"主任。谢伟思在中国出生，曾任美国驻重庆大使馆二等秘书、中缅印战区司令部顾问，也是到访过延安的第一个美国官方代表团"迪克西使团"的成员。在延安期间，谢伟思曾与毛泽东、周恩来等中共领导人会晤。在20世纪50年代麦卡锡主义盛行的政治氛围下，学者很难获得直接来自中国大陆的研究资料。在谢伟思的带领下，中国研究中心图书馆收集了大量有关中国共产党、中国社会和政治、政府、军队、法律和经济等方面的出版物。

书籍之丰，浩如烟海。至19世纪末，流传到海外的古籍善本为数颇众，不乏稀世之作。伯克利的珍藏品不失为中华文明的印记，它们也折射出了海外汉典收藏之广度和深度。

嘉业堂珍本流散美国始末

嘉业堂是中国近代最著名的藏书楼之一。20世纪30年代，由于经济原因和日本侵华战争，嘉业堂由盛转衰，藏书精品开始流失，并被分批售出。辗转至今，其善本主要收藏于中国国家图书馆、台北"中央图书馆"、浙江省图书馆、复旦大学图书馆、浙江大学图书馆、大连图书馆、香港大学冯平山图书馆、澳门何东图书馆和美国加州大学伯克利分校东亚图书馆。其中，流失到美国的这一批善本珍品以前不为人知，直到21世纪初才开始被记录和研究。这一批嘉业堂旧藏来到美洲有其历史原因。伯克利是北美地区唯一收有嘉业堂旧藏的地方。这些珍宝是如何来到这里的呢？

嘉业堂创办人刘承幹，字贞一，号翰怡、求恕居士，浙江省吴兴县（今湖州市）南浔镇人，生于光绪八年（1881）。光绪三十一年（1905年）贡生。民国初年流寓上海，1963年病卒。南浔刘氏以丝业发家致富，亦商亦官。宣统二年（1910年），刘承幹参加南洋劝业会，流连于金林书肆，遂有志藏书。1923年，刘承幹在南浔建筑嘉业堂藏书楼，分设宋四史斋、诗萃室、希古楼等专藏书室，及校勘室、阅览室、刊印房等。藏书最盛时，计有12450部、20万册、60万卷。

根据《嘉业堂志》，嘉业堂藏书的散佚情况大致可以归纳如下（以下史料均出自应长兴、李性忠主编：《嘉业堂志》，国家图书馆出版社2008版，不再另注。）：

1937年至1938年，南浔沦陷，嘉业堂藏书楼书画箱被日军打开，损失不详。此间常有日伪人员来强行借走或索取书物。

1939年6月2日至1942年12月1日，嘉业堂部分精品藏书陆续被打包分批运到上海。共计4028部62081册。

1939至1940年间，日本的大连满铁图书馆与上海同文书院阴谋收购上海与南浔的嘉业堂藏书未遂。

1940年4月郑振铎认为嘉业堂藏书正面临散失的危险，必须着手收购。他开始审阅嘉业堂书目并到刘承幹宅仔细鉴定版本，最后代表文献保存同志会以25万元收购嘉业堂明刊本1200余种，抄本36种。这批书后被打包送至香港冯平山图书馆，以便转运美国国会图书馆代存。后因太平洋战争爆发，香港沦陷，被日本人竹藤峰治带人掠走，运往东京，藏在日本东京帝国图书馆地下室。战后（1947）全部归还给国立中央图书馆，包括从嘉业堂购得的明刊本1200余种，抄校本36种在内的共3286部34970册被劫古籍。这批图书1949年运往台湾，现存台北"中央图书馆"。

1942年10月21日刘承幹与张叔平订立合同，出让包括宋元明刊本、批校本、明抄本、四库底本、名家抄本和清代及现代普通本11类书共13.2万册，议价200万元，并交了部分书籍，含宋元刻本及明抄本、稿本、批校本等。后由于物价飞涨，张叔平不付全款，刘承幹于12月17日提出解约，张坚决反对，后刘氏寓所藏书遭上海保安司令部及江宁路警察分局封存,大量书籍佚失。

从 1942 年起,张叔平开始将已得到手的嘉业堂藏书珍品转手倒卖,包括卖给亿中银行董事长朱鸿仪,这批书上除了有嘉业堂印之外,还有张叔平藏印,"朱韶""朱嘉宾""嘉宾藏书"等朱鸿仪的收藏印记。

同样根据《嘉业堂志》,嘉业堂散失的 6 万多册珍贵藏书后又由国内及香港、澳门等地多家图书馆收藏,大致情况如下:

复旦大学的藏书	1954—1956 年从刘承幹手上直接购买。
浙江图书馆的藏书	1951 年 11 月刘承幹向浙江图书馆捐赠的。
浙江大学图书馆的藏书	1947 年从张叔平处购得。
香港大学冯平山图书馆的藏书	40 年代由林仰山从张叔平处购得,后藏于冯平山图书馆。
澳门何东图书馆的藏书	1950 年由葡萄牙学者若泽·玛丽亚·布拉加(Jose Maria Braga)从张叔平处购得,后于 1958 年转售给何东图书馆,现归澳门中央图书馆管理。
台北"中央图书馆"的藏书	由郑振铎等于 1940 年从刘承幹处收购。

《嘉业堂志》又曰，目前收藏嘉业堂藏书的来源和途径不明的图书馆有中国国家图书馆和大连图书馆。至于流散到美国加州大学伯克利分校东亚图书馆的这一批嘉业堂藏书，《嘉业堂志》则有以下描述：

1949年初，美国伯克利加州大学东亚图书馆艾尔温（Richard Irwin）在上海购得嘉业堂旧藏善本一批，据2005年3月上海古籍出版社出版的《柏克莱加州大学东亚图书馆中文古籍善本书志》统计，共计69种、920册，其中宋刊本3种45册，元刊本7种238册，明刊本33种376册、清刊本8种144册，稿本9种91册，抄本7种24册，《四库全书》2种2册。

《柏克莱加州大学东亚图书馆中文古籍善本书志》仅记录了乾隆六十年之前刊印的刻本或稿抄本，统称善本。乾隆六十年之后刊印的刻本为普通古籍，没有被包括在其中。在撰写本文过程中，作者又根据加州大学伯克利分校东亚图书馆的纪录，对伯克利收藏的所有嘉业堂旧藏的刊本和稿抄本及普通古籍做了更新，增加了新近发现的嘉业堂善本和普通古籍，如下所示：伯克利的嘉业堂旧藏共计81种、1308册，其中宋刻本3种，元刻本7种，明、清刊本52种，稿本10种，抄本6种，《四库全书》2种，民国刊印本1种。以上资料至2016年底为止。

《嘉业堂志》是如何断定美国加州大学伯克利分校东亚图书馆所藏的嘉业堂这批书是由该馆馆员艾尔温于1949年在上海购得的呢？我们可以根据刊登在2007年第11期的《图书馆杂志》上由吴荇、李芳、李性忠合作撰写的《嘉业堂散出珍品寻踪》一文中看到端倪。

该文的作者之一亦是《嘉业堂志》的主编之一。他们在这篇文章中提到：

台湾东吴大学中文研究所教授金荣华先生在台湾《大陆杂志》《未刊写本经眼录》中所说："美国加利福尼亚柏克莱市加州大学东亚图书馆善本室内有写本数十帙，其中未曾刊行者二十余种，或属传钞，或为原稿，皆世所罕见；审其印记，则刘承幹之嘉业堂旧物为多。……加州大学所藏，则民国三十八（1949）年初艾尔温（Richard Irwin）氏得诸上海也。"（1972年6月28日金荣华记，吴荇、李芳、李性忠《嘉业堂散出珍品寻踪》，《图书馆杂志》2007年第11期。）

另外，该文又引据2004年4月28日一封金荣华的来信，金荣华在这封信中有如下描述："三十年前尝任职美国柏克莱加州大学东亚图书馆，得睹刘氏旧藏及前任艾尔温于一九四九年在沪收购诸书时写回之书信若干件。"此外，由于伯克利的嘉业堂旧藏中有不少张叔平和朱鸿仪的收藏印记，于是《嘉业堂志》就做出了结论，是艾尔温1949年从张叔平、朱鸿仪二人处购得了这批嘉业堂藏书。

根据以上记录，我们得知金荣华曾经于20世纪70年代到加州大学伯克利东亚图书馆应聘职位未成。在应聘期间，他有幸看到了这一批嘉业堂旧藏，并看到了有关信件。于是他得出了结论认定这批嘉业堂珍本是伯克利东亚图书馆馆员艾尔温于1949年在上海购得的。至于他看到的是什么信件，金荣华并没有展示原件或其他确切证据。既然当事人是美国加州大学伯克利分校东亚图书馆前馆员艾尔温，而且金荣华又确凿地说他是从艾尔温于1949年在沪收购诸书时写回之书信中看到艾尔温收购了嘉业堂这一批藏书的记录，便认定是艾尔温于

1949年从上海购得的这批嘉业堂的藏书，那么我们就把艾尔温的书信找出来，看看他本人究竟是如何说的。

1949年4月28日，艾尔温结束了在上海的购书之行后，登上了停泊在上海黄浦江上的美国海军医疗舰 U. S. S. Repose，准备返回美国。在这条船上，他给时任加州大学伯克利分校东亚图书馆馆长的赫夫博士（Elizabeth Huff）写了他这次中国购书之行的最后一封信，汇报了他这次购书之行的成果。此时，他最后发出的一批37箱中文书籍已经于前一天被运到了美国威尔逊战舰上了。这次中国之行他一共购买了90箱图书，全部运送回美国，共采购了924种图书和161种地方志，连同个人的路费和其他开支，花费了21264.51美元。在这封信里，他特别提到了他从上海商务印书馆购得了嘉业堂旧藏的一部明刻本《道藏辑要》和十多种方志的情况，并且说道，这批嘉业堂的方志中有几种是非常独特的，但他没有提到收购任何其他嘉业堂藏书。

从他的这份采购总结报告里，我们看不到有采购嘉业堂其他藏书的痕迹。除了一些方志之外，仅有一本明版的刻书来自嘉业堂，而且艾尔温还专门提及并讨论了这部书。为了核实艾尔温的报告，我们又清点了伯克利东亚图书馆现存的所有嘉业堂藏书，从中我们可以查到艾尔温购得的嘉业堂旧藏的一部明刻本《道藏辑要》和16种方志，这和艾尔温的报告吻合。时至1948年和1949年时，嘉业堂的一些最珍贵的善本如宋元刻本、稿本等在市面上已经不易购得，而艾尔温也没有在他的报告中提到伯克利嘉业堂旧藏中的另外60多种善本，特别是宋元本和稿本等珍品。既然他在报告中专门提及收购到了一本明刻的嘉业堂藏书《道藏辑要》，如果他这次上海之行还购到了更为珍贵的嘉业堂所藏的宋元本等旷世珍品，他不可能不提及。

此外，艾尔温回到美国后，时任加州大学伯克利分校东亚图书馆馆长的赫夫博士在 1949 年 5 月 24 日就艾尔温的这次上海购书之行给时任大学图书馆总馆长提交了一份完整的报告，详细描述了艾尔温这次 1948 年 12 月至 1949 年 5 月的中国之行。作为佐证，作者又审核了赫夫的报告。在这份报告中，赫夫也没有提到这次艾尔温中国之行中曾经有收购过大量嘉业堂珍品的事情。作者还审查了艾尔温 1949 年的全部采购清单，仍没有见到有其他收购嘉业堂藏书的纪录。

那么这次艾尔温的中国之行买了些什么书呢？从他提供的部分采购书单上我们可以看出他这次采购之行只购到了一些普通的中文书刊，其他的采购清单也大多如此，无重大收获。

从艾尔温的报告、采购清单和赫夫的报告我们可以得出结论，艾尔温的这次中国之行不可能是伯克利大部分嘉业堂藏书的来源。在否定了艾尔温的中国之行是伯克利大部分馆藏嘉业堂藏书的来源之后，我们不禁就要问：伯克利的这批嘉业堂藏书中的大部分旧藏珍品到底是从哪里来的呢？根据现有的史料，加州大学伯克利分校历史上唯一的一次大规模地采购中文善本是在 1949 年。这一年，伯克利东亚图书馆从日本著名的三井文库收购了 10 万多册中、日、朝鲜古籍善本。1948 年，伯克利派出生于东京的图书馆员伊丽莎白·麦金农前往日本，用大学董事会拨付的专款采购本校日本文学和历史方面教学所需书籍。在日本，麦金农获悉，著名的三井文库中的数个文库共 10 万多册的中、日、朝鲜古籍善本正在出售。在校方的直接参与下，1949

嘉业堂珍本流散美国始末　87

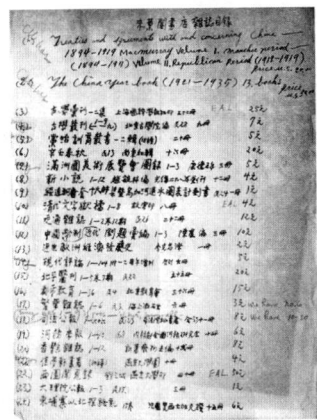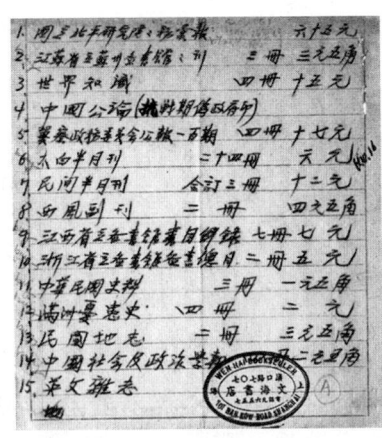

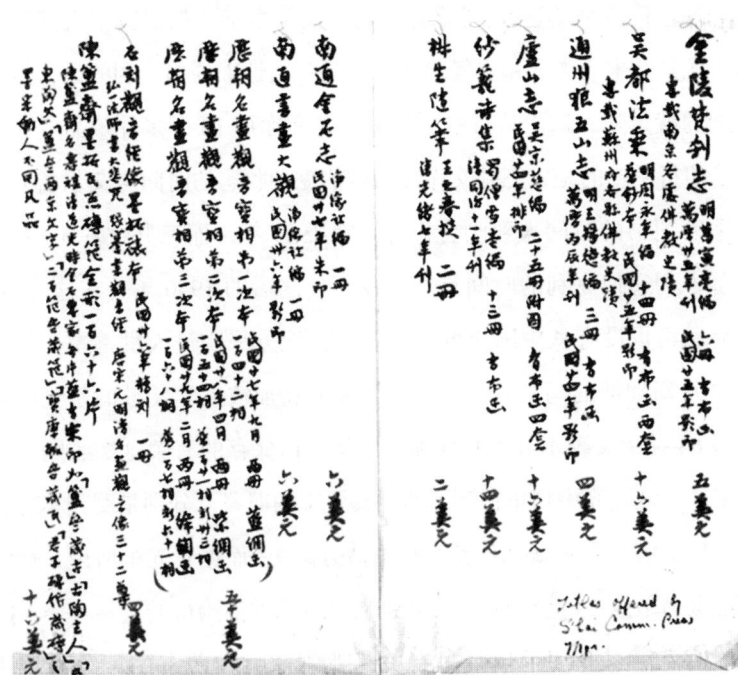

图 1-7　艾尔温 1949 年的部分采购书单

年伯克利完成了该校历史上最重要的一项海外善本图书的采购。这批总共10万多册的古籍善本书籍被分装在460多个箱子中，于1950年运达加州大学伯克利分校。这批图书不仅增加了伯克利东亚图书馆的日文善本馆藏，同时也增加了该馆中文和韩文善本馆藏。书籍涉及的学科包括历史、哲学、宗教、文学、艺术和自然科学。图书种类包括刻板图书、铜版纸印刷品、手抄本、屏风、卷轴、海报和游戏板等，其中有出自著名藏家的收藏品，包括今关天彭收集的中国文学著作、三井高坚的中国碑帖拓本和书法藏品以及由浅见伦太郎收集的四千多册古朝鲜印刷品和手抄本等。

现存伯克利的这81种嘉业堂的中文善本书，如果其中大部分藏品，尤其是宋元本和稿本等珍稀藏品是一次性来到伯克利的话，最有可能的就是随着这次从日本采购的三井文库那10万多件藏品一起来的。值得一提的是，三井文库藏品被伯克利收购的时间与艾尔温去中国采购图书的时间大致吻合，都是在1949年，而三井文库10万多册善本到达伯克利的时间是在仅仅一年之后的1950年。在这之后，伯克利再也没有从中国或世界上的其他地方采购过大批善本，仅在1972从新加坡的马来亚大学，即今天的新加坡大学任教的贺光中处购得64种中文善本和110种佛经。从该馆保存的有关这次收购的清单来看，从贺光中那里得到了两种嘉业堂的旧藏，分别是明刻本《春秋经传集解》和《新刊仁斋直指附遗方论》，而据贺光中所说，他的这批藏书是他20世纪50年代分别从日本和香港购得的。

伯克利东亚图书馆最早有关嘉业堂宋元本藏书的记录出现于1953年，如下图所示：

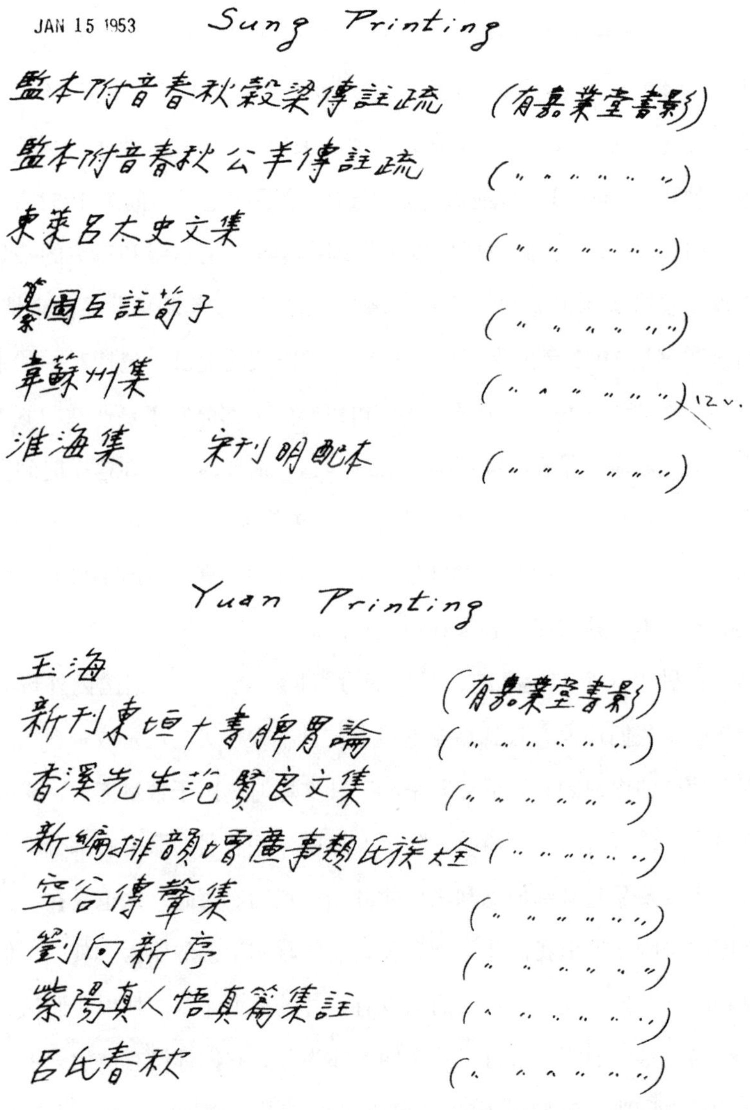

JAN 15 1953　Sung Printing

監本附音春秋穀梁傳註疏　(有嘉業堂書影)

監本附音春秋公羊傳註疏　(〃 〃 〃 〃 〃 〃)

東萊呂太史文集　(〃 〃 〃 〃 〃 〃)

纂圖互註荀子　(〃 〃 〃 〃 〃 〃)

韋蘇州集　(〃 〃 〃 〃 〃 〃) 12 v.

淮海集　宋刊明配本　(〃 〃 〃 〃 〃 〃)

Yuan Printing

玉海　(有嘉業堂書影)

新刊東垣十書脾胃論　(〃 〃 〃 〃 〃 〃)

香溪先生范賢良文集　(〃 〃 〃 〃 〃 〃)

新編排韻增廣事類氏族大全　(〃 〃 〃 〃 〃 〃)

空谷傳聲集　(〃 〃 〃 〃 〃 〃)

劉向新序　(〃 〃 〃 〃 〃 〃)

紫陽真人悟真篇集註　(〃 〃 〃 〃 〃 〃)

呂氏春秋　(〃 〃 〃 〃 〃 〃)

图 1-8　1953 年加州大学伯克利分校东亚图书馆嘉业堂宋元本藏书记录

这份书单的上部分记录了宋版书，其中仅《东莱吕太史文集》和《淮海集》为宋刻本，其他当时被认定为宋刊本的藏品，后来被判定为元刊本。图 8 的下部分记录的是元版书，但其中仅《玉海》《悟真篇》和《吕氏春秋》为元刻本，其他后来均认为不是元刻本。尽管有这些错误，但这份清单明确标示了这些珍品的记录时间为 1953 年 1 月 15 日。因此，我们可以做以下推理：1949 年艾尔温和赫夫的报告中丝毫没有提到伯克利藏有来自嘉业堂的宋元本等珍稀藏品的事情，而该图书馆 1953 年出现了伯克利嘉业堂旧藏的记录，包括对一些来自嘉业堂的宋元刊本的记录。我们可以断定大部分属于嘉业堂的藏书来到伯克利应该是在 1949 年至 1953 年这个时间段。而在这个时间段里，伯克利历史上唯一一次大批采购中文善本是 1950 年在日本购买的三井文库旧藏。因此，这批包括宋元本在内的嘉业堂藏书极有可能是随着日本三井文库一起来到伯克利的。

在做出这个结论之前，我们尚存疑问。首先，根据国内外现有的文献，我们还没有看到嘉业堂藏书被日本人购买的记录或资料。从现有馆内的史料来看，伯克利采购三井文库时，由于数量庞大，当时并没有一份所有藏品的清单，除了文库中一些著名的藏书有部分清单外，大量藏品是来到伯克利之后才开始清点的。因此，这也是在三井文库的采购文件里我们找不到有关嘉业堂藏书记录的原因。其二，伯克利的这一批嘉业堂旧藏上面均没有三井的藏书印章。如果我们认为这批嘉业堂的旧藏是来自三井文库，那为什么它们都没有被加盖上三井的藏书印呢？我们对 1950 年收购到的三井文库做了考察，发现三井家的藏书有这样一个特点，那就是他们对来自著名藏家的旧藏都不再加盖三井文库的藏书印，而将这些珍贵书籍按其来源和藏家组织在一起。这包括三井文库中的鹤轩文库、本居文库、今关天彭藏书和浅见文库等。如此一来，三井文库中的这一批嘉业堂藏书没有被盖上三井文库藏书印的现象也就可以得到合理的解释了。

除了以上的推理之外，我们还必须找到一个嘉业堂藏书从中国到日本，然后再到美国的路线图。这个路线图存不存在呢？我们又从以下的证据中找到了这么一个路线图。来到伯克利的这10万多件三井文库善本藏书里包括有日本著名汉学家今关天彭的藏书。今关天彭于20世纪30年代将他自己的汉学藏书卖给了三井家，这批书成为了三井文库的一部分，转手时间是昭和十四年（1939）5月，转手时还建有目录。尔后，今关天彭藏书又于1950年随着三井文库的转手而来到伯克利东亚图书馆，这在收购三井文库的历史档案中已有记载。从今关天彭的那份目录中我们发现了有一种嘉业堂旧藏的记录，即《筹海图编》13卷，书上附有嘉业堂的藏书印。该书是伯克利现今收藏嘉业堂旧藏中的一种。这就建立了从今关天彭藏书到三井文库再到伯克利的路线图，也就是藏书从中国到日本再到美国的路线图。但是我们不禁又要问，为什么今关天彭的目录中仅有一种嘉业堂藏书的记录呢？可以有一种解释，那就是今关天彭1939年出卖自己的藏书给三井时，他的这批藏书中只有一种嘉业堂藏书，而伯克利藏书中的其他嘉业堂的藏书则是1939年以后由三井家获得的，当然这也不排除这些嘉业堂藏书后来也是通过今关天彭转手到三井家的。从现有的文献记载来看，从1940年到1945年之间，今关天彭曾数次到过中国，特别是到上海地区活动。在这期间，他极有可能继续得到嘉业堂的珍品。此外，今关天彭1939年目录中记录的《筹海图编》13卷上均无今关天彭的收藏印章，亦无三井的收藏印章，与三井文库中来自其他著名藏家的藏书情况吻合。根据《嘉业堂志》介绍的情况，1937年至1938年南浔沦陷，嘉业堂藏书楼书画箱被日军打开，损失不详，为嘉业堂藏书散失的开始，而今关天彭1939年的私人藏书目录中就出现了一种嘉业堂的藏书，这就意味着这一种书可能是最早散失的这批嘉业堂藏书中的一种。这说明嘉业堂的藏书的的确确被日本藏家获得过。

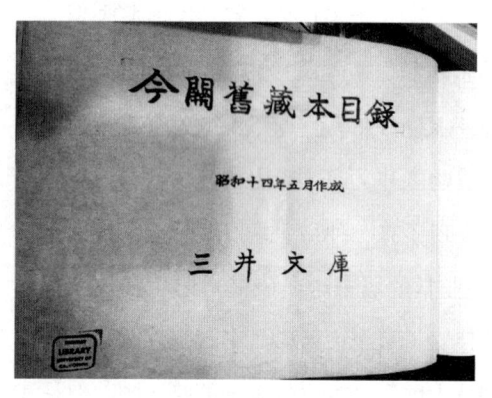

图1-9　今关天彭旧藏本书目录

1942年之后，嘉业堂的藏书大量散失，张叔平亦大量转手倒卖嘉业堂藏书。因此我们不能排除在这混乱过程中，有一些嘉业堂的珍品最后到了日本。但是我们目前尚无法判断它们是如何到日本的。至少对在伯克利落户的这批嘉业堂的藏书的分析来看，我们基本可以断定它们中大部分是和三井文库一起来到大洋彼岸的美国的。伯克利的这批嘉业堂藏书的版本价值极高，明显出于行家勘选之手。而三井文库是日本著名的私人文库，伯克利的这一批嘉业堂旧藏版本价值很高也就不出人意料了。

根据以上文献及档案分析，伯克利现存的这一批嘉业堂旧藏应该有以下三个来源：一是1949年艾尔温从上海商务印书馆购得嘉业堂藏明清方志16种和明刻本《道藏辑要》一种，共17种。二是1972年加州大学伯克利分校东亚图书馆从新加坡购得"贺蒋藏书"中含2种嘉业堂旧藏的明刻本。三是1950年从日本三井文库来的其余60种珍贵的嘉业堂善本，包括宋元刊本、明清刻本、稿本、抄本、《四库全书》写本和另一种民国期间的刊印本。

在确定了嘉业堂珍本在历史上流失到了日本，而伯克利所藏的嘉业堂珍本又是从日本再被转卖到美国的这一历史过程之后，让我们再来讨论一下嘉业堂这批珍本的命运是如何与中、日、美三国联系在一起的。这批藏书流散海外又如何反映了一个时代的变化和民族的命运。上面作者讨论了日本对华侵略时期嘉业堂善本流失的经过以及郑振铎等文化界人士在抗战期间抢救嘉业堂善本的壮举。但是，许多嘉业堂珍本最终还是到了日本三井财团的手里。这无疑是一个可悲的结局。然而，三井财团作为嘉业堂这批藏书的新主人的身份并没能持续多久。

让我们来看看这批嘉业堂藏书的原持有者日本著名的三井文库（Mitsui Bunko）。它最初成立于1918年，是三井家族的档案馆和博物馆。它收藏了三井家族百年来从中国、日本和朝鲜收集来的大量丰富古籍善本文物及碑帖、拓片、书画和各类艺术品。日本江户时期著名的大商人三井高利（宗寿）于17世纪创立"三井越后屋"，拥有零售和银行的多种业务，奠定了三井家的事业基础，后来成为日本首屈一指的富豪。1868年明治维新后，三井家取得了巨大的成功，从一个传统的富裕家族企业发展成为一个多元化的企业联合体。随着三井银行和三井物业的创立，三井财团不断扩大产业领域，先后进入纺织、采矿和机械制造业等领域，并成为日本二战前最大的财阀。

1945年日本战败，根据《波茨坦公告》第11条，日本的民用工业可以保留，但能够建立侵略力量的军工产业必须被禁止。1945年8月14日，日本天皇向议会宣布接受《波茨坦公告》，颁布投降诏书。当时，美国政府认定日本大部分工业设备都是为战争服务的。杜鲁门的特使、盟国赔偿委员会首席代表波利在对日本进行考察后向盟军总司令麦克阿瑟将军提出了日本战争赔偿原则，一是完全拆毁现存日本军工企业；二是严格限制其工业生产能力。作为在二次世界大战中日本军火工业最大支柱企业之一的三井财团也因此被解体。三井财团之下的三井文库中的八个善本特藏含10万多册善本文物也随着当时三井财团的解体而被迫拍卖。

三井文库的拍卖是在对日本实行军事占领的驻日盟军司令部监督之下进行的，他们仅邀请特定的美国收藏机构来参加拍卖。最早被邀请来参加拍卖的是耶鲁大学。耶鲁大学没有兴趣，而把拍卖邀请信转寄到了加州大学伯克利分校图书馆。1948年的一天，加州大学伯克利分校东亚图书馆馆长赫夫接到了收发室来的一个电话，说是有一个来自耶鲁大学的邮包，要她去看看是些什么东西。赫夫来到收发室取了包裹，打开一看，不禁大吃一惊。包裹里竟然是对日占领盟军司令部寄来的有关三井文库拍卖的介绍材料和清单，而所谓的拍卖竟然是要指定机构在无竞争对手的情况下参与这项交易。而就在几个月前，赫夫已经派了出生于东京的助理伊丽莎白·麦金农前往日本，用大学董事会拨付的专款采购本校日本文学和历史方面教学所需书籍。几天前，麦金农还从日本发回电报告诉赫夫，她已获得消息，三井文库中数个文库共10万余册来自日本、中国和朝鲜的珍贵藏书正在寻求买家。因此，赫夫对此事事先早有了解。如果这项交易可以做成，这将是伯克利有史以来最大的一次海外采购，它将会使得该校东亚图书馆的日文馆藏量一跃跻身全美前列，并成为世界一流的中日朝善本珍品的典藏机构。而且，这个"拍卖"的起价才区区几万美金而已，且无其他竞拍对手。根据这个清单，赫夫做成了伯克利一项重要的海外采购。她动员了当时的加州大学校长罗伯特·斯普劳尔向每位校董募捐，在极短的时间内就筹集到了全部资金，很快收购了三井文库中的八个重要文库共计10万多册中日朝文字的古籍善本、古地图和听冰阁的金石拓片等大量文物。本文讨论的这批珍贵的嘉业堂旧藏珍本也是这批被收购珍品中的一部分。历史就是这样的讽刺：嘉业堂珍本在日本侵华战争中流失到了日本，而获得这些嘉业堂珍本的三井财团又由于日本战败而不得不把价值连城的三井文库低价出让给美国。历史的发展令人唏嘘。

以上讨论旨在为这一批嘉业堂珍品流失到美国的来龙去脉作一梳理。这一批嘉业堂珍宝流散到海外的过程，反映了战争和国家命运的曲折关系。

中国学术的话语权

中国传统学术无不沿袭经典治学之路，我称之为：学术中的书本治学之道，即"书本文化"或"书籍传统"。儒释道文化的传统遵从经典和圣贤之说，重解释，而轻创新和离经叛道之举。由古至今，皆是如此。唯民国伊始，西学盛行，才从书本文化和书籍传统转入到系统分析、构建体系和研究方法上。即使如此，研究途径仍是重事实之罗列和叙述，然后得出结论，此为中国学人治学之道。求严谨、重证据，朴实之风为之根本。反观西方学术，弘扬假设、质疑、争论、替代、进步之路，求识辨、重逻辑，即使是凭空假设也无不可。中国人初接触西学和受之训练者，大都有荒谬之感，需经多年磨练，方能入门。难怪胡适之一言，"大胆假设，小心求证"，导出真谛。东学与西学之迥异，值得评说一番。

西学之奥秘在于放开思想、大胆假设。这种思维和研究方式可以脱离禁锢，采取翻墙越脊之势，事半功倍，且能产生巨大的思辨空间。20世纪80年代中，我刚进入美国研究院博士班，导师基本不让我们看书，而只让我们看本领域中最出名且尚未出版的大师或前沿学者的论文稿本，然后让学生们开始提出各自的假设和理论，与大师们做思想较量。我们这些初出茅庐的年轻人居然被怂恿到与名师对决，拿出我们新的理论，挑战名流，去伪求真。相比之下，之前在国内研究生班所学的东西，大多是豆腐块文章、经典解释、翻来覆去地记忆和考据。西学那种让人如坐上驰骋的骏马狂奔而不拘一格的放任，不能不使人耳目一新。在这种学术方法下，话语的发挥可以达到极致，无非是谬论与真理的较量。难怪西方学术话语的尺度特别宽，理论也是五花八门。但通过这种思想的较量，真理也就辨析出了，当然谬论也不少。新的思想乃至新的大师往往通过这种学术思想的碰撞和竞争，得以层出不穷地产生。在西方学界，许多顶尖的大师都是通过这种大杀大砍的方法出人头地的。所谓站在前人的肩膀上和站在前人的脸上称大师就是这个意思吧。站在前人的肩上指的是利用前人的发现、理论和成就，在改良并发展这些知识和理论的基础上建立起自己的理论，确定了自己超过前辈的地位，而得到了同仁的认可和支持。站在前人的脸上则是指完全推翻和击倒前人的理论，推倒他人的话语，建立自己的话语，达到新的境界。这两种方法中无论哪一种都要有新的东西，不能重复和老生常谈。用今天的一句通俗的话来说就是要创新。

与西方几百年来的学术发展相比，中国人做学问的办法要老实得多，尽可能循规蹈矩，唯不敢越雷池一步，以免落得个狂人之嫌。由此一来，中国的学术话语相对西方人就要狭隘得多。中国学人只有打破陈旧思维和教育方式才能建立具有国际影响力的话语体系。两千多年来，中国学人过分注意建立中国学术自身的话语体系，而忽略了建立普适的学术话语体系，而这也就是西方学术与中国学术发展上最大的不同吧。这一点在人文和社会科学领域尤为明显。举语言学为例，中国传统小学研究的历史不亚于西方人研究语言的历史。西汉刘歆把经类图书分为易、书、诗、礼、乐、春秋、论语、孝经、小学九部，确定小学为一分支，足以证明中国人研究语言的历史悠久，包括音韵学（释音）、文字学（释形）、训诂学（释义）。可是两千年来，除了内容和语料不同外，这种语言研究的方式和方法几乎是不变的，即对语言现象的描述和分类，如文字、语音、语义等。再看西方人研究语言，他们一开始似乎和中国人研究语言非常相似，古希腊的语言大论战，"自然发生派"和"约定俗成派"之间的争论与战国末期的荀况在其《正名》篇中指出"名无固宜，约之以命，约定俗成谓之宜，异于约则谓之不宜。名无固实，约之以命实，约定俗成谓之实名"如出一辙。中西方学人的观点和争论的议题很相似。可是到了近代，中西方语言学研究的方向和方法却发生了根本性的差异。中国人研究语言还是一成不变，而西方人从19世纪起就开始了对世界各地区的语言和语系的比较和通识研究，即由欧洲人开创的历史比较语言学，如梵语和拉丁语，希腊语和其他日耳曼语言之间的比较。这种大格局、大视野的语言体系研究是中国学术在那个年代里没有的。中国人喜欢眼睛盯着自己家里的事，充其量把语言研究细化为方言研究，描述不同方言和地域信息，可是并没有把眼光投到世界范围去，更不想去系统地建构一个什么人类语言体系。与此同时，西方人又把世界语言和各语系之间的历史发展和比较研究提升到更高的范围，建立了科学的人类普遍语言法则。19世纪末兴起的结构主义语言学开启了现代语言学的范畴。索绪尔（Ferdinand de Saussure, 1857—1913）提出了语言和言语之差别，也就是说要透过现象看本质。要研究人类的共时语言，即在某一特定时间的语言现象，在一个不变的理想语境下来找出人类语言科学的规律，而不是把"眼睛盯着过去的"变化中的言语现象。这个改变是革命性的，它促成了体系的建立，并把研究支离破碎的现象的个别研究变为普遍法则研究，开拓了现代社会科学和人文科学的领域。这也就是说，在人文和社会科学的研究中用科学的方法先把研究对象孤立出来，放在一个假设不变的环境中来探求制约语言的普遍法则。就像是物理学家研究物体的移动和物体的抛物线，都是要把实际生活中的风、环境、气候等变化的因素排除掉（与工程学研究不同），才能得出物理学的普遍法则。由此，结构主义就在西方学界开始盛行，人们开始在人文社科领域里纷纷建立和描述各式各样的体系。20世纪50年代末，美国的乔姆斯基（Noam Chomsky，1928—）又对这种结构主义的语言分类描述体系和"开中药铺"的方法提出了新的挑战。他也是将语言放在假设不变的共时研究体系内，但他认为语言研究更应该揭示人的大脑所固有知识系统，从而揭示出人的大脑里存在的知识体系和法则系统，这就开始了认知科学研究。[1]虽然他用这个理论把语言学研究带入了一个狭窄的、以探讨语言规律和法则为主的空间，至今还遭人诟病，但是他的认知科学思想却得到了许多其他学科学者的认同，竟然影响了20世纪学术研究的方向和学术进程，今天的人工智能、自然语言处理、机器翻译和语障治疗等领域，或多或少都受到了他的影响。

在中西方传统学术研究方法的比较上，中国人的研究注重细节、

---

[1] Noam Chomsky, *Syntactic Structures,* The Hague/Paris: Mouton, 1957.

注重文献，而西方人的研究注重普遍法则和知识定律，建立完整知识系统。一个是小格局、小环境，一个是大格局、大环境。在这样两个不同的文化、思维和迥异的研究方法及视野影响下，谁占有的学术话语权更多这个问题就很清楚了。近几百年来，西方学术一直追寻的是一条建立普遍法则的道路，他们似乎有一种始终如一的世界观、大科学精神和唯我独尊的气势。在西方很少有人谈什么是英国学术、美国学术、德国学术，他们所谈的常常是世界范围的学术问题和国际战略问题。而中国学人则在自我限定的中国学术环境里转悠了上千年。至今，许多人文社科领域里的研究都是先贴上中国的标签，如中国语言学、中国政治学、中国艺术等等，殊不知除了探寻的对象和资料是中国的以外，所得到的结论和方法都应该是世界的，必须提升到探寻普遍真理的层次上，建立起普遍法规和理论体系。当年牛顿看到苹果从树上掉下时，他就开始思考万有引力的理论框架和什么是宇宙的本质这一宏观议题，而不是去考虑英国苹果和法国苹果是不是在不同季节掉下来的。前者是广泛思维，后者是狭隘思维，它们所产生的话语体系和结果完全不一样。

西方的教育体制从小就激励人开发自我，标新立异，激励学生和学者去建立人文社科、科学、工程等各领域的法规与规律、理论和规范。这大概就是至今西方学界还牢牢把握着世界范围内学术话语权的主要原因吧。西方学术史上的圣人不少，但却很少有怕圣人的。中国学者在建立学科领域的话语架构时底气和勇气显得不足，恐怕是肩上背负的文明包袱太重，离经叛道的人不多。试问在中国学术话语体系的建构中，有多少中国学者在试图建立普遍适应的理论体系？反之，西方学界则把建立普遍适应的科学法理运用得淋漓尽致，推到了所有领域。旨在领引时代潮流，吸引世人以他们为师，进而牢牢掌握住了新的学术话语权。在西方人文社科领域里，动不动就有人提这个定律，那个法规，那个理论。对不对先拿出来，讨论后再辩论，探个究竟，错了也没关系，至少落得个"脑力震荡"。

要主导世界的学术话语权，中国人做学问的方法就得做一些调整和改变。中国学界须提倡全方位理论创新，积极支持并奖励那些占据视野高度、具有全球和宏观主导力和影响力的研究项目和成果，并将这些思想和理论纳入中国话语体系，方能影响世界。首先要确定它的内涵和创造机制。要有话语权就必须有普遍性的指导意义。因此，中国的学术话语体系必须既有深厚的内涵又有国际性，不能只是空洞而生硬的口号。中国传统文化中的儒家思想、老庄哲学、孙子兵法等文化精髓近百年来已经在世界上广泛流传，影响巨大，但它们毕竟缺乏时代感，无法完全与现代社会相匹配，比如说它们在人口爆炸、气候变化和核扩散等当代重大问题上就提供不了理论根据。今天的世界瞬息万变，需要人们不断创造新话语和新思想。因此，要建立具有时代意义的话语体系不能单凭照搬现抄祖宗留下的理论，需要建立一个能创造新话语、新理论、新规则的创新体制。

一个强大的话语体系必须具备以下几个特点：首先它要有影响力，在国际上具有"设立议题"的功能。这就需要有学术话语权和与此相关的创新机制。没有学术话语权和创新机制，你讲的话没人愿意接受，得不到别人的认可，从何谈起建构话语体系？应当指出的是,"中国的学术话语权"不同于"中国学术的话语权"。严格说来,学术是无国界的,是具有国际性的,所谓"学术乃天下之公器"。其次,中国学人要走出狭隘的凡事以中国划界的学术思维,建立跨国度的学术研究体系和思维框架。中国学术几千年来少不了对世界、宇宙、人和社会之普遍现象的探讨,但我们也常为中学和西学的界定所桎梏,作茧自缚,把我们的学术话语定位仅限在中国学术的圈子内,而不把力量放在建立放之四海而皆准的真理和法规上。事实上,中国学术所面临和探讨的问题都是世界性的问题,虽然我们习以为常地在学术研究里以中国的社会和国情为主,但无论是中国的人口、环境、社会转型,还是传统学术中的语言文字、文学理论、哲理思辨都无不具有普遍性和国际性。从中国学术的框架里产生的话语和结论引申到放之四海而皆准的普遍法理,就是我提倡的从中国学术的话语结构向中国的学术话语结构的思想转变,或者说要放下或逐步淡化所谓的中国学术概念,而采用一种建立普遍性科学的宏大思维空间。

中国的学术传统中似乎还少了一些扶植的力量和机制,缺乏培养更多的人来批判、发展、完善、推广和提高新理论和新话语。要培养能领引世界学术研究和学术话语潮流的人物,就要像培养奥运会金牌选手那样用一整套新的方法和体制。美国著名大学培养的博士生如果在毕业论文中提不出新的理论和见解就毕不了业。仅仅靠一篇博士论文就扳倒一个学术权威而建立自己学术体系的大有人在。比如上面说到的当代最著名的学者之一乔姆斯基,当年就是用他的一篇博士论文颠覆了结构主义的理论体系,而当时他还只是一个名不见经传的小青年。这里有两个问题值得思考：一是这样的情形为什么没有在中国学术界出现？二是即使有这样的人物在中国学术界出现，他（她）的命运又会是如何？是否被认为好笑和不知天高地厚而被冷落，甚至于泯然众人？因此，要加强中国的学术话语权，思想的解放和思维方式的转变是第一步。

英国人李约瑟写了本《中国科学技术史》，指出16世纪之前中国是世界科技和学术研究的中心，遗憾的是近代科技革命没有发生在中国，而是发生在欧洲。事实上，当代主要的科技创新也没发生在中国。近年来，美国学者尼尔·弗格森（Niall Ferguson）对这个现象做了进一步解释。[①] 同李约瑟一样，他认为世界科技文明中心在16世纪之前是中国，如今西方世界衰退，中国可能取而代之。他还进一步解释了为什么西方文明过去五百年的繁荣没有在东方的中国和印度发生。他提出了几个所谓"西方的绝招"：它们是：竞争、科学、私人财产权、医学、消费社会、工作精神。这六个绝招放在一起就导致了西方社会创新机制的建立，这是一个向前、向外扩张的体制。反观今天的中国，这六项绝招都已经广为使用，这归功于中国人的智慧。但是，中国目前尚未建设好一个具有世界影响力的创新机制，所以也就不能在世界范围内建立更有力的话语体系。因此中国学人面临的是如何建构具有普遍性的话语体系的问题。在这个过程中，我们恐怕要重启美国历史学家和哲学家库恩（Thomas Samuel Kuhn，1922—1996）的"范式迁移"理论，即他在经典之作《科学革命的

---

① Niall Ferguson, *Civilization: The West and the Rest*, New York: Allen Lane, 2011.

结构》[①]中提出的观点：世界上一切科学研究体制的重大突破和发现，几乎都是先打破传统，打破旧思维，而后才成功的。西方通过庞大的媒体，用先设立议题的办法来掌控世界范围内的话语权。西方国家的这种话语权的控制是以学术界和智库人物的辅助来确立的，不论是文明冲突论也好，新保守主义也好，还是全球化思维也好，都来自这种外展型的思维和战略方针。学术研究成果导致社会变革，学术话语是世界战略话语的基础，学术研究与创新是社会发展的引擎。中国学人必须有新的思维、新的探讨，建立宏观的学术话语体系。

[①] Thomas S. Kuhn, *The Structure of Scientific Revolutions*, Chicago: University of Chicago Press, 1962.

人 物 篇
文明交汇的行者

在这一部分，我将重点探讨一百多年以来在中西方学术与文化的交流与传播中产生了重大影响的两个人物：中国学者赵元任和他在西方学界产生的重要影响；西方学者及传教士傅兰雅和他在19世纪中国科学和社会启蒙运动中做出的巨大贡献。通过他们的经历，我们可以看到中西方文明彼此的交汇和相互影响。但是，在文明的交汇中起到关键作用的也不都是一些著名的历史人物，许多普通文化人士和平民百姓也都是文明的传播者。通过对美国犹太学者方保罗和他毕生收藏的丰富的民国电影史料以及著名的旧金山致公堂档案的讨论，我们可以看到那些在传播和研究中国历史文化方面做出了贡献的普通人士及许许多多默默无闻的华人移民在美国的生存经历，他们都是文明交汇的践行者。

赵元任的学术生涯

赵元任是20世纪留美学者中最著名的人物之一。除了被誉为"清华国学研究院四大导师"之外，赵元任也被冠以"中国现代语言学之父"之名，他是世界著名的结构主义大师，东西方学术界的巨人。最值得一提的是他在美国加州大学伯克利分校度过了他一生教学和研究生涯最长的一段岁月，从1947年开始担任教授的16年（1947—1963）和退休后的19年，直至他生命的终点。1947年，赵元任完成了他在哈佛大学的教学工作，准备回国。此时，他收到了时任国民政府教育部长朱家骅的电报，请他回国担任南京中央大学的校长。赵元任终生不喜欢担任行政工作，决定接受加州大学伯克利分校的邀请，加盟该校的东方语言系，从此他就留在了伯克利并度过了余生。

回顾20世纪中国和美国学术发展史，赵元任先生出现在了许多重要的节点，从清末庚款留美学生到清华国学研究院的导师；从中央研究院史语所语言组的创建者到主持大规模中国方言调查的开创人；从哈佛、耶鲁、伯克利等名校的教授到普林斯顿、伯克利的荣誉博士；从加州大学的学院教授到美国艺术与科学院的院士；从美国语言学会的主席到美国东方学会的主席；从古根海姆学者到北京大学的荣誉教授，他头顶着一个又一个的桂冠，自由驰骋于中、西学术界数十年。但是赵元任却又是一个低调而平和的人，一个极其睿智，雍容大度并充满幽默的人，一个喜欢美食，爱用双关语和音乐创作的人。他也是一个慷慨的人。他通过遗嘱的方式，去世后把离学校不远、坐落在伯克利山上的故居捐给了加州大学。依照遗嘱，他和夫人的骨灰被撒在了太平洋里，流向了东方，流向了他们的故国……

即使是在伯克利或哈佛这样大师云集的世界名校，赵元任也是难得一见的重量级学者。他的学术地位难以超越：他跨越了人文、社会科学和自然科学多个领域。他的学术研究影响了东、西方学界，他著作量之大，至今还甚少有人能够望其项背。从语音学到语法，从方言学到哲学，从音乐到物理，他都游刃有余、驾轻就熟，他给后人留下了大量不朽的杰作。在美国学界有一句名言："赵元任先生永远正确。"

如果有人要问我，赵元任一生最大的学术成就是什么，我的回答是：他连接了两个世界，即中国的学术世界和西方的学术世界。在他之前，这两个世界是没有关联的。他把西方的学术思想成功地嫁接到了中国学术领域，并让它开花结果，这包括结构主义的研究方法（其影响大大超过了语言学研究领域，覆盖了人文社会科学的诸多领域）、西方哲学逻辑思辨、实证科学方法、田野调查、实验语音学、物理学研究方法等。另一方面，他又把中国传统学术的成果和方法引到了西方，包括汉语语法研究、文本研究、汉语音韵学、汉语文字学等。他建构了跨越东、西方学术的框架。有人说，清华国学研究院四大导师中梁启超、陈寅恪、王国维皆是传统中国学术领域里的大师，他们主要研究两千年来中国文、史、哲方面的核心问题，面对的是历史和过去；而赵元任先生所做的研究却是在当代领域，在四大导师中,他很独特。

清华国学研究院成立于90多年前。回顾这一段历史,我们不得不说,当年清华国学研究院的选人方针是如此的明智。在那个东西方学术大碰撞的历史关头,在当时以西学为办学模式的清华园,中国学术必须向前走,必须创新,必须与世界接轨。如果仅仅是向后看,埋头经、史、子、集,研究儒家经典、老庄哲学,只温故而不知新,只做考据而不开创,中国学术就无法延续。在这一点上,赵元任用他一己之力,扛起了这一继往开来的重任,为中国学术的发展踏出了一条新路。他的主要学术研究是从清华国学研究院开始的,他的许多学术研究成果促成了现代中国社会科学和人文科学体系的构建。在这个过程中,他也实现了美国历史学家和哲学家库恩(Thomas Samuel Kuhn, 1922—1996)在其经典之作《科学革命的结构》中所提出的"范式迁移"(paradigm shift)过程。根据这个理论,世界上一切科学研究体制的重大突破和发现,几乎都是先打破传统,打破旧思维,而后才成功的。赵元任将西方学术研究理论和方法融入中国学术研究领域,打破陈旧思维,建立了现代中国语言学。

赵元任先生探讨问题的角度多样、灵活。在中国语言学研究方面,他1928年出版的《现代吴语的研究》、1920年代探讨的国语罗马化方案、1930年代的方言调查工作以及后来在伯克利完成的汉语语法著作《中国话的文法》都是开创性的工作,是20世纪学术史上的里程碑。同样,他在1922年翻译的《阿丽思漫游奇境记》和他的那首《教我如何不想他》的歌曲,脍炙人口,影响了一代又一代的中国人。赵元任先生在学术上的成就超越了国界。

他在语言学方面的研究和在海外汉语教育方面的推广工作大多是在美国开展的。他对美国语言学和汉学研究的贡献可以归纳在以下几方面：

首先，他将西方人文科学之基础的语言学研究扩展到了汉语研究领域，系统地、科学地建立了现代汉语语言学的各个分支研究，包括实验语音学、语法、方言学、田野调查、汉语罗马化、汉语教学等多个方面。赵元任的工作在中美两国都是开拓性的尝试。其次，赵元任先生在20世纪语言学研究方面有无可替代的学术地位和影响。如果说索绪尔（Ferdina de Saussure, 1857—1913）在欧洲创建了结构主义语言学和对语言的共时研究理论，布龙菲尔德（Leonard Bloomfield, 1887—1949）在美国创建了美国结构主义语言学，那么赵元任就是在中国创建中国结构主义语言学的历史人物。索绪尔的《普通语言学教程》（1916）、布龙菲尔德的《语言论》（1933）和赵元任的《中国话的文法》（1968）是20世纪结构主义语言学史上的三部巨著，它们跨越了近半个世纪，涵盖了世界上最主要的语言。不同的是赵元任发展了索绪尔和布龙菲尔德的研究，弥补了结构主义语言学仅注重语音学和构词学而忽略句法和语义学的不足，把结构主义的方法运用到中国话的文法研究方面。20世纪50年代以来，在美国，以乔姆斯基（Avram Noam Chomsky, 1928—）为代表的转换生成语言学派取代了结构主义语言学派，成为语言学研究的主流，但我们至今还没有看到一本用转换生成方法写出来的像《中国话的文法》这样全面深入、具有说服力而能解决中国话文法所有主要问题的著作。历史证明，赵元任等多位中国语言学家在上世纪创立的中国语言学研究至今仍产生影响。

作为一个学术大师，赵元任毕生注重收集和保存资料，有一片纸都不丢掉的习惯。这为后人研究赵元任的一生提供了大量资料。通过多年来对他的私人档案文献的整理，我更进一步加深了对赵元任先生的认识。赵元任档案是他一生收集和保存的全部资料和文稿，从19世纪末到1982年，共有近12万件之多，主要包括以下几个方面：

1. 日记

从1906到1982共70多年的日记，从未间断。

1906年3月22日，14岁，他第一次记日记，写道："12至溪山，拟在彼午餐而已晚矣。遂稍待，众皆至养济踢球，余至青年集益社领书。……"

1982年1月26日，赵元任写完了他人生最后的一篇日记："起迟，早饭后睡一觉。下午又睡一觉。"①

1982年2月24日，赵元任去世。巧合的是在此20年前，赵元任先生终生的挚友胡适也在同一天去世。

2. 文书

赵元任档案包括大量重要文书，与清华国学研究院、"中研院"、康奈尔大学、哈佛大学、耶鲁大学、加州大学伯克利分校、美国语言学学会和美国东方学会有关。重要文件包括中央研究院历史语言研究所成立初期的文件、清华国学研究院教授档案、美国语言学学会和美国东方学会的工作档案等。

---

① 日记的中文原文为"起迟，上午睡一觉，下午又睡一觉。"此处由本书作者将英文日记译为中文，中英文略有出入。以下原为英文的文章、演讲均由本书作者译为中文。

112　人物篇 / 文明交汇的行者

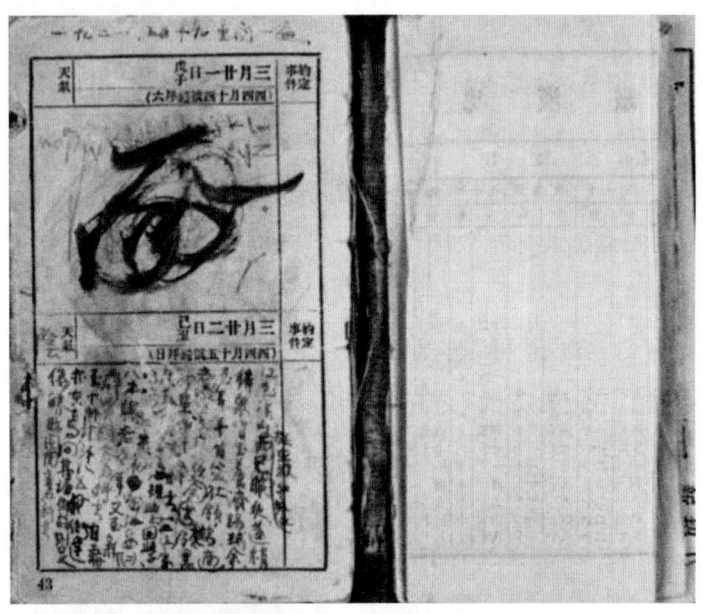

图 2-1
赵元任的第一篇和最后一篇日记图影

3. 学术研究成果

他终身学术研究工作的原始材料和手稿以及大量教学笔记。

4. 私人信件

档案中收有大量私人信件,包括他与20世纪中国学术史上许多重要人物的来往信函,大多不为人知,反映了很多重要的学术史实。

赵元任档案中最有学术价值的一部分是他的私人信件,这些信件披露了20世纪中美学术史上一些重要史实和学者之间的联系。这一批私人信件有赵元任和其他著名留美学者之间的来往书信,如胡适、李方桂、杨联陞、李济、陈世骧、梅贻琦、钱思亮、裘开明等人,反映了这一批在20世纪不同阶段穿梭往来于中美之间的学界名人的内心世界和情怀。比较有意思的是赵元任和胡适之间的通信。赵元任和胡适两人都是1910年第二批由庚子赔款奖学金资助来美的留学生,两人同乘一条船来到美国,先到了旧金山,然后又一同去康奈尔大学求学,是同班同学。两人当时都想学能为国家建设出力的学科,胡适选了农学,而赵元任则选学理科。根据赵元任的回忆,当时他们住在大学校园小山的一边,每天两节课之间需多走半英里到农学院,那时课间只有七分钟,要在这么短的时间里走那么远的路是十分困难的。这样,胡适就改选了艺术学院。因此,后来有人开玩笑说胡适之所以致力于推动中国文化的建设和发展,是因为他当年错误地住在了康奈尔大学校园里小山的另一边。[①]

[①] 见《赵元任传》,〔美〕罗斯玛丽·列文森采访,焦立为译,河北教育出版社2010年,第54页。

同胡适一样,赵元任后来也离开了物理和数学领域,转向了人文科学研究。赵元任与胡适之间的友情可从赵元任、杨步伟夫妇1946年结婚25周年银婚纪念,胡适为他们赠的那首著名打油诗窥见一斑:"《贺银婚》:蜜蜜甜甜二十年,人人都说好姻缘。新娘欠我香香礼,记得还时要利钱。"胡适是赵元任夫妇的证婚人。1916年1月26日,胡适在日记中写道:"每与人评论留美人物,辄推常州赵君元任为第一。"都说文无第一,赵元任若非有真才实学,怕也难得适之先生如此推崇。

从赵元任的私人档案我们可以一窥他的学术生涯和人生旅程,也可以探索他学术思想的发展,揭示他在中西学术史上的影响。以下我就根据我多年来整理赵元任档案的过程中发现的一些鲜为人知的珍贵文献来探讨赵元任的学术生涯和人生经历,以求比较翔实地勾画出他的学术轨迹和一些重要学术史实[1]。

(一)考取庚款生,赴美留学

赵元任是庚款基金会第二批赴美留学生。他最早的留学想法开始于1908年。1908年12月19日,赵元任在日记中写道:"夜未作甚事,与复广谈出洋事。"大概赵元任此时已经有出国留学的打算,后来又"作柬与复广,问伊考出洋之章程"。(1909年1月27日日记)此时,赵元任已经博览群书,对西方的科学思想颇有了解。他出国留学前的两年里(1908—1909),他读过的书单摘录如下:

---

[1] 在整理赵元任档案过程中,作者得到了蔡宏恩、林海青和林富美的大力协助,他们都参与了档案的整理、识读和记录工作,特此感谢。

1908年赵元任16岁那年的读书清单

《马氏文通》(2月24日)、《泰西礼俗新编》(2月29日)、《聊斋》(3月3日)、《万国史记》(3月16日)、《月月小说》(6月4日)、《井中花》(6月5日)、Webster's High School Dictionary(6月10日)、《西厢记》(6月28日)、《新庵谐译》(7月5日)、《珊瑚美人》(7月13日)、《银行之贼》(7月14日)、《冢中人》(7月15日)、《将家子》(7月16日)、《狸奴角》(7月16日)、《聊斋志异》(7月16日)、《新民丛报汇编》(7月16日)、《月月小说》(7月17日)、《橘英男》(7月21日)、《一仇三怨》(7月21日)、《拊掌录》(7月23日)、《妒之花》(7月23日)、《世界》(7月26日)、《滑稽外史》(7月27日)、《催眠术精理》(7月30日)、《催眠术》(7月31日)、《飞行记》(7月31日)、《迦茵小传》(8月3日)、《刑赏忠厚之至论》(8月4日)、《情侠》(8月9日)、《心理学》(9月5日)、《论理学》(9月7日)、《物理学》(9月7日)、《美周报》(The World's Work)(9月8日)、《二十世纪英文新读本》(10月8日)、Review of Reviews(10月14日)、《世界事报》(11月1日)等。购《马氏文通》(2月23日)、《家庙碑》(4月19日)、《月月小说》(7月17日)、《迦茵小传》(7月19日)、《五车韵府》(9月6日)、Webster's Collegiate Dictionary(9月23日)、《四原原理》(12月13日,预约券)、《新式物理学》(12月20日)等。

1909年赵元任17岁那年的读书清单

《中学校地理文学》(1月2日)、《饮冰室文集》(1月2日)、《大英百科全书》(2月10)、《绣像小说》(2月17日)、《航海少年》(2月19日)、Mother Tongue(4月17日)、《验方新编》(5月7日)、《世界事报》(6月22日)、《唱歌集》(6月29日)、Lamb's Essays of Elia(7月5日)、《月月小说》(7月6日)、《民呼日报》(7月29日)、《普通新历史》(8月3日)、The Sphere(8月15日)、Psychology(8月21日)、《迈尔通史》(8月29日)、《中学生理教科书》(9月4日)、《邮政章程》(9月5日)、Practical Psychology(9月5日)、《林肯传》(9月12日)、《世界体育》(10月2日)、《欧洲地理读本》(10月3日)、《幻戏之理》(10月3日)、《鸣不平》(10月24日)、《国民新体操》(10月31日)、Popular Mechanics(12月25日)、《世界国歌集》(12月28日)、Remsen's Elements of Chemistry(12月30日)、《东洋事要》(12月31日)、Familiar Talks on English Literature to Peruse(12月31日)等书。购买《石印画像赞》(2月7日)、《尚友录》(7月25日)、Webster's International Dictionary with Supplement(9月10日)、《英德字典》(9月16日)等书。

1910年3月11日,18岁的赵元任回到南京高等学堂,住甲斋。他在3月16日的日记中记载了他去美国留学的决定:"余决意暂留此肄业，一面预备出洋。"4月3日，他回到常州，在家讨论留学之事，在征得家人同意后，决定去北京参加留美公费生考试。至此，先生在南京高等学堂的学习生活宣告结束。他在4月3日、4日日记中写道：

……旋议及叔祖命余晋京事。大叔谓直指出洋虽未可，必得预备科决能还，似可不必意于京，且人在京则似破斧（釜）沉舟，凡事当更迫切。余均然之，且复加以在都较在宁定心之利，遂决偕入京。尚待明日与伯母总决而已。复议家罕人照应如何办，良久终不得策，余入，复略谈，二时就寝。（4月3日）

十一时半偕哥哥至下塘，适伯母、大姊、二姊等均手谈，遂坐观牌。在彼午饭，菜甚丰富，不及各碗皆下箸。饭后与伯母、大姊、二姊议昨日议晋京事，余亦陈其利弊。遂决行，后略观牌。四时返，伯母、大姊、二姊云明日归。余至中廳呼大叔起，薄暮时偕至火车站打聆带行李章程，返至中廳观大婶齐衣箱。晚膳后至楼上助大叔齐书箱，复稍谈，十二时半就寝。（4月4日）

赵元任此时去北京似为临时起意。据日记，他于4月1日请假十天，本拟回家送别去北京的大姊、二姊等。另外，他在后来接受口述史的访谈时说，当时之所以下定决心参加考试、去美国留学，一方面是受嘉化老师影响，另一方面是自己对科学有兴趣。（《赵元任传》，第 51—52 页）故此时虽去北京可能是临时起意，但他出国的决心则早已有之。4 月初，赵元任启程去北京。先乘轮船，于 15 日到天津，16 日乘火车（京奉铁路）抵达北京，住大姊家。[①] 此后四个月，赵元任在北京准备和参加第二批庚款留美公费生考试。当时在或来北京的亲友众多，见诸日记的有二叔（赵沆年）、锦生三叔、秌姑、哥哥、大姊、二姊、申孙、章元善（彦驯）、路敏行、子耆、瞿祖辉（季刚）等。4 月 28 日，他读了富兰克林《自传》拟"各事效之"。他在自传中写道："我顶爱看的是富兰克林的《自传》，读完之后，我决定要做一个完人。"[②] 在京期间，赵元任数读此书，后来到美国后亦是。赵元任此时勤奋读书，准备考出国留学生。

这年 6 月 4 日，赵元任和他二叔同访颜惠庆，并拜之为师，颜惠庆出了一道英文题 "The New Learning of China"（中国的新学）。赵元任于 6 月 7 日做完，全文用英文撰写，凡 30 句，1220 字，书八页面，在此文中，赵元任抨击了现实中国教育，回答了为什么中国教育如此落后这个尖锐的问题。他认为现实的教育系统迂腐，没有开发出学生的智力，也不提供知识，只引导学生去追求功名和富贵。如此堕落的道德体系既得不到改良也无助于民智的开启。这是赵元任早年思想的写照，也是至今为止可以看到的他一生中所撰写的第一篇论文。

[①] 4 月 5 日至 4 月 27 日日记空缺。此据日记本中夹带的四页英文信。
[②] 赵元任：《赵元任早年自传》，季剑青译，商务印书馆 2014 年版，第 122 页。

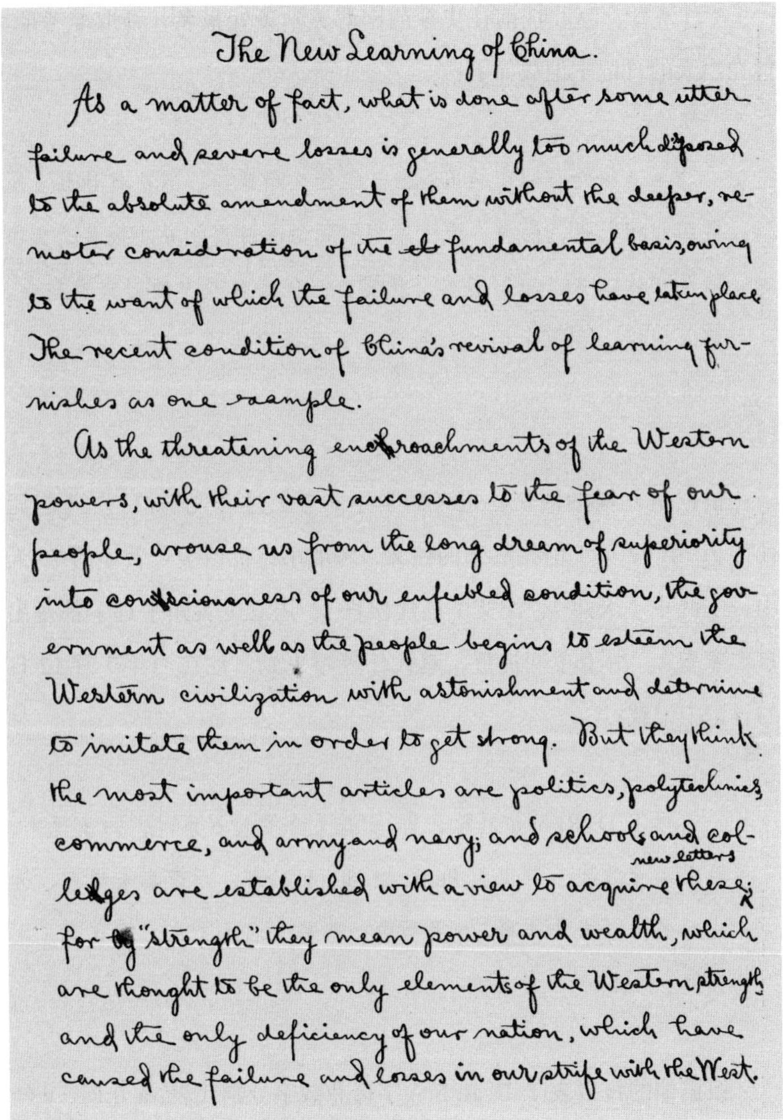

The New Learning of China.

As a matter of fact, what is done after some utter failure and severe losses is generally too much disposed to the absolute amendment of them without the deeper, remoter consideration of the fundamental basis, owing to the want of which the failure and losses have taken place. The recent condition of China's revival of learning furnishes as one example.

As the threatening encroachments of the Western powers, with their vast successes to the fear of our people, arouse us from the long dream of superiority into consciousness of our enfeebled condition, the government as well as the people begins to esteem the Western civilization with astonishment and determine to imitate them in order to get strong. But they think the most important articles are politics, polytechnics, commerce, and army and navy; and schools and colleges are established with a view to acquire these; for by "strength" they mean power and wealth, which are thought to be the only elements of the Western strength and the only deficiency of our nation, which have caused the failure and losses in our strife with the West.

图 2-2　赵元任 18 岁时撰写的时文《中国的新学》第一页，这是他最早的一篇论文

7月9日，赵元任前往史家胡同游美学务处报名，领取准考证。他在当天的日记中记载如下：

> 至二叔处，问印结填写法。至德义照像馆，取前日廿五[①]所摄四寸相七张，尚肖。至史家胡同朝南屋游美学务处报名，交印结及相片二张，填写姓名、籍贯、三代附存殁、所习文及科学、曾入何校、有何杂识。余问考腊丁可携字典否，曰否。余填毕，取准考凭照。

根据赵元任的回忆，报考的学生需"上过现代学校"。(《赵元任传》，第52页）但据后来的榜文，考取第二批留美公费生的70人中，王鸿卓（天津）、沈艾（福建侯官）、谌立（贵州平远）都是出自"家塾"。由于考期迫近，赵元任复习更勤。他在当年7月12日的日记中记载：

> 行 T. D. R. 5. a 至弧三角。c 温《诗经》。e 事时，弼士兄来，希史温希波战，罗史至 Punic 战。g、h 二事，因遗忘未观表。因先后易位，未作4事。6用面卷。薄暮入浴。上火。作 n 至光之强度。9.15睡。

根据他的日事表 T. D. R. 5.，字母和数字分别代表：a 几何、c 经

[①] 据赵元任日记记载，应为农历五月二十六日，二十五日本欲照相，但因天色已晚，未果。

书、e 希罗史、g 德文、h 地理、n 物理、4 修自治、6 晚饭。7月21日，他至法政学堂参加留美公费生首场考试，考国文、英文两科。日记载：

> 是日考试游美首场。晨三时一刻闹钟，醒，起。食饺。四时半，乘人力至西堂子胡同法政学堂考试处。至，仅到十数人。旋致觉、彦驯、王一其、顾宝臣、张贻志、殷元之、周仁、太辕、季纳等均至。考生凡四百三十人。七时半点名，余在丙字第三十一号。八时半出题，题为"不以规矩，不能成方员（圆）说"。余切下尧舜句作以遵前人已发之□易□论，凡五百余字，十二时交卷，因匆促故字甚潦草。发馒首四为点心。上午毕，休息一时许，考英文题，另有单在学之问，余亦至五时始交卷。出，乘人力车返。夜，二叔有条谒余不倦来一谈，余回条云"早起故倦思睡"。九时许，就寝。

他在第二天的日记中记录到："阅《帝京新闻报》，载考游美事，考生多数不及格，拟从宽取录以便遣派。不知余在不及格之列，抑在从宽之列？" 7月25日发榜，赵元任榜上有名，名列第二十四名。当日的日记载：

> 上午彦驯来，伊至游美学务处观榜，时未出，故来余处。略谈，在此午膳。二时同至学务处观榜，途遇叔辛观榜返，告余等皆取。余等至，见致觉取第十一，一其取第十三，余廿

四,太辕九十七,季纳及张贻志百名外,彦驯二百卌名,周仁二百七十一名,共二百七十二名。返,偕至二叔处一坐,彦驯先去,旋余亦返。夜温平几、希史、德文、英史,将九时就寝。

7月26日至28日,他继续参加考试,考试科目有代数、平面几何、希腊史、德语、物理、植物、动物、生理、化学、三角等。据日记,考试情形如下:①

　　黎明起,食后乘人力车至法政学堂赴考。是日考四门,余卷为戊字十三号。首门代数,题八,甚易,至二次方程止,余全作未误,为第二人交卷者。次考平面几何,题八,亦不难,余全作未误。次考希腊史、罗马史,题各六,以作一门为完卷,余作希史,微误;复作罗史,末二题未详。末考德法文,以作一门为完卷,余作德文,仅有德译英、英译德二题,甚难,其中生字余多不知,故此作殊不完全,交卷。返,略息。上火。温物理、化学等,甚暑乃睡。(7月26日)

　　晨起,略温课,食后乘人力车赴法政学堂考。点名后,首考物理,余卷号为甲字二十九,物理题八,均不甚易,余作虽未全合,而于定义等尚有切实之义论。次考植物四题,动物三题,生理三题,此三门余未用英文学过,所识名词甚少,本题多理,少用记忆,故尚能答十之六七。次考化学,题八,余微误。末考

---

① 7月29日至8月9日未记日记。

三角，题八，内有设角之和较之函数之公式题，余不能忆，交卷。返，甚倦。（7月27日）

二时起，温立体几何、英史、世地、拉丁四事，毕，天已明，然自三时微雨，至白乃倾盆注地尽没水矣。食后，五六时乘小骡车自地安门往考，水深处没轮之半，至已七时。到考尚寥寥，办事人亦均未来，雨仍未少杀。点名，之庭中，水深数寸。八时过，而到者仅百余人。忽仆人携牌示出，谓大雨不能考，改期明日。众散，雨止日出，水略退。余与彦驯最后行至堂子胡同口，各乘人力车分道返，时已十时半。余昨夜未睡足，至自倦甚，车中几寐。十一时半到，略坐。十二时，披被睡，拟下午二时起温课，闹钟鸣而未醒，六时始起，食卷及面。连日辛苦，精神提起时不之觉，既睡乃更倦。上火，复卧，未能安眠。十二时起，大姊、哥哥等尚未睡，余与□四人跳老虎戏。返室略卧。二时起，温廿四时前新温课，至四时复觉倦，再睡。（7月28日）

考后不久后就发榜了。赵元任平均分73.4分，名列第二。同榜录取有70人，其中张彭春第10名、路敏行第19名、竺可桢第28名、胡适第55名、胡明复（时作胡达）第57名、周仁第67名等，与赵元任交谊深厚的挚友章元善取入副榜，入清华学堂补习一年后亦赴美。此外，除赵元任及周仁外，同榜录取的王预（第36名）、殷元之（第48名）亦来自江南高等学堂。考上了庚款留学生后，赵元任于当年8月上旬到上海，置办行装，办理手续，准备出国。所办事项大致有：照相，见领事，领护照，配眼镜，定做衣物，剪辫理发，取置装费（250元），购行李箱，参加美领事馆聚会，访胡敦复，订《时报》等。8月14、15日，赵元任两次拜访了胡敦复。其中于14日专门谈及了他去美国留学的专业选择问题，当天日记载：

> 晨起，至长发栈访胡敦复先生，周浩君在焉，又晤敦复弟明复。谈次余欲习科，余云志在学物理，又重哲学，因派学实业故，指定电学。胡□为决，宜学 general science，以余力学其他。余云嗜好太多，胡谓嗜好多方易为学。胡又谈游美学务处办法，因已接手已晚，故事不甚顺手，唯尽力为之，其 prospect 尚好。良久（七时至十时）余乃行。

关于在选择专业时政府是否迫使学生选择"有用的学科"，赵元任后来在他的口述史的访谈中说道："很明显没有什么特别的压力……因为他和其他学生认为农学对中国最具紧迫性。"（《赵元任传》，第54页）

（二）康奈尔大学的本科生学习

1910年8月16日，在唐孟伦、严智崇、胡敦复的带领下，赵元任搭乘"中国号"（S. S. China）海轮启程赴美，踏上了赴美留学的路程。日记载：

> 是日，动身离沪赴美。轮名支那，行旧金山、香港、上海、日本及檀香山。是日停泊虹口，排水量10200 tons。上午至花旗

银行将所有墨元换美洋,返栈付栈房钱,乘人力车带行李动身。众约准于二时至新关码头下驳船,余到晏数分,同行者大半已在。伴送者唐君孟伦、严君约冲及敦复先生均在。寄行李两件,一手箱一大箱,上驳船,行李可不顾。驳岸甚大,约有内河联升之三倍。送行者可上,不须费。遇蒋忠元,伊在上海某中学,来送陈天骥及太辕者。又遇杨千里,且介绍于其弟君谋,均来送其弟杨锡仁者。黄浦江中风甚大,开三四小时始到支那船,靠定,皆上。余已约定与太辕、季纳□房间(可任意择人),在cabin第13。此船为中等船,其cabin亦不过与大船之二等舱仿佛。余等房空气不甚通,且只有二铺,只得将对面榻亦作一铺,余睡下铺,太辕上铺,季纳上铺,对面房为王预及周子竞。cabin中大半皆中国学生,小半为西人,故每餐中国人一起,然后西人一起。每餐鸣锣,晚膳菜甚多,有菜单,余等皆不甚知食法,视三餐若上课,一笑。夜略有风浪,余尚不甚晕。

在船上,赵元任多同胡敦复、胡明复、周仁等聊天。以下是胡适的回忆:

明复从来不同我们玩。他和赵元任、周仁总是同胡敦复在一块谈天;我们是偶然听见他们谈话,知道他们谈的是算学问题,我们或是听不懂,或是感觉没有兴趣,只好走开,心里都恭敬这一小群的学者。(胡适:《追想胡明复》,《胡适全集》第三册,第863页)

另据杨锡仁回忆,1910年8月赵元任的首次赴美之行是这样的:

我们的船在太平洋上航行,先是在日本长崎做了短暂靠岸,然后向神户驶去。在神户我们受到了一群中国朋友的欢迎。然后我们又到达了横滨,在那里我们受到了同样的欢迎。我们的船又到达了檀香山。那里我们在女王过去的皇宫里吃了中饭。从檀香山到美国本土旧金山花了十天的时间。我们到达旧金山时已经是八月底了。船上有七十名学生把旧金山作为他们的目的地,其他的人乘火车继续向美东旅行。当火车到达丹佛市时,一批同学下了车前往科罗拉多大学去就学。从那以后就不时有同学下车去往各自的学校,如芝加哥等地。最后下车的人中有去康奈尔大学读书的那批人,包括赵元任和胡适,还有去麻省理工学院和哈佛大学就学的学生。去哥伦比亚大学读书的学生有周开基、陈伯庄和程远帆等人。(1970年9月22日杨锡仁致赵元任的信)

当赵元任等赴美留学生抵达美国旧金山时,时在加州大学念大四的蒋梦麟等前来迎接。稍事逗留后,赵元任与同学十四人包括胡适和周仁等一起赴纽约州绮色佳(Ithaca,早年日记中作"以萨克"),进入康奈尔大学(早年日记作"康南耳")。到达康奈尔大学后,赵元任就投入到了学习中。9月29日,他上午至教务处交学习卡,注册(日记作"挂号")物理课程(Physics 10),下午同胡明复、周仁、王益其联名致信容揆监督，向其报告已经入学。9月30日，他正式开始上课。赵元任原拟学电机工程，后经过请教胡敦复，弄清了工科和理科的区别，决定放弃电机工程，而主修数学，也修物理方面的课程。①第一个学期课程有实验物理（4学分）、物理实验（2学分）、分析几何和微积分（5学分）、德文（6学分）。除上课外，课余亦以温习功课为主，间或看戏、唱歌、体育锻炼、对神仙对等。

从以下赵元任的两则日记，可见其学习生活之一斑：

是日开学。七时起，将八时钟楼钟鸣，成复音调，极谐。余首堂上 White Hall Room 24 解析几何，与明复、子竞、益其同班，Prof. Snyder 略讲大意，甚明析。下堂至 Goldwin Smith Hall Room 183 上德文，教习 Pope 略讲字母及并音。午时听 Prof. Schurman 演说。饭后上 Phys. 10，告日云星期［一］②上堂，乃返。下午画格记作功课事。晚饭后至散步。夜自修德文及解析几何。十一时就寝。（9月30日）

晨六时许起。上课。十时后在书室作物理讲义，上物理。饭后在子竞处作物理讲义。三时半送交物理讲堂。返，至子竞处习德文。返习解析几何，阅《纳氏文法》四。十时半就寝。（10月18日）

---

① 赵新那、黄培云：《赵元任年谱》，商务印书馆2001年，第58页。
② 此处"一"乃本书作者所补。

同时，他还到体育馆报名进行体检。也有一些是大堂课，其中"物理讲堂极大，而一班约三百人，仅占全室一半"。他还测算至各处去上课所需的时间，日记载：

> 上堂甚急促，计时，自 411 College Ave. 子竞处至藏书楼须六分时，至 White Hall 11 分时，自藏楼至 Goldwin Smith Hall 六分时，自 411 至 Rockefeller Hall 八分。

赵元任对在物理课上做卡文迪什实验，演示万有引力最感兴奋的，也是他印象最深的物理实验。日记载：

> 十二时上物理，有试验，能测橘大铅球与小球之吸力，极精微。

他后来回忆道："我记得在康奈尔大学上的几百堂课里头……万有引力的演示是我看到的印象最深刻的物理实验。"（《赵元任早年自传》，第146—147页）"直到现在我还认为那是我看过的最难忘的物理实验……那件事说明任何事都能吸引住任何人。"（《赵元任传》，第59页）

在学校里，他和周仁、胡明复共同学习德语，并与周仁、胡明复三人结成午后学习小组（Afternoon Company），时常共同学习。那年12月25日，赵元任在日记中记载："至饭店食，尚早，乃至胡适处为射覆戏，余不能中。"

此乃胡适第一次出现在赵元任的日记中。赵元任与胡适同班,[①]他后来在接受口述史访谈时谈到胡适名字的拼写法:"那时候胡适把自己的名字拼作 Suh Hu,不是 Hu Shih。……所以每个人都叫他 Suh Hu。"(《赵元任传》,第 55 页)

赵元任 1910 年在康奈尔大学学习之大概:

第一学年:实验物理学导论、物理实验导论、解析几何与微分、德语、物理学导论、无机化学导论、微积分等。

暑期学校:心理学导论、照相、射影几何。

第二学年:哲学导论、进化论、物理实验、热学、微分方程、美国史、初级德语会话与写作、逻辑学、电学与磁学、高级实验操作、英语入门等。

第三学年:哲学史、德国哲学阅读、实验心理学、高等微积分、高级实验操作、普通天文学、方程理论、数理逻辑、天文观测等。

第四学年:现代哲学发展史、逻辑学与形而上学研讨课、研究仪器之设计与制备、实验物理之最近发展、力学与热力学、有限群理论、系统心理学、语音学、教育心理学、和声、数论、生物实验等。

在康奈尔第三年(1912—1913),他开始对哲学和数理逻辑产生

[①] "我们班上有十二个以上的中国学生,胡适在我们班上,还有胡明复。"(《赵元任传》,第 54—55 页)但胡适最早是在康奈尔大学的农学院,尚不明此处"班级"的确切含义。

了兴趣。赵元任开始留学时并没有计划攻读语言学。那他对语言的兴趣是从何而来的呢？赵元任从事语言学专业研究是从他的兴趣爱好发展而来的。他从小就对各地方言有着浓厚的兴趣，且天赋异禀。据他的回忆，小时候辗转北京、保定、常州、南京各地，出国前就学会了北京话、保定话、常熟话、常州话、苏州话、福州话六种方言。但真正开始专业的语言学学习和研究还是在出国留学以后。据日记，赵元任一入康奈尔大学后，便加入了通语会，同金涛、金邦正、林孟沧等人学习世界语。1913年下学期，他选修戴维森（Hermann Davidson）教授的语音学，开始"认真地与语言学打交道"，学习国际音标，"大开耳界和眼界"。此后数年，虽未将语言学作为主修专业，但一直在修语言学方面的课程，关注并研究语言学相关的问题。1915年5月16日他在日记中记载，认为自己毕生的事业或许就是研究国际语、中国语言、中国音乐和认识论。1916年1月6日日记又载，他认为自己是个天生的语言学家、数学家、音乐家或画家。至此，无论是研究志向还是禀赋能力，语言学在赵元任心目中的地位已经超越了数理、哲学等。此后，赵元任在语言学方面用力日深，天赋与成就逐渐获得同侪的关注和认可。胡适曾在1916年1月26日的日记中提到："君[1]现有志于中国语学。语学者[2]，研求语言之通则，群言之关系，及文言之历史之学也。君之所专治尤在汉语音韵之学。其辨别字音细入微妙。以君具分析的心思，辅以科学的方术，宜其所得大异凡众也。"1917年3月10日又载："元任辨音最精细，吾万不能及也。"

---

[1] 这里指赵元任先生。
[2] 即语言学家（philologist）。

（三）创建中国科学社

赵元任在康奈尔大学留学期间做的最大一件事就是参与中国科学社的组建工作。1914年6月，赵元任和任鸿隽、秉志、周仁、胡明复、杨铨等在康奈尔大学联合发起创办中国科学社，编辑出版《科学》月刊，旨在"提倡科学，鼓吹实业，审定名词，传播知识"。大家凭借一腔科学救国之热情，节衣缩食，集资创社办刊。据他回忆，科学社成立之初，经费短缺，《科学》杂志维持艰难：

> 这个杂志不像《东方杂志》那么通俗流行，我们只好从我们的奖学金里头留出一部分钱当作出版经费，有一阵子我午饭

图2-3　中国科学社第一届理事会合影，前排左一为赵元任

只喝汤,吃苹果馅饼,因为营养不良病倒了。(《赵元任早年自传》,第155页)

后来胡适和赵元任还共同为中国科学社写了社歌,由胡适填词,赵元任谱曲,歌词为:我们不崇拜自然,他是个刁钻古怪。我们要捶他煮他,要使他听我们指派。我们叫电气推车,我们叫以太送信。把自然的秘密揭开,好叫他来服事我们人。我们唱天行有常,我们唱致知穷理。不怕他真理无穷,进一寸有一寸的欢喜。

胡适也在他1930年10月23日的日记中记录了此事:

早起试做《中国科学社社歌》,写成三节,请赵元任兄来商榷。后日(廿五)为科学社十五周年纪念庆祝会,北平社友会议决要我和元任试作《社歌》。这几日太忙,不曾有作歌机会。近日偶有一点意思,写出仅费半点钟。(《胡适日记全集》第六册,第346—347页)

科学社成立后,赵元任担任书记一职,襄理社务,并兼任《科学》杂志编辑,为《科学》撰写或编译文章,忙得不可开交。尤其是1915年他转学去哈佛后,科学社及《科学》杂志亦随之迁往哈佛,他一度主理编辑事务,异常繁忙。在1915年至1920年间,他在《科学》上发表文章(含译文)24篇、音乐作品4首。这段经历对他后来的科学观的建立起到了决定性作用,使他后来致力于创立社会科学之通用的研究体系和方法。

（四）哈佛大学的博士

1915年6月赵元任完成了在康奈尔大学关于形而上学学术讨论课程后，即开始准备转学到哈佛大学。当年4月他就收到了哈佛大学授予他到哈佛大学攻读博士的哲学奖学金的通知。在康奈尔大学的最后一学期他时常思考自己将来要干什么，也与唐钺等人讨论了中国语言问题。他认为自己最适合做这方面的工作，如上所述他一生的工作或许将是国际语言、中国语言、中国音乐和认识论。

1915年9月赵元任前往哈佛大学读研究生。此时，他的研究兴趣已经完全转到语言哲学领域。在哈佛，他所修课程以哲学类居多（包括伦理学、知识论、逻辑学等）。另外，由于拿不定主意究竟是以科学史还是以心理学作为副科，索性就两科兼修，同时也未放弃自己的兴趣爱好，继续选修音乐、语言学方面的课程。哲学方面，他大量阅读柏拉图、康德、笛卡尔、斯宾诺莎、休谟、罗素、杜威等西方哲学巨匠的著作，其中在康德、罗素的著作上用力尤多。他专门选修了"康德的批判哲学"课程，认为自己同康德一样，都是由数学、物理学进入哲学领域的，且对天文、地理饶有兴趣，但自认为比康德更喜欢这个现象世界。（1915年3月6日日记）他又读了罗素的《哲学中的科学方法》《哲学问题》《数学原理》等，并对罗素因反战受英国当局限制不能赴美讲学之事深感愤慨。（这在他1916年6月10日日记中有记载）

1916年，赵元任在《中国留学生月刊》（*The Chinese Students Monthly*）上和胡适共同撰写《中国语言的问题》（"The Problem of the Chinese Language"），共四篇文章，Ⅰ.《中国语言学的科学研究》

("Scientific Study of Chinese Philology")、Ⅱ.《中国语音学》("Chinese Phonetics")、Ⅲ.《中文教学》("The Teaching of Chinese as it is")、Ⅳ.《改革方案》("Proposed Reform"),赵元任撰写了Ⅰ,Ⅱ,Ⅳ,胡适撰写了Ⅲ。文章提出中国语言科学研究的必要性,认为研究中国语言一方面是进行科学的或历史的研究,另一方面是进行建设性的改革,真正的目的是提出问题,引起人们对中国语言研究的重视,而不求解决争议。如果能让人们开始朝着这方面去思考,开始对这个最具有技术性和普遍性的问题展开探讨,那就足以欣慰了。(《赵元任年谱》,第83页)"他这学生时代初露头角的作品,居然能立论十分鲜明,举例详赡准确。他提出的两个主题:一是中国语言学要用科学方法研究,二是文字必须改革,竟是一篇当年讨论中国语言学的最强音,可以说是吹响了本世纪语言学研究序幕的号角。"[①]

赵元任于1918年5月完成了哈佛大学的博士论文——《连续:方法论之研究》("Continuity : A Study in Methodology")。他的哈佛大学哲学及心理学系的博士论文答辩顺利通过。答辩委员会成员有威廉·E.霍金(William E. Hocking)教授(委员会主席)、R. F. A.赫恩勒(R. F. A. Hoernlé)、亨利·M.谢费尔(Henry M. Sheffer)、H. S.兰菲尔德(H. S. Langfeld)等人。赵元任在这篇博士论文中主要探讨了研究方法论,并从立论、方法和探索等方面建立一个架构,合并讨论有关的哲学问题。他把这几个方面综合成"连续",进而概括从思辨的模糊性到数学的严谨性诸多过程。他在论文中阐述方法论是将客观存在的不同方面加以对照,以达到系统性、规律性和智慧性,包括

[①] 吴宗济:《赵元任语言学论文集序》。论文见《赵元任语言学论文集》,商务印书馆2002年版,第668—712页。

从具体到演变、序列、极限、地点、中介、融合即转换的过程。他认为他这篇博士论文是对一个连续变量函数所具有的不同功能做的方法论分析。他的博士论文是一篇深奥难懂的思辨与逻辑学方面的论文，奠定了他的社会科学研究方法，为他后来做语言学研究和建立现代中国语言学体系打下了坚实基础。

（五）清华学校和清华国学院

在美国留学十年后，1920年赵元任接受清华学校（今清华大学）的聘请回国，到清华教书，担任数学、英文、心理学和物理学等课程老师。他于当年7月收拾行李，离开康奈尔大学赴旧金山，途经威斯康星的麦迪逊市，拜访了叶企孙，并泛舟同游门多塔湖。7月24日，赵元任在旧金山搭乘中国邮轮公司的"尼罗号"船驶离美国。8月17日，赵元任到达上海。由于清华学校尚未开学，抵达上海后赵元任即赴南京。在那里他参加中国科学社正在召开的第五届年会，并会晤了老同学挚友任鸿隽、杨杏佛、胡敦复、胡适等人。9月5日，赵元任抵达清华园，住学校西南角学务处一房内（《赵元任年谱》，第99—100页）。赵元任到清华不久在他表哥庞敦敏家里遇上了当时在森仁产科医院工作的杨步伟医生，这是他们俩的第一次邂逅。在这之后，赵元任便到了上海去迎接著名的英国哲学家罗素，并担任罗素的翻译。从1920年11月到1921年7月赵元任一直陪着罗素到全国各地讲学。商务印书馆还专门为罗素的讲学出版了《罗素月刊》，登载了罗素演讲的中文翻译笔记稿。赵元任本人也参加了《罗素月刊》的审阅工作。通过这次交往，赵元任和罗素建立了终生的友谊。

与此同时，赵元任与杨步伟的交流日益密切。这一年两人最终确定了恋爱关系。所以他急需解决他与陈以荃女士的家庭包办婚约问题。1921年1月3日,他给陈小姐的父亲陈名慎写了一封信,说到,"元任遂决议再修此诚敬之函,诉明对于改废旧制实有身先之义务,对于无情结婚之流弊有实行扫除之决心。至于小姐方面,元任既持公德之态度,则虽无朋友之交情,亦决无仇视之理由,故常闻及不嫁或归禅等传闻则恻恻不安。""从法律方面观之,则旧制所用三代与八字等件仍属社会之仪文而非有法效之凭件,故在中国之普通婚约与在西律无异。以上为调查之实情,特此呈告,以免生无结果之周折。元任再修此书,实因希望长者尚能见元任虽非敢望孔耶诸圣,亦非近代最无心良忠厚之恶人,身虽居当界优幸之地位,心绪生涯亦非自幼至今尽处桃源委曲之境。吾不怨俗,不尤人,不索赔偿,只求今后之自由足矣。庸特以最后之正式呈函,恳求长者赐一复书,或以荃小姐自书认可元任与小姐旧式婚约之取消,则奚独云感激之套语,抑亦当起最诚之敬仰达见之心也。"赵元任的努力终于有了成效。这年的5月2日,惜阴老人赵凤昌给赵元任来信,告知他经协商,陈家同意解除婚约,换回礼帖,约定赵元任要出"学费2000元以表歉忱"。至此,赵陈两家15年前订立的婚约终于解除,退婚终告完结。

1921年6月1日,赵元任和杨步伟正式结婚,居小雅宝胡同49号。当晚,他们邀胡适、朱徵作证,在结婚证书上签字,正式结为夫妻。在给亲朋的通知中,赵元任和杨步伟郑重申明为了"破除近来新旧界中俗陋的虚文和无为的繁费",除了"抽象的好意,例如表示于书信、诗文或音乐等,由送礼者自创的非物质的贺礼"及"由各位用自己的名义捐款给中国科学社"之外,一概不收贺礼。胡适将此消息告诉了北京《晨报》的翟世英。《晨报》先后以"新人物的新式结婚"

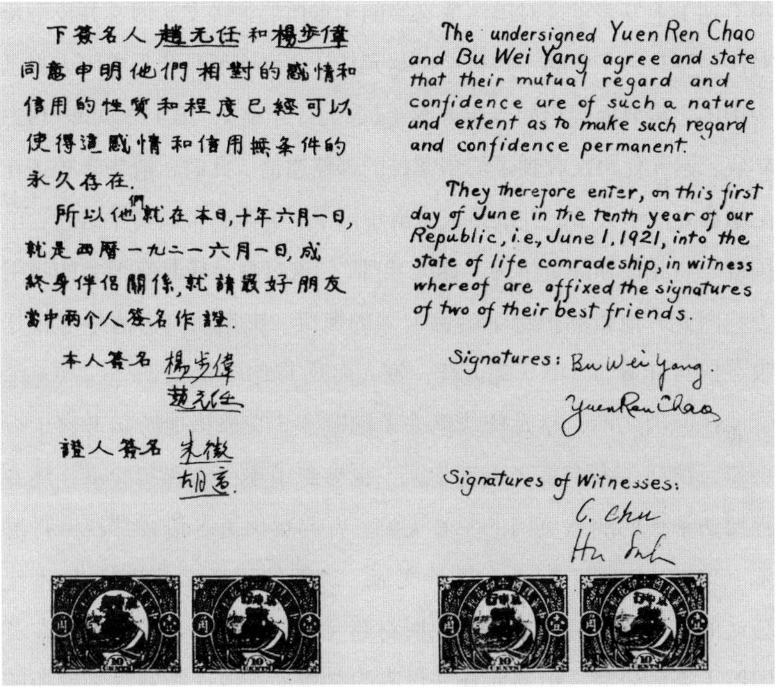

图 2-4 赵元任与杨步伟的结婚通告,由赵元任用中英文亲笔书写。

和"再志新人物的新式结婚"为题进行报道,一时传为佳话。

婚后不久,赵元任便带上新婚的妻子去了美国。这一次他去美国是去接受哈佛大学的聘任,担任该校的讲师,讲授哲学和中文。1921年8月30日他们夫妇乘"西伯利亚丸"(S. S. Siberia Maru)远洋轮经日本去旧金山。送行者有胡适和商务印书馆的高梦旦等人。

到了美国后,赵元任在哈佛大学开设了中国语言课,这是他第一次教汉语。从1921年底到1923年,赵元任在哈佛的这一段时间里,他开始对汉字罗马化的问题发生了兴趣,并在《国语月刊》(第一卷第七期）上发表了《对国语罗马字的十点质疑》一文，回答并反驳反对汉语罗马字工作的一些言论。赵元任认为汉字罗马化是中国人自己为中国之需要而提出的改革方案（《赵元任年谱》，第122页）。1923年底，赵元任再次收到了清华学校的聘任邀请。此时，清华学校正在酝酿成立清华大学，并准备成立清华国学研究院，拟聘请梁启超、王国维、赵元任和陈寅恪为"四大导师"。这对赵元任具有很大的吸引力。因此，他毅然拒绝了哈佛大学的挽留，决定回国去清华学校任教。1924年6月7日，赵元任一家人离开了美国。

在回国之前，赵元任绕道去了趟欧洲。在那里他游学考察了近一年，访问了多个著名语言学家，也参观了不少语音实验室，还专程探访了他的朋友英国的罗素夫妇，并与英国著名语音学权威丹尼尔·琼斯（Daniel Jones）做了交流。琼斯的语音学著作是20世纪公认的英语语音标准书籍。琼斯对赵元任格外欣赏，并劝说他在英国留下来做研究。但赵元任并没有为之所动。他仔细参观了琼斯的语音实验室，对那里的各种仪器设备做了详细的了解，这对后来他在中国建立实验语音学有了很大的帮助。在巴黎，赵元任还见到了刘半农，刘半农正在巴黎攻读语言学博士，两人兴趣相同，相谈甚欢。随后，赵元任去了柏林，和那里的中国留学生傅斯年、陈寅恪、余大维、罗家伦、徐志摩等见了面，往往一谈就是大半夜，其中与傅斯年和陈寅恪交往尤为密切（《赵元任年谱》，第125—127页）。赵元任还去了瑞典访问了汉学家高本汉。在访问欧洲的这一年，赵元任主要在巴黎大学注册听课。巴黎是当时的欧洲汉学中心。此时，蔡元培夫妇也在法国。蔡元培极力劝说赵元任去北京大学教书，但赵元任仍然坚持要去清华。

1925年4月下旬，赵元任一家离开法国，乘坐波尔托斯号（S. S. Porthos）远洋轮回国，途经地中海、苏伊士运河、红海、新加坡等地，最后于5月28日到达上海。这一次，赵元任出国前后近四年，绕了地球一周。赵元任到达上海后，马上就收到南京东南大学的邀请，请他去该校主持校务工作。赵元任不愿意卷入当时东南大学的风潮，继续北上，来到了他心仪的清华学校。在清华，他受到了梅贻琦、张彭春等人的接待，一家人住进了清华园。赵元任是第三位抵达清华国学研究院的导师。此时，梁启超、王国维已经到了清华。陈寅恪于次年8月到达。他们一起开启了近代史上有名的清华国学研究院"四大导师"的时代，此乃清华国学研究院的鼎盛时期。在清华国学研究院的第一年，赵元任开设"方言学""普通语言学"和"音韵学"课程，并指导学生在中国音韵学、中国乐谱乐调和现代方言方面的研究论文。此时，赵元任已经把全部研究精力投入到了语言学方面。

1925年9月26日，赵元任与刘半农、钱玄同、黎锦熙、汪怡、林语堂等在赵家讨论音韵学问题，刘提议成立"数人会"。10月17日，"数人会"在赵家正式成立。所谓"数人"，取自陆法言《切韵序》："魏著作谓法言曰：'我辈数人，定则定矣。'""数人会"每两三个星期在赵元任所租住的景山东大街寓所里聚会一次，专门讨论语言问题，在推动文字改革、制定汉语罗马字拼音法式等方面起到了重要作用。赵元任在《我的中国方言田野调查工作》一文中说到，从本年开始，他已经将主要精力转移到中国语言学的研究上：

从1925年开始，我就开始在清华国学研究院开设"中国音韵学"课程，我基本正式专攻中国语言了。

不久，赵元任便找到吴宓商谈购置实验仪器及研究实验语音学事宜。根据他在欧洲考察的经验，赵元任拟了采购清单，决定设备从法国购买，并特约新生专研语音学（《吴宓日记》，第49页）。同时，"数人会"的活动也积极展开，主要讨论国语罗马字拼音方案，主张废除当时流行的有英国人制定的威氏音标，采用"变动拼法"区别四声，以便达到便于学认、便于书写、便于打字、便于排版的目的。赵元任参加草拟方案并主稿。最后，"数人会"把《国语罗马字拼音法式》稿通过"国语罗马字拼音研究委员会"上报，并根据钱玄同的建议，以"教育部国语统一筹备会"的名义，于1926年11月9日正式公布《国语罗马字拼音法式》。1928年，南京国民政府教育部以"国语字母第二式"正式公布。赵元任在这项工作中所做的贡献非常大。（《赵元任年谱》，第137—138页）与此同时，赵元任在清华还开始了吴方言调查工作，这是他第一次在中国进行大规模方言调查，这次方言调查从1926年开始进行。

1926年到1928年这两年里，赵元任在清华国学院任导师，兼上逻辑学课程，他开设了中国音韵学和音乐课程，并开始翻译高本汉的《中国音韵学研究》，并编写出版了《现代吴语的研究》。他也参与了国语运动，并为晏阳初准备了"宣传提倡新文字"的材料。在清华国学院教书的同时，赵元任也在燕京大学和师大举办了语言学系列讲座，内容包括学习方言的方法、音位学、音韵学、罗马字化原则、语音符号和声调等，并发表《语条儿》《北京、苏州、常州语助词研究》《符号学大纲等》等论文。1926年，他还为刘半农的著名诗歌《教我如何不想他》谱了曲，此歌后来广为流传。

(六) 中央研究院

1928年4月，根据蔡元培等人的提议，国民政府成立了中央研究院，蔡元培任院长，傅斯年为中央研究院历史语言研究所筹备处委员，后为所长。1928年下半年，赵元任接受了中央研究院史语所的聘请。他认为语言学是他最大的兴趣，而史语所语言组的工作将是他毕生的事业（杨步伟：*Autobiography of a Chinese Women*，第237页）。于是他辞去了清华大学的工作，开始组建中央研究院史语所的语言组，并主持语言组工作，同事中有罗常培、李方桂等人。与此同时，他也仍在清华兼课。

同年，他开始参加中央研究院的两广地区方言调查工作。1951年，他在《台山语料序论》中回忆了这一段经历，写道：

《集刊》创刊号出版，正是我第一次参加中研院史语所方言调查工作的那年，那时候我们都在广东，一个方言最丰富的区域，所以第一步调查就是两广方言，一方面想法子多得点语言的材料，一方面想法子利用向来没有很用过的语言记录跟语言分析的新工具——无论是在标音方法上啊，或是音位论的分析上啊，哪怕是录音的新机器啊甚么的。我们都想好好的试他一试。那次的"田野"工作是以广东省跟广西的粤语之部为范围。调查之后，本想就都给整理出来，报告出来。孟真常对我说，"元任，你这些东西不写出来，以后情形变了，方法改了，就会总不写了。"这话果然大半给他说着了。这些年下来，虽然记了些别省的方言，出了些别的报告，可是粤语方面除了《粤语入门》一书跟《中山方言》之外，其余的材料都没发表过。(《台山语料序论》，《"中研院"史语所傅所长纪念特刊》，1951）

1929年，赵元任完成了粤方言调查工作。同年10月，中央研究院历史语言研究所在广州正式成立，所内设八组，分别是史学研究、敦煌材料、文籍校订、汉语、汉字、民间文艺、考古学、人类学。史语所成立后不久就由广州迁往北平，并将原来的八组合并为三组，为史学研究（一组）、语言组（二组）、考古及人类学（三组），陈寅恪为第一组主任，赵元任为第二组主任，李济为第三组主任。语言组研究员有三位，赵元任、李方桂、罗常培。

在开始了史语所语言组的工作后，赵元任便开始思考建立一套中国语言学体系的问题。这是在中国开始共时语言学研究工作的开端。在此之前，中国人研究的是文字的演变、注释和历史音韵学，上溯一两千年，都是历时研究。古代中国人把研究文字训诂、音韵方面的学问叫小学——包括字形、字义、字音。清代的《四库全书》把小学分为：训诂、字书、韵书三类。赵元任首创把中国语言研究和话语研究联系在了一起，进行一个特定时段里的语言研究，以求开创普通语言学，并以方言研究开始，建立语言学研究体系。这在中国历史语言学研究传统上是从来没有过的。汉代扬雄的《方言》虽然是中国历史上第一部系统研究方言的著作，但其体系仍是历时研究，或为历史语言学范畴，虽然它是以人们口头的活语言作为研究对象，可被视为是古代的方言田野调查之作。

1929年10月17日，赵元任撰写了一篇《中国语言研究备忘录》（"A Memorandum on Linguistic Research in China"），在这份备忘录里，赵元任阐明了他对语言学研究的一些新的看法，同时也介绍了中央研究院的工作。他写道：

> 中国学术史上有关语言和书写文字的研究颇丰，随便翻一翻人物传记辞典我们就可以找到许多像翟理斯这样的词源学家和音韵学家，但他们中许多人都是做古语研究的。宋朝的官府会依据隋唐时期的发音来制定他们那个朝代的标准韵书，而清朝的音韵学家研究中古音韵。这些研究虽然宝贵，但也有局限。其一，他们忽略了现代的语言现象，其二，他们把古音研究中不可缺少的现实资料的来源排除在外，而现代的语言现象对历时语言研究是很重要的。近年来，出现了大量利用现代研究方法做语言调查的工作。高本汉就对三十多种方言做了调查，其中多数是依据第一手材料。在此基础上，他利用对古代韵书的研究，重构了公元七世纪时的中古音韵体系。刘复博士（刘半农）也利用记波器来也研究一些中文语调的时间曲线图。1927年冬天，清华研究院委派我对33种吴方言作了调查。1928年，中央研究院又派我作了广东和广西两省的方言调查。……中央研究院现在下属有九个研究所，包括物理、化学、工程、天文、气象、地质、心理、社会科学、和历史语言等研究所。每个所每个月的经费大概是$10000 Mex，史语所下设三个组，第一组历史组由陈寅恪负责，第二组语言组由赵元任负责，第三组考古组由李济负责。语言问

题亦可以有第一组学有专长的研究人员参与，音乐问题亦可同语言问题放在一起研究，人类学方面的数据也可以从考古发掘现场获得。

10月21日，他又讨论了语言调查更多的细节：

实际调查计划可能分为三个阶段：开始阶段我们将对具有代表性的方言做初步调查，如吴方言和粤方言。这将使我们能修改并完善方言类型和方言的数据形态。这些方言的数据形体至今为止还只是局限于古代韵书上的数据或通过对少数方言的研究而构建的。通过这第一阶段的研究，我们就可以用标准数据来做全国的方言普查工作。大致来说，古代的一个府（或州）可以作为一个方言区。实际上，若干个府也可以组成一个方言区，一个府也可以根据方言分布线被分割为若干个方言区，每个方言区语料内都可以编写出一套该方言区的微型语法，亦可就同属一个大方言的方言字群所具有的主要特点归纳建立出一套该方言体系。……将来做全国方言普查时，我们将以县或乡来做单位，这将使我们工作增加近十倍。目前我们还没有这么做，只是在计划中。我们就可以把目前的调查结果作为将来的全国方言普查比较和分类所用。到那时，这种县和乡一级的方言调查工作也可以由没有受过语音学训练的人来完成。

赵元任在这里表明了他要建立共时方言研究体系和方言区的

思想。他也注意到了当时中外学人在研究中国方言时，"往往接不起头来"，"太偏重于一方面"。大体上，外国学者偏重语音学的方面，如丹尼尔·琼斯（Daniel Jones）和胡絅堂（Kwing Tong Woo）的《广州语读本》(A Cantonese Phonetic Reader, London：University of London Press, 1912)"纯粹是语音学的观点"，即共时体系下语音的描写和记录，而中国学者偏重音韵学的方面，即在历史语言学框架下与古音体系做比较研究。有鉴于此，赵元任作了《南京音系》一文（1929年《科学》第十三卷第八期）。这篇文章所根据的材料大部分是赵元任1927年秋做吴语调查时顺便到南京所记载的发音和他在1907年至1910年住南京时听得的音。他写这篇论文的目的想把这两种研究方法联系起来，"叫它们拉起手来"。在语音的方面，赵元任用了一种纯拼音性的国际音标，并且照声母韵母排列。而在音韵方面，他又采用了一种半拼音性半文字性的方言罗马字（拼法跟国语罗马字用一样原则），用前者可以正音，用后者可以统音系，"音系"两个字也可当"音"跟"系"分开来讲。

1930年上半年，赵元任设计出版了《方言调查表格》。这个表格是他在吴方言和粤方言调查的基础上整理出的一套标准方言调查表，由中央研究院正式出版。这个标准的方言调查表格后来影响到了其他汉语方言调查工作，后来的方言调查无不以此为参照。另外，赵元任也在《语音学教师》(Le Maître Phonétique)上发表《声调系统》("A System of Tone Letters"）一文，在这篇论文中他创制了五度标调法，分直调、曲调、短调三组，共28个调符，"兼顾准确、优美和印刷的方便"。具体为："每一个标调字母由一条垂直的参考线构成，其高度为n，附着一条表示声调的简化的时间音高（time-pitch）曲线；调位（toneme）附在这条线的左边儿，调值（tone-value）附在这条线的右边儿。线的粗细同罗马字仲横的（细的）部分一样。垂直线的全程等分成四段，这样就有了五个点，编号为1、2、3、4、5，分别对应于低、半低、中、半高、高。为了避免分得过细起见，点2和4或独用，或者互用，但是不和1、3或5合用。"为了验证这套系统的"实用价值"，赵元任用这套声调系统记下了六十二首西藏情歌，即《六世达赖喇嘛仓央嘉措情歌》（原文章名为《第六代达赖喇嘛仓洋嘉措情歌》，见中研院史语所单刊，甲种之五，1930）。"结果，两者的相似竟超出了我的预期。这清楚的表明：这套标记法可以用来训练自己，记音、读音两头都管用。"（《赵元任语言学论文集》，第716页）但赵元任的学生王力则认为，"五度标调法有优点，也有缺点。它的优点是不至于使人误会声调是绝对音高；它的缺点是有时候不能准确地表示某种声高。五度标调法（指现在通行的标调法）只能表示高平、中平、低平、全升、全降、高升、低降、中降、降升、升降等，它不能表示三折调，例如降平声、升平降。"（《中国语文》1979年第4期，第283页）又据吴宗济所言："近日西方学者对世界诸语言的大量调查统计，证实了各民族语言中声调的高低等级，绝大多数不超过五度。"（吴宗济:《赵元任语言学论文集序》）

1930年12月17日，胡适四十岁生日，赵元任执笔献贺词一首，由毛子水书于屏上。赵元任的贺词是：

胡适说不要过生日，生日偏偏到了。我们一般（班）爱起哄的，又来跟你闹了。今年你有四十岁了都，我们有的要叫你老前辈了都。天天儿听见你提倡这样那样，觉得你真是有点儿对了都。你是提倡物质文明的咯，所以我们就来吃你的面。你是提倡整理国故的咯，所以我们就都进了研究院。你是提倡白话诗文的咯，我们就啰啰嗦嗦的写上了一大片。我们且别说带笑带吵的话，我们也别说胡闹胡搞的话，我们并不会说很妙很巧的话，我们更不会说'倚少卖老'的话，但说些祝颂你们健康美好的话，这就是送给你们一大家大大小小的话。适之先生嫂夫人四十双寿。拜寿的是谁哪？一个叫刘复*，一个叫李济*，一个叫容庚*，一个叫赵元任*，一个叫赵万里*，一个叫顾颉刚*，一个叫毛子水，一个叫丁山*，一个叫裘善元*，一个叫商承祚*，一个叫陈寅恪*，一个叫罗莘田*，一个叫傅斯年，一个叫唐擘黄*，一个叫李方桂（*有星儿的夫妻同贺，没有星儿的叫"非常惭愧"）。

这一年中央研究院史语所着手编辑出版蔡元培65岁纪念论文集。此议由傅斯年、刘复提议，在12月6日的所务会议上讨论通过。提案写道："本所设置，实承蔡子民先生提倡此学而成，而蔡先生在中国学术上之地位亦宜由其同志之人仿欧洲成规编成论集，以纪其高年之令节。此类纪念册在中国虽尚无之，而正宜开此风气，盖书生之礼无过文字，自叙其发见贤于颂人。"所务会议决议推举傅斯年、陈寅恪、赵元任、李济、刘复、陈垣、朱希祖、林语堂为编辑。

1931年1月5日，赵元任启程赴上海参加中国文化基金会董事会第五次常会,同行者有胡适、莎菲、孙洪芬等。7日抵达上海。在火车上赵元任与胡适做了长时间的谈话。根据1月5日胡适日记,胡适说:"元任与我同房谈的很有趣。元任是个天才极高的人,学力也好。世间人很少这种凑合。"(《胡适日记全集》第六册,第419页)

此时,赵元任刚刚完成了刘易斯·卡罗尔(Lewis Carroll)《走到镜子里》一书的翻译,并将译本送到商务印书馆刊印出版,赵元任还提供了汉字罗马字本,作为汉字罗马字的范本。1931年7月10日、11日晚,由赵元任翻译、熊佛西导演英国剧作家H. H. Davies的讽刺喜剧《软体动物》(*The Mollusc*),在北平东单协和大礼堂公演,是"北平小剧院"举办的第三次公演。赵元任以Dorothee Palmer的注音注调本为底本。此剧公演取得很大的成功。胡适观看了11日晚上的演出,在他当日的日记中称其为"空前大成功",并着重表彰赵元任翻译的功绩。此剧的公演,还引发了林徽因(当时署名为"林徽音")与余上沅(此剧的布景设计者)、陈治策(此剧的舞台监督)等持续一个多月的一场笔墨官司。双方围绕舞台设计问题在《晨报·剧刊》上笔战数个回合,最终熊佛西在《剧刊》第35期以编者按语结束了这场笔墨官司。

1931年梅贻琦由美国回国接任清华大学校长,清华大学希望赵元任接替梅贻琦担任清华留美学生监督处主任一职。傅斯年再三考虑,最终同意让赵元任去美国接替梅贻琦的工作,并希望赵元任在这次赴美中为史语所购买仪器设备,以便在语言组建立语音实验室。1932年2月21日,赵元任夫妇带着如兰、新那和来思三个女儿离开北平去上海,启程去美国上任。四女儿小中(Bella)由于还不满周岁，就留下由奶奶照顾。他们一家于2月25日达到了上海，休息了几天后，于3月4日乘美国"林肯总统"号客轮赴美，6日到神户，8日到横滨，16日至檀香山，22日抵达旧金山。

到达旧金山后，3月23日，赵元任携如兰、新那访问伯克利加州大学，会见清华留学生林同济、张荫麟等。第二天，赵元任还去了斯坦福大学会见了那里的清华留学生。13年前，赵元任曾经在伯克利进修了半年，这次带全家重游伯克利，他感到格外亲切。（《赵元任年谱》，第180页）3月25日，赵元任一家乘火车横穿美国大陆，于3月29日到达美国首都华盛顿，开始了他在美国一年半清华留美学生监督处主任的工作。在美国的这一年半时间里，赵元任基本上是到美国各地会见清华留学生，顺便与美国语言学界的朋友见面，商讨学术事宜。他先后到访了纽约、波士顿和母校康奈尔大学等地与清华留学生会谈，也会见了他的老师和朋友，同时还没有忘记为史语所购买语音学实验室设备。11月14日，赵元任还在哥伦比亚大学做题为"中国国语运动"的演讲。

1933年8月，清华留美学生监督处的工作进入尾声。赵元任开始准备回国。9月，他特别去了一趟纽约，亲自验收了他为史语所语音实验室采购的仪器设备，并开车把设备运回华盛顿，然后寄回国内。在做完了这些事后，赵元任就带着全家开车横穿美国大陆，由华盛顿到西雅图。这是他第一次驾车横穿美国。1933年9月30日，赵元任一家在西雅图乘坐"杰斐逊总统号"客轮离开美国，于10月17日到达上海。此时，中央研究院已经从北平迁至南京。赵元任先是到了北平向清华大学汇报了他在美这一年的工作。然后，他一家人就搬到了南京。1934年史语所迁到南京建大楼于北极阁。赵元任全心投入了语言组的筹建工作。他拟定了两大计划：一是在语言研究方面动员语言组所有研究人员争取在数年内把国内汉语和非汉语方言都调查一遍；二是在语音实验室的建设方面，建设一个规模宏大的现代语音实验室，把所有方言调查材料都灌制音档资料。4月到6月期间，赵元任撰写了《音位标音法的多功能性》("The Non-uniqueness of Phonemic Solutions of Phonetic Systems")一文，于6月28日完成初稿，暑假期间在青岛改定，刊载于《史语所集刊》第4本第4分册。这是他在音位学上一篇特别重要的论文。在这篇论文中，他进一步阐述了建立中文音位体系的问题，特别是针对音素和音位的功能问题。这是现代共时语言学的基础。撮要如下：

近年提倡音位标音法的各著作家，在他们的言论中，往往像已经假定每一个语言只有一种可能的音位化法。本文就是要证明音位标音法，对于任何语言，不是单答案性的，乃是有多少可能方式的答案的。从事实上人家用的各种标音法，可以寻出许多影响答案的因子出来。

1. 单位的尺寸问题。——平常说"一个音一个符号"，其实常常有多音一号或一音几号的标音法。在极端的例就发生零符号零音问题。——比方德文元音起头字必有 [ ] 音，但不写也可以知道它的存在，这是零符号代表音。"阴平无号"也是零号的例，[baːdn] 写作 [baːden] 就是有 [e] 号而无音的例。

2. 组类问题。——哪些哪些音归为一个音位，这问题是跟着许多因子变的。(a) 音质准确度, (b) 全系统简单或对称的要求, (c) 音位总数减少的要求, (d) 本地人对于音类的见解, (e) 字源的顾及, (f) 音位与音位间局部重复的避免, (g) 读音知位, 见位得音互指可能的要求。这些要求往往互相冲突, 对这上对那上轻重的不同, 就会有不同的答案。

3. 符号的选择。——影响组类的各因子有些也影响符号的选择。此外有(a) 用普通罗马字的倾向, (b) 用较常见的语音符号的倾向, (c) 分度的数目的不同, (d) 增加"麻子"符号的避免, (e) 跟别的音位标音法冲突的避免。

这是赵元任音位学理论的经典之作, 得到了国内外语言学界的高度评价。此文后来被收入语言学家马丁·朱斯（Martin Joos）主编的《语言学阅读书》(*Readings in Linguistics*)。朱斯评论道："我们很难想到有比赵元任的这篇文章更好的对早期音位学具有指导意义的单篇论文了。布龙菲尔德的《语言论》刚一出版时, 公众用一种混杂的感情对待它的标音……。赵元任和他的论文最令人感兴趣的一点是他的论文可以用这两岸读者的任何一种方式阅读。我把这一点看作是他有非凡的天才和没有任何偏见的证明。我也曾听人用一句简单的话来解释这一点：'赵元任什么事情都不会做得不好。'这仿佛是说, 他的著作始终能使任何一个读者都感到满意。这一说法就我所知要么是千真万确, 要么是接近千真万确。"（《赵元任语言学论文集》, 第 794—795 页）后来美国著名的语音学家维多利亚·弗罗姆金（Victoria Fromkin）也于 1965 年在《系统结构音位学概要》("On

System-Structure Phonology",*Language*,Vol. 41, No. 4, 1965, pp. 601-609) 一文中再次高度评价了赵元任的这篇论文,她写道:"在1934年赵元任首次讨论音素的非独特性解决办法时,他指出了不同音位分析取决于底层概念。从这一理论诞生至今的三十年里,我们还没有见到像这个理论一样得到了大多数语言学家一致认同的理论。"弗罗姆金曾担任美国语言学学会的会长和加州大学洛杉矶分校的副校长,她对赵元任的赞美之词格外令人信服。无独有偶,赵元任在1934年提出的这个音素变化和音位底层结构理论与美国从1970年代兴起的生成语法之表层和底层结构学说最核心的理论相同,生成学派至今仍是美国语言学的主流学派。

1934年7月14日,刘半农在北京病逝,年仅44岁。此前,刘前往绥远一带考察方言方音,不幸染上回归热,回京后医治未果。赵元任于7月19日在安徽屯溪得悉噩耗,深感悲痛,敬献挽辞:"十载凑双簧,无词今后难成曲;数人弱一个,教我如何不想他。"后又撰纪念文章《刘半农先生》,发表于当年的《史语所集刊》上。文章写道:"半农和我是一个多方面的小同行。我们都搞敲敲打打拉拉吹吹的玩意儿。他在民国十四年发起了数人会,我们和钱玄同、黎劭西、汪一庵、林语堂六个人每星期聚会谈论国际音标用法原则、国语罗马字拼音法式等等问题。这都好像是就在眼前的事情。半农的诗调往往好像已经带了音乐的'swing'在里头,这些年来跟他编曲和讨论乐律问题也都像成了一种习惯似的。最近他到绥远,临出发时候写来的一封信还提到作歌的事情,哪晓得这封信到了不久,跟着就得到他的死耗了。"

在史语所,赵元任的研究工作重点完全投入到了语言组的方言调查工作，所涉及的方言调查区有江西、湖南和湖北等地。1935年5月，赵元任、李方桂、杨时逢作江西省方言调查，此次为大规模方言调查之初步，记录了方言57种（包括福建话1种），其中为35种方言灌制了80张留声片。9月初，李方桂及时任语言组练习助理员吴宗济赴广西调查泰语等。调查历时5个月。本次共调查龙州、武鸣、永淳、天保、田西、田州、百色、凌云、西林、那马、镇结、隆安、柳州、迁江等15地的泰语方言，及南宁、百色、柳州、桂林等地的平话和官话，共灌制音档76片，其中以龙州、武鸣、永淳三地的材料最多，且皆有故事、歌谣等字汇之记录。此外，调查中发现在天保地区有二部合唱，"乍听颇似一种甚欧化的短调二部合唱，但天保绝无受欧西影响之机会，此调当纯系本地产生者"。（《音档及方言调查》民国二十四年年度报告）

1935年10月至11月，赵元任携杨时逢、葛毅卿赴湖南进行方言调查，共得方言百余处，灌制音档112片。据赵元任递交的本年度《音档及方言调查》报告，此次调查所得，最要之材料有二："一为湖南之南西北三边极富于不送气全浊音，因一般人以长沙、湘潭不送气阳平字即认为浊音，可从比较上证明不确。从此亦可证明一般吴语中所谓浊音较湖南之真浊音送气较重而非真浊音。第二种重要材料为东南数县'土话'之发现。此等土话即本省外县人亦多不知其存在，因操土话者皆同时能说一种西南官话，与外县人来往皆用官话。但土话并非苗瑶语，亦非客粤闽赣语，直另成一种湖南方言。"（《音档及方言调查》民国二十四年年度报告）此次调查成果最后由杨时逢整理，于1974年正式出版，题为《湖南方言调查报告》。

据1973年12月6日杨时逢自序，此次是史语所语言组举办的第五次方言调查，前四次分别是1928年两广方言调查、1933年陕南方言调查、1934年安徽徽州方言调查和1935年春江西方言调查。其中前三次调查都"注重几个代表语的较详细的记录，所用的例字较多而所调查的地方较少"。

史语所语言组拟定了一个"全国方言调查计划"，打算少数人在几年内给全国方言做一个粗略初次调查，所调查的地方要多到能够画得出方言地图来，每处所调查的材料要少到能够在几年之内就完成这个计划。按照这一计划，在这两年中，语言组"大纲式"地调查了江西、湖南、湖北三省的方言，但由于抗战的缘故，史语所辗转迁移到云南、四川等地，不仅调查中断，而且所获之材料亦没有及时整理出版。基于此次对湖南全部75个县的调查，杨时逢谈到湖南省境内的语言，它的四境的方言因为来源不同，所以也相当复杂，要比起那些西南官话来，虽然有些地方很相似，但大部分的方言要跟云南、四川、湖北等所谓西南官话是不很相同的，所以他们没有把它算作西南官话的区域。

在乡下调查方言期间，赵元任也没有忘记他的家人。1935年10月28日，他在给四个女儿的信中表达了对女儿们的思念，并谈及湖南嘉禾县方言称谓，"我梦见Lensey，又梦见小中，到昨天晚上又梦见Iris，半夜醒了，想Nova你还没到我梦里来，又睡着了，果然来了。我到今天（28日）做完了十六处方言了。今天有一处方言管我叫sa，管你叫shing，管他叫tzau，管爸爸叫妈妈，管妈妈叫姐姐，管祖父叫狗（是'公'字的读音）！"他在给丁文江（在君）的信中还谈及到了在湖南乡下做方言调查的辛苦："到湘就病（心跳及泻），虽不利害，但不舒服的程度达到发誓说'像这样身体，这碗饭是吃不来的了。一动就病，还调查他 ma 的什末但姆方言？'好了之后，又觉得这些但姆方言却但姆 interesting。现在世界，有这种工作作（做），还不是怕拉獃死？"

商务印书馆一直是出版赵元任著作的特定出版社。赵元任还与商务印书馆签订《儿童节歌曲集和声谱》出版合同，版税为销售实洋的15%，本书为与陶行知合著。

1935年底，赵元任花了整整一个月做湖北钟祥方言调查。据赵元任说，"钟祥居湖北的正中心，方言是西南官话的一种，比武汉派的湖北话又多一点普通话的色彩。现在给钟祥语言作一个较详细的记录分析，差不多就是把中国中省中部的代表语言记下来了。"（《钟祥方言记》，中研院史语所单刊，甲种之十五，1939，p. 55）钟祥方言调查是在南京进行的，请李济的父亲钟祥李博父老先生作城内发音人，陈道圃作西北乡的代表发音人，并把他们的发音做了唱片，做钟祥方言和国语的对比，钟祥方言跟古音的对比。（《赵元任年谱》第204页）这项工作延续到了1936年。这一年史语所语言组的工作包括继续建立语音实验室，完善设备，招聘助理员继续做方言调查，并整理方言调查材料。

这一年1月，武昌中华大学附中学生浠水人程伟应邀到史语所，时为练习助理员的董同龢、周祖谟逐日记音，共得数种长篇记录，并收灌浠水音档数份。（《音档及方言调查》民国二十五年年度报告）另外，赵元任编写了《钟祥方言记》，杨时逢和丁声树两位助理帮忙灌音，记笔记，校对和整理材料。4月8日，赵元任带着仪器出发，携杨时逢、丁声树、吴宗济等人赴湖北作全省方言调查。他们乘船由南京到武汉。湖北方言调查工作先从嘉鱼方言开始。在此之前，赵元任已经根据史语所请钟祥人发音，详细地记录了钟祥方言，并据此制成湖北方言调查表格。湖北方言调查组于5月底回所，共得方言64种，收灌音档144片。初步得出以下结论：湖北省东部方言往往有入声。去声往往分阴阳。东南部里有b、d、g、z等浊音。普通所谓湖北话之武汉区，虽在东部，而方言与鄂西为一派，与西南官话近似。5月，赵元任的《钟祥方言记》单行本刊行，他认为这次钟祥方言调查可以作为"将来较详方言整理之蓝本"。对此，王力后来多有评论，说"《钟祥方言记》比起《现代吴语的研究》来，在方法上有了明显的进步。第一，著者把'语音'和'音韵'分开了：'语音'只是客观的描写，'音韵'则是声、韵、调相互间的关系；第二，著作拿前两章来做纯粹静态的研究，基本上不涉及历史。这样，描写语言学的性质就比较浓厚"（王力：《中国语言学史》，第202页）。此外，"罗常培关于方言调查的著作有《厦门音系》（1931）和《临川音系》（1936）。《厦门音系》第一章是绪论，第二章是语音的分析，第三章是本地的音韵，第四章是比较的音韵，第五章是特殊词汇，第六章是标音举例。从第二章到第四章，完全是《钟祥方言记》的架子"（同上）。

赵元任赴湖北方言调查档案中还存有此次调查时所携带的文具、药品、仪器的清单，据赵元任1937年提交给中华基金会的报告，湖北方言调查材料的整理大致分三步：

第一步分并音类，就已调查之语音记录，求出各地声母韵母声调之类列，作成单字音类表；第二步描写音值，根据调查记录，参照音档留声机片，描写各地实在语音状况；第三步比较研究，先与古音比较，以明各地音类之演变，次与国音比较，以见方音分布之情形。第一步工作已经完毕，分地作出单字音类表共计六十三处；现正进行第二步工作，描写各地语音情形，以描写者计有：汉口、汉川、枝江、黄梅、蕲春、广济、云梦、公安、应山、安陆、沔阳、鹤峰、竹溪、诸县。（民国二十五年年度报告《音档及方言调查》）

在赵元任的主持下，中央研究院史语所语言组在方言调查工作上多有创获。为了绘制方言地图，他们编制了"各种应画之特点格式，已成声母方面特点五十七种之表格。同时修改调查表中之'辨区特字表'一百二十九字，并标出粤湘吴京平各处读音之归类法"。为了保存安全及整理方便，转灌、复制了历年收灌的音档留声片，誊录了历年的方言调查记录。

在开展方言调查工作的同时，史语所语言组助理员的招聘也按计划开始。1936年7月28、29日，史语所语言组举行助理员选拔考试，考试分为汉学常识、英语、汉语音韵、语音学记音等。

在史语所赵元任做的另外一件大事就是完成了高本汉的《中国音韵学研究》翻译工作。这部书的翻译工作从1930年就开始了，由于1932至1933年赵元任出国而中断。参加此书翻译的语言学家还有罗常培和李方桂。1936年10月2日，赵元任将《中国音韵学研究》中译稿寄给商务印书馆，至此，由三位重要语言学家翻译的这部大作进入了出版阶段。此后赵元任就此书的出版问题（如国际音标铜模、排印说明等）与商务印书馆反复沟通，后抗日战争爆发，书版毁于战火，最终于1940年才正式出版。高本汉在该书中文版前言中高度肯定了他们三人的翻译工作。另外，从赵元任给中基会的报告中可知，他们在翻译过程中，还"将近年方言调查所得之材料，就其与该者发生直接关系者，在相当地注释入译文，俾臻完备"（《音档及方言调查》民国二十四年度报告）。

除了语言学方面的工作，赵元任在公派留学生方面也担当重任。1937年3月2日，赵元任致信杭立武，阐述对中英庚款第五届留英公费生考试中普通语言学门考试科目、内容设置的意见。当时，中英庚款第五届留英公费生招考工作在南京、北平两地进行。据《管理中英庚款董事会考选第五届留英公费生章程》，本届考试安排为2月1日至3月10报名，4月1日至6日在南京国立中央大学和北平国立北平大学进行正式考试。考试分体格检、普通科目（包括党义、国文、英文三门）和专门科目。本届拟招考29名，共分21个学门，其中普通语言学招考一名，所考专门科目为普通语言学、中国语言文字学、普通语音学、比较语言学史四项。赵元任不满当时各种语言学奖金的选拔考试，认为选拔的留学生在国外无论是学习普通语言学还是英语语文学或比较语言学，都希望他们学有所成后，能够将其所学运用到对国内自身语言学问题的研究上，如中国语言文字学、汉语族、乌拉尔-阿尔泰语系及欧洲语言的教学和翻译等。所以，奖学金的设置应该让那些专精于中文的学生同外国语学生有均等的机会，如果在考试内容中非英语的外国语比重过多,中国学生将会被西语学生淘汰。这实际是赵元任对中国语言学研究和人才培养的殷殷关切。

1937年7月7日,日本侵略军进攻卢沟桥驻军,战火向全国蔓延。7月15日中央研究院历史语言研究所所务会议决定将图书、仪器、标本一律装箱运往江西南昌省立农学院及长沙工作站(《历史语言研究所纪念特刊》40, p. 10)。期间,梅贻琦、胡适、蒋梦麟、张鹏春等北方教育界人士都在南京,常来赵元任家谈论北方及全国局势。7月24日晚,赵元任跟梅贻琦、唐擘黄等朋友在陵园一家面馆吃面。赵元任静静地看着月亮在云层间穿过,感叹道,"不知何时我们能再有这样的一个夜晚"(《赵元任年谱》,第219页)。随着战火的逼近,史语所开始把研究所迁往长沙。赵元任夫妇决定把1906至1935年的日记和过去几十年来拍摄的4千多张照片分为7个邮包于8月3至4日寄往纽约贝尔实验室的老同学罗伯特·金(Robert King)处,使这一批珍贵资料得以保存(《赵元任日记》)。随后,赵元任一家乘船来到了大后方的长沙。史语所迁长沙,借圣经学校校舍办公,位于韭菜园。这年的10月19日,赵元任致信《阵中日报》社,抄奉爱国歌曲四首,即《中华我中华》《我是个中国人》《我们不不不买日本货》和《自卫》。12月22日,湖南省民众训练指导处聘他为"编审委员会委员",聘书由处长张治中、副处长赖琏签发。该组织是抗战全面爆发后,张治中任湖南省政府主席时采取的动员民众、训练民众积极备战抗战的重要举措。12月16日,史语所所长傅斯年来信,要求商讨继续向内地迁移的问题,他们考虑了去广西九龙、广西桂林、云南昆明等几种可能性。赵元任夫妇决定去昆明。于是他们就和老同学章元善组织亲友一块儿去昆明，包括章元善、赵元任、张绍镐、丁绪宝、杨时逢五家和丁声树。他们于1938年1月12日启程前往昆明。此行先后经过衡阳、桂林、龙州、安南、河内，于1月28日到达昆明，居拓东路663号（华洋义赈会的房子）。赵元任在5月26日致吴亚农的信末提及"到滇时叫洋车须叫'老人坊（斜）对面'，因拉洋车者不知'拓东路'之名也"（《赵元任年谱》，第224—225页）。

赵元任在昆明工作生活了大半年。语言组是第一个迁到昆明的。其他组于3月才到达。从长沙寄来的书籍资料也陆续到达了昆明。研究工作重新开始。在昆明的这大半年里，赵元任和他的四位助手丁声树、杨时逢、吴宗济、董同龢主要的工作就是整理编写《湖北方言调查报告》，报告共1575页，外加方言图，于1948年作为中研院史语所专刊之18期出版。

1938年2月28日，赵元任致信傅斯年，欲请假一年赴夏威夷讲学。此时，夏威夷大学东方学系正频频向赵元任发出邀请，赵元任意欲接受聘请，赴美讲学一年，并对史语所语言组工作做了初步安排。赵元任此信，"一方面是请假的信，一方面也是把我个人的计画向朋友问意见"，此次夏威夷之行或许是出于生计，这一点可以从以下赵元任的这封信中看出端倪：

在长沙我们闲谈的时候，你常常说起朋友当中算我的光景特别的难。去夏一病，把书籍，衣裳，房子一丢精光，以后除人家借书还书给我，没法再买书，再加搬搬挪挪的，随时都有陷到没办法的可能。小孩子读书也成问题，Iris, Nova 本年也没上学。但是朋友中比我们有办法的虽然有之，比我们更不得了的也不是没有，所以我也就这样给自己譬解了。银行的账当然是不管了，算是他们投错了资，只是有些私人借钱的靠我们到钱过活，我们现在又不是没事情，不维持人有点对不住人就是了。

现在我的"deuce" of a 问题是：有了一个稍微吹口气的机会，如何能把事情安排到可以让我利用这机会的状态？这个并不是新闻。你记得去年春天 Sinclair 自己人来，信来，Crawford 聘函来，我对谁也没言语一声就谢绝了。后来那边的陈荣捷来访，近来 Sinclair 又来一信，接着 Crawford 来一电，说 University of Hawaii offers visiting professorship one year beginning September, salary five thousand。我搁了三个星期没有回，又来电来催（因为他们把信电由商务印书馆转，王云五知道我没有复电又有电来催之事）。我现在对于那种蘑菇式的东方学院并不增加敬意，但算算账来这是一个喘喘气的机会，这次再回绝了，那就是对他们 final 回绝了。所以我完全为生计计，我复了一个暂复电，说：accept kind offer pending Academia's permission。

现在我写这信就是向你和骝先和蔡先生问可以不可以给这个 permission to 一年的假。这样一来不是整个儿给二组拆台吗？"二组"这个 tradition 在文字上虽然甚不 voluminous，但在治学之风气上可以相当的为之 proud，莘田之在北大，把自建功以下都"二组化"了（莘田之语）。从这上来，我就想到在下学年内的语言工作正好由莘田主持之。那天梦麟在这里谈，我对他谈过我个人的困难情形和可能的计画，他也很同情。他又讲起你托他把史语所跟文学院合作起来，我觉得这办法除掉按一般理由有很多好处外，还可以让二组工作有个办法。我们现在如《临川音系》那数书一册一册的出也就很好了。（讨厌的是商务把高本汉，钟祥，龙州三书搁起，把临川稿退回——破约——我们恐怕又得另想办法了。莘田现在当然还在客气中，因为我的行止还没有定，他不便答应，如果定了，我想他没有问题的。）

如果你以我的主意为合乎实际的，我打算在暑假前把湖北报告做完，把其余的材料需用我审音的部分审过，一部分留交杨时逢董同龢吴宗济在莘田的指导下整理，（并办已成四书刊印校样事）一部分（吴语粤语等个人性较多之材料）我带去整理。丁梧梓去年遇某种打击，我想找他帮我一年忙，在东方学院同我一起，也许比在牛津学习英语有意思一点。如果我请假被批准了，我就去要求加一个助理员去。

在得知傅斯年批准了他的请假后，赵元任于3月17日致信傅斯年，告知语言组工作安排及史语所相关情况：

接到那君带来三月九日手书，悉兄已同意请假一年的事，很感到你对我困难情形的体谅！说到"大团圆之一日"，不免觉到目前大家之不团圆，都不禁有伤哉之感的。暑假打算把著稿结束的计划已详二月廿八日函中。现在四个助理员工作都很努力。预计暑假后留给他们的工作（写湖南及江西）可按已会的湖北一样做。如有莘田加点指示当更好。万一秋天全体无办法，没有法子维持他们，我还想私人贴补他们一点，十块就是三十多块，可以维持一家了。这样子所里对于留他们继续工作可以少点困难。便时请给我个话下年是否还可以留他们继续工作（如果仍有所的话）。莘田处最好请你请他一下以免他再客气。（仿寅恪一T. H. 教授主一组例）我觉得他在这 interim，只有他是可以维持"二组"的 tradition。

1938年7月22日，赵元任到法国领事馆办理过境（越南）手续。晚上6点他在青年会置席三桌，宴请亲友，被邀请客人的名单中包括梅贻琦、蒋梦麟、傅斯年、熊庆来、吴国桢、朱经农等人。8月1日，赵元任一家启程离开昆明。亲朋好友梅贻琦、杨时逢、丁绪宝、傅斯年夫妇前来火车站送行。蒋梦麟夫妇也特别赶来，他手里捧着个气锅，上面刻着"故国可家"四个大字，朋友们盼望赵元任早日归来。可是谁也没有想到的是，这次出国却是赵元任驰骋美国学界数十年的开始。他下次回来竟是35年后的1973年了。

赵元任一家先到了香港，逗留两周。在香港赵元任见到了任鸿隽、王云五、萧友梅、林维英、陈寅恪和表弟庞京周等人。赵元任还拜访了在香港养病的中央研究院院长蔡元培。分别前蔡元培握手嘱咐赵元任早日回国，希望很快再见，不料这竟是他与蔡元培的永别。（《赵元任年谱》，第234页）8月18日，赵元任一家乘"加拿大皇后号"离开香港。

赵元任一家于1938年8月31日到达夏威夷檀香山。据夏威夷大学简讯（Vol. 17, No. 5），赵元任将在夏威夷大学开设中国音乐、中国戏剧史和中国语言学三门课程。刚到夏威夷不久，赵元任就在报上读到了日机轰炸昆明的报道。11月10日，他还收到了蒋梦麟的来信，信中详述日机轰炸昆明的惨状：

> 后来调查知道大小西门外炸死了数十人。贵院天研所死了某君之妻及二小儿，某君之母及孙，都是在爬城墙逃难时炸死的。师校本为联大借用，炸死了三个学生（投考借住生）两个听差，一个军操大队长（军训委员会派来的）及他的小儿。余人或逃旷野或居室内均无恙。全校的屋顶毁了五分之四。金岳霖先生几乎呜呼。他临时自思道：There is a chance of probability。他浑身是灰土，跑出来一脚踏在一块人肉上。东一只手，西一只脚，触目惊心。

国难当头，赵元任在夏威夷的生活是不安且痛苦的。11月27日，他致信ZY、IC夫妇，着重谈及他在夏威夷"昏天暗地"的生活，信谓："我们可以说真是过的昏天暗地的，不是快乐乃是糊里糊涂的，觉得和以前出来不一样，总没有兴头。"他提到不想在夏威夷待过明年。12月7日，赵元任致信蔡元培夫妇，谈到在他在夏威夷的情况："此间大学东方学院甚热闹。不过这里注重表面中西沟通的鼓吹，而对于实际学术的工作还没有成一个很成熟的机关。回看我们国内学术教育机关，跟外国一般的比较起来，我们的真可以算是不错了！"

12月8日，赵元任惦记着国内的抗日，致信在中国红十字会总会任职的表弟庞京周，询问给国中抗日将士寄送药品的途径："此间华侨原将捐款的一部分（有时每月达千余美金）购买药品送给前方伤兵，要愈直接愈好。但不知如何寄法，寄给谁，走哪条路？他们对于救济难民等已另有办法，这是专为给前方将士用的。便乞打听确实人名或机关名及地址航邮示知以便早日答复他们。"赵元任在夏威夷的教学工作与生活并不开心。

（七）从夏威夷大学到耶鲁大学

赵元任在夏威夷大学讲学感觉并不太好，觉得这里的学术气氛较沉闷，而且让他教的中国音乐史课程也不是他的兴趣所在。1938年12月20日，耶鲁大学E. H. 斯特蒂文特（E. H. Sturtevant）教授来信，邀赵元任去耶鲁接替李方桂作客座教授。12月25日，赵元任致信傅斯年，意欲续假一年，应邀去耶鲁大学讲授中国语言学。据信中所言，他之所以去耶鲁而暂不回国，主要原因有三：

来此将半年，此间空气甚腻得慌。上半年敷衍些不相干的事，如讲中国音乐史——如朱载堉的$\sqrt[12]{2}$=1.059463094之类。下半年本定讲戏剧史，幸已取了消，可以有空大做事。不过地方僻陋，下年他们即使再留也不愿再待。来夏本想即与方桂同回。现在耶里[①]忽来函请去讲中国语言学一年，即1939至40年，年薪5000元。我颇有些跑一趟之意。一、出来这一年因盘费太多，

[①] 即"耶鲁"，下同。

经济转不过弯来。如向大陆走，虽须加点旅费，但一年下来可稍有回身余地。上次写信请假不是说过吗：有几处愁人的债，这一两年中，即不云还清，至少须设法使亲友生活不至为我受累。至于银行债主本来就该他们"活该"去了。二、到大陆上跟 Sapir[①]等人是一个教育，耶里语言是个专长。三、看看各处语言调查和研究新技术。所以打算请准许续假一年，至二十九年夏回国。

1939年第二次世界大战全面爆发。2月20日，赵元任在这一天的日记中记载他读了毛泽东的《论持久战》。2月24日，他致信杨时逢，嘱其代购图书三种，即《切韵指掌图》(《四部丛刊续编》)、《切韵指掌图及检例》(《丛书集成初编》)和毛泽东《论持久战》。3月2日，他致信傅斯年，催问续假之事，希望尽快回复，因为夏威夷工作快要结束，夏间船票又紧张，无论是去耶鲁还是回国，都需尽早确定。此外，赵元任担心欧战爆发，沪港等地不免有池鱼之灾，"商务及其他书局皆有全稿覆没之可能"，故提议将无副本的书籍雇人抄录一份，以备不虞。3月12日，他致信商务印书馆，购书若干，包括《求解作文英汉模范字典》《甲骨学文字编》及自著书《新诗歌集》、《儿童节歌曲集（和声谱）》、《阿丽丝漫游奇境记》、《教育部民众教育课本》(第一二合本、三四合本)、《新国语留声篇课本》(甲种、乙种)。3月13日，他致信美国移民局，询问去美国大陆的手续问题。3月14日，赵元任接到傅斯年电报，批准他续假一年去耶鲁讲学。3月19日，赵元任致信浙江大学校长竺可桢，对侵略者肆无忌惮的侵

---

① 即萨丕尔（Esteban Sapir，1884—1939），美国人类学家、语言学家。

略行径痛恨不已,见朋辈"为公受累"又感惭愧,说道:

闻及兄遭遇,真实①非常的难受。一方面痛恨侵略者种种破坏我们一切生活,一方面见朋友当中为公受累者,真实②自己觉得惭愧得不得了。近阅报纸说浙大新址又遭空袭,唯未很伤人。以后不知有无再迁的计划。听说地质及心理所已不在桂东了,不知新址与浙大近否?刚复还仍在校否?在正月份的 Asia 里曾看见 Franz Michael 讲浙大的文章,才略知年来的经过,有这么些又艰苦又惊人的事。

是日,赵元任致信郝更生、高梓(仰乔)夫妇,提到因孤悬太平洋中,音讯难通,但好在还能收听国内的广播,信云:

我们在这里过日子好像在太平洋当中的一个小岛——本来是的嚜!——当地报是共和党反罗斯福派。*N. Y. Times* 十多天再到此,中国报更迟。但每晚听见贵阳的贵州广播电台。前晚夜三点左右听见贵阳音乐会中有炒小白菜的声音,后来知道是转播中央,那不是重庆的吗?

赵元任还致信顾毓琇,谈及时下夏威夷华侨青年学习国语热和售卖公债支持抗战事:

---

① 真实,疑为"真是"之误。
② 同上。

此间成年华侨对国事甚关心。土生青年则往往以美国市民自居，连中国语都不会说。但近来颇有学习国语运动。内人及小女如兰现在中山中学教夜班国语，第一届已有七十人报名。华侨多数说中山方言或客家话，较美国说四色语略为易懂。

檀山领事梅景周君在此已六年，办事甚热心。其夫人卖公债不少。日本人在此卖公债美国局借故禁止，对于中国则"blink"之，亦可云"不平等待遇"矣。

1939年4月10日，陈世骧来信，谈及伯克利加州大学东方学系聘请冯友兰计划落空及拟聘请汤用彤、闻一多前去讲学之事：

去年，加州大学曾拟请冯友兰先生来此讲学，据云有两种目的，一方面固然是请来讲学，一方面也是希望请中国学者来得一个游览休息的机会，所以教课工作很轻闲。冯先生既因事不能来，这次学校很希望另请的人能来。杨先生[①]在此时，我们曾提汤用彤、闻一多两位先生，如果学校照经济情形不能请两位，也许先决定请一位。现在这里东方学系已经上了保荐书，如果REGENTS决定以后，希望这一次被请的先生早点能决定答应。（据说请冯友兰先生的电报三个月以后才接到），所以Boodberg先生曾同晚商议，怎么样可以手续简捷，早得回音。

---

① 指杨振声，著名教育家、文学家，时任教于西南联合大学。

赵元任不久再次致信杨时逢，询及语言组书稿、人事等问题，又嘱其代购毛泽东《论持久战》。信末抄录《回金陵塔院有感》七绝一首：

浩劫归陵隔世人，伤心满目款频频。
魏巍圣塔依然在，度院兵焚化作尘。

5月17日，中研院院长蔡元培函请赵元任代表中研院出席第六次太平洋科学会议，该会定于7月24日至8月12日在美国加州举行。傅斯年函告赵元任史语所拟向大会提交的论文：梁思永《龙山文化研究近态》、吴定良《中国人体测量研究》。5月20日，赵元任在檀香山艺术学院（Honolulu Academy of Arts）作题为"变化中的汉语"的报告，从切韵谈到现代方言，并论及近几十年来的四大变化：即（1）以梁启超为代表的现代化运动，日本术语的使用；（2）以胡适、林纾为代表的白话文、白话诗及翻译，鲁迅、毛泽东等为代表的欧化；（3）近二十年的统一运动；（4）学习阅读、字母化或拼音化。

1939年7月24日至8月12日，赵元任借着参加第六次太平洋科学会议离开了夏威夷，来到美国大陆。在船上他撰写了会议论文《中山方言》。会议在美国加州举行。该会由美国国家研究委员会主办，其中7月24日至29日在加州大学伯克利分校和金银岛博览会会场开，30日至11日在斯坦福大学开会。当时，中国正值抗战，局势艰难，中国代表团只能派出当时已在美国的赵元任、郑宽裕（中研院委派）和在英国的鲁桂珍（民国教育部委派）参会。据赵元任撰写的《第六次太平洋科学会议中国代表报告》，会议主要内容分为"学术、事务、交际、游历四部分"。学术方面,连同赵元任的《中山方言》在内,中国代表团共提交论文十二篇,其中梁思永的《龙山文化研究近态》[①]由赵元任代为宣读(7月27日),另外赵元任还参加了两次广播谈话(7月29日),讲述中国语言概况。会议期间,赵元任分别作为中国代表和东亚区代表在7月24日的开幕式和8月4日的晚宴上致辞。

赵元任在这次《第六次太平洋科学会议中国代表报告》中提出了他著名的"科学高于武力"的名言,他说道:"我认为科学家们的世界比外面的世界更为重要。在我们的世界里,暴力征服不了思辨,而思辨则是可估可控的。"赵元任的此番讲话得到斯坦福大学校长的高度赞赏。

在加州开完会后,赵元任还到伯克利探望了卜弼德(Peter Boodberg)教授和他的老朋友,正在伯克利访问的罗素教授。8月14日赵元任一家启程去耶鲁大学上任,全程自驾。于15日中午抵达美丽的优胜美地国家公园(Yosemite National Park,赵元任译为"游山美地");17日穿越马里波萨(Mariposa)巨杉区;22日中午到盐湖城,参观犹他州立大学;24日穿越落基山脉;27日抵爱荷华城,拜访了西肖尔(Seashore)教授;28日到芝加哥,拜访布龙菲尔德教授,

---

[①] 梁思永在30年代参与发掘多处龙山文化遗址,在考古发掘、资料整理、发掘报告撰写和文化类型界定等方面贡献卓越。据1954年《考古学报》第7册所载《龙山文化——中国文明的史前期之一》,会议上所宣读的论文正是此文的英文稿。文章从"遗址的发现年代及其在地理上的分布""龙山文化的一般特征""三个区域的划分""底层和年代"和"与殷代文化的关系"五个方面全面论述龙山文化,夏鼐称之为"这是迄今为止的介绍文山文化的最精辟的一篇论文"。(夏鼐:《梁思永先生传略》,《考古学报》1954年第7册)

讨论语言学及中国方言等问题；9月1日抵纽约；2日到达目的地纽黑文市，历时18天。一路上屡犯"心跳病"，颇为紧张。对此心跳病，赵元任在9月21日致胡适的信中写道：

> 两信都接到了。接到第一封信的时候，正在打算"不听老人言"，谁知到了纽黑文又犯了几次心跳，结果只好乖乖的听话了。找了一个医生检查了心脏，他说听不出有任何毛病，连心跳病（一个六七音节的专门名词）都不像，如果过半个月再不好再去看他。听了这番话，当下就觉得好了一半。

胡适在9月5日日记中写道：

> 写信与赵元任夫妇，"元任的身体太重要了，千万不可太累。""你们的家太太太勤劳。""步伟虽然是个医生，但她的enthusiasm大过她的wisdom，不是一个好护士。元任在Yosemite Valley发心悸病，他还开汽车到东美！真是荒唐。"（《胡适日记全集》第7册，第695页）

胡适又在9月22日日记中写道：

> 得赵元任来信，始知他平安到了New Haven，心里一宽。
> 元任是稀有的奇才，只因兴致太杂，用力太分，故成就不如当年朋友的期望……。（《胡适日记全集》第7册，第702页）

后经检查确认，赵元任乃是胃下坠复发。10月3日他在致任鸿隽、陈衡哲夫妇的信中写道：

> 早应该给你们写信，在金山忙了开会，开完会了，开车过大陆一路闹心跳病。这年头儿，适[①]刚闹完了极危险的心脏病，Yale的Sapir教授又是心脏病死了，所以瞎[②]得不得了，不敢这个，不敢那个。看了两次医生幸而诊断出来不是心脏而是由胃下坠的老毛病又犯的影响。现在虽然心跳还没全好，但是至少可以放心做事，据说须要做特别的运动半年始能见效。不是心病总不紧。

1939年9月，赵元任开始担任耶鲁大学研究生院中国语言学访问教授，年薪5000美金。此时耶鲁大学是美国语言学研究的重镇，聚集了一大批杰出的语言学家，如布龙菲尔德、富兰克林·埃杰顿（Franklin Edgerton）、E. H. 斯特蒂文特及年轻的乔治·L. 特拉格（George L. Trager）、伯纳德·布洛克（Bernard Bloch）、伊西多尔·戴恩（Isidore Dyen）、乔治·A. 肯尼迪（George A. Kennedy）等人。这是美国结构主义语言学的兴盛时期，这些语言学大师们在耶鲁云聚一堂，赵元任加盟耶鲁无疑给该校的语言学研究增添了新的活力和视野。同时，作为20世纪上半叶在美国名校担任教授的少数中国人之一，这时他也感到了中国人在西方学界发声的重要性。在耶鲁大学开始教学工作后，11月11日，赵元任致信胡适，将10月30日胡

---

① 指胡适。
② 应为"吓"。

适在美国中国协会宴会上所作的题为"我们仍在战斗"的演说灌成了唱片,并对这个有关时事的演讲内容予以友善的提醒:

> 内容很有"肉",我也很赞成。但是中国听众会不会感觉一种要加补充的必要,就是暗示所谓重要性是指基本的,potential 的,而非临时的。否则这片演说正好被那冒牌的野鸡太平洋学术会断章取义的引了去作他们要求在南洋伸张势的理由。在这超然的讲演里当然不便从国家的立场说话,但如想个说法似可免除一种被敌人利用的可能。不知道我是不是神经过敏?

据胡适日记,赵元任提出如下三个中日议和的必要条件:

1. 必须满足中国人民建立一个统一的、独立的、有力的民族国家的合理要求。

2. 必不可追认一切用暴力违反国际信义造成的土地掠得及经济优势。

3. 必须恢复并加强太平洋区域的国际秩序,使此种侵略战争不得再见。(《胡适日记全集》第 7 册,第 720—721 页)[①]

几天之后,11 月 20 日,赵元任再次致信胡适,谈及未来两年的打算,从经济状况、孩子上学及研究工作等方面考虑,意欲在耶鲁大

---

① 演说词发表于 China Magazine, Vol. XVI, No. 1, 1940, pp. 4-6。中文译文见胡颂平:《胡适之先生年谱长编初稿》,联经出版公司 1984 年版,第 5 册,第 1682—1686 页。

学再待两年，全信如下：

迪呀适之：

　　这里东方学系主任 Franklin Egderton 想留我在 Yale 再待两年，叫中文副教授，G. A. Kennedy 到洛氏基金会去见斯帝文斯。我本年在这儿是用原请的三年款，第三年因为方桂早走所以找我来。现在他们想与中央研究院历史语言研究所，特别与语言组合作，时常交换先生或研究生，向洛氏基金会请款，起头就找我再在此两年。初次谈话中斯帝文斯曾说中国情形不定，洛氏会也不放心在中国内地办事，怕不能工作。Edgerton 及 Kennedy 想斯帝文斯很相信胡大使的意见，如果他表示赞成必有成功的希望，星期六我本来也想请 Kennedy 来做陪。那时他们大概要跟你谈谈这事。这话是今天才说起的，前几天约吃饭的时候并没想到，所以又约了 Hausman 跟董霖（为公）。Hausman 到了 Mass。未回，董霖能来。好在他在这里随便谈也没关系。

　　我自己个人的问题有几层复杂的因子，本来也想征求你的 advice。经济方面到明夏只是勉强挨过去，到家如不喝西北风也是仅勉。如再留年把，可以使盘费摊开一点，不致这么喘不过气来。小孩方面，Iris 及 Nova 在中学倒都得了 honor 学生的资格，但是他们的中文荒疏，回国考大学准会考不上。他们在此入大学绝无问题，如得到一个大学生资格再转中国大学就没问题。（至于既入中国大学再学文史等，那是跟得上。）至于我自己的工作，也有各方面。所内现正作湖南调查报告，有我在那儿，比 absentee editor 当然好得多。还有 morale 问题，当然人在那里也好得多。这里的引诱是下年 Leonard Bloomfield 来了。本来我答应来此一个引诱是 Edward Sapir 在此，不幸 Sapir 死了，现在 Bloomfield 在此可称美国 general linguistics 的第一人。还有一件画调器的实验工作在京时几乎成功了，因战事而停止。在此如能作成了于中国声调基本定义可以解决一下，对于声调分类也可以弄清楚些。史语所现在当然无力及此了。还有一件是基本字汇及 interdialect 罗马字的 project：取两千五百，至多三千个字，可得一很丰富而自然的基本字汇，写汉字也好，写罗马字也好，写白话也好，transcribe 古书也好，也很少同形异字的。这个意思可是比拉丁化乃是右之右了！如果请到款可以弄一个语言留声片交换处。美国方言调查所在 Brown 大学，主任 Kurath 每星期一二在 Yale 讲课。

我这话说得俞岔俞远了。在火车上如果廿三的讲演已预备好了的话，请你想想这个意思。Edgerton 及 Kennedy 是语言学者的观点，近乎史语所二组的风气。Yale 东方系皆如此，实即 Linguistic Society of America 之一大本营。Latourette 星期六也在座，是 Yale in China 的代表，其兴趣在传教，医助，中学教育，非学术的。

后天会！

元任

1940 年春季，赵元任和胡适提议中研院史语所语言组与耶鲁大学语言学系之间建立一种永久合作关系,以中国语言学研究为基础,在师生交流、田野调查、资料共享等方面开展广泛的合作,并以此向洛克菲勒基金会申请资助。由于赵元任自1939年起正式执教于耶鲁,同时又兼任中研院史语所语言组组长,他在此项目中自然扮演着重要的角色。这时,中研院史语所语言组已经聚集了国内一批最优秀的语言学家,除赵元任外,李方桂、罗常培、董同龢、丁声树、杨时逢等亦在史语所,他们在中国开展了深入的中国语言学研究和广泛的方言田野调查。此时这一批优秀的中国语言学家与耶鲁大学杰出的语言学家富兰克林·埃杰顿、乔治·肯尼迪、E. H. 斯特蒂文特以及随后加入的布龙菲尔德合作,可谓是群星璀璨,珠联璧合。

此时,美国的中国研究刚刚起步。赵元任及时地提出了美国的中国研究分为三个阶段,即用英文研究中国、以中文研究中国、从语言学角度来研究中国语文。他的意思是早期中国研究是根据西方传教士等人用英文写的材料来研究中国,属于"业余"研究;第二阶段研究中国则是要从学中文开始,严肃专业地研究中国;第三步也就是现在要进行的工作是从语言学角度深入系统地来研究中国语言体系。他的具体阐述如下:

> 就美国的中国研究发展而言,我们可以将它划分为三个阶段:第一阶段为普通学人对中国开始有兴趣的阶段。这一阶段的研究基于英文或其他欧洲文字翻译的书籍,这些书籍大多是非专业人士翻译的,如传教士、外交官和旅行者。这个阶段可以被笼统地称做用英文来研究中国之阶段。

随着通过认真学习语言来对中国做一手的研究，中国研究领域有了一个飞跃。在这一方面，像哈佛大学这样的机构开始强调中文的学习与实践。这一阶段可以被称为用中文来研究中国之阶段。

第三个阶段甚为关键，且才刚刚开始。我们不能仅仅把语言作为研究文献的工具。在这一点上，任何一个受过教育的非学者都可以做到。系统和科学地来研究语言现在被认为是正确分析解释文献的唯一可靠基础。这一阶段可以称为通过研究中国语言学来学习语文。"语文"则指的是通过研究书本文献来研究中国文化之过程。（《赵元任档案》）

这是赵元任对如何在美国进行中国研究最早的论述，它早于美国中国研究之父费正清提出中国研究理论。他指出研究中国要从语言研究开始。在他的影响下，20世纪中叶的美国中国研究和对中国研究学生的训练无不从语言学研究开始。语言学研究是那个时期美国人研究中国的第一步。另外，赵元任也提到，与美国相比，欧洲的中国研究也经历了同样的阶段。从1915年高本汉关于中国音韵学划时代的贡献为标志，欧洲的中国研究就进入到了第三个阶段。二战之后美国的中国研究走的正是赵元任指出的这条路，即从学中文和研究中国语言学开始，训练学生系统认真地研究中国，在文字上下工夫，扎扎实实地训练学生。当然，这个趋势到了20世纪80年代后有了改变，很多研究中国的学者又放弃了从语言入手的方法，而强调创建理论和利用多种文字文献的研究方法。但是，赵元任的这些论述对战后美国的汉学研究和中国研究确实起到了重大影响。

（八）哈佛大学的教授

1941年4月25日，哈佛大学的叶理绥教授函告赵元任哈佛燕京学社理事会同意聘任先生为中文研究教授，年薪6000美金，5月21日哈佛校务委员会正式任命赵元任为中文研究助理，自该年7月1日起，聘期一年。赵元任接受了聘请，7月26日全家迁居麻州剑桥，住在27 Walker Street。他的活动和生活中心也转到波士顿地区。孩子们也在哈佛大学所在地剑桥上学。赵元任一家的居住地很快就成了一个中国人活动中心。这一年的来客中有胡适、蒋梦麟、周鲠生、金岳霖、萨本栋、陶孟和、张彭春、林语堂、周培源、费孝通、吴有训、钱学森、赵忠尧、吴贻芳等人。(《赵元任年谱》，第260页)

在美国担任教授期间，赵元任始终没有忘记史语所语言组的方言调查工作。他在一封给董同龢的信中，谈到了美国方言调查记音的两种方法：

> 现在美国有两派记音法。美国方言调查注重写音值，不管音系。他们出了纽英伦的报告，字很少，地方很多。第二派是注重把音位系统完全找出，并且记长篇的实话，Bloomfield等属这派。也用在其他语言。我觉他们的方法较有用，只是费时较多一点。我想李先生[①]记录非汉语也是这样记法。在时间允许

[①] 李先生即李方桂。

之内，以后汉语的记录大概也得注重音位的找全。我从前写文主张音位之多能性，现在经过两年跟 George Trager（Yale）讨论，虽然我还持前论，但是觉得排法大有好坏之分。但是国音的ㄐ、ㄑ、ㄒ属何类我至今打不定主意。也许ㄗ等最近，但差得有限吧？

此时，史语所的方言研究正在大规模地开展，赵元任是中国方言调查的掌门人之一，此番交流反映了中国方言学早期发展上的一些争论，即是重记录音值，还是注重建立音值之上的音位系统。1942年6月29日，哈佛大学校务委员会决议续聘赵元任为中文研究员，自7月1日始，薪水6600美金。赵元任的工作主要是编字典，从《佩文韵府》和两本外国人编的中文词典上截取词条，然后标上古音和现代音，以及粤语、福建、苏州和长沙等地的方言音。另外，他还参与了两部汉英字典的编撰工作。赵元任还在哈佛开设了粤语课，并在粤语教学的基础上编写了《粤语入门》教科书，该书于1947年由哈佛大学出版社出版，之后又由粤语改编为国语，编成《国语入门》一书，于1948年哈佛大学出版社出版。(《赵元任年谱》，第265页）

当年，美国的华侨掀起了支持抗日战争的活动。赵元任在波士顿洪门致公堂安良堂参加了"七七事变"五周年纪念活动并用粤语演讲，分析抗战形势，号召华侨"加强抗战必胜嘅信心""加强我地对于政府、对于联合国嘅信念"。他的演讲稿由他人代拟并翻译成粤语。

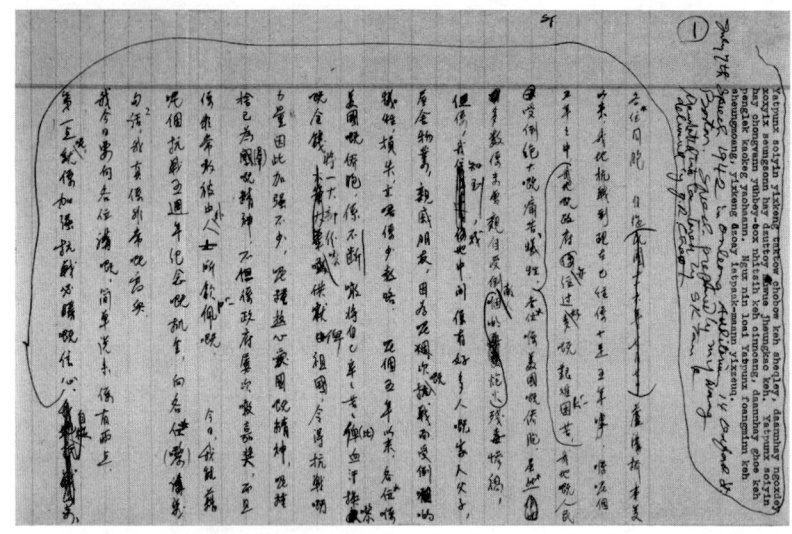

图 2-5 赵元任在波士顿洪门致公堂安良堂"七七事变"五周年纪念会上的讲稿之一页

赵元任投身到了支持抗战工作之中。1943 年,美国陆军部绘制军用地图,赵元任接受委托为台湾地区地图的地名加注罗马化拼音(按厦门话)。赵元任花了一个多月时间内从事此项工作,并让女儿如兰、新那等人协助,顺利完成了这项任务。

除了语言学研究和教学以外,赵元任对海外中文教育的普及也甚为关心。1942 年 10 月 25 日,他应美国华文报纸《民气日报》总编伍重光之约,撰写了《华侨的国语教育》一文,刊发于当年 11 月 2 日。在这篇文章中赵元任谈到了什么是国语,海外华人为什么要接受国语教育等问题。

在这篇文章里,赵元任指出:"……语言统一事大。要学国语,先学中国语。学会国语,不单是多一样本事,多一种表达思想意见的工具,多有回到祖国去服务的机会。并且还是我们每一个作国民的人的责任。现在美国人看到中国将来在国际地位上的重要,都在那争先恐后的学习中文,那么我们中国人不应该在这上多加努力吗?"

随着赵元任在美国学界声誉的提高,美国语言学会秘书考恩(J. M. Cowan)函告赵元任他被提名为1945年度美国语言学会会长。这是美国语言学会成立以来的首位华人会长,美国语言学会也是美国语言学界最大的学术团体,此为殊荣。同年5月8日,哈佛大学校务委员会决议续聘赵元任为中文讲师,聘期一年,薪水7992美元。这一年,赵元任也担任了贝尔实验室顾问,并先后两次续约,一直到1947年7月。据赵元任该年6月21日给哈佛燕京学社社长叶理绥的信,他需每个月去实验室一天(周六,交通费用由实验室负担,另每天津贴25美元),参与同自己语言学研究相关的研究工作。赵元任之所以同意接受这份工作,是因为他认为贝尔实验室的新技术对基本语音学研究有实质性的影响。在担任贝尔实验室的顾问期间,赵元任去实验室录音、做语音图谱,并密切关注语音可视性方面的研究。

从1938年离开中国后,赵元任在美国已经度过了将近7年时光。他这时也萌生回国的念头。他也一直记挂着中研院史语所的工作。1945年8月29日,赵元任致信萨本栋谈到了他本人在美国的去留问题,从信中可知赵元任此时回国心切,并未有长留美国的打算,信中他也谈及了学术研究方法及对傅斯年的评价:

> 我们这都不定心了,都得想法子回家了。我得把字典计画搞好交给别人,自己想研究一点符号学,及 Bell Labs 的特别实

验，并且想物色战后的声学设备带点回研究院，也许到明夏才能走。我今年已经许了哈佛一年，但如果有别的办法，也许他们可以放得了我。

　　从缉斋、孟和、孟真、骝先诸兄处知道您已经答应就总干我很高兴。孟真特别主张请你。他这老兄人好脾气坏，大处看得准小处马虎，共惯了是极值得相共的朋友。

　　1945年10月2日，赵元任受聘为教育部国语推行委员会委员，由时任民国政府教育部部长朱家骅签发。其中主任委员吴敬恒，副主任委员黎锦熙、沈谦士、魏建功，专任委员萧家霖、何容、何炅，委员胡适、赵元任、傅斯年、朱自清、陈礼江、徐炳昶、李方桂、罗常培、王力、周辨明、王玉川、顾树林、黄如今、凌纯声。委员会的主要职责有以下九项："本国语言文字整理之审议""本国语言文字标准书籍之编订""本国语言文字资料之搜集""本国语言文字教学方法之实验改进""统一中外译名音读标准之审定""推行国语教育人员之训练事项""国内不识字者及侨居国外人民语文教育之设计实施及视导""边疆地方施行语文教育之设计""其他关于语文教育事项"。

　　1946年赵元任完成了他在哈佛大学最后的工作。2月6日，冯友兰致信赵元任，寄上了由清华大学校长梅贻琦签发的聘书，聘请赵元任为清华大学语言人类学系教授，聘期一年，从1946年8月1日至1947年7月31日，薪俸每月"国币"600元。赵元任于6月10日复信，婉拒了清华的邀约，并陈述相关理由及此后合作的可能，说道：

回清华教书的机会可以算是一个极大的"引诱"。不过这几年来对中研院史语所告了这么久的假，回国后就回到中研院，是成了一种当然的默契，史语所语言组的责任是不应该丢开的。所以对于到清华任教的事只得郑重的道谢了。好在学术界中大家的事情总是大家做，机关与机关或个人与个人，合作的机会正多。中研院史语史的一部分工作也有在北平的。前者适之兄约弟在北大兼讲，弟曾答如有时人在北平时，当不无合作可能。现在清华开设语言系那是再好没有，将来如有与史语所合作的事情，不但弟个人，其他同人必定也是热心的。至于合作内容，是取何形式，是取兼课方式，或送研究生到史语所，或做共同田野调查，或作实验，以后可慢慢计画讨论。孟真兄对于这些上必定有很好的主意的。

1946年6月28至29日，赵元任出席了在伦敦召开的联合国教育科学文化组织（UNESCO）筹委会文哲组会议。有来自中国、美国、英国、法国、澳大利亚、加拿大、捷克、希腊、海地、印度、卢森堡、墨西哥、荷兰、挪威、波兰、叙利亚、南非、南斯拉夫等18个国家的26名代表参会，中国代表为赵元任、韦作民、陈源三人。筹委会共分七个组，文哲组会议是最后召开的。会议选举产生筹委会文哲组主席和副主席，分别由希腊代表A. 弗蒂德斯（A. Photiades）和赵元任担任。会议分别讨论了文学之部和哲学之部的"议事草案"。

文学之部的议事草案分引言、工作计划、翻译文学书计划、翻译人才调查、译诗奖学金、国际文学书评计划、国际戏剧社、口传文学之保存、国际版权等部分。讨论中，中国代表提出中国文献西译的重要性。哲学之部的议事计划分引言、哲学之范围、工作计划等。其中工作计划有哲学国际性的研究之鼓励（包括各国哲学家之联络、国际出版事务、教师及学生之交换、国际大学），哲学对于一般人心之教导（包括人权的定义、现在良心不定之研究及补救、对于特种问题之研究及舆论之造成、初级教师之训练）等内容。其中讨论的焦点之一为宗教在不在哲学范围之内。艾尔弗雷德·齐默恩（Alfred Zimmern）认为联合国教育科学文化组织是一个非宗教性的机构，故不应包括宗教，中国代表韦作民认为"中国人宗教与人生是打成一片的，无法分出非宗教部分与宗教部分"，与会者大概有五六名代表强调宗教的重要性。赵元任参与了联合国教科文组织的筹建工作。甚至有人说他还为这个组织起了名叫联合国教育科学文化组织，这个组织名称一直沿用至今。7月14日，赵元任函请傅斯年协助李方桂办理出国手续。这时，赵元任已着手准备回国，于是他就辞掉了在哈佛的工作，并推荐李方桂接替自己，他表示希望哈佛的字典计划还是由"中国学问正宗"来主持。

我荐了方桂到哈佛接办字典的事情，但是听说家眷出国须得教育外交两部的许可，能否烦你对骝雪两公[①]谈谈托他们给予一种方便。现在某教会学校某洋奴兼老学究正在谋抓这事。我们好容易让叶理绥明白中国学问正宗不在教会学校，如果他请了中

---

① 即朱家骅、王世杰。

研院的人不来，不是坐失机会吗？

正在赵元任开始考虑回国之际，1946年7月22日，加州大学伯克利分校校长罗伯特·G.斯普劳尔（Robert G. Sproul）来信，邀请赵元任加盟该校的东方语言文学系，并开设有关中国语言或哲学的课程，及组织中国语言学的高级研讨班等，约定1946—1947学年的薪水为7200美元，另外提供500美元的旅行和搬家费用。赵元任考虑到当年还要去贝尔实验室进行"视觉语言"（Visible Speech）的研究工作及去欧洲参加联合国教科文组织会议，会占用很多时间，故而于8月10日写信婉拒。8月24日，女儿赵新那和女婿黄培云夫妇决定应武汉大学邀请回国工作，前来向父母告别。赵元任告诉女儿女婿他第二年也会回国，让他们在国内等他。可是没想到这一别就是27年，他们与父母再次相见竟是在1973年了。

1946年10月19日，赵元任出席普林斯顿大学建校200周年庆典，被授予名誉博士学位，其他名誉博士获得者还有物理学家尼尔斯·玻尔（Niels Bohr）、联合国秘书长特里格韦·赖伊（Trygve Lie）等。这是赵元任荣获的第一个名誉博士学位名衔，该名誉博士的颂词称赵元任为中国科学会的创始人、中国著名学者、中国方言学研究学者和方言史专家，他通过学术研究让西方人更容易地学习中文，并了解中国人的思想和理念。

这个颂词十分中肯。赵元任是在中国建立一整套现代社会科学研究的先驱之一，这包括他建立语言学和方言学研究体系，确定共时研究框架，把田野调查作为研究方法，将实证科学引入中国社会科学研究领域，即收集数据，分析观察数据，对比研究，最后得出精确的结论这一套基于实际的研究，这一整套研究方法在他之前没有人在中国大规模使用过。此外，他还引进了社会科学中的机器数值分析，如实验语音学上的音谱分析等等。这一切都影响了中国学术从传统的书本分析和哲学思辨为主的研究方法到科学的实证方向转型。因此，赵元任应被视作中国现代社会科学研究方法的开拓者。

在普林斯顿期间，赵元任还参观了普林斯顿高等研究院，会见了物理学家爱因斯坦、亨利·史迈斯（Henry DeWolf Smyth）和在此访问的数学家华罗庚。这也是赵元任第一次见到爱因斯坦。爱因斯坦向赵元任请教学习汉语的方法，赵元任后来接受口述史访谈时说："我认为那时候他可能有些兴趣去中国。所以那是实用的问题。"（《赵元任传》，第60页）

1946年11月15日，赵元任启程前往法国参加联合国教科文组织第一届大会。该大会由联合国教科文组织筹委会会长、英国教育大臣魏更生（Ellen Wilkinson）女士召集，于11月19日开始，12月10日闭幕。参会者为约章签字国四十四国，其中参会且有表决权的共有三十国。中国派代表团参加，首席代表朱家骅因事未能出席，由赵元任代理首席代表，程天放、李书华、竺可桢、陈源四人为代表，谢寿康、瞿菊农、萧瑜、钱存典、胡天启为顾问，瞿菊农兼任秘书长，赵俊欣、邝自修、钱能欣、叶君健、王承绪为秘书，凌叔华、袁行洁、罗忠恕、梁方仲为专员，钱兆麒、汪德昭、钱三强、周麟为技术助理。中方代表团除出席会议外，每日午时聚餐，分别报告参加各组会议经过，并对其他一切有关事项交换意见；每隔一二日举行代表团会议，讨论相关问题。大会分两部分，主要任务有三："一、事业计划之制定；二、行政机构之组成；三、建设及复员工作之实施。"中国作为五大主要参会国（中国、英国、美国、法国、巴西），对会议诸问题，"颇多贡献"；赵元任作为首席代表，不仅参与会议讨论，而且还担任部分分会的主席、副主席，主持会议。11月23下午理事会选举，赵元任主持会议，陈源当选为一年任期的理事（共选举产生理事十八人，一年任期者、两年任期者、三年任期者各六人，任期长短由抽签决定）。11月25日，事业计划委员会举行第一次会议，中方代表程天放发言，认为教科文组织目前情势下，各项目应分轻重缓急，并建议："（1）建立各地联教组织分办事处；（2）制定世界尊师约章；（3）在中国建立一数学中心；（4）移译东西古籍；（5）制定联教组织歌一首，以传播联教组织之精神。"其中"制定世界尊师约章"一条在11月27日下午举行的教育分委员会第四次会议上被作为"临时动议"被讨论，中方代表翟菊农提议各国设立教师节，中国以8月27日孔子诞辰为教师节。11月26日至28日期间，陈源、谢寿康、叶君健、凌叔华、周麟等出席艺术及文学分委员会会议，其中在文学戏剧组讨论会上，中方代表提出：（1）以前西译东方古籍尤其是中国古籍"错误百出，与原文相差甚远，有失翻译之原旨"；（2）在组织专家会议时，要注意中国戏剧界，因为"中国旧戏剧之传统与西欧戏剧完全不同"。11月28日至12月2日间，赵元任与程天放、翟菊农出席社会科学、哲学及人文学科分委员会会议，赵元任担任委员会副主席。11月27日，李书华参加行政财务法律及外事委员会全体委员会议，11月28日至12月9日间，李书华、萧瑜、梁方仲出席行政财务分委员会会议，11月28日至12月3日间，李书华、萧瑜、赵俊欣、邝自修出席法律外事分委员会会议，中国代表多次发言，如建议修正筹委会起草的财务法规草案中关于"秘书长对于预算内各部门得为自由挪动"之条款，认为"预算部门或项目间之挪移，只限于自行政费至事业费为止，不应作相反方向之挪动"，此点主张梁方仲在12月2日会议上重申；此外，在12月9日讨论会员国会费时，梁方仲申述中国代表团的意见，谓："为促进中国与联教组织密切之联系，及科学与教育在东亚之发展起见，中国已准备接受将来关于会员国分摊百分比之决议，且愿尽力之所及，充分负担。"具体百分比可参考1946年8月14日"筹委会预算组委员会中提出之议案中所订之百分比率"。11月30日、12月2日、12月3日，大众传播分委员会会议召开，赵元任及叶君健、周麟作为中方代表出席。在讨论中，中方提出"工业先进国家对工业落后国家在训练人才及技术方面之援助，应以不妨害被援助国家之自由及传统为原则"，并在版权方面主张"中国须绝对保留翻译权"。另外，李书华、竺可桢、汪德昭、钱三强出席自然科学分委员会会议，李书华代表提出在设立科学合作馆及国际科学研究中心时应该注意"地域分配原则"，提议在中国设立应用数学中心和营养学中心，竺可桢作说明，其中数学研究中心因"应用数学新仪器，不能于两年内制造完毕"，故不能立刻实行，但秘书厅应允立即着手研究；营养学中心获准，中国与印度及南美有同等优先权。竺可桢、钱存典参加教育复员及建设委员会会议，在会上，竺可桢报告了中国各级教育机关损失情形，其中财产损失折合美金共计"七万八千三百余万元"。总体而言，在此次会议上，中方代表"依本教部所定基本立场与方针，对教部预拟提案，均经提出，大抵获有具体之结果"，如"受战祸国家教育文化事业之救济，古代文献之翻译及印行，国际教育科学及文化之沟通，以及图书文物之交换，在会中均有详细之讨论"①，在事业计划委员会所提的五点提议，"除建立数学中心及制作联教组织歌两点无具体结果外，余如分办事处之设立、尊师约章之拟定及东西古籍之翻译，均经通过"②。并在会后向教育部提出"（一）宜早日成立中国联教组织委员会""（二）参加会议准备宜更充分""（三）关于教育文化复员建设宜有专册报告""（四）联教组织专刊及报告之移译""（五）联教组织联络员之设置""（六）一九五〇年大会之筹备"③等六点建议。（《参加联教组织第一届大会报告》）

在这次巴黎会议期间，赵元任与夫人有多封书信往来。从11月25日杨步伟的信来看，此次赵元任去巴黎开会，大半是因为夫人"为国作想"，努力劝说他去才去参会的。以下是杨步伟信的节录：

---

① 具体方案详见《联合国教育科学文化会议中国代表团提案》，油印本。
② 实际上，数学研究中心虽未当即获准，但从1947年1月20日周培源给李约瑟（Joseph Needham）的信中可知，当时赵元任向周写信说UNSECO考虑在中国建造计算机，以推进应用数学和物理学等领域的研究。为此，周在加州理工学院停留期间还同著名的航空航天工程学家冯·卡门（Theodore von Kármán）会商，两人不仅对在中国建造计算机很感兴趣并予以大力支持，而且还建议在清华大学建立理论与应用力学研究所。
③ 1950年在中国举办联合国教科文组织大会是教育部的"预拟提案"之一，但由于不在大会的议程范围之内，故代表团未在大会上提出，但已正式向理事会发函邀请。（《参加联教组织第一届大会报告》，第53页）1950年为孔子诞辰2500周年。该提议最早由胡适在1945年参加教科文组织会议时提出，因"孔子之大同思想诸言所宣示之崇高目的与精神先后辉映，如出一辙"。（《联合国教育科学文化会议中国代表团提案》）

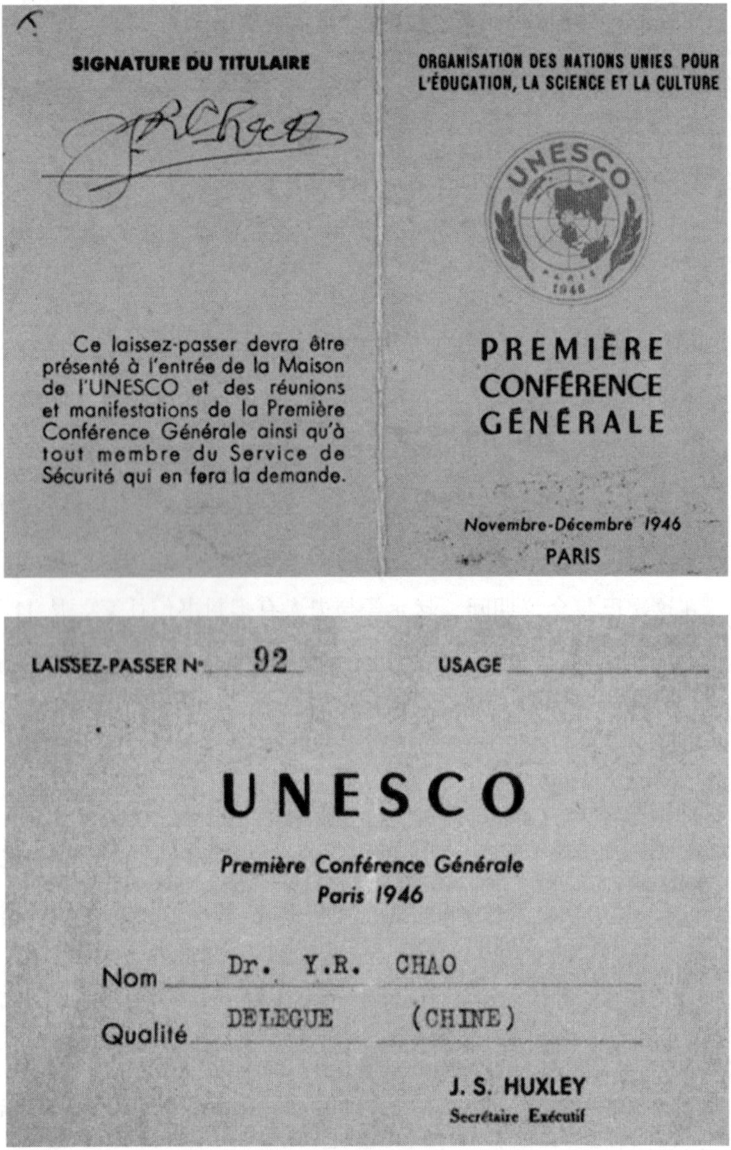

SIGNATURE DU TITULAIRE

Ce laissez-passer devra être présenté à l'entrée de la Maison de l'UNESCO et des réunions et manifestations de la Première Conférence Générale ainsi qu'à tout membre du Service de Sécurité qui en fera la demande.

ORGANISATION DES NATIONS UNIES POUR L'ÉDUCATION, LA SCIENCE ET LA CULTURE

UNESCO PARIS 1946

PREMIÈRE CONFÉRENCE GÉNÉRALE

Novembre-Décembre 1946

PARIS

LAISSEZ-PASSER N° 92　　USAGE

UNESCO

Première Conférence Générale

Paris 1946

Nom Dr. Y.R. CHAO

Qualité DELEGUE (CHINE)

J. S. HUXLEY

Secrétaire Exécutif

图 2-6　1946 年联合国教科文组织第一届大会代表证，赵元任是中国代表团团长

我怎么会不要你呢，你就什么不做，跟你所有过的已经出我以外的了，我的虚荣心早过去了，我常想你的荣，早漫过我的望了，比我遇见你的时候早过分了，我实在是为国作想，一点没有为家和我自己作想，我想你总可以信的过我这一点吧，所以以后随你。倘若朱①还在台上，你回来，我们可以两个人恳恳切切的写一封辞以后的事，你想如何？不能怪他不识人（不识真心不愿干的人），只怪中国太可怜了没有人（并不是要鼓励干这种事的意思），你虽然不愿干，可是你不给他乱干，总尽力为之，所以他们更觉得人了，一而再、再而三的，这个事本不容易的，也是古今一个大新发展，你办完这次也算给国家尽了义务了，所以我觉得以后三十七策以不干为上策吧。

从1945年赵元任开始计划回国至此已有快两年了。赵元任在这一段时间里异常忙碌，回国一直无法成行。1947年1月13日，赵元任又接到了美国语言学会暑期语言学校主任汉斯·库拉斯（Hans Kurath）函邀他参加本年暑期语言学校，教授中国语音学和音位学、汉语语法结构课程，授课从6月23日开始，薪水1100美金。赵元任于21日复信接受聘请。1月21日，周培源致信赵元任，告知他在南加州拜访了著名的航空航天工程学家冯·卡门（Theodore von Kármán），其对联合国教科文组织援建中国计算机项目很感兴趣，周培源以为"先有'研究所'后有'计算机'之办法较为妥当"，并草

---

① 时任教育部部长的朱家骅本为这次大会的首席代表。

拟了给李约瑟的信。但同时周培源得知，教育部已决定将计算机放在南京。这年，赵元任完成了《美国大百科全书》"中国语言"词条，并将之寄给编辑部。

3月中山大学文学院岑麒祥来信，请求帮忙购置西文书籍及记波器（kymograph）。其时中大战后复员两年，百业待兴，时任文学院院长王力丁父忧，院务暂由岑代理。

元任先生赐鉴：

　　南京别后，音息久隔，思慕之情，无时或已。麒在抗战期间随校东西播迁，因格于情势，成绩毫无，言之不甚愧恧。前年复员广州，中大校舍尚无大破坏，唯图书仪器俱已荡然无存。去秋了一兄来此任文学院院长，增设语言学系。近由校拨到增置图书仪器费七百万元，半数且已购得外汇。现拟购置西文书籍一批及 Kymograph 一具。苦于无从着手，在美国不知应向何处接洽。敬请代为查明示知，以便进行。至此系应如何以谋发展，尤盼先生不吝赐教，裨得有□遵循。至感！了一兄上月因丁父忧返乡，院务暂由麒代理，不久当可返校。顺及，此函因未悉尊址，特托敝友陈节坚代为转致。幸希时赐教言为祷。专此敬颂

旅祺！

晚岑麒祥谨上

三月一日

在结束了密歇根大学的暑期讲学后，1947年8月12日，赵元任再次收到了加州大学伯克利分校副校长门罗·E.多伊奇（Monroe E. Deutsch）的邀请函，聘请他为该校1947—1948学年中文和语言学访问教授，薪水是8000美金。一年前，赵元任曾经拒绝了伯克利的聘请。可见，此时他回国的想法有了改变，而伯克利也是求贤若渴，一而再再而三邀请赵元任去该校任教。此时，赵元任也感到盛情难却了。在此之前，赵元任也曾经给加州大学伯克利分校东方语言系主任卜弼德教授去信，在6月13日的通信中，他谈到了为什么他现在考虑留在美国教书。他告诉卜弼德他改变了主意，决定留下来，说他原本计划当年返回中央研究院去继续进行方言的调查工作和语音学实验，但惧怕被行政事务缠身影响了他的研究，因此他认为留在美国比较好。在这封信中，他并没有说是什么行政工作使他惧怕。原来在赵元任去伯克利之前，时任民国政府教育部部长的朱家骅极力邀请赵元任回国担任中央大学校长（时任中央大学校长吴有训坚决请辞），直到8月朱还给杨步伟夫人、驻美大使顾维钧（少川）发电，让其说服赵元任接受任命。但赵元任不想为行政所累，最终既谢绝了朱家骅的邀请，也打消了回中研院的念头，决定去伯克利：

你要我在改变主意时就随时告诉你。我现在改变主意了。我特来信问你是否也改变主意了。今年我本来计划回中央研究院去继续我的方言研究并从事语音学技术的应用。现在看来，如果我回去就会陷入非学术的行政事务之中。我认为留在美国我会更有创造力。

就这样赵元任接受了伯克利的聘请，并于8月23日致信朱家骅（骝先），表示因教学工作之故，恳请不再出席联合国教科文组织会议，信件节录于下：

> 与赴加州有连带关系之一事，即弟本年须请吾兄不复派弟为 Unesco 代表。前年在哈佛做编纂工作，在时间上比较有伸缩性。去年未任长期职务，当然更无时间问题。今年大半年以来心中盘算回国计划许久，唯念现在情形恐不易定心作研究工作。去年加州即有聘函来未答应，今年复来邀，即先去一年，商及孟真兄亦与谅解。唯在加州系教课职务，每星期有两门正课，并有外加公共演讲，故在学期中绝无法走开远行至墨西哥城，本年对 Unesco 会即无法再效劳，务祈原谅为盼！

（九）定居伯克利：加州大学伯克利分校的阿加西讲座教授

赵元任正式接受了伯克利的邀请，加盟这个西部名校。1947年9月10日，赵元任启程，开车携家人又一次穿越美国大陆，于9月19日到达伯克利，22日开始上课。在到达伯克利之前，赵元任与卜弼德多次通信，就手续办理、工作安排、子女入学、办公室、租房、薪水等问题进行沟通交流。其中关于工作安排一项，赵元任提到他准备开设中国语音学和音韵学、汉语文法两门课程，同时举办符号学理论或中国音乐的讲座。卜弼德复信,对赵元任能来伯克利表示高兴之情无以言表。至于工作安排,则希望他开设三门课程、两个系列讲座。三门课程是:(1)汉语语法,每周三小时或两小时,两个学期;(2)汉语语音学和音位学,每周三小时或两小时,第一学期;(3)汉语方言学,每周两小时或三小时,第二学期。两个系列讲座是:(1)符号的实质问题讲座,四至六讲,第一学期;(2)中国音乐讲座,第二学期。此外,还希望他参加有关东亚语言方面的联合系列讲座及由一些语言学家合作的语言项目。赵元任则对课程和讲座安排提出了更为具体的建议和看法,尤其是表示不想就中国音乐方面的内容进行系列讲座。赵元任刚到伯克利时他的职位是访问教授,为期一年。鉴于他改变了主意,愿意在大学长期担任教学工作,同年12月9日,东方语言系主任卜弼德致信加州大学校长罗伯特·斯普劳尔,推荐任命赵元任为汉语教授。当时该校的汉学家雷兴(Ferdinand Lessing,1882—1961)教授即将退休,卜弼德有意让赵元任接替雷兴的职位。这将是个终身教授席位。卜弼德在信中高度评价了赵元任先生的成就。此时赵元任虽然身在伯克利,但仍旧关心史语所的事情。这年12月13日,董同龢致信先生报告了史语所的情况,签名时用"再传弟子"落款。几天后,赵元任就致信傅斯年,洽商为史语所购置视听器材事宜。

赵元任凭借他在美国学界的影响积极向西方学界介绍中国语言学家。1948年1月16日,赵元任致信国际语言学家常设委员会克里斯蒂娜·莫尔曼(Christine Mohrmann)教授,向其介绍中国语言学家,包括王力、董同龢、周辨明、周达甫、黎锦熙、罗常培、李方桂、丁声树等人,并推荐他们作为出席第六届国际语言学家大会的中国语言学家人选。1948年3月25—27日，中央研究院第二届评议会第五次大会在南京召开，大会从第二届评议会第四次会议选定的150名候选中以无记名投票的方式选举产生中研院第一届院士共81人。据4月1日《国立中央研究院公告》，第一届院士包括数理组28人、生物组25人、人文组28人，赵元任当选为人文组院士，具体名单如下：

数理组：姜立夫、许宝騄、陈省身、华罗庚、苏步青、吴大猷、吴有训、李书华、叶企孙、赵忠尧、严济慈、饶毓泰、吴宪、吴学周、庄长恭、曾昭抡、朱家骅、李四光、翁文灏、黄汲清、杨钟健、谢家荣、竺可桢、周仁、侯德榜、茅以升、凌鸿勋、萨本栋

生物组：王家楫、伍献文、贝时璋、秉志、陈桢、童第周、胡先骕、殷宏章、张景钺、钱崇澍、戴芳澜、罗宗洛、李宗恩、袁贻瑾、张孝骞、陈克恢、吴定良、汪敬熙、林可胜、汤佩松、冯德培、蔡翘、李先闻、俞大绂、邓叔群

人文组：吴敬恒、金岳霖、汤用彤、冯友兰、余嘉锡、胡适、张元济、杨树达、柳诒徵、陈垣、陈寅恪、傅斯年、顾颉刚、李方桂、赵元任、李济、梁思永、郭沫若、董作宾、梁思成、王世杰、王宠惠、周鲠生、钱端升、萧公权、马寅初、陈达、陶孟和

同年4月28日，联合国教科文组织副总干事瓦尔特·H. C. 莱夫斯（Walter H. C. Laves）致信赵元任，聘请他出任联合国教

科文组织第二届研讨会主任[①]，负责7月7日至8月18日在纽约举办的研讨会。信中介绍研讨会的目的有三：一是向联合国及其各专门机构提供信息；二是讨论向18岁以下青少年展示联合国及其各专门机构的一般方法；三是组成研究小组，制作包括广播录音、幻灯片、文字图像等在内的材料。[②] 主任的主要职责为总领其事，包括负责与联合国进行联络沟通，监督并向社会科学项目主任及各研究小组主席提供建议。赵元任同联合国教科文组织签订正式合同，担任研讨会主任一职，任期从6月28日开始，至8月31日结束。任期内，联合国教科文组织将支付赵元任1800美金。

1948年5月12日，赵元任当选美国艺术与科学院院士。当时在美国能被选为该院士的华人实为凤毛麟角。之后，6月28日至8月24日，赵元任在纽约艾德菲大学（Adelphi College）主持联合国教科文组织第二届研讨会。研讨会由联合国教科文组织和联合国共同举办，从7月7日至8月18日，议题是"Teaching About the United Nations and Its Specialized Agencies"，赵元任称之为"关于联合国及各专门机构教学问题的联教组织讲习会"，共有来自24个国家的32位代表和2位观察员[③]参会。他们大多是教育系统的老师、管理人员、技术专家。中国本委派了2位代表，但皆因故未能与会。本次研讨会

---

① 据1948年4月27日联合国教科文组织给赵元任的电报及4月28日副总干事沃尔特·H. C. 莱夫斯给赵元任的信，可知最初是邀请何廉（Franklin Ho）担任主任一职，但因何廉被中国政府召回，故而推荐赵元任担任该职。

② 在8月25日给总干事的正式报告中，总结目的有四，不同之处在于没有"向联合国及其各专门机构提供信息"的内容，增加了"为一小批有影响力的教育家提供机会，让他们更好地了解联合国系统"并拥有"一段国际生活学习的经历"的内容。

③ 赵元任8月25日给总干事的英文报告中说参会的观察员有3名。

是前一年在墨西哥召开的联合国教科文组织第二届大会上正式批准的三个研讨会之一,该议题也是大会提议的四个主要议题之一,并且联合国也有这方面的迫切需求。早在 1946 年、1947 年,联合国教科文组织就已经就这一问题进行了多次调查,为本次会议的召开奠定了基础。赵元任在给联合国的广播稿中讲明了"(我们是)谁,干吗,为什么,怎么干"四个问题,载录如下:

一、我们是谁?我们这讲习会里一共有五十来人上下,都是些教师,教育管理人员,跟教育技术专家。代表大约有三十个国家,特别到成功湖附近的花园城来,聚在一块儿,并且住在一块儿,专门来合作这一件工作。我们职员当中有几位是联合国秘书处的职员,有的是联教组织的职员,可是讲习会的大多数的人是从别处各教育学术机关来的,专门为这暑期讲习会来的。这次中国派是派了两个代表,可惜他们都没有能到。兄弟个人呐,因为得主持全讲习会的事情,虽然碰到机会也报告报告国内关于联合国的知识的教育的情形,可是对于教材的编制,可惜就顾不过来了。

二、干吗?我们在这儿差不多每天看联合国的人员或关于国家问题的专家来做专题演讲。我们常常到成功湖去旁听联合国的各种会议——安全理事会啊,托管理事会啊,等等——我们天天儿研究各种已经有的教材,可是我们主要的任务是编制具体的教育方案跟新的实际的教材来传播关于联合国跟各专门机构的知识。

三、我们的目标是对着全世界的青年看的，全世界的十二岁到十八岁的青年，就是初中高中的阶段了。我们的宗旨是要把青年们对于世界问题的固有的兴趣造成为一个头脑清楚的兴趣，再把这头脑清楚的兴趣造成为一个有作有为的兴趣。

四、我们的方法是利用一切现代教育的技术工具，无线电啊，电影啊，各种图表跟文字的材料啊，等等，把这次讲习会的成绩，按照各国情形跟需要的不同想法子编入在每个参加国的教育课程里，好同各处的教育系统整个儿打成一片。换言之，我们想要使一切教育成为一个世界公民的教育。[①]

有意思的是，联合国教科文组织总干事的报告中有如下一段评价赵元任的话，说他太沉浸于数学和语言学的基础研究，而缺乏高雅理论，过于书卷气，亦缺少权威感：

就负面评价来说，他在基础数学、语言学和相关学科方面的高度关注使得这次研讨会变得像个讲习班，而且进度太快，缺少理论深度和高雅。他在这次联合国研讨会上的言行经常是想当然的，好高骛远。他与研讨会参加者的互动是愉快的，但缺乏权威领导性。

其实，这类的观察和评价也不无中肯。赵元任喜欢随意和机

[①] 广播草稿有中文、英语、法语、西班牙语四种，此据中文版。

智,往往是用极其直白的口语或双关语来讨论问题,这与西方学者那种高高在上、高谈阔论的作风正好相反。这也是赵元任的个人风格。他直白诙谐,不喜欢装腔作势,以学术权威自居。他坦率、低调而睿智,可他的这种低调直白和淡泊却被一些高傲的西方人所诟病。

随着角色的改变,赵元任从一个四处漂泊的学者,一个西方学界的匆匆过客,变成了美国名校加州大学伯克利分校的终身教授。这时,他开始考虑安顿下来了。他在伯克利的半山上买了一栋可以看到美丽海湾的别墅,于1948年9月入住。新房的地址是1059 Cragmont Ave。这是他在美国购置的第一栋房子,也是他后来的终身居所。赵元任称1948年这一年是他从路过加州到永久定居加州的转折点:"1948年是一个转折点,它把我们在加州的过路停留变成了永久定居。"(《赵元任日记》)

随着赵元任学术地位的不断提高,他也开始担任大学里的行政工作,尽管这是他最不喜欢做的事情。可是,在美国大学里,资深教授必须要担任一些管理工作。1949年7月7日,赵元任被任命为1949—1950学年加州大学东方语言系主任。赵元任在给校长回信表示,考虑到行政事务耗费太多精力,希望期满后不再连任:"过去我曾接受过一些行政工作,与学术工作相比,我往往要在一些事情上花太多的精力。因此我恳求在我完成了这一届系主任工作后,我不再担任此工作。"

赵元任担任系主任不久,加州大学伯克利分校图书馆邀请他担任东亚图书馆教授管理委员会委员。赵元任参与了东亚图书馆1950年的日本三井文库收购一案，共购入中、日、韩三国古籍善本和手稿10万多件，此是加州大学伯克利分校历史上最大的一次海外善本采购，至此奠定了该图书馆美国东亚文化研究重镇的地位。

二战以后，美国联邦政府加强了对高等教育系统的政治干预，尤其是麦卡锡主义兴起后，教师们被要求进行忠诚宣誓。加州大学于1949年6月24日通过决议，要求教职员工进行忠诚宣誓。此举引起了很大的风波，不少教授因拒绝宣誓而被解雇。赵元任也被卷入其中，并被迫签署忠诚宣誓。后来加州大学的一批教授联合起来控告加州大学董事会，对校方强迫他们签署忠诚宣誓提出法律诉讼。1952年法院判决取消宣誓效忠，校方败诉。赵元任在日记中高兴地写道："誓忠案教授状赢了！"

赵元任曾在耶鲁大学和哈佛大学等东部名校任教，但在那里从来就没有得到过永久的教职。这是那个年代美国人对亚裔的歧视所致。然而，赵元任的学生杨联陞却在他之后，在哈佛大学谋到了终身教授的席位。二战之后，美国社会逐步开放，少数族裔的待遇有了好转。1950年12月6日，赵元任致信哈佛大学燕京学社主任叶理绥教授推荐杨联陞升任哈佛大学副教授（为终身教授）。赵元任在信中高度评价杨联陞的学术造诣：

> 他的出版物自可彰显实力。另外，我在哈佛时和他工作密切，我认为他造诣全面深厚，在中国历史方面尤为训练有素，即使在优秀中国学者中他也是出类拔萃的。我认为在他这个专业里和他的年龄相同的学者中，他是无人可比的。

1949年12月16日赵元任给芝加哥大学历史系教授普理查德（Earl H. Pritchard）的信中阐述了自己对汉字罗马化、威妥玛氏拼音等问题的看法，并指出中国人现在正在建立汉字罗马化的体系，目前有罗常培、陆志韦等人在参与此事。他指出从前国民党政府已经确定要用罗马拼音，但推动执行不够。此信节译如下：

虽然目前是开展汉字罗马化有利且急迫之时，有一件事会影响未来的进程，那就是中国人将推行一种汉字罗马化方案。……有一个委员会正讨论这个方案的使用问题。罗常培和陆志韦是这个委员会的成员。这个委员会其他成员是搞政治的，他们不太懂语言和书写系统。我听说他们有分歧，讨论陷入了僵局。如您所知，国民政府已经通过了一套国语罗马化方案，但尚未推行开来。政府各部门仍旧在使用威氏音标。

有鉴于此，普理查德遂建议召开一场研讨会，专门讨论汉字罗马化问题。此议得到了赖世和（Edwin O. Reischauer）、德范克（John De-Francis）、芮沃寿（Arthur F. Wright）等美国重量级汉学研究学者的认同，并获得了美国东方学会（American Oriental Society）和远东学会（Far East Association）两大学会的支持。会议拟邀请包括赵元任及李方桂、叶理绥、费正清等在内的20多名著名学者参加。

1950年，赵元任的好朋友英国哲学家罗素获诺贝尔文学奖。赵元任去电祝贺。罗素一生倡导理性和人道主义，他是言论自由和思想自由的坚定捍卫者。同年，傅斯年逝世。赵元任发表悼念文《台山语料序论》，以表缅怀之情。该文发表在《"中研院"史语所傅斯年先生纪念特刊》上。这一年，赵元任还开车携全家先从西岸伯克利开车去中西部的密歇根州的安娜堡参加美国语言学年会和暑期讲习班。尔后，他又驱车去东部到纽约看望梅贻琦和张彭春，然后到麻州剑桥看望女儿如兰，最后赵元任一家人又开车横贯美国返回西岸的伯克利，全程一万多英里，堪称壮举。(《赵元任年谱》，第318页）

1951年3月27日，赵元任被美国东方学会选为下一年度的主席。这是他担任了美国语言学会会长后又一次在全美学术学会上担任主席职务。同年11月24日赵元任参加了在加州大学伯克利分校举行的美国东方学会西部分会的第一次会议，该分会今年成立。赵元任做了题为"汉语口语植物词汇的语法结构"的报告。中国学者李方桂、袁同礼亦与会并作报告，他们的题目分别为"钵阐布或钵掣逋：唐蕃会盟中的一个重要人物"和"中国图书馆技术的开始"。值得一提的是，当日晚餐过后，在加州大学伯克利分校的女教师俱乐部还举行了一场昆曲《牡丹亭》的现场表演，由伯克利的陈世骧教授做介绍，张充和讲杜丽娘、李方桂讲中国笛子。当时，张充和在伯克利东亚图书馆任编目员，她有"民国最后的名媛"的美称。

伯克利的中国研究此时正处于高涨时期，可是赵元任对这里的中国研究颇有微词，这可见于他在1952年7月9日给董作宾的信。在这封信中，赵元任介绍并评价了伯克利东亚研究所和中国文史研究的情况，称之为"组织了两三年了，是空空洞洞的，也没多少成绩，也没多少钱，主任是史学系教授Woodbridge Bingham，也许你见过，'长于'唐代史，是上议员的儿子，是阔少出身，热心很热心，才学平常"。二战之后,一批像胡适、赵元任这样的知名学者留在了美国,但是美国学府里的中国研究项目仍是由一批西方人把持着,他们会感到这些有真才实学的中国著名学者有威胁,进而排斥中国学者。此时,赵元任在美国学界立足已经十余年,而且声望卓著,他也担任了美国语言学学会和美国东方学会主席职位。他的学术声望已经完全在一些西方人之上了。

20世纪50年代里不断有一些中国学者来到美国。历史学家劳干获得中基会资助,将到加州大学进修一年,准备研究"亚细亚中古美术问题",但办理相关手续需要加州大学的证明,希望赵元任协助开具"任何名义的公证书"。赵元任致信东方语言学系主任丹泽尔·卡尔(Denzel Carr)教授,向其介绍劳干及访学之事,建议给予助理研究员头衔。据5月22日杨联陞来信,劳干进修择校,最初圈定的是哈佛、普林斯顿和芝加哥三校,杨联陞建议他去哈佛。劳干最终去了哈佛。1958年劳干当选为台湾"中研院"院士,并于1962年在加州大学任教授,1975年从加州大学退休。

1953年8月22日,赵元任再次致信加州大学总校长斯普劳尔,陈述自己不应再担任系主任的原因:一、相较于行政管理,自己更擅长学术研究,这也正是1947年他婉拒南京中央大学校长职务而选择加州大学伯克利分校的原因;二、自己正在进行的研究需要全身心投入;三、有不少同龄的中国学界朋友借此请托谋职,他怕影响自己与他们的关系。

这年的下半年,赵元任开始考虑加入美国籍。9月1日,他召开了家庭会议讨论国籍问题,夫人杨步伟表示不愿意改变国籍。10

月赵元任夫妇又与女儿来思讨论，最后大家还是决定申请入美国籍，并开始准备相关材料。据 11 月 23 日赵元任给女儿赵小中的信中所述（见下），他之所以最终决定加入美国籍，是综合考虑了各种因素，中国籍的科学家到美国国之外旅行受限是其中之一。其实，很多后来的旅美华人都是由于这个原因而决定入美国籍的，包括许多在中国改革开放之后来到美国工作的学者。赵元任谈到了他的这个决定：

> 现在一个新的 Development：因为有一个中国的 nuclear physicist 从美国到欧洲回了大陆，所以出国又有麻烦。前次这儿的 Prof. C. H. Li 到英国到了 Airport 又走不了。他们现在也在 apply for naturalization 了。
> Maamhi & Sniee & 我又开了几回 family council，我们的意思是：虽然不因为 just for convenience of traveling 来定 which kind of citizenship，但是 con- 了许多 sider 各种 factors，我们想还是 apply 好。

1954 年 3 月 15 日，赵元任被聘为加州大学伯克利分校的阿加西（Agassiz）讲座教授，并获得了古根海姆基金奖。这两个荣誉都非同一般。阿加西讲座教习是伯克利东方学系的最高讲座教授头衔，也是加州大学第一个讲座教习，创立于 1896 年，第一任阿加西讲座教授是英国人傅兰雅担任的。赵元任能获得这个教席实为殊荣。古根海姆基金奖是美国的一个大奖，获得者多是学界大家或极有天赋的人。也就是在这一年,赵元任获得了美国公民资格。由于申请人积压过多,直至5月17日才收到通知。6月7日,赵元任携女儿小中一起至旧金山宣誓入籍、领取入籍证书并申请美国护照,正式加入了美国籍。拿到美国护照后,到国外旅行就方便了,于是赵元任做了一件大事,那就是驾车在欧洲旅行。他们夫妇开车从伦敦过比利时,再到荷兰海牙,从荷兰再到德国,去丹麦,然后去瑞典至挪威,再返回德国,最后经巴黎再返回伦敦,在剑桥大学参加第23届东方学者会议和李约瑟的宴请。他们这一路风尘仆仆,到处游玩,看望学者和朋友,十分开心。这一年赵元任已经62岁,仍精力充沛,到处奔波,他真是个好玩的人。

1955年的春天,赵元任到美东地区进行了一系列的活动。3月7日,赵元任同董同龢一起前往耶鲁大学,拜访语言学家伯纳德·布洛克(Bernard Block),晚上参加耶鲁语言学俱乐部的聚会。第二天,他应邀在耶鲁大学远东语言研究所做了关于汉语句子结构的学术报告。3月19至20日,赵元任出席了"中研院"在纽约举行的第一次院士座谈会,到会的院士还有胡适、李济、李方桂、萧公权、李书华、陈省身、吴宪、陈克恢、林可胜、袁贻瑾、汪敬熙,另全汉昇、劳干、董同龢等人列席。时在美国的"中研院"院士共13人,吴大猷因故未能出席。(《胡适日记全集》第9册,第149页)。3月21日,赵元任去了康奈尔大学,看四女小中。次日晚赵元任在该校语言俱乐部讲中国语言表达因素。3月27日,他开车去纽约,住梅贻琦家,并和胡适见面。3月31日开车去剑桥,住大女儿如兰家。4月22日,赵元任与夫人、董同龢、全汉昇四人一行回到纽黑文。4月25日晚参加耶鲁大学语言学会议，塞缪尔·马丁（Samuel Martin）主持。会前有招待赵元任的鸡尾酒会。赵元任作了题为"汉语语法与逻辑"的报告。会后，赵元任返回剑桥。5月6日，胡适来哈佛剑桥，赵元任和全汉昇一道去后湾（Back Bay）迎接，并一道前往拜访哈佛大学教授费正清，晚上参加费正清为胡适举行的茶话会，胡适作了题为"1917年至1937年间现代中国思想趋势"的演讲。

胡适在美国当时生活很拮据，曾在美国的一些高校谋长期固定职位未果。赵元任一心想帮助老友胡适，一来给他找一份经济来源，二来是希望他借此完成《中国思想史》的写作。这一年赵元任四处奔走，征集到了12名教授和专家的签名，向加州大学校方推荐以教授的名义聘请胡适来校讲学。胡适卸任驻美大使公职后，一直想做研究工作。他曾在日记中写道："凡著书，尤其是史书，应当留在见解成熟的时期。我的中国思想史，开始在一九一五——九一七，至今是二十七年了。上卷出版在一九一七，也过二十三年了。但我回头想想，这许久的耽搁也不为无益。我的见解，尤其是对于中古一个时期的见解，似乎比早年公道平允多了。对于史料，也有更平允的看法。我希望这二十七年的延误不算是白白费掉的光阴。"可见，胡适《中国思想史》的研究写作计划由来已久，一再延宕至此，最终也未能如愿。在和加州大学校方联系的同时，赵元任还给古根海姆基金会理事亨利·艾伦·莫（Henry Allen Moe）推荐胡适为古根海姆学者候选人。但由于古根海姆基金只面向美国公民和永久居民，胡适当年已经63岁，又不是美国公民，因此赵元任当时不太确定胡适是否够资格拿到这个资助。

功夫不负有心人。赵元任为胡适在加州大学做讲座访问教授的请求终于得到了校方的批准。1956年9月4日，胡适来到了加州大学伯克利分校，做了为期半年的访问教授，头衔是"校董教授"，这是访问教授中最高的一种。胡适住在伯克利校园边上的杜尔旅馆里。胡适此次来在加州大学伯克利分校哲学系开设中国思想中的科学方法论课程，并作"公元1000年以来的中国文艺复兴"的系列演讲。余英时在《从〈日记〉看胡适的一生》中写道："……当然是老友赵元任联合同事极力推荐的结果。这是他此次留美九年中唯一的正式教授职位，但也是最后一次了。"[1]胡适在伯克利短短的半年生活很快就结束了，他于1957年元月离开伯克利。也就是在这一年，胡适接受了台湾"中研院"院长一职。1957年1月29日晚，赵元任在家设宴，邀当地的中国朋友送别胡适离开伯克利去纽约，参加者有二十多人。席间，赵元任弹唱《上山》《他》《也是微云》《老天歌》，张充和唱昆曲《游园》《思凡》。(《胡适日记全集》第9册，第262页）

在这之前的一个月，赵元任碰上了一件烦心的事。1956年12月9日，台湾《新生报》登载对赵丽莲女士的访谈文章，其中谈及赵元任的《教我如何不想他》和《女郎，散发的女郎》是为这个赵女士所作的"艳史"。这是典型的假新闻。赵元任得知后便向该报写信，详述他创作两首歌曲谱写之缘起和经过，要求澄清，全信如下：

---

[1] 余英时：《重寻胡适历程：胡适生平与思想再认识》，广西师范大学出版社2004年版，第115页。

启者：

顷阅十二月九日贵报登载黄顺华均报告与唐荣祚太太赵丽莲女士谈话，内有问及赵元任所作，《教我如何不想他》与《女郎，散发的女郎》是否为唐太而作，唐太太答云："是呀！很多人这么说，我也不知道"云云。我赵元任素来未以道学先生自居，道其有艳史之可能，当然应有得意之感。但如格于基本史料上之困难，则仍无法负此佳名也。查《教我如何不想他》及《海韵》两曲之音乐作于民国十六年，出版于民国十七年，见商务印书馆《新诗歌集》。赵家承郝更生家邀赴北戴河，那次会见唐家系在民国二十年，在作曲后四年。嗣因郝唐两家因琐事终日争吵，□不能感觉游兴即搬住旅馆，□□哭海一事，也未得一览，数日后即回北平，因此未得机会与唐家很认识，对于唐家先生太太之印象皆不甚深，那么"教我如何不想她"呢？最妙者，《教我如何不想他》歌词原作者非赵元任而是刘半农；《海韵》作者亦非赵元任而是徐志摩。那时在□□□海边如有"灵感"，想必是徐志摩的"灵"来了。总而言之，即使赵元任欲求风流之名，亦非无史可述，容当俟诸异日。唯须待有风马牛稍相及而年代不太矛盾之史料之发现，然后有机会得风流之名声。因事关史实，特此更正，敬请在贵报同等地位刊登为荷，此致新生报馆

赵元任致

四十五年十二月十九日

1957年4月23日,"中研院"第二届院士会决议,"组设四十六年度院士选举筹备委员会",赵元任被推举为筹委会委员。按"中研院"组织法及院士选举规程,院士选举每年一次,每次最多15名,分数理、生物、人文三组。但自1948年第一届院士选举之后,评议会和院士会议无法召开,院士选举至此已中断八年之久。[①] 至此进行第二届院士选举,兹事体大,各方关注,"中研院"内部在选举规程及具体操作层面也碰到很多问题,其中最突出的有两点:一为院士名额多少,二为候选人名单公布与否。按规定,每年院士选举最多15名,但正如同年8月20日朱家骅写给胡适的信中所说,"本院院士选举中断八年之后,此次恢复办理,在台尚属初创,且仅只办一个年次,以此15人名额,势难容纳九年来在学术上确有建树之全部学者"。经多次会商讨论,最后决定仍以15名为限,候选人名单不登报公布。本届院士选举至1958年4月方才完成,共14人当选。

胡适去台湾担任"中研院"院长之前致信赵元任,谈及绩溪方言问题。这是胡适和赵元任合作的研究项目。赵元任是方言学的专家,

[①] 按院士会议规程,召开院士会议需有院士全体的三分之一出席。但1949年"中研院"迁去台湾时,绝大多数院士留在了大陆,只有9人去台湾(凌鸿勋、傅斯年、董作宾、李济、王世杰、吴稚晖、朱家骅、李先闻、胡适),另11人在海外(赵元任、吴宪、汪敬熙、陈克恢、萧公权、李方桂、陈省身、李书华、袁贻瑾、吴大猷、林可胜)。加之规程中所谓的"院士全体"含义不甚明晰,执行上发生很大困难。在台院士曾就此问题多次会商,其中在1954年12月的院士谈话会中采纳了王宠惠提出的折中办法,即(1)"中研院"公告院士限期报到,以报到后之人数为今后院士之全体院士;(2)院士会议开会时,院士有因故不能去台出席者得以通讯方式建议及表决。此办法得到了旅美院士的认同。1955年3月19日、20日,旅美院士在纽约爱迪生时代广场酒店(Hotel Edison)召开谈话会,并得到台湾当局的核准。1956年6月9日,"中研院"发出公告,自即日起至本年10月31日止为院士报到期限,各地院士可在此期限内向"中研院"通函报到。

而胡适对家乡徽州绩溪方言的研究颇感兴趣，所以胡适就为赵元任的研究项目当了发音人。

1958年10月15日，赵元任当选为美国科学促进会（American Association for the Advancement of Science，简称AAAS）会士。AAAS是成立于1848年，是世界上最大的科学和工程学协会联合体，也是《科学》杂志的主办者和出版者，具有重要的国际影响。这凸显出赵元任在科学方面的成就。在中外学界，能跨越文理双科的学者极少，赵元任是一个文理皆通的学者。

赵元任65岁那年，他开始考虑身后的财务规划问题。那年他拟定了一份遗嘱，将财产均分为五份，受赠人分别为四个女儿及孙女卞昭波，由于当时二女儿赵新那在国内，没有条件接收遗产，赵元任为此专门在美国银行全国信托储蓄协会建立信托，由其托管。

1959年赵元任去了台湾讲学。2月2日开始，他在台湾大学做"语言问题"系列讲座，共分16讲，分别为"语言学跟跟语言学有关系的一些问题"（2月2日）、"语音学跟语音学的音标"（2月4日）、"音位论"（2月16日、2月18日）、"词汇跟语法"（2月23日）、"四声"（2月25日、3月2日）、"上加成素"（3月4日）、"方言跟标准语"（3月9日）、"何为正音"（3月11日）、"语史跟比较语言学"（3月18日）、"语言跟文字"、"外国语的学习跟教学"、"英语的音系跟派别"、"实验语音学"、"一般信号学"、"各种信号的设计"、"从信号学的立场看中国语文"。台大文学院院长沈刚伯提议把赵元任的这一系列演讲整理出来成为一本书，在台湾出版，书名叫《语言问题》。赵元任讲的内容由郑再发、王雪真、叶松君、丁邦新、郭肇蕃、郑锦全等学生在董同龢的指导下作记录，整理成《语言问题》一书在台湾大学出版，1980年商务印书馆重版。郑锦全后来到美国的伊利诺伊大学香槟分校语言学系留学，毕业后留校任教。本文作者1985年受郑锦全先生邀请到伊利诺伊大学读博士，在郑教授的指导下完成了博士论文，并得到了郑教授提供的为期四年的研究助理经费和减免学费的待遇。在此一并提及以表感激之情。

赵元任这本书的第一讲题目中谈到了"跟跟"的问题，就此他做了以下解释：

> 这次演讲开始的时候，总题里头的"跟跟"两个字曾引起了不少的兴趣跟疑问。当晚就有报馆打电话来问，题目里有没有错字？我说没有。等会儿又来电话问，要是没有错字，那么那两个"跟"字怎么讲？我说第一个是大"跟"字，是全题两部分的总连词；第二个是小"跟"字，是"跟语言学有关系"修饰语里所需的介词。能不能省一个？我说不能，省了就念不通了。可是啊，夜里编辑部换了班儿了，他们拿稿一看：也？怎么两个"跟"字？又来了个电话，问是要两个"跟"字吗？我说要。您不是懂德文吗？这题目用德文讲也可以说"die Sprachwissenschaft mit mit der Sprachwissenschaft verwandten Fragen"，不是两个"mit"吗？结果第二天登出来居然登对了。可是有些报没打三次电话的，还是登错了。

这次在台湾访学期间，赵元任由梅贻琦陪同见了见蒋介石。根据赵元任的回忆，蒋介石看起来比照片上的年轻得多。另外，赵元任也在扶轮社（Rotary Club）讲了《走到镜子里》的翻译问题，并在台大参加文法讨论会和福州变音问题的讨论。他还作了一场题为"中国语言在世界分布情形"的演讲，主要包括"世界各民族使用中国语言的情形""华侨社会使用中国语言的情形""外国人对于国语的运用与学习"三个方面的内容，听众近千人。在此期间，台湾大学举行了傅斯年冥寿纪念会，由胡适主持，赵元任在这次纪念会上作了题为"说清浊"的报告，该文于 1960 年刊于《史语所集刊》（三十周年纪念专号）。文中赵元任回忆了傅斯年生前对这个语言学问题的关切：

这事情现在说起来像是够清楚的，可是古人没有字母文字的分析没有声学的各种仪器能那么剖析毫厘，咱们现代人要是没有过孟真先生所谓"摩登训练"的，更是没有办法的。关于这一点我很记得从前傅先生抱怨钱玄同先生的话。钱先生是浙江人，声母有清浊，调类也有阴阳，因此他对于北方音的见解也受南方音系的影响。傅先生是北方人，他觉着只有调的不同，怎么又有清浊的不同。他说为了这类的争执，因而就没把音韵学学下去。但是傅先生是多方面的学者，他对于语言学不但是积极的鼓励，并且常常参加研究。记得民国十八年在广州时候，他对于清浊问题又发生兴趣。那时他还是照一般习惯把外国语的浊音［b, d, g］念成不送气清音的［p, t, k］，这是在中国最常见的对于英语 b, d, b 的读法。可是他那天不满意他自己把 good baby, bad baby 读［kut peipi, pæt peipi］（以上辅音当然都是不送气的ㄅ、ㄉ、ㄍ

了）所用的清音，于是就大用起功来练习［b, d, g］音，终于能发出喉部呱呱有音的 good baby, bad baby 来了。

……

傅孟真先生是个最富于国家思想的教育家。他听了那种洋派国语是极不以为然的。傅先生又是一位富于国际思想的学者。他不但注重上文所提到的"摩登训练"，并且还主张打通学门与学门当中的界限。他在德国留学，我跟他初次认得的时候，我们还不大谈"语言历史学研究"，也不大谈"历史语言研究"（那是后话），我们常常谈数理逻辑跟科学方法论。他去世以前不久，最后两次通信对于那些问题还是长篇大论的。所以他很了解我们一班搞音韵学的，虽然把清浊定为 voiceless 跟 voiced 讲，可是只算是为求逻辑的紧严（vigor）而定的名词的用法，并不是什么天经地义。他很领略我们并不坚持名词，也不一定要把名词的定义（definition）跟以后的命题（theorems）固定式的分开，因为在科学史上，例如力啊，能啊，温度啊，热量啊，定义与定律之间很有伸缩的。

至于清浊问题，赵元任认为：

当学术上名词用的，清浊有音乐里跟音韵学里讲的两类用法。前者相当简单，后者在内容上，在用法的严格上，都非常复杂。

…………

在音韵学里，大致说起来，也是高的叫清，低的叫浊——

这是很笼统的说法。至于到底高多少，低多少，什么东西高，怎么高法子；低多少，什么东西低，怎么低法子，要是细细的问，要确确实实的解释起来，那就没有音乐里的清浊那么简单了。

…………

清浊这对名词在音韵史上用法沿革，起初是非常浑浊，后来才渐渐的澄清的。大致说起来可以分两派：切韵派跟韵镜派。

对于名词，赵元任认为要分清楚三种不同的问题：

一、这名词在平常语言文字里是当哪一种或是哪几种讲法；二、这名词在学术思想史曾经有过哪些用法；三、从这名词所引起的些学术问题分析起来，究竟有些什么观念可以成立，然后再问用哪些名词或另造些什么名词代表哪些观念最为合适。

最后，赵元任总结道：

大凡一种理论求其整齐紧凑就可能只照顾到事实的一部，一方面；如果求其包括的事实丰富，多方面来照顾，系统就不免会松弛下来。这也是丹麦 Niels Bohr 教授常常讲的对补原则（principle of complementarity）。这本来是物理里讲动量与地位之间的相互关系，可是 Bohr 给它推广了用在好多问题上。这个他在民国二十六年春在南京演讲时候就提到过。我用 Bohr 的对补原则作为本章的结束,因为 Bohr 的方法论是我跟傅孟真先生爱谈的一个问题。

1959 年底,赵元任完成了他另一篇语言学论文《常州吟诗的乐调十七例》,此文乃应"中研院"之邀,预备庆贺董作宾 65 岁寿辰而作。文章说"常州吟诗的乐调像别处的办法一样,分古诗律诗两派,并且两派都跟平常读字的调值相近而不相同",赵元任通过分析自己的十七首诗的吟诵录音,得出"以下几个值得注意的地方":

(1)古诗念得低,律诗念得高,虽然所记的不是绝对的音高,但平均念起来,是有明显的高低的差别。

(2)古诗念得快,律诗念得慢。

(3)古诗的拍子,比较的规则,律诗的拍子复杂得多。

(4)古诗的拍子虽然比较的规则一点儿,但是比音乐的拍子还是复杂。特别是碰到入声字念短,它就不管音乐拍子,接着念下去。这也是吟跟唱的不同处之一。因为这个缘故写谱时候不能标某某拍子,只好以一句为一小节。大致说起来,古诗近乎二拍子。律诗连大致的二拍子都不是。

(5)跟别处吟诗的调儿比起来,古诗跟别处很不同,律诗的吟调那就各处都大同小异。这个观察是根据别的材料,从本文的例子里当然是看不出来的。

(6)论起调格来常州的古诗近乎大调,就是 Ionian 格,律诗多半落 mi 字收尾,虽然近大调但略带 Phrygian 格的意味。

此外，文中还谈到吟诵和唱歌的区别，"不消说吟之所以为吟，跟唱歌的不同，就是每次不一定完全一样的吟法"。赵元任还做过跨学科研究，包括把语言学与数学和物理联系在一起。这在他的一篇关于语言学中的数学和音谱学问题的研究可见一斑。1960年4月14日，赵元任出席在纽约举行的美国数学学会（American Mathematical Society）第567次会议的"语言结构及其数学面相研讨会"，并做题为"语言学和数学有关图像和语音方面的符号"的报告，这是把语言学与数学相结合交叉学科或跨学科研究的典范。

1960年，赵元任以69岁的高龄开始了他最重要的著作《中国话的文法》的撰写工作，并向美国卫生、教育和福利部（Department of Health, Education and Welfare，简称USDHEW）申请立项。他的项目在6月获批，名称为"建构中文口语语法专项"（"production of a grammar of Spoken Chinese"），为期两年（从1960年6月15日至1962年6月14日），资助21441美金。[①] 此乃《国防教育法案》项目[②]，由加州大学和美国教育办公室（U. S. Office of Education）签订协议，赵元任具体主持实施。据1963年9月16日赵元任给古根海姆基金会的信，赵元任其实很早就开始了这项研究。1954年他获古根海姆资助去欧洲游学时便决定写这本书。由于是赵元任晚年的研究，此书可以被视为他学术思想集大成之作。

同年5月9日，赵元任致信美国国家科学基金会的海伦·L. 布

---

① 后两次延期，至1964年6月，参见1962年2月20日坎贝尔（O. W. Campbell）的信和1963年2月11日埃尔伯格（Elberg）的信。
② 1958年《国防教育法案》第六条将中文列为当时美国公民最急需的外语之一。

朗森（Helen L. Brownson），评估以下两个机器翻译的研究项目：（1）俄文和中文技术文献机器翻译研究与发展；（2）中文科学文献中的词法和结构问题研究。据信，前者由加州大学伯克利分校的悉尼·兰姆（Sydney M. Lamb）和玛丽·哈斯（Mary Hass）等主持，赵元任为咨询委员会成员。后者由华盛顿大学罗逸民（Erwin Reifler）主持，李方桂、张琨等参与其中。赵元任高度评价了这两个项目的意义和可行性，并建议两个项目最好合二为一，至少双方可以加强交流与合作。

1960年8月24—9月2日，国际逻辑、方法论与哲学大会在斯坦福大学举行。8月31日，赵元任主持了语言模式讨论会，并做题为"语言模式与普通模式"的报告。此时正是美国形式语言学开始之际，从描述语法到形式语法，从结构主义到认知科学的开启。赵元任讲道：

> 语言模式主要是基于数学模式的。
> 诚然，语言学家们有意借用了数学方面的模式，但他们也受了其他学科模式的影响，甚至受了日常生活模式的影响。
> 据我所知，最早提出语言学模式的人是Z. S. Harris。那是在1944年。

赵元任的这番对于形式语法分析和语言学中数学模式理论正是后来生成语法大师乔姆斯基使用的形式语法研究体系，而把乔姆斯基带入语言学研究的人正是赵元任在这里提到的著名语言学家Z. S.

哈里斯（Z. S. Harris，1909—1992）。在此之前一年，乔姆斯基已经在《语言》杂志上开始了对行为主义大师 B. F. 斯金纳（B. F. Skinner，1904—1990）的著作《言语行为》(Verbal Behavior) 一书的书评，指出人类的语言不是通过行为来获得的，而是人类大脑里生来俱有的能力，而形式语言学就要用模式的方式来揭示这种人类天生就有的能力。这是认知语言学的开始，也被学界称之为"乔姆斯基革命"。在组织这个会议之前，赵元任曾给与会学者堪培拉大学豪尔绍尼（Harsanyi）教授（6月23日）、希伯来大学 Y. 巴尔-希勒尔（Y. Bar-Hillel）和 A. 鲁滨逊（A. Robinson）教授（6月22日）、斯坦福大学帕克里克·苏佩斯（Patrick Suppes）教授（6月23日）、麻省理工学院乔姆斯基教授（6月30日）、印第安纳大学弗雷德·豪斯霍尔德（Fred Householder）教授（6月30日）、巴黎大学庞加莱研究所 J. P. 维吉耶（J. P. Vigier）博士（7月15日）、剑桥大学国王学院 R. B. 布雷思韦特（R. B. Braithwaite）博士（7月15日）等写信，希望他们提供论文或论文简介，以便提前做准备，届时参加会议分会场的主持工作。那时，乔姆斯基还没有拿到麻省理工学院的终身教职，只是一个副教授，后来他成为了 20 世纪美国最具影响的几个学者之一。赵元任通过这次会议对现代语言学的这种转型所作的贡献是十分重要的。

1961 年 1 月 18 日，赵元任再次致信理查德·西伊（Richard See），评议密歇根大学的汉语句法研究项目，认为项目有趣且有必要做。此项目主要负责人为王士元（William S-Y Wang）。他指出，此项目"对大陆中国学者在句法研究方面的工作不够重视"。这年

5月3日，赵元任将修订完成的《大英百科全书》"中国语言"中的"语言与书写改革"的文稿寄给编辑。据信，赵元任此时将"施氏食狮史"替换为"记饥鸡集机脊"。

1961年10月2日，董同龢函请赵元任推荐其参加第九届国际语言学家会议，并就两个"难得的好学生"郑再发、郑锦全从台湾地区来美国留学之事咨询赵元任。12月4日，赵元任就加州大学奖学金申请、专业选择等致信郑再发，并主动提出担任其推荐人，摘录如下：

> 加大这边东方语文系跟普通语言学系都不坏，但是中国人来这儿的很少入东方语文系的，因为除了我跟陈世骧两个中国人之外，其余的几位虽然在治学方法跟一般文史学的造诣很高，对于中国东西究竟没有在中国学大了的那么熟；可是你要是注重语言学或一般文史方法上的研究那就不如入语言学系了。所以在加大，在哈佛，在很多大学，中国学生不论兴趣在不在中国学问多半还是入其他学系。
>
> 我在加大兼两系，教课全在中国语言方面，语言系里有时指导论文，参加考学位之类。不过1963夏以后我就不教书了。

据郑再发11月20日来信可知，赵元任于11月初给郑再发及郑锦全邮寄加州大学奖学金申请表格各一份。郑再发在"中研院"史语所语言组跟随董同龢，故自称为先生的"三传弟子"。

1962年2月24日胡适去世。4月16日，华美协进社在纽约举行胡适追悼会。赵元任因故未能前往，但拟写了悼词灌制成录音带，内容如下：

威廉·詹姆斯在分析自身这个概念时说过，我们自身中的一个基本部分是在他人身上体现的。任何一个朋友或亲友的死亡是否也是我们自身一部分的死亡呢？我想今天在场的每一个人以及为这个世界上失去了唯一的胡适而感悲哀的所有人都会有同样的感受。然而，出于同样的理由，胡适仍然活在我们脑海里，活在成千上万人的心中。他是我们这些人永不分离的一部分，对吧？事实上，胡适曾经在哈佛神学院的系列讲座中讲到过永恒这一主题，与此时大家的感受相通，但大家从未想过我们会在今天这个场合来说一声"胡适不死"，"胡适万岁"！

在这年的加州大学第99届毕业典礼上，赵元任荣获名誉博士学位。这是赵元任继获得普林斯顿大学名誉博士学位后又一个名誉博士学位。加州大学是美国最具自由派学风的大学之一，学校极少授予荣誉博士学位。此乃是对赵元任学术地位的又一肯定。文理学院院长林肯·康斯坦斯（Lincoln Constance）教授称赵元任是语言学家，也是公认的诗人、作曲家、哲学家、科学家……在很多领域具有广泛的兴趣，取得很高的成就。

1962年9月19日，赵元任将《绩溪岭北音系》交杨时逢发《史语所集刊》（胡适纪念专号），并邀其一起整理绩溪岭北方言，当时赵元任手里尚有"将近一千尺的33/4吋速度的录音，内容很丰富"，计划由赵元任设计简化的音标并听写吟诗的乐调,由杨听写录音正文。这也是赵元任退休之前完成的最后一份手稿。

(十) 从伯克利退休,晚年的生活

从 1947 年加盟加州大学至 1963 年,赵元任在旧金山湾区已经任教超过 16 载了。根据当时加州大学的规定,教授的退休年龄为 70 岁。这一年赵元任已经 71 岁了,过了退休年龄。所以他正式从加州大学退休了。1963 年 5 月 16 日晚上东方语言系为赵元任举行了退休晚宴,参加退休晚宴的有该系的教授丹泽尔·卡尔、薛爱华 (Edward Schafer)、卜弼德和学生代表杰里·诺曼 (Jerry Norman) 等人。在这次晚宴的告别演说中,赵元任诙谐地将自己的教学和研究生涯称为"游戏",和语音、词素、文字等玩游戏。这是他自己对他学术生涯的总结,也是他一贯的作风,低调,诙谐,幽默,若无其事,不咄咄逼人以学术大师自居。这个退休晚宴非常低调,参加的人数不多。6 月 30 日他正式退休了。

赵元任退休后,便把全部精力投入到了他最重要的一本著作《中国话的文法》(*A Grammar of Spoken Chinese*) 的写作出版工作上,这也是他对自己学术生涯的一个总结。《中国话的文法》前后构思写作好多年,退休后时间多了,他必须把这项工作做完。7 月 16 日,加州大学出版社总编辑弗鲁热 (August Frugé) 函告赵元任加州大学出版社编辑委员会同意出版《中国话的文法》。赵元任希望这部著作能用金属排版,而不是使用当时刚兴起的照相排版,但出版社没有同意。加州大学出版社请杨联陞等人对这本书做了同行评估。杨联陞在

7月1日给弗鲁盖的信中把《中国的文法》这本书评价为"不仅是第一流的著作，甚至是一部巨作"。

此时，美苏冷战正在进行。赵元任对世界和平问题非常担忧。这年7月16日，他致信美国总统肯尼迪，表示自己对《禁止核试验条约》("Nuclear Test Ban Treaty")命运担心，他担忧美国参议院可能重蹈一战后的覆辙，即否决《凡尔赛合约》，拒绝加入国际联盟。

12月21日，赵元任受聘为"中研院""中国上古史编著计划委员会委员"，其他委员有蒋廷黻、王世杰、洪叶、杨联陞、劳干、陈受颐、萧公权、沈刚伯、姚从吾、李玄伯、毛子水，另有李济、李方桂、芮逸夫、陈槃、石璋如、高去寻、屈万里参与。该计划由蒋廷黻和王世杰发起，希望史语所把"这三十年以来所致力的成果，以及国内外学人以科学方法研究或整理我国史料的业绩，综合起来，编一部比较真实可信的中国通史"，但史语所综合考虑人力、财力、资料等方面的条件，"还不敢作整个中国通史的撰述"，故"决定先编上古史部分"整个计划分为"石玉时代——史前部分""青铜时代盛期——殷商部分""青铜时代中期——西周部分""青铜时代晚期与铁时代的开始——春秋部分"和"铁时代早期——战国部分"五本，共100个题目，"内容或是讨论中国中心区域与四围的关系，或是讨论中心区域的扩展过程，或是讨论中心区域内的各种演进程序"。同年12月，美国国家科学基金会（National Science Foundation）授意托马斯·A. 西比奥克（Thomas A. Sebeok）主持编纂《当代语言学研究趋势》，第二卷《东亚和东南亚语言学》由赵元任担任副主编，参与该书中国部分大纲的拟定、撰稿人约请及书稿审订等工作。赵元任为该书中国部分指定的论题及撰稿人分别为：1. 历史语言学，包拟古（Nicholas C. Bodman）；2. 描述语言学，张琨；① 3. 方言学，易家乐（Søren Egerod）；4. 语言改革，德范克（John DeFrancis）；5. 中国的国语，张琨；6. 台湾的语言学，李方桂；7. 中国语文目录，王士元。这项工作持续了数年，赵元任还为该书做了审订，该书1967年由The Hague出版社出版。

从加州大学退休后，赵元任出外旅行的时间多了一些。1965年4月3日，赵元任和夫人一起到哈佛大学参加了老友图书馆学家、哈佛燕京图书馆首任馆长裘开明的退休晚宴，晚宴由美国图书馆远东资源委员会（Committee on American Library Resources on the Far East）主席小埃德温·G. 比尔（Edwin G. Beal Jr.）召集。

同年5月4日，赵元任为董同龢《汉语音韵学》作序，对其在音韵学方面的造诣和贡献给予了高度评价，也谈到了他自己在语言学研究上的一些感想，序文如下：

> 从前有时候想到要是编印我的遗著的时候，找董同龢来给我写几句序倒也不错。没料到我反倒给董同龢的遗著写序了。董先生一向非常谦恭，写信总签名"再传弟子"，因为在清华时候他上过王了一的课，王了一又跟我写过《两粤音说》的论文。俗话说青出于蓝，所以从这两代的蓝青的中国音韵学就结晶于董同龢的"汉语音韵学"了。

---

① 本部分最早由司礼义（Paul L-M Serruys）执笔，但后来他因故辞却，改由张琨执笔。

倒不是说假客气的话。王了一的兴趣转向到中国文法。我在方言上做了些调查工作，后来也转到文法问题跟一般语言问题上，可是同龢在中国音韵学上这些年下来始终是不断的有贡献出来。并不是说他在别的方面不行咯，比方我们几个人作湖北方言调查的时候，他就是最得力的人员之一，可是他很早就有关于古音跟中古音的文章，例如在南京时候他就有批评高本汉先生的《诗经》里的"搭桨韵"的说法，把高先生都说气了，到后来也觉得那批评也不无可取之处。在抗战期间，在那种困难情形之下，把一个多少时代大家莫名其妙的广韵重纽问题，第一次才搞出个头绪出来。

以后在台湾几年，这地方的语言情形，在好些方面可以算是"处女田野"，我现在不用列举，因为从本书的内容里读者就可以看得出这部著作的方法的谨严跟材料的丰富。并不是说人死了就样样说他好，可是试问要等多少时候台湾再有一部这样书出来？

1965年10月10—13日，赵元任在普林斯顿大学参加由该校"中国语言学研究计划"小组举办的"计算机与中国语言学研究会议"。赵元任分别于12日下午就计算机在中国语言学中的应用问题主持研讨会，13日上午发表题为"汉语口语中的表述成分"的报告。李方桂、梅祖麟（赵如兰代）、王士元、杨联陞等也出席了会议并发言。普林斯顿"中国语言学研究计划"后在牟复礼（Frederick Mote）教授的推动下于1966年春正式成为一个学术中心，主要从事中国语言学理论与应用的研究，获得了福特基金会的资助。在筹备过程中，亦得到了赵元任的支持和帮助，赵元任亦被聘为顾问组负责人。[①]

1966年11月2日，加州大学伯克利分校授予赵元任最高学术荣誉——1966—1967年"教授研究主讲人"（Faculty Research Lecturer）。该讲席之设置始于1912年，每年由学校的教授参议会（Academic Senate）推选一位该校在学术上有卓越成就的学者担任年度讲席，于建校纪念日当天在校园做学术报告。

1967年1月9日，赵元任致信周法高，商洽英文版《中国话的文法》中文翻译事宜，并拟献词："我太太一不留神就说出中国话的文法的绝好的例子，所以我写这书致献给我太太。"同年5月14日，他写完《语言问题》一书的"再版序"。据再版序，本次再版除改正原版讹误之外，增加了英文名词索引。序中简略说明再版缘起：

……台湾大学给我这一系列的演讲印行了到现在已经有九年了。最近台静农先生又把这书介绍给商务印书馆出版。我乍一想，可以不必再出了噠。我新近又在剑桥大学出版部出了一本 Language and Symbolic Systems，内容除了是对英文读者说话的口

[①] 1965年9月14日，福特基金会给赵元任写信就此项目征询赵的意见，赵在9月17日的回信中坦率周详地回答了信中所提的三个问题。从9月23日牟复礼给赵的信中可知，赵的意见对福特基金会最终同意资助这个项目起到了重要的作用。信中说："Your letter is excellent, though perhaps overly generous in its support of Princeton. If our project has any chance of becoming a success in terms of progress for Chinese linguistics, it is because you are lending a guiding hand, not because Princeton has anything to contribute."另，赵还推荐了自己的学生杰里·诺曼在该中心任职。

气外大体是一样的似的。可是我再翻了翻《语言问题》内容，倒是很不一样呐。除了信号设计图彼此大同小异，还有除了有几处的笑话，我凡是扯得上扯不上的地方总是忍不住要说的以外，其余部分至少有三分之二是不同的，都是对于中国读者适用对外国读者不大适用的。所以我还是听了台先生的话，为中国读者用，还是给《语言问题》再版一下吧。

1968年9月15—18日，赵元任应邀前往哥本哈根参加北欧亚洲研究中心（Scandinavian Institute of Asian Studies）成立大会。16日晚出席晚宴，17日作题为"中文作为一个符号系统"的报告。值得一提的是，北欧三国的代表，即丹麦的易家乐（Søren Egerod）、瑞典的安吾乐（Olav B. Anderson）、挪威的韩恒乐（Henry Henne）都是赵元任的学生，且中文名字皆含"乐"字。在此之前，赵元任本计划去斯德哥尔摩拜访高本汉，但因高本汉病重不方便会客而作罢。10月22日，赵元任到台湾出席"中研院"历史语言研究所成立四十周年纪念会，赵元任作题为"中文里节奏跟体裁与结构的关系"的学术演讲，指出中国语言不是单音节的语言，而是许多不同形态的多音节配合，是有节奏的且这种节奏在中文中有极重要的地位。此文发表于本年《史语所集刊》第四十本，题为"中文里音节跟体裁的关系"。

1968年赵元任的《中国话的文法》（*A Grammar of Spoken Chinese*）一书的英文版正式出版。此书他从60年代初就开始撰写，前后耗时多年，出版前，书稿曾给李方桂、董同龢、杨联陞、周法高、赵如兰、马丁·朱斯、尼克·博德曼（Nick Bodman）等过目。它是赵元任终身研究成果之集大成，也是中国语言学史上的里程碑，此书出版时，赵元任已经76岁了。

1969年3月31日、4月1日，赵元任出席在康奈尔大学举行的中国演唱文艺学会（Chinese Oral and Performing Literature）成立大会暨第一次会议。本会议由康奈尔大学哈罗德·沙迪克（Harold Shadick）和约翰·麦科伊（John McCoy）教授组织，赵元任参与讨论会议宗旨，并提出以"CHINOPERL"作为学会的缩略词。赵如兰、刘君若亦参会。该学会自从1969年建会以来一直吸引了一大批北美对中国演唱文艺有兴趣的学者，活动一直延续至今。这是一个非常独特的文艺讨论会。进入21世纪后，这个讨论会往往和美国的亚洲学会年会一起召开。1970年6月2日，赵元任获得了他的第三个荣誉博士，俄亥俄州立大学授予赵元任人文名誉博士学位。10月20日—23日，他受邀前往俄亥俄州立大学做学术演讲，荆允敬、李田意、劳延煊、薛凤生等接待。20日晚他参加中国学生会谈话，22日作题为"我的语言学自传"的演讲。1971年1月，香港《新闻天地》杂志社社长卜少夫来信，求赵元任墨宝，"最好是写'教我如何不想他'"。赵元任于22日复信，以其在《语言与符号系统》（Language and Symbolic Systems）一书中（1968年版第120页）使用过的"嵇熙戏犀"稿见赠，并说"我是不会写字的人，所以写的这么糟糕"，"我没有写'教我如何不想他'，因为那个歌的词儿是刘半农先生写的，不如拿一段自己写的玩意儿供您一笑"。根据《语言与符号系统》，"嵇熙戏犀"全文如下：

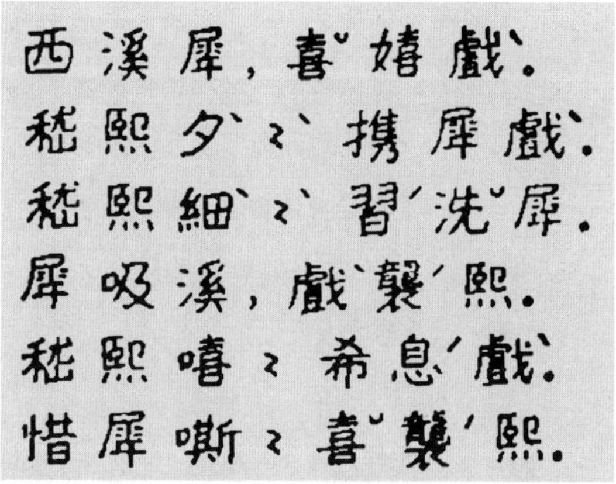
西溪犀，喜ˇ嬉戲ˋ。
嵇熙夕ˋ〻ˋ携犀戲ˋ。
嵇熙細ˋ〻ˋ習ˊ洗ˇ犀。
犀吸溪，戲ˋ襲ˊ熙。
嵇熙嘻〻希息ˊ戲ˋ。
惜犀嘶〻喜ˇ襲ˊ熙。

图 2-7　赵元任笔记

1971 年 3 月 31 日，赵元任和赵如兰、梅祖麟等前往康奈尔大学参加第三次 CHINOPERL 会议，赵元任于 4 月 2 日讲演，用录音机展示了八种不同形式的吟诵。期间，著名计量经济学家、康奈尔大学教授刘大中做了关于京剧小生、武生、老生表演的分析和示范。4 月 5 日，赵元任在康奈尔大学还做了题为“具有倒叙和音乐的语言游戏”的讲演。两个月后，赵元任在伯克利的同事和好友陈世骧去世。5 月 27 日，晚上赵元任参加陈世骧葬礼并致悼词，追念两人深厚的交谊，并高度肯定陈世骧在文学研究与创作及书法方面的成就。

1971 年 8 月 21 日，二女儿赵新那来信，上次来信已经是四年前了。[1] 新那在信中谈到他们夫妻刚回国时的情形，摘录如下：

看了妈妈 5 月 19 日来信以后，也使我回想到 1946 年底才

① 信中“好久没有给你们写信了”上面铅笔批注“四年多”。

回国的那个情景了。到了上海，后来到武汉大学，那真是物价涨得不得了，货币贬值。我还记得培云和我两个人的工资，一个月还换不上一块银元。那时候我得伤寒要交医药费，学校几个月发不出钱，那才是生活困难。那时国民党官员大发"国难财"，发"接收财"，而广大劳动人民无吃无穿，上街讨饭，卖儿卖女，更是无法生存。

1972年赵元任过了80大寿。他这年和赵如兰参加在康奈尔大学举行的第四次CHINOPERL会议。赵如兰主持研讨了有关中国曲艺中对字的处理问题，并用录音带展示包括评书、大鼓在内的八种民间曲艺形式。赵元任还应邀访问普林斯顿大学。4月5日下午作题为"我在语言问题上所犯的错误"的演讲。桥本万太郎、陈大端、时钟雯等接待了他。赵元任也见到了李欧梵、高友工等人。4月6日，加州众议员余江月桂（March K. Fong）函邀赵元任6月份一道随访华团回国访问，在此之前，赵元任已经从杨振宁那听他讲了回国见闻，也看了尼克松访华新闻，所以他准备私人回国探亲，故婉辞了余江月桂的邀请。

1973年1月2日，赵元任致信中国驻加拿大大使馆，申办入境签证，准备回国探亲、旅行，于2月17日填好申请表。2月19日，赵元任致信周培源（信作"培元"）夫妇，告知他回国行程安排、手续办理进度等，并请其"早日向有关方面提一声"，以便从速办理入境签证。从4月16日到5月18日，赵元任夫妇回国探亲。他谈到这次故国之行，为人生最快乐的事，他写道："1973年得有机会回国一探亲友，真是我们八十几年中最快乐的事，我们离开北京四十整年……时常梦游祖国，但为种种缘因总未如愿。"在这次回国中，周恩来总理于5月13日接见了赵元任夫妇。从中国回来后，赵元任于6月25日，给时任中国科学院院长郭沫若写了封信，告知1974年世界预应力混凝土工程大会将在纽约举行的消息，并邀请中国工程界派人参加，节录如下：

郭院长
沫若先生：

　　这次回国，很高兴得机会跟您见面，只可惜时间匆促，未能多多聆教为怅。

　　现在有一件事向您和别位建设领袖界提议一声，在一九七四年五月二十六日，世界预力混凝土工程大会，预备在纽约开会，预料有四千专家从七十二国来参加。此项土木工程对于建设应用极大，国内必有工程师学者值得到会，也许有文章发表。

　　这边加州大学同事林同炎，是我们很知道的，国内工程也很知道他。他是这一门的创造并发展者，在此许多大工程都是他设计的，并拟做横穿阿拉斯加南北大油管及地道的计画，这次林君受美预力混凝土学会托咐，特邀国内工程师来参加。曾有信给新华通讯社驻纽约屠培林先生，据说已转上北京科学院。

　　这一年，英国国家学术院（The British Academy）函告赵元任他被选为该院通讯院士。7月19日，赵元任收到了竺可桢的来函，并附寄《文字改革简表》增刊，内含对《通字草案》的报道和评论。8月2日，著名语言学家、北京大学教授岑麒祥来信，谈及对文字改革、《汉语拼音方案》和语言学研究等问题的看法，兹录于下：

元任先生：

上月二十日来信已收到。

多年没见面。您这次回国，使大家能欢聚一堂，交流各方面的情况和想法，机会十分难得。以先生高龄，对各种语文问题还能孜孜不倦，悉心钻研，尤其是值得我们学习。

我国文字改革要走拼音道路，这是确定了的。《汉语拼音方案》也早经人民代表大会讨论通过，成为一种法定的东西。多年来，我们编纂词典，推广普通话，进行语文教育，在注音和拼音方面都拿这个方案做根据。现在格于形势虽然还要学习方块汉字，并适当地加以简化以求便利于各方面学习，但是随着时间的进展，懂得这个方案的人日益普遍，如能运用于日常生活那就将会成为汉语的拼音文字。这一点恐怕是可以看到的。

《汉语拼音方案》是准备用来拼写普通话的，拿来拼写各地方方言和古代汉语的读音，那是不够的。现在教授古代汉语的多用现代汉语的字音去读古代的诗文，所以有许多地方常感到扞格不入。这个问题迟早必须解决。先生所拟"通字"如能多从这些方面着想，我想对国内一定会有很大帮助。

我国语言和方言的材料十分丰富，我国处在亚洲。亚洲的许多语言和方言直到现在也还没有很好地研究。这些都好像地下的宝藏一样亟待开发。这需要许多人力和物力。这一点我想是会逐步解决的。先生是语言学界的老前辈，经验丰富，造诣很深，希望常给我们指导与启发。专此奉复，并致

敬礼！

尊夫人均此致候！

岑麒祥

1973 年 8 月 2 日

8 月 4 日，女儿赵新那来信，谈到杨步伟夫人关心的中国妇女问题及赵元任研究的通字方案，摘录如下：

妈妈问的事，信回答不容易讲清楚，我们讲和你们亲身体会可能又不同。这都是社会问题，以后有机会您可以作深入调查那比我写要好得多。现在简单说一下，要调查还得到社会中去，不了解您要求的怎样，不知是要说明什么问题。

现在离婚是要办手续的，通过法院。我们这里离婚很少，对离婚的事都很慎重。不一定提出离婚就准许，要根据具体情况来决定。

妇女有产假，对女职工讲有 56 天假，工资照发。产前的假，看产妇具体身体情况，如确实身体不好，可以请病假，临产前一段时间，根据工作性质不同，调整工作，照顾产妇。喂奶的问题：工作人员都在工作中定时间回去喂奶，有地方婴儿在托儿

间，母亲到时去喂，有时宿舍与工作地点近的，家里有人带婴儿的，母亲回家喂，关于喂奶时间规定没有统一的。

关于新中国妇女的情况，您要是有机会多花些时候调查，那就好得多了，希望您多调查再写。这次你们能回来太好了，从您写书的要求，看的，听的还是太少了，时间也太短了。

爸爸通字方案能给我一份吗？最近听我们一些同志讲，小孩学汉字实在吃力。实际上好多"白字"，都可以通用了。简化字比繁体字好，但还要改革。怎样使工农兵学好文化，文字改革是个重要工作。您说是吗？我听到一些工人，教师和我谈到文字改革问题，讲过一些意见，也包含了通字的意思。所以我想，通字方案对我们还是很有益的。

1974年赵元任以82岁的高龄接受加州大学伯克利分校班克罗夫特图书馆地方口述史中心访谈。访谈由罗斯玛丽·列文森（Rosemary Levenson，汉学家列文森之妻）主持，正在伯克利访学的施耐德（Laurence A. Schneider）教授中途也加入了采访。访谈共九次，访谈地点或在班克罗夫特图书馆，或在赵元任家中。访谈内容后转录成文，包括早年、在美国留学的日子1910—1920、返回中国、1920年代中国的文字改革、方言调查、1920至1930年代在西方的经历和旅行、1938—1947年间的美国生涯、1947年以后伯克利岁月。该口述历史2010年由焦立为翻译成中文并出版，名《赵元任传》。采访人罗斯玛丽·列文森事后写道：

有好几年，赵元任教授的名字总是伯克利大学班考夫特图书馆地方口述历史办公室准备采访的中国学者系列名单上的重点对象。本采访得到了中国研究中心和斯坦福-伯克利东亚语言联合中心的资助。

赵教授一向谦虚，开始的时候有些不情愿谈论自己，他更愿意听别人讲话。最后，他的惯常的幽默胜过谦虚，他答应参与这个项目。

从1974年2月到5月，共录制了九段采访，长短不一。有一次，录音机磁带突然烧焦，烧毁了一段采访，这让采访者非常痛心，但是赵先生保持了他惯常的处乱不惊。（《赵元任传》，第27页）

虽然赵元任学术声望如日中天，但是1974年8月16日赵元任在给"五哥"的信中提及了他在美经济拮据的情形：

提到经济一层，在美之人个个困难。生活程度日日上涨，而拿薪水过日子的人们真是难过活。加之我已退休了好久更不用说了。我们本想今秋再回国一趟，又因须到东部Cornell母校毕业六十周年同学会，用钱不亚于回国一趟，所以今年不能再走，须得明年再说了。幸上次在国内旅费皆由公家出的，我们勉强混过。在旅馆留人吃饭，因回国第一目的就是看朋友们，若是归公家出，连朋友都不能久坐了，给我们回来的目的都去掉了，所以人家以为我们阔的不得了。

在美几十年除教养四女成人外,一无所有,只留下两所房子,一个自己住,一个租钱足够付地租,还不大够,其余均糊口而已。韵卿这大岁数还是一天到晚忙家务和院子,她一天到晚怨我误了她一生的事业,做此无聊的事。不过在美国只得如此,教书匠哪能用人呢?我们常有意外事时幸有两女及女婿帮助。

赵元任的这一段话真实地反映了他的生活状况。在世人眼里,他有辉煌的一生和一个幸福美满的家庭,养了四个卓越出色的女儿,为世人羡慕。但在那个年代,美国大学里教授退休收入很少,除了社会保险金外,就是自己的存款。所以,他的晚年退休生活并不富裕,但他给中美学界留下了大量学术财富和知识遗产。值得一提的是,虽然晚年经济拮据,赵元任夫妇生前却立下了遗嘱,去世后,把他们的住房捐给学校,骨灰撒向大海,此乃一代宗师之情怀也!

1975年,美国国际大学教授安瓦尔·S.迪尔(Anwar S. Dil)来访,代表巴基斯坦语言学研究组(Linguistic Research Group of Pakistan,简称LRGP)商洽编辑出版赵元任语言学论文集,作为"语言科学及国家发展系列丛书"(Language Science and National Development Series)第九卷。双方在书名、选目、分类等问题上反复沟通,赵元任亲自修改相关论文并补充有关通字方案的文章、撰写书跋。整个工作持续一年有余,最终于1976年由斯坦福大学出版社出版,书名《赵元任中国社会语言学论文集》(Aspects of Chinese Sociolinguistics, Essays by Yuen Ren Chao),全书共收录论文26篇,分四部分,即"中国的语言和方言：多样性和统一性"（Chinese Language and Dialects：Divergence and Unification），"语言之间的关联探索"（Interlingual Perspectives），"哲学观点"（Philosophical Perspectives）和"结构观点"（Structural Perspectives），其中《汉语初探》（"A Preliminary Sketch of General Chinese"）等是首次发表。①

1978 年，赵元任、杨步伟结婚 57 周年。10 月 22 日的《时报周刊》登载《敦厚与健谈的结合——赵元任、杨步伟伉俪结缡五十七年》一文（作者邱秀文）。1979 年年初，赵元任准备再次回国探亲，并着手办理相关手续。2 月 2 日，赵新那函告她在赵如兰、卞学璜鼓动下，准备申请来美国探亲。此时距赵新那夫妇回国已 32 年了。在此之后至 9 月赵新那到美国的这段时间里，赵元任与赵新那夫妇频繁通信，他十分盼望女儿的到来。那年赵新那终于来到了美国与父母团聚。她后来在回忆这次团聚的信中写道（1980 年 4 月 30 日赵新那写给父母的信。回忆当年探亲时光）：

每收到你们来信，就想到在 Berkeley 和你们的一段生活。闭上眼，就看见你们，早上吃 $6\frac{1}{2}$ 分鸡子儿，Daddy Mommy 分一

---

① 《赵元任著作目录》第 40 页谓"My Linguistic Autobiography"和"A Preliminary Sketch of General Chinese"两篇此前未曾发表。但实际上，1971 年《史语所集刊》（43 期，第 303—317 页）刊载过中文版《我的语言自传》。另外，1976 年斯坦福大学出版社春季书单介绍此书时称该书共收录 22 篇论文，其中有 4 篇此前未曾发表。1976 年 5 月《亚洲研究杂志》（Journal of Asian Studies）上则说收录论文 24 篇，其中有 5 篇未曾发表，分别是 "My Linguistic Autobiography" "The Socio-Political Overtones of Chinese Place Names" "Chinese Tones and English Stress" "Rhythm and Structure in Chinese Word Conceptions" "A Preliminary Sketch of General Chinese"。

片面包，一个人 2/5，一人 3/5，到 Downtown 走 4 个 block 的 walk，星期六吃烧饼油条，星期日到 His Lordship，Euclid-Enriel 角停车寄信，天气好去 Chinatown 吃 roast beef，Sunset 赶到海湾看日落……

这段话生动地描述了赵元任夫妇人生最后一段的生活。伯克利湾区是个十分宜居的地方。赵元任夫妇在这里度过了幸福晚年。他们两人形影不离，经常在伯克利校园里散步，共享人生最后的时光。他们每逢周日最喜欢做的事的是去海边一个叫作 His Lordship 的餐厅，从这里可以看到浩瀚的太平洋海湾和著名的美国地标金门大桥，那里的周日西式自助餐非常有名。附近的奥克兰市的中国城也是赵元任夫妇周末常去的地方，这里的粤式烧烤店和粥店有可口的饭菜。到了晚上，他们也一起去伯克利海湾欣赏落日和晚霞。这都是伯克利的华人学者共有的经历。本文作者和太太如今每周也经常做同样的事情，可见人同此心。可惜的是 His Lordship 餐厅因为生意竞争激烈于 2018 年 7 月 1 日在经营了 50 年后永久关门停业了。

1981 年 3 月 1 日赵元任的妻子杨步伟逝世，享年 92 岁。夫人去世后，赵元任没有消沉，他仍然计划继续他的学术研究，并开始写他的常州方言变调的论文。最为可贵的是这年 5 月 14 日至 6 月 14 日，年迈体弱的赵元任再次访问中国，先后到访了社会科学院、北京大学、清华大学、中国音协、中央音乐学院、江苏社科院、上海音乐学院等机构，会见了众多学界知名人士。他还回了一趟老家常州青果巷，看了他小时候住过的房子。接着他又去了趟清华大学，到老南院

1号旧居转了一转。6月5日国家领导人邓小平在人民大会堂接见了赵元任及家属,对赵元任不顾89岁的高龄再次回来表示欢迎。6月10日,赵元任还接受了北京大学授予的名誉教授的称号。6月13日,在离开中国之前,赵元任对在国内工作的二女儿新那说他明年还会回来。可见赵元任先生在生命最后的时期仍然有浓浓的思乡之情,对祖国和亲人怀有无尽的眷念。但这一次赵元任却是和女儿新那的永别。次年2月24日,赵元任在哈佛剑桥去世了,享年90岁。他走完了他灿烂而富有传奇的一生。

从赵元任的一生,我可以归纳出以下几点:他一生不谈主义,只谈学问,不吹嘘,不张狂,爱家人,爱中国、也爱美国,超越党派、超越政治。他是中西方学界皆为敬仰的学者,不愧为一位文明的使者。我有幸参加整理"赵元任档案",为之而无比欣慰。

著名语言学家陈原先生在2002年出版的《赵元任全集》序中说道:"西方一位历史学家说,世人带着希望和恐惧跨进20世纪,可是赵元任先生进入20世纪时才九岁,他没有一丝恐惧,倒是满怀着无穷的希望和活力跨进20世纪。这希望和这活力,贯串了他的一生。他不知疲倦地学习,他不知疲倦地工作,他随时随地都能找到学习和工作的机会;而与此同时,他尽情地享受着生活的乐趣和幸福,他也尽情地享受着工作的乐趣和幸福,并且让他的亲人甚至他的朋友们感受到这种生的乐趣——'唯有生命之树常青!'歌德的箴言在先生身上表露得最淋漓尽致。他衷心关怀着、关爱着他的亲人,他真诚地关心受苦受难的众人的遭遇和命运,人的尊严,独立的人格,自由的思想,一句话,所有人文精神都是赵元任先生始终坚持的品德。他不愿意自己多灾多难的民族沉沦为类似'印第安人居留地'那样的国土。他不是社会改革家，他甚至不是他的好友胡适那样自觉地参政、议政、从政的社会活动家，他只不过是一个人文学者，一个平凡的人文学者，他一心向往着一种平静的、淡泊的、与世无争的生活方式和宽松的能够平等地相互切磋的学术环境。他爱的是书，是音乐，是图画，是科学，是语言，是文字，是美，是一切美好的精神产品，当然，他爱人，爱寻常的善良的普通人，爱人的高尚品格。"我且谨用陈原先生这段精彩评论结尾。

1957年甄选台湾"中研院"院长风波[①]
——从赵元任的几封信说起

"中研院"[②]是民国时期最高国家级别学术机关,迁至台湾后亦扮演着台湾地区最高学术机构的角色。自其成立以来,学术与政治一直相互纠葛,历任院长的选任是这两种力量相互争竞的角力场,风波不断。1957年8月4日,蒋介石夫妇突访"中研院",院方接待不周,院长朱家骅被迫引咎辞职,海内震惊。此后数月之内,围绕新任院长的选任,各方势力明争暗斗,直至当年底胡适同意接任,方才尘埃落定。这段历史过去鲜少有人关注。本文以赵元任档案中的相关信件为基础,勾稽相关史实,还原具体过程,并考察赵元任等人在此过程中为捍卫学术自由、排拒政治干预的态度和为之所作的努力,以此管窥当时台湾地区的学术与政治的复杂生态。

民国时期中央研究院的创立是中国现代学术发展史上的大事。中研院承担着"实行科学研究"和"指导、联络、奖励学术研究"的重

[①] 本文由笔者与蔡宏恩合作完成,特此说明。
[②] "中研院"原为中华民国大学院的直辖机构,1928年4月10日南京国民政府颁布《修正国立中央研究院组织条例》,改为"国立中央研究院",成为直接隶属于国民政府的学术机关。

任。[1] 1949年国民党败退台湾后，"中研院"部分机构和人员亦随之迁往台湾，逐渐成为台湾地区的最高学术机关。近百年来，"中研院"在中国学术研究职业化、体制化、现代化的过程中起着深远的影响。

由于"中研院"的突出成绩和重要影响，其院史一直是学界研究的重点，研究成果不断涌现，基本涵盖了建院以来之重要事件、重要人物，及其创设过程[2]、组织制度[3]、第二任院长选任[4]、第一次院士选举[5]及蔡元培、朱家骅等与"中研院"之关系[6]等方面创获尤丰。但由于档案方面的原因[7]，以往的研究多集中于1949年以前。因此，学界对1958年院长风波未能予以足够的关注。目前作者所见对此问题较为深入的研究当属台湾学者黄丽安《朱家骅与"中央研究院"》（台湾"国史馆"印行，2000年）、陶英惠《典型在夙昔——追怀

---

[1] 《国立中央研究院组织法》（1928年11月9日颁布），见《国立中研研究院总报告（民国十七年度）》，第1页。

[2] 如林文照《"中央研究院"的筹备经过》（《中国科技史料》1988年第2期）等。

[3] 如孔庆泰《前中央研究院的组织机构和重要制度》（《历史档案》1984年第3期）、张剑《中国学术评议空间的开创——以中央研究院评议会为中心》（《史林》2005年第6期）等。

[4] 如樊洪业《中央研究院院长的任命与选举》（《中国科技史料》1990年第4期）、张剑《1940年的中央研究院院长选举》（《档案与史学》1999年第2期）、王扬宗《中央研究院首届评议会1940年会与院长选举》（《中国科技史杂志》2009年第4期）、张剑《学术独立及其限度——1940年中央研究院院长的选举与任命再探》（《华东师范大学学报（哲学社会科学版）》，2016年第6期）等。

[5] 如樊洪业《前中央研究院的创立及其首届院士选举》（《近代史研究》1990年第3期）、王春南《民国时期中央研究院院士选举》（《历史档案》1991年第3期）、郭金海《1948年中央研究院第一届院士的选举》（《自然科学史研究》2006年第1期）等。

[6] 如陶英惠《蔡元培与中央研究院》（《"中央研究院"近代史研究所集刊》1976年第5期），黄丽安《朱家骅与"中央研究院"》（台湾"国史馆"印行，2010年）。

[7] "中研院"1949年前部分档案现藏中国第二历史档案馆，1949年以后的档案则在台湾。

"中央研究院"六位已故院长（上）》（台北：秀威资讯科技，2007年）。作者在整理赵元任档案[①]的过程中，发现了与此事件相关的书信数通，当为前所未见，不仅有助于我们了解事件始末，而且是我们观察当时"中研院"与政府当局双向互动的生动案例。

（一）不速之客：蒋介石到访"中研院"

1957年8月4日傍晚，蒋介石夫妇突然到访位于台北南港的"中研院"，引发了震惊海内外的院长风波。此事发生后，胡适的某学生收到朱家骅随侍人员的两封密信，信末落款日期分别为8月23日、9月17日（以下称"8月23日信""9月17日信"），当时人在美国的胡适看过此信后于10月3日夜晚将信转给赵元任[②]，其中8月23日信中写到蒋夫妇在8月4日傍晚访"中研院"郊游，"时因假日，且已薄暮，各所人员多已不在工作室，其在工作室看书者，因天气炎热，衣冠不整，且事先未得通告"，无人招待蒋，等到石璋如等闻讯整理服装趋至园中时，蒋已在园中散步数分钟，后登车离去。

此事发生时朱家骅在台中谷关山居修养，相关情况是由胡颂平（朱家骅秘书）写信相告。当日之情况，当事人之一石璋如后来在口述访谈中讲述得更加具体：8月4日星期六，下午五点多，蒋介石"突然偕同蒋夫人、带着随扈来到院里，大概是要找朱家骅院长的麻

---

① 现藏美国加州大学伯克利分校班克罗夫特档案馆（Bancroft Library）。
② 这两封信的收信人和写信人均被涂抹。从信的内容看，写信人同朱家骅关系密切，事发之时正陪朱在谷关山居修养，一直到9月4日朱下山为止。据信中所讲，这两封信写好后因"恐遇邮检"，未能及时发出，是托朋友寄出来的，信末还特意嘱咐收信人"阅后即焚毁"，若复信"请不必真提此事，更不必有所批评，以防检查也"。胡适在10月3日给赵元任的信中也说这两封信极为机密。信见赵元任档案第14箱第37文件夹。

烦，蒋一行人抵院时，院方已经下班了，多处门房深锁，卫队直接到所上，就碰到还没回家的严耕望先生，严先生先请一行人至会议室暂坐，随即来找我告知上事，我才刚到家脱下衣服，马上穿回衣服出来"，然而，只看见蒋一行人出所的背影，"无法对他们有所招待，谁知道这样就出错了"。①

此乃事后回忆，虽有错漏之处（如1957年8月4日应是星期日而非星期六），但两相结合，当日蒋介石夫妇莅临"中研院"的情形可大体明了。

不论蒋介石是故意"要找朱家骅院长的麻烦"，还是不经意过访"中研院"，当日情形都引起了蒋的强烈不满。据8月23日信，8月6日，蒋介石下发"手谕"（"中研院"于8日收悉），谓"中研院"对20万美金补助费②运用有不当之处，责令"将国内外款项冻存，已用未用全部款项具报"。朱家骅得知后"深为骇异"，立即将此款的拨付、管理、运用情况详细呈报。但事情并未就此完结。8月21日，蒋介石在某会上公开谈及"中研院"事，"大为震怒"，略云：假日赴南港研究院，空无一人，且自南港镇到该院之马路亦不修好（此段路约一公里半，原为沙土路面，在院士会议时，蒋对院址甚感兴趣，对此段路已表不满，曾敕省府改修柏油路，迄未修妥）。20万美金用途不当，应即追回。"中研院"一向如此作风，到台湾后各种事业皆

---

① 石璋如口述，陈存恭等记录：《石璋如先生访问记录》，台湾"中研院"史语所印行，2002年，第374—375页。

② 据8月23日信，本年初，蒋批准拨付中研院20万美金作增设化学、动物、经济等研究所之用，但当时"中研院"因购买场地、建筑房舍、招聘员工、购买设备等"需款甚急"，不得已先行挪用，拟于政府拨款到账后即行归还。

有进步，只有"中研院"还是老作风，一无进步，照这样下去，前途无望，你们要转告朱骝先大加改革。（8月23日信）

仅从字面上看，蒋介石对中研院不满之事有四：一，8月4日到访时院中无人；二，责令改修的马路未修；三，专项经费使用不当；四，作风不正，迁台后无所成就。除对"中研院"不满外，蒋还对主事的朱家骅大加指责，骂其为"学阀"。（9月17日信）实际上，前两个问题事出有因且无关宏旨，难以苛责。作风不正、成绩惨淡，则难以令人信服。"中研院"随国民党撤退台湾时，仅历史语言、数学两所随行，在台院士不足十人（姜立夫到台不久即回到大陆，傅斯年1950年去世，胡适常年在美国），且在台初期，经费紧张，复兴艰难，但在朱家骅的主持下，"中研院"已经逐步步入正轨，各研究所正图恢复，研究工作渐有起色，若说"一无进步"，实属无稽之谈。蒋介石必定对此了然于胸，要想坐实罪责，唯有紧抓经费问题不放。因此，8月25日前后，蒋介石在收到朱家骅关于经费问题的报告后，又下了一道"极严厉"的"手谕"，将此事上升到了法律的高度，命"行政院长"俞国钧查明真相，略谓：该院任意移用公款，是否触犯公库法，应负何种法律责任，着俞国钧查报，该款限于一周内追回，该院何以任意动用外汇，是否设立管理机构，亦应查明。（9月17日信）

朱家骅受此牵累，于8月20日递交辞呈，但一直未获批复。9月4日，朱从谷关下山返回台北后拜访了"总统府秘书长"张群（岳军），请其向蒋介石"婉达辞意"。9月7日，张群以秘书长名义致函"中研院"总干事杨树人，告以朱之辞呈已经核准，请其组织召开临时评议会,推举继任院长候选人。① 至此,当了18年代理院长的朱家骅正式退出了"中研院"的权力中心。

至于蒋介石动怒、朱家骅获罪的原因,数十年来众说纷纭,主要有:一,蒋介石对朱在其下野期间与李宗仁合作之事心存芥蒂②;二,朱家骅自德国战败后失宠③;三,朱家骅主持的中英文教基金董事会(原管理中英庚款董事会)将庚款用于"中研院"招致不满④;四,政府方面属意他人(其中一说为政府欲借此安排旅美的胡适)。⑤前二说似难以成立,若蒋介石要因此逼迫朱去职,断然不必等到数年之后。再者,中英文教基金董事会虽拨付了20万美金予"中研院",但朱在1956年就卸任了该会董事长一职,似也难以归因于此。时至今日,院长风波发生的真正原因似已难以确知,但蒋介石夫妇的突然到访无疑是引发此次风波的导火索。

(二)"不相干的势力":院长选举背后的较量

朱家骅辞职获准后,继任院长的选任就成为首先需要解决的问题。9月7日,张群函请杨树人组织召开临时评议会,选举院长候选人。按"中研院"评议会《条例》规定,"院长辞职或出缺时,(由评

---

① 引自"中研院"《评议会密函》,赵元任档案第14箱第37文件夹。
② 石璋如引述当时人的看法,见石璋如口述、陈存恭等记录:《石璋如先生访问记录》,第375页。
③ 见陶英惠:《典型在夙昔——追怀"中央研究院"六位已故院长(上)》,台北秀威资讯科技2007年版,第160页。
④ 杨树人:《"中央研究院"最近的十年》,《大陆杂志》第16卷第7期,第4—12页。
⑤ 陶英惠:《典型在夙昔——追怀"中央研究院"六位已故院长(上)》,第159页;石璋如口述、陈存恭等记录:《石璋如先生访问记录》,第375页。

议会）选举院长候补人三人"，再呈请政府遴任。① 从《条例》可以看出，院长选任是"中研院"和政府双方的事，即评议会有推选权而无任命权，政府有任命权但不能随意指派，两者相互平衡和制约。但即便如此，除首任院长蔡元培未经选举而由政府直接任命外，在第二任、第三任院长的选任问题上，双方都产生了不小的矛盾和冲突。

据胡适当年10月22日日记载，"此次骝先辞职，实等于被迫去职。海外有六个评议员，都很愤慨"②。赵元任作为"中研院"院士、评议员，又与当事人朱家骅私交甚密，自不例外。赵元任在10月15日给汪敬熙（缉斋）的信中写道："骝公为院尽力这么些年下来竟等于被迫辞职，真令人不平。"更让评议员们不安的是，有"不相干的势力"③干预选举。所谓"不相干的势力"自然指政府当局。9月17日胡适转来的密信中写道："到底选何人，杨兄未得通知（照理为自由选举，事实上恐难办到）。一般推测，为自由选举，适之先生必膺选……如就政治上安排计，张晓峰亦有被提出（非选出）可能"，但选举恐不易勉强，万一此公接任，"中研院"以后一切，"将不堪设想矣"。

张晓峰，即张其昀，时任国民党中央委员、"教育部部长"、"中研院"评议员。事实证明，密信所言不虚。胡适在1957年12月15日给赵元任的信中谈到了当时选举的情形：

---

① 《国立中央研究院评议会条例》（1935年5月27日公布，1943年11月17日、1947年8月13日修订）。
② 曹伯言整理：《胡适日记全编》第八册，安徽教育出版社，2001年，第499页。"六个海外评议员"为胡适、赵元任、林可胜、李书华、汪敬熙、陈省身。
③ 1957年10月16日赵元任至李书华信，赵元任档案第14箱第37文件夹。

月涵说，在选举之前，真有人为张君"拉票"，连月涵都在被拉之列。前三次投票实都是李润章九票、张晓峰八票，到第四次投票，月涵觉得，投了三次的"客气"票，够"客气"了，才投润章一票，才够十票！这是我没有想到的 risk 的程度！①

杨树人在《胡适之书信一束（上）》一文中亦写道，据"总统府"黄伯度局长面告，有人认为"中研院"直属"总统府"，"总统"有权特派大员"整理"研究院，而且这个"大员"已经是呼之欲出了。②

为了防止"不相干的势力抓权"，选出合适的候选人，以赵元任为代表的评议员在评议会正式召开前的一个月时间里悉心筹划、积极联络。10 月 15 日、16 日，赵元任在给汪敬熙、李书华（润章）、陈省身、林可胜（Robert K. S. Lim）的信中写道："听说这次有不相干的势力谋这事，为防止这个可能，咱们不得不有点积极的准备。"③ 据赵元任日记，10 月中上旬，赵元任多次就此问题与胡适、李济、钱思亮、芮逸夫、李书华、林可胜、陈省身、汪敬熙等商量对策，或面商，或电商，或函商，如：

10 月 6 日，晚上与芮逸夫商讨院长候选人事宜。

---

① 见赵元任档第 4 箱第 75 文件夹。
② 杨树人：《胡适之书信一束（上）》，《中外杂志》第 42 卷第 2 期，第 17 页。
③ 此四信中，致汪敬熙、李书华、陈省身者为中文，致林可胜者为英文，各信遣词造句上有些微差别，但主旨、内容相差无几。此处所引为赵致汪敬熙信。见赵元任档案第 14 箱第 37 文件夹。

10月11日，晚上与李济、芮逸夫商讨院长选举事宜，至凌晨1点。

10月13日，上午胡适两次来电，商谈院长选举事宜。晚上又同钱思亮、芮逸夫商讨。

10月15日，晚上写信请杨树人代为投票。

10月16日，就院长选举事宜致信李书华、陈省身、林可胜、胡适。[①]

当时的问题主要有两个，一是提名候选人，二是委托投票。按选举章程，三名院长候选人由评议员具名投票选举产生，每人得票均需过半，如第一次投票未满三人得票过半，则就其中得票数多但未过半者进行第二轮投票，以此类推，直至选出三名候选人为止；因故不能参加选举的评议员需委托一名在场评议员代为投票，每名在场评议员只能代表一人。因此，为了确保选出三名合适的候选人，必须提名三至五人，且要采取合理的投票策略。为此，约在10月13日，经与胡适、李济、钱思亮、芮逸夫等人反复商量后，确定了海外六名评议员的提名人选和委托投票方案，并在15日、16日以书信方式将详细方案告知汪敬熙、胡适、李书华、林可胜、陈省身。赵元任在给汪敬熙的信中写道：

现在咱们的步骤是劝 like-minded 评议员一致推三五个人，必须使其中无论哪三位当选或被圈都行，这样才可以防止不合

[①] 日记见赵元任档案第33箱第15文件夹，原为英文（每页左侧有中文摘要），此为本文作者节译，下同。

适的人当选或被圈的可能。

因为是具名投票,自己不便提自己做院长,所以不能以三名为限。

具体候选人则以胡适、朱家骅、李济、李书华、王世杰五人为限。赵元任在给陈省身的信中说:

至于候选人的人选,我们都想适之最有力量压得住不相干的势力,且大有被圈的机会(他虽不便"同意"但并不太推辞)。骝公虽已辞职,他这次差不多是被迫辞职,我们都很不平,只是为了顾及研院前途不得不继续参加投票表示我们的立场,我们应该投骝公一票。此外可以加李济作为三人之一或其他无党化意味者,例如李书华或王世杰。

无论是因"最有力量压得住不相干的势力"而选胡适,还是为"表明立场"而选朱家骅,还是因"无党化意味"而选李济、李书华、王世杰,最终目的都是为了最大限度地排除政治干扰,维护"中研院"独立、自主的地位。

由于六名在美评议员无法亲自投票,故需委托在台评议员代理。赵元任在给各海外评议员的信中详细说明了委托代理方案,并代为拟定了委托书,具体委托方案为:

凡在美不能回国的几位评议员,按下拟委托表委托代表:赵元任托杨树人;汪敬熙托钱思亮;陈省身托梅贻琦;李书华托李先闻；林可胜托李济；胡适托王世杰。

如所拟受托人已受他人之托，则按下列次序递托，例如杨树人如已允代他人，则赵元任依次托钱思亮、梅贻琦、李先闻、李济、王世杰作为 2nd、3rd……、6th choice。同样，汪敬熙所托之钱思亮如已接受他人之托（in fact he hasn't），则以梅、李、王、杨为 2nd、3rd……、6th choice，这样循环。①

在信中，赵元任还向各评议员强调了此事的重要性，如在给汪敬熙的信中写道：

> 现在这局面实在是非常"微妙"。本来你我咱们都是睡惯了象牙塔里的象牙床了，懒得再管几万里外的闲事了，可是也许差这一两票，对于研究院就有生死的关系，即使只有"万一"的可能性（.01 of 1%），也是个可怕的责任，所以咱们这阵子无论人多么忙，无论心多么乱，这件委托投票的事，最好在一半天之内就办了它。②

赵元任 10 月 15 日晚致信杨树人，请其代为投票，并明确说明投票只以胡适、朱家骅、李济、李书华、王世杰五人为限（第一次投胡适、朱家骅、李济），如"竞选人名在此之外，则本人弃权，仅投二票、一票、或零票"。③

---

① 10 月 15 日致汪敬熙信，见赵元任档案第 14 箱第 37 文件夹。
② 同上。
③ 见赵元任档案第 14 箱第 37 文件夹。

由于事关重大，为了防止节外生枝，赵元任在得知陈省身有意辞任评议员后，于10月16日致信陈省身，晓以利害，请其"打消辞意"，并和钱思亮商定，待钱回台湾后设法出具挽留信，使陈得以继续保留评议员身份和权利，并希望陈将院长选举之事作为第一要务。①

根据当时的情况，此番筹谋和安排确是非常必要的。当时具有投票资格的评议员只有25人②，参与此次联合行动的志趣相同者至少有8人（6名海外评议员和钱思亮、李济），若加上各自的受托人，则已近半数，能对选举结果产生实质性的影响。11月3日，临时评议会召开，经过三次投票，选举产生胡适、李济、李书华三名候选人。③11月4日，蒋介石任命胡适为"中研院"第三任院长。④

（三）从恳辞到接任：风波中的变数

选任结果公布后，胡适并未如赵元任认为的那样"虽不便同意但似不太推辞"，他以病体未复为由，一再恳辞。11月4日，蒋介石签发"总统令"选定胡适为新任院长，并发电令其尽快回台湾主持院

---

① 见赵元任档案第14箱第37文件夹。
② 第三届评议员共53名，排除留在大陆和已去世的28位，还剩25位，分别是陈省身、董作宾、郭廷以、胡适、李济、李书华、李先闻、梁序穆、林可胜、林致平、凌纯声、凌鸿勋、梅贻琦、潘贯、钱思亮、汪敬熙、王宠惠、王世杰、魏嵒寿、杨树人、姚从吾、张其昀、赵连芳、赵元任、朱家骅。
③ 1957年11月6日"中研院"《评议会函》（发文［46］台建字第1166号），见赵元任档案第14箱第37文件夹。
④ 1957年1月4日"中研院"函（［47］台成秘字第143号），见赵元任档案第14箱第37文件夹。

务。① 胡适当即致电钱思亮，请其和朱家骅代为恳辞。② 6日，胡适复电蒋介石，以健康为由再次请辞，并推荐李济代替自己，"因适之今年二月施外科手术以来，体力迄未恢复，八、九、十三个月中五次发高烧，检查不出病因，唯最后一次是肺炎，亦由抵抗力弱之故，尚须请专家检验。最近期中恐不能回国"。故不敢接受"中研院长"的重任。"李济之兄始终主持安阳发掘研究工作，负国际学界重望，顷年继任历史语言所长，百废俱举，最可佩服。"深盼蒋介石能"遴选济之兄继任院长"。③

11月9日，蒋介石复电，加以慰留，谓"中研院""仍赖出而领导"④。经过慎重考虑，12月6日，胡适回电，不再坚辞，请其任命李济暂行代理院务，使自己可以遵守蒋介石电嘱，"安心调养，早日回国就职"。⑤ 12月12日，蒋介石复电表示同意⑥，并签发"总统令"，命李济暂行代理院务⑦。1958年1月11日，"中研院"举行新旧院长

---

① 关于蒋介石电促胡适接任"中研院"长报道，见台北《"中央"日报》1957年11月6日。
② 胡颂平编著：《胡适之先生年谱长编初稿》第七册，台北联经出版事业公司1984年版，第2612页。
③ 转引自胡颂平编著：《胡适之先生年谱长编初稿》第七册，第2613页。原件现存胡适纪念馆。
④ 同上。
⑤ 1957年12月15日胡适致赵元任信，见赵元任档案第14箱第37文件夹。信中说："这两电里，中文'早日回国'之下加'就职'二字，英文有'pending my return'三字，都等于说'我不辞院长之职了，但在我回国之前，请您任命李济先生代理院长'。"实际上，据赵元任日记，11月12日晚，赵致电胡适，劝其接任，胡适同意了。日记见赵元任档案第33箱第15文件夹。
⑥ 同上。
⑦ 1957年1月4日"中研院"函（[47]台成秘字第143号），见赵元任档案第14箱第37文件夹。

交接仪式。4月10日,胡适正式到院主持院务。

实际上,胡适早就有回台湾的想法,且以"中研院"为理想去处。他在给赵元任的信中多次提及回台湾的事情,如在1956年7月26日信中写道:

> 这大半年来所谓"围剿《自由中国》半月刊"事件,其中受"围剿"的一个人,就是我。所以我当初决定要回去,实在是为此。(至少这是我不能不回去的一个理由。)
>
> 我的看法是,我有一个责任,可能留在国内比留在国外更重要——可能留在国内或者可以使人"take me more seriously"。[1]

胡适又于1956年11月18日在给赵元任夫妇的信中写道:"昨晚在汽车上你们谈关于我的将来的话,我很感激你们对我的关切,但我有一些话,昨晚没有能够说明白,所以我今晚补写一封短信。我昨晚听你们说元任曾向 U. C.[2] 的秉先生提起我将来能否重来 U. C. 的问题。我盼望你们不要向 U. C. 重提此问题",而胡适的计划是要在台中或台北郊外的南港("中研院"所在地)"寻一所房子为久居之计"。"不管别人欢迎不欢迎,讨厌不讨厌,我在台湾是要住下去的。(我也知道一定有人不欢迎我长住下去。)思亮兄给我预备的房子太大了,我决定不要。"胡适的想法是向"中研院"借一块地,自己出钱盖一所房子,十年或十五年之后,房子归研究院所有。"这样可以为其他

---

[1] 胡颂平编著:《胡适之先生年谱长编初稿》第七册,第2594页。
[2] U. C. 即加州大学。

院士开一先例，将来在南港可以造起一个院士住宅的聚落。史语所的书籍（一九四六年我两次在南京用过）于我最适用，比国外任何地方的书籍都更适用。有特殊需要时，可以向国外买microfilm。更要紧的是年青的助手，在台北比较容易收'徒弟'，由我自己训练，帮我做点事。"在这封信中胡适还写道：

> 我在今年初——也许是去年尾——曾有信给元任说明为什么我这几年总不愿在美国大学寻较长期的教书的事。我记得我说的是：第一，外国学者弄中国学术的，总不免有点怕我们，我们大可以不必在他们手里讨饭吃或抢饭吃。第二，在许多大学里主持东方学的人，他们的政治倾向往往同我有点"隔教"，他们虽然不便明白说，我自己应该"知趣"一点，不要叫他们为难。（以下两点是今天加上的。）第三，我老了，已到了"退休"的年纪，我有一点小积蓄，在美国只够坐吃两三年，在台北或台中可以够我坐吃十年而有余。第四，我诚心感觉我有在台湾居住工作的必要。其中一件事是印行我先父的《年谱》和《日记》全部；第二件事是完成我自己的两三部大书。①

从以上两信可知，胡适回台湾的决心是很坚定的，原因也是多方面的。他和赵元任一生交往甚密，情同手足，信中所言应该属实。那么，他既然有回台的计划，并有意在"中研院"定居工作，那么，接任"中研院"院长本是一个难得的机会，为何一再恳辞呢？除了身体

---

① 见赵元任档案第4箱第74文件夹。

原因之外，首要原因可能是他认为临时评议会的选举已将"不相干的势力"排除在外，低估了改选他人的风险。他最终决定接任院长，也是重新评估了这种风险。他在1957年12月15日给赵元任的信中提及两个"没有想到的risk"：

> 我起初只知道评议会的选举，共投了四次票，才选出第三人，润章得十票，张其昀得七票落选。月涵说，在选举之前，真有人为张君"拉票"，连月涵都在被拉之列。前三次投票时都是李润章九票、张晓峰八票，（还有两票，可能是骝先？）到第四次投票，月涵觉得，投了三次的"客气"票，够"客气"了，才投润章一票，才够十票！这是我没有想到的risk的程度！
>
> 月涵还说，"如果你（我）不就，济之和润章都不会就，结果是评议会得召开第二次选举会，那时的可能的候选人，你当然不用猜了。"这更是我没有想到的risk！①

此外，按胡适此前的计划，回台湾的重要工作是著书立说，完成"自己的两三部大书"，自然不想公务缠身。因此，胡适在决定接任院长后，无论公私场合，谈到个人工作计划时的重心都在著述方面。如在1958年1月11日给陈之藩的信中写道：

> 我的打算回去，是因为我今年六十六岁了。应该安定下来，

---

① 见赵元任档案第4箱第75文件夹。

利用南港史语所的藏书，把几部未完的书写出来。多年不写文字了，笔下生涩得很！在自由世界里，南港的书最合我用。①

又如，在4月9日晚答记者问时，胡适说道：

> 我希望能有两三年的安静生活，当可将未完成的《中国思想史》全部完成，然后再写一部英文本的《中国思想史》，接着要写《中国白话文学史》的下册。②

综上，胡适有回台定居工作的计划却一再辞任院长之职，绝大程度上是从个人角度考虑，而最终同意接任，则多是为"中研院"前途着想。这种从恳辞到接受任命的转变，是反复权衡公私利益之后的结果。

"中研院"从创设之初即隶属于政府，院长需由政府任命，经费多靠政府拨发，独立和自由是有限度的，且经常受到政府当局的限制和冲击。其中，院长选任是最能体现"中研院"和政府当局互动的焦点。1957年的院长风波即是生动的案例，是政治干预的典型代表和直接后果。在此过程中，以赵元任、胡适等为代表的海外评议员为朱家骅的被迫辞职而愤愤不平，因政治势力干预院长选举而忧心忡忡，最终通过精心筹谋，合理运用规则，终于使得院长选任得人，胡适当选上任，翻开历史新的一页。

---

① 胡颂平编著：《胡适之先生年谱长编初稿》第七册，第2632页。
② 同上书，第2658页。

《文汇报》2016年6月17日有关赵元任的访谈选录

（1）《文汇报》：现存伯克利大学的赵元任档案包含哪些形式？总数量大约有多少？是他哪些人生阶段的档案？

周欣平：赵元任先生毕生注重收集和保存资料，有片纸不丢的习惯。他的档案，一页是一件，共有12万件左右，分装38箱保存，集中保存了他终身积累的资料和撰写的文献原文。这些档案覆盖了19世纪末到1982年这一漫长的时间段，是研究近代中国学术发展非常重要的档案。档案大体可分为六大类，包括日记、文书、手稿存集、讲演授课资料集、私人札记、来往书信。

赵元任档案中还包括大量重要文书，主要与清华国学院、"中研院"、康奈尔大学、哈佛大学、耶鲁大学、加州大学伯克利分校、美国语言学学会和美国东方学会有关。比如，有一份1941年哈佛燕京学社首任社长叶理绥（Serge Elisséeff）任命赵元任为中文研究教授的文件，年薪6千美元；还有一份1946年清华大学校长梅贻琦给赵元任的任命函，聘他为语言人类学系的教授，聘期一年，薪水是每月国币600元。赵元任1925年被聘为清华国学研究院的"四大导师"之一。清华国学院是民国时期一个重要学术机构，培养了大批20世纪著名学者。1929年，赵元任担任中央研究院历史语言研究所语言组主任。1938年至1946年他在美国夏威夷大学、耶鲁大学和哈佛大学教书。1947年他来到旧金山，在加州大学伯克利分校任教达16年，度过了他学术生涯中最辉煌的一段时期。因此，这些文书中，除了大量的个人信件、笔记、文书以外，有关中央研究院历史语言研究所成立初期的文件、清华国学院的教授档案、美国语言学学会和美国东方学会的工作档案等也都是比较重要的原始档案。赵元任学术研究工作的原始手稿、讲课授课资料和札记是档案的重要组成部分，其中有他的论文手稿，也有他编写的国语教材的手稿等等。

另外，赵元任档案中有大量重要的私人信件，包括他与许多20世纪中国学术史上重要人物的来往信函。我们从中可以了解赵元任和其他学者之间的交流和往来，如胡适、傅斯年、李方桂、杨联陞、李济、陈世骧、梅贻琦、钱思亮、裘开明等人。这些书信很能反映这一批在20世纪不同阶段往来于东西方之间的学界名人的生活状况和内心世界，也可以一窥赵元任先生的学术涵养和人格。

（2）《文汇报》：你对赵元任的学术地位有什么看法，另外这批档案又是如何留在伯克利的？

周欣平：赵元任是著名语言学家，被称作是"中国语言学之父"，是一位很值得研究的学者。他和清华国学院其他三位导师不同之处在于，梁启超、陈寅恪和王国维主要是研究中国历史和思想文化的，而他却是研究现代语言学的。我个人认为这从某种程度上反映了当时清华国学院建立时相关人员的眼光。他们应该是有这样的想法，即建立现代汉学,一定要往前走,不能总是只往回看,除了深入研究中国传统学术,还要吸收西方的实验主义的方法以及西方的社会科学的基本方法。中国的学术过于强调思辨、记忆,而缺乏逻辑分析和内在系统架构的建立。

至于赵元任对于中国学术的重要意义在哪里的问题,我认为他开启了一个范畴。西方学术史中学术发展评价非常重要的一个观点是,评价一个人学术贡献大小,其实不在于一个学者在数量上有多少学术成果,而在于这个人是否开辟了新的范畴、领域和眼光。赵元任最大的贡献不仅仅在于他在语言学研究方面的成就,当然也不在于他谱写了《教我如何不想他》等脍炙人口的歌曲,而在于他系统地把西方现代的学术思想和社会科学的基本研究方法带到了中国,从而影响了20世纪中国整个学术范畴的改变。比如他提倡田野调查,搞实验语音学,把机器带到文、史、哲学术研究中来,还采用西方哲学思想如逻辑思辨体系,将其用于中国语言学的研究,等等。今天中国的文、史、哲的研究,对比传统中国学术,完全呈现了新的面貌,其中有赵元任很大的贡献。所以当时清华国学院请他,是很明智的。如果再请一个王国维那样的学者,那么四位都是在中国传统学术领域见长的,恐怕清华国学院在中国学术史上呈现的会是另一种面貌。

赵元任档案中有一份他1930年代在中国做方言调查时的外出物品清单,很有意思,清单上列明了他行前准备的随身物品,包括:信纸、信封、洋信纸、洋信封、毛笔、砚台、墨、钢笔杆、钢笔头、旅行用蓝黑墨水、红蓝铅笔、铅笔锯、小刀、铅笔、橡皮、剪子、线绳、厚打字纸、薄打字纸、复写纸(黑蓝)、吃墨纸、发音费本、记账本、调查表格、图钉、别纸夹、糨糊、胶水、练习簿、猴筋、明信片。在那个年代,把调研做到田野里去(实地调查),通过与普通百姓打交道来做研究,不可不说是一个创举。

那么,赵元任档案的重要性在哪里?它反映了20世纪学术发展和很多重要学者之间的关系,重新审视这一段历史,可以从语言学的发展做一个推论,看到中国学术从传统的学术到现代社会科学的转变。

赵元任深受西方学术传统的影响,他一辈子做学问最长的阶段,就是在加州大学伯克利分校。1947年,他在哈佛的教学结束,准备回中国,当时的国民政府教育部长朱家骅给他发了一份电报,请他回国后出任南京中央大学的校长。赵元任是个不喜欢做官的人,一看这封电报就犹豫了。其实在这之前,他就已经接到了加州大学伯克利分校校长的聘书,于是他就接受了伯克利的聘请。这一留下来,他就在伯克利度过了教学和研究生涯中最长的一段时光,包括他1947年开始担任教授的16年(1947—1963)和退休后的19年,直至他生命的终点。他的家人在他去世后把他一生的档案都捐给了伯克利。

民国时期最著名的学者中,唯一一位在中国大陆和台湾几乎没有什么完整档案的恐怕就是赵元任了。比如胡适档案,大陆有,台湾也有。伯克利收藏了丰富的民国文献,包括民国时期的许多重要人物档案。伯克利地处美国太平洋地区的西大门,邻近旧金山市,上百年来,南来北往的华人学者和其他人士在这里留下了许多重要档案和文献资料,其中也包括了赵元任的档案。

(3)《文汇报》:这些档案中反映的当时学界交往的情况,能否举一些例子？

周欣平：最值得一提的是赵元任和胡适这对终生挚友。两个人是乘坐同一条船到美国的，都是庚子赔款的第二批学生。当时胡适想去学农学，后来转向哲学了。而赵元任去学物理学，后来也转向了。1956年秋天胡适在伯克利作访问教授时给赵元任写了一副对联，现在还在我的办公室里挂着，在对联上他说赵元任是"读无用书斋主人"，戏称他搞语言学是无用的。两人相差20年去世，忌日是同一天，也是缘分。

从两人之间往来的信件中可以看到很多心声。比如，胡适虽然是在"中研院"院长的位置上去世，但他本人志不在此。1940年胡适在担任驻美大使时，给赵元任写信谈道："我是决不要做中研院长的。但我此时不能预先声明不做，因为那就好像我不肯丢'大使'了。我若不做大使，一定回北大去教书，因为那是我爱做的事，而中研院长是我不爱做的事，做大使也不是我爱做的，但我前年为国家动了一念，决计担任到战事终了，或到'召回'为止。因此，我决心不辞'大使'，恭候'召回'。万一'召回'，也许是用中研院长为理由，但实际上的理由当然是'责速效'。我们徽州有'病急乱投医'的俗话，现在快到'求仙方'的时期了，你说是吗？"信的末尾还有附注："P.S.——无论如何，我即使被'召回'，总不会不告诉你们俩。"

1942年9月，胡适卸任驻美大使，并未立即回国，而是从华盛顿搬到了纽约。他搬完家后给赵元任夫妇去信一封，信的右上角除了告知电话，还特别嘱咐，"但请勿告他人，以省应酬"。这封信大概内容如下：

元任，韵卿：

前晚才搬完房子。我这一个月真是忙的头脑混乱，竟没有写信给你们。

这是一个小 apartment，有家具，勉强可以住几个月。有四个书架，书还没有寄到，不久总可以从华府运来了。我现在没有什么计划，想先住下，多睡觉，少说话，少见客，把这一年里减掉的十三四磅肉先"养"回来，然后打将来的计划。请我教书的有 Harvard, Cornell, Columbia, Univ. of Chicago, Univ. of Wisconsin……etc. 但我此时都没有决定。心里颇这么想：若公开教书，似宜远离东部大城市，故 Wisconsin 似最适宜？Barnes Foundation 只须每周一次讲演，一切自由，只地在 Philadelphia 的乡下，地名 Merion, Pa., 颇僻静，主人是 Dewey 的学生，Dr. A. C. Barnes, 发明 Argyrol 而发大财，也颇能容人。故此地也有特别 attraction——尤其是"自由"与"闲暇"。但别地如 Harvard 等，因书籍多，当然也有大引诱力。

但这种种，现在我都不想，也等我把觉睡够了，然后想他！

你们何时来纽约，可以来看我，可以痛痛快快谈谈。

……

我自己觉的这回"退休"，真是我个人万分徼幸！此时若不走，三五年中怕走不掉。我是五十一岁的人，有几个"三五年"可以浪费？所以我对刘凯诸友说："我一生真是运气好。最好的运气有三个时期：①辛亥革命我不在国内，而在国外求学。②国民革命（1926—29）我又不在国内。③国人抗战五年，我又跑来国外,毫没吃着苦,反得了巨大的荣誉。现在好像我交第四个好运气了!"

我的书籍给我不少累赘,我离家时,只带一册石印的孟子上飞机,此时有三千册书了!幸的 Library of Congress 的王重明、吴光清两兄来帮忙,装了十一箱;八大木箱存放使馆,三箱不久可到此。

匆匆问好,问府上都好。

适之

胡适虽然又当驻美大使,又当北大校长,却没存什么钱,他1950年到普林斯顿大学做葛思德东方图书馆馆长,也是迫于生计。后来普林斯顿也不聘他了。1952年他作为荣誉馆长从葛思德图书馆退休,后来到台湾去了。蒋介石在日记中讲过,他知道胡适很穷,当时经常隔一阵子寄钱到美国给胡适,还请他回去做"中研院"院长。而对照"赵元任档案"里的私人信件,我们不难发现,胡适的确不愿意做"中研院"院长。

档案中还有一封1943年赵元任写给胡适的信,他称胡适为"迪呀适之",这是赵元任写信常用的风趣语,"迪呀"就是"dear"。当时胡适旅居纽约,赵元任在哈佛,赵元任在信中谈到哈佛请胡适去讲学的事情。哈佛此前已经有信给胡适,但尚未收到胡适的书面表示,所以赵元任写信替叶理绥(哈佛大学教授,哈佛燕京学社负责人)催请一下。"极盼望你来,所以特别乐意写这个催请的信。"信中还谈到自己最近很忙碌。"我忙得一个多月烟都没工夫抽,现在要恢复抽

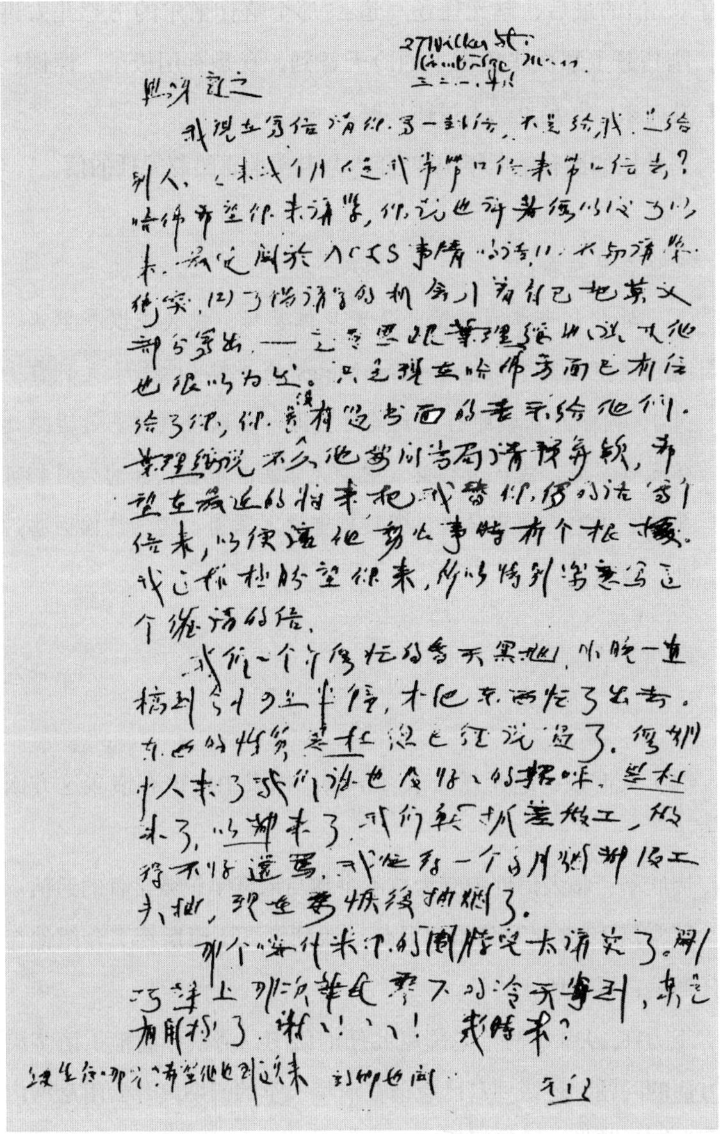

图 2-8　赵元任 1943 年给胡适的信,"迪呀适之",是赵元任写信常用的风趣语

烟了。"信的最后,赵元任还写道:"那个喀什米尔的围脖儿太讲究了,刚巧赶上那次华氏零下的冷天寄到,真是有用极了,谢谢!谢谢!几时来?"足见二人过往甚密。

另外比如还有傅斯年1947年5月赴美前寄给赵元任的信。

元任吾兄左右:

　　近数月来弟因事忙,又兼身体甚坏,故久未以书上达。顷弟已决定六月中旬搭General Meigs轮赴美(六月十九日自上海开),内子及仁轨随行,到美后当即与兄取得联络。最近弟之身体尤觉不好,故已于日前入中央大学医院检查,大约六月初可以出院。出院后稍事屏当,即须就道也。晤面匪遥,统俟面馨。专此,敬颂俪安。

弟斯年上

(4)文汇报:赵元任是语言学家,档案中应该有诸多这方面的内容。

周欣平:私人信件中有为数不少他与语言学领域学者的通信。

罗常培1928年写信给赵元任,谈到孟真(傅斯年)介绍他与赵元任通信,可谈谈音韵学。

王力在1939年写给老师赵元任的信中,请教和商榷了诸多语言学方面的问题,还谈到自己申请在清华大学的假期离开云南赴河内的法国远东学院做一段时间研究。

李方桂在1946年给赵元任的信中谈到他可能接受哈佛的聘请,

但当时国内交通不便，经济上也窘迫，所以困难不少。"若美国能供我们一家由成都赴美往返的旅费，我很愿接受哈佛的聘。""抗战期内我们都很窘，若无旅费，寸步不能移动。"赵元任在回信中说："关于旅费的问题，我想了许多办法，交涉了多次，叶理绥是十分愿意使你能够来，但出盘费向无成例。"还谈到薪水："现在他们董事会决议，开始即薪水从最高算起，每年以8千计，共聘两年。"

除了以上这类语言学家之间的通信交谈外，冯友兰也曾给赵元任去信，讨论抗战胜利后清华大学开建语言人类学系，并请赵元任回国任教事宜：

元任先生大鉴：

抗战胜利后国内各大学竞谋扩充，清华文学院亦计划于下学年添开语言人类学系，拟恳先生返校，及济之、方桂诸公主持此系。藉老成硕望，俾清华之学术地位得以提高。国内狂简不知所裁，想先生久居异国，必亦浩然有归志也。附上清华正式聘书①，旅费由孟治先生处转致，望惠然肯来，益又不仅清华之幸也。北平清华校舍亦接收，损失不如想象之大，书籍亦收回大半。此间联合大学定于五四结束，清华同人亦将于是时北返，在此时以前有示，仍寄昆明。此请俪安。

弟冯友兰谨启
二月六日

---

① 此处应该是指梅贻琦校长的聘书。

（5）《文汇报》：您本人是语言学的学术背景，是否因此对赵元任档案特别感兴趣？

周欣平：我的老师郑锦全先生是赵元任先生的学生，那我也相当于是赵元任先生的再传弟子了。我2000年到伯克利工作以后就一直想把赵元任的档案整理出来。他的这些档案，自从1983年由赵元任的家人捐给学校后，一直到我去的时候，还是封存的，由大学的档案特藏馆管理。当然，经常有不少学者去看，每次去看就调一部分出来。我觉得这样不行。30年过去了，这些档案从来都没有整理过。我虽然是伯克利加州大学图书馆的副馆长兼东亚图书馆馆长，档案特藏馆是下属机构，但我也不能有特权任意调阅使用，档案馆也不会给我特殊照顾。我每次去看赵元任档案，都是以普通研究者的身份，和大家一样，他们可以给我调少量的文献来看。我想做这个项目，就是要把整个档案都整理出来，公布给大洋两岸的学界，这是我的心愿，也是赵元任子女们的愿望。目前赵元任档案的整理出版工作已经开始，编目工作已经完成了。接下来就是进一步整理各个专辑出版。目的是将这一批20世纪中美学术史上的重要资料公布给学界，惠及学术研究。

傅兰雅与时新小说

——中国现代小说的起源

  关于清末"时新小说"的研究,最著名的就是前哈佛大学教授韩南(Patrick Hanan,1927—2014)的《新小说前的新小说——傅兰雅的小说竞赛》这篇文章,散见于他生前出版的几本英文专著和文集中。此文的中文翻译收在上海教育出版社 2004 年出版的《中国近代小说的兴起》一书里。一般认为中国现代小说始于梁启超 1902 年在日本横滨创办的《新小说》杂志。《新小说》从 1902 年至 1903 年以连载的形式发表了梁启超本人作的《新中国未来记》,此文被公认为是引发中国小说从古体迈向现代体的第一部"新小说"作品。

  但韩南认为这一说法有待修正,因为"它忽略了前'新小说',无论以它的自身价值或对晚清小说的贡献来说,都值得重视的"。在这一点上来说,中国现代小说的起源应该追溯到这一批前"新小说"。而这一前"新小说"的倡导人就是 1895 在上海发起时新小说征文活动的英国人傅兰雅(John Fryer,1839—1928)。傅氏当时将"新小说"称之为"时新小说"。

  傅兰雅是 19 世纪来华的一位传教士、翻译家和学者。他于 1839

年8月6日出生在英国肯特郡海斯城一个虔诚的牧师家庭。1861年自伦敦海格柏理师范学院毕业后，他接受英国圣公会派遣来华担任香港圣保罗书院校长，两年后受聘为北京京师同文馆英文教习。1865年他转任上海英华书院校长并主编字林洋行的中文报纸《上海新报》。从1867年至1896年，傅兰雅应聘担任上海江南制造局翻译馆首席翻译，与众多的中国专业人士合作翻译逾百种西方著作，内容以科学、工程和军事方面为主，旁及地理、历史、政治、外交、社会等领域。这批介绍西方先进科学和思想的翻译书籍对晚清知识分子吸收西方知识和中国的现代化进程产生了极大的作用。在这28年中，傅兰雅在译书之余，于1873—1896年期间在上海参与创办并主持了一所不宣扬西方宗教，而只介绍西方近代科学新知、思想与教育方法，培养科学技术人才为目的的格致书院，并自费出版了中国近代史上第一份中文科学普及期刊《格致汇编》（1876—1892）。1877年他出任由在华的传教士在上海成立的益智书会的董事并兼任总编辑，为许多教会、大学编译教科书。为了使他翻译的科学著作得以广泛发行与传播，他又于1885—1911年期间开办了当时上海唯一的一家科技书店，名为格致书室，并在北京、天津、汉口、福州、香港等39个城镇设立分店，提供免费邮购服务，仅1897年一年的销售额就达15万银圆。

傅兰雅是在晚清洋务运动期间，将西方科技知识和书籍翻译成中文最多的一个外国人，其翻译书籍的水准，超过晚清数十年间其他同类翻译书籍。清廷为表彰傅兰雅，于1872年赐他三品文官的头衔，1898年又颁给他三级一等双龙勋章。曾国藩曾给傅兰雅题词，大力称赞他的贡献超过了16世纪来华传教士汤若望和17世纪来华传教士南怀仁二人。汤、南二人都把西方的工具器物带到中国,他们是西学东渐的开创者。而傅兰雅则协助引进了19世纪西方科学工程方面的一大批重要著作,开启了民智,其受众的广度和对社会的影响超越了南、汤二人。曾国藩对傅兰雅把这些科学思想通过翻译传播到了中国给予高度评价,称之为"电火亮萤虫。"

下面是傅兰雅在华期间历年来主持翻译的西方著作一览。①

1869年牛顿:《原理》

1870年英国海军部:《大清同治十年岁次辛未航海通书》

1871年白起德:《运规约指》;蒲陆山:《化学分原》;利稼孙、华得斯:《制火药法》;密德:《开煤要法》;韦而司:《化学鉴原》

1872年勒布朗、阿蒙高:《器相显真》

1873年白尔格:《汽机新制》;连提:《行军测绘》;贾密伦、裴路:《轮船布阵》;希理哈:《防海新论》;华里斯:《代数术》;韦更斯:《海塘辑要》

1874年弗兰克令:《格林炮操法》;傅兰雅、林乐知、金楷理合译:《匠诲与规》;傅兰雅:《傅兰雅历览纪略》;英国《大江图》、《海道分图》;里约翰:《海道图说》卷1、2;田大里:《声学》第2版;《大英百科全书》第8版之华里司:《微积溯源》

1875年华里司:《微积溯源》

---

① 参见戴吉礼、周欣平、赵雅静编:《傅兰雅档案》,广西师范大学出版社2010年版。

1876年傅兰雅编辑:《格致汇编》;富罗玛:《测地绘图》;海得兰:《儒门医学》;《大英百科全书》第8版之志储意比:《营城揭要》;斯科特:《锌版印图》

1877年《西艺知新》;哈韦司:《算式集要》

1878年布伦:《周幂知裁》;海麻士:《三角数理》

1887年《天文须知》《电学须知》《代数须知》《算法须知》《画法须知》;《格物图说》之《电学图说》

1888年《格物须知》之《微积须知》《曲线须知》《画器须知》《三角须知》;傅兰雅:《中英文技术词汇》;傅兰雅:《翻译手册——上海江南制造局翻译馆所用中文术语集粹》之《化学材料中西名目表》《西药大成药品中西名目表》《金石中西名目表》《西药大成和其他关于医药及化学的著作中的名目》

1889年《汽机中西名目表》;《格物须知》之《重学须知》《力学须知》;息尼德:《兵船汽机》

1890年《格物图说》之《水学图说》《光学图说》《化学卫生论》;华特:《电器镀金略法》

1891年《格物须知》之《水学须知》;亚伦:《银矿指南》;傅兰雅:《水学须知》

1892年《格物须知》之《富国须知》;埃文斯:《延年益寿论》;傅兰雅:《美国博物大会图说》

1893年傅兰雅:《美国博物大会图说》;《格物须知》之《矿学须知》;英国武备学堂查塔姆:《开地道轰药法》;《保身卫生部》之《孩童卫生编》;《英国水师考》;《美国水师考》;《俄国

水师考》

1894年《格物须知》之《光学须知》《全体须知》;《佐治刍言》;《格物图说》之《植物图说》;布来德:《保富述要》;法拉:《国政贸易相关书》;傅兰雅:《船坞论略》;英国武备工程课则《行军铁路工程》《营工要览》;各里分:《化学器》《重学水学气学器说》;《幼童卫生编》;玛体生:《工程致富论略》《考工纪要》;莫尔沃斯:《艺器记珠》;费利摩:《各国交涉公法论》《各国交涉便法论》;拖尔奈:《考试司机》;罗柏村:《公法总论》;来拉、海得兰:《西药大成》;息尼德:《兵船汽机》;拖尔奈:《考试司机》;田大里:《电学纲目》;柯里:《西国陆军制》;陕勒底:《俄国新志》《法国新志》(傅兰雅的长子傅绍兰口译);华特:《电气镀镍》;罗伯茨-奥斯丁:《铸钱工艺》

1895年傅兰雅编:《格致书院西学课程数学课题》《行船免撞章程》;巴尔夫:《植物图说》

1896年棣麽甘:《数学理》;哈韦司:《算式集要》;布来德:《保富述要》;《保身卫生部》之《治心免病法》

1897年盖洛威:《决疑数学》;休奇斯:《绘地法原》(金楷理口译);华里司:《微积溯源》8卷,蘅芳笔述;米约翰:《理学须知》

1898年陕勒底:《俄国新志》《法国新志》;丹吐鲁:《意大利蚕书》;能智:《化学工艺》

1899年安德孙:《求矿指南》;俺特累:《开矿器法图说》;克莱克:《美国铁路汇考》;瓦特斯:《物体遇热改易记》;该惠

连、弗里爱:《法律医学》;好敦司、开奈利:《算式解法》;莫耳登、汉摩:《通物电光》;觉显禄斯:《制机理法》;瓦特斯:《物体遇热改易记》;华尔敦:《测绘海图全法》;傅兰雅:《行船免撞章程》

1900年傅兰雅:《美国加邦太书院图说》

1901年费果苏:《邦交公法新论》;傅兰雅:《算式解法》;《农务要书简明目录》

1902年柯里:《西国陆军制考略》;司布勒村:《铸金论略》

1903年固来纳:《农务化学简法》

1910年傅兰雅:《锡金四哲事实汇存》

1911年傅兰雅:《教育瞽人理法论》

从傅兰雅这份翻译书单上我们可以看出,他的眼光覆盖了那个年代西方科学、技术、法律、农务、工业、军事、医学、教育、交通和贸易等各个方面,可以说是各个领域一网打尽。把这些西方的科学和技术介绍给中国,对晚期社会的发展和西学的兴起所起的作用是不言而喻的。特别值得一提的是他最后的一部编译著作《教育瞽人理法论》。傅兰雅看到了当时中国社会上许多盲人的悲惨境地,特别提出盲人也要受教育。这说明他的兴趣不仅是在把西方科学技术传播到中国,在改良社会民生方面他也是一个重要人物。

1896年傅兰雅辞职离华,受聘出任美国伯克利加州大学的首任东方语文讲座教授,并于1902年担任该校东方语文系主任。傅氏凭借在华35年的学识和经验,以他多年在中国传播西方科技文化的热忧，在伯克利大力开设中文课程，教授弘扬中国文化，鼓励并协助中国学生赴美深造，直至1913年退休。傅氏回美国后，并没有中断与中国的关系，每年假期仍返回上海，处理格致书院的事务。另外他还继续为江南制造局译书。傅兰雅于1928年7月2日逝世，享年89岁。

除了翻译西书、传播西学外，傅兰雅在中国期间的另一建树就是提倡和推广新小说。1895年甲午战争失败，清政府与日本签署了丧权辱国的《马关条约》，一时全国群情激昂，万言"公车上书"提出拒和、迁都、练兵与变法的主张，要求革新图强的维新运动席卷全国。在一片改革声中，傅兰雅受到了鼓舞，于是他大力抨击被他称为危害中国社会，妨碍进步的"三弊"——鸦片、时文和缠足，并出资公开举办有奖征文的新小说竞赛，广泛征集抨击"三弊"、提出救治良方的最佳小说。他在1895年5月25日的《申报》、6月份的《万国公报》第七十七卷和《教务杂志》上刊登了以下"求著时新小说启"的广告：

窃以感动人心，变易风俗，莫如小说。推行广速，传之不久，辄能家喻户晓，气息不难为之一变。今中华积弊最重大者计有三端：一鸦片，一时文，一缠足。若不设法更改，终非富强之兆。兹欲请中华人士愿本国典盛者，撰著新趣小说，合显此三事之大害，并祛各弊之妙法，立案演说，结构成篇，贯传为部。使人阅之，心为感动，力为割除。辞句以浅明为要，语意以趣雅为宗。虽妇人幼子，皆能得而明之。述事物取近今易有，切莫抄袭旧套。立意毋尚希奇古怪，免使骇目惊心。限七月底满期收齐，细心评取。首名酬洋五十元，次名叁十元，叁名二十元，四名十六元，五名十四元，六名十二元，七名八元。果有佳作，足劝人心，亦当印行问世。并拟请其常撰同类之书，以为恒业。凡撰成者，包好弥封，外填名姓，送至上海三马路格致书室收入，发给收条。出案发洋，亦在斯处。英国儒士傅兰雅谨启。（1895年5月25日《申报》和6月份《万国公报》第七十七卷）

刊登在英文《教务杂志》上的有奖中文小说广告，针对不同的读者群，内容有稍许不同。

总金额150元，分为七等奖，由鄙人提供给创作最好的道德小说的中国人，小说必须对鸦片、时文和缠足的弊端有生动地描绘，并提出革除这些弊病的切实可行的办法。希望学生、教师和在华各传教士机构的牧师多能看到附带的广告，踊跃参加这次比赛；由此，一些真正有趣和有价值的、文理通顺易懂的、用基督教语气而不是单单用伦理语气写作的小说将会产生，它们将会满足长期的需求，成为风行帝国受欢迎的读物。

所有在农历七月末之前寄送到汉口路407号格致书室傅兰雅并密封好的手稿会得到收据。

约翰　傅兰雅
1895年5月25日

从傅兰雅的生平来看，他并不是一个文学批评家或小说家。他为什么对倡导时新小说感兴趣呢？傅兰雅深信一部好小说可以裨益世道、感化人心，有移风易俗、启发民智、改良社会、振兴国力的功效。小说也可以承担唤起民众，协助社会现代化的角色。1895年7月，在《求著时新小说启》发表后一个月，傅兰雅在《教务杂志》上摘录了欧德理（E. J. Eitel, 1838—1908）对这次有奖小说征文的一段评论，说明傅氏举办此次征文竞赛的目的：

一篇写得好的小说会在大众头脑中产生永久性的巨大影响，《黑奴吁天录》[①]在唤醒民众反对奴隶制上就非常有效。中国现在罪恶猖獗，鸦片、缠足和时文，任何一种都够写一部感人至深的长篇小说。为了让这些悲惨遭遇引起各阶层人士的注意，就应该通过文字描述出令人印象深刻的画面，从而达到震撼人心的效果。毫无疑义，中国人有这方面的能力。（《教务杂志》，1895年7月）

傅兰雅痛恨抽鸦片和缠足等社会陋习，更认为时文浪费时间、思想和精力。他响应了当时维新人士对废科举、兴学校，组织"天足会""禁烟会"，反对妇女缠足及吸食鸦片等陋习。在小说征文启事里，他开宗明义地设定了除弊兴国为此次小说创作的主题。

自鸦片战争以来，英、法等国在中国大肆贩卖鸦片，导致吸食鸦片的恶习弥漫全国，败坏了社会风气，损害了国民健康，带来诸多严重的社会问题。白银外流更影响到国家财政经济。长久以来，肃清烟

---

① 现通行译名为《汤姆叔叔的小屋》。

祸一直是清廷与地方的一贯政策,然而民众积习已深,甚难根除。傅兰雅和少数英国商人及教士对鸦片贸易颇不以为然,且持反对态度,进而致力劝戒鸦片。

对傅兰雅来说,妇女缠足更是不可思议的野蛮象征。清末在大规模天足运动之前,官方和民间就有反对缠足的呼声,提倡废除妇女缠足的陋习。清初满族无缠足风俗,官方也屡禁缠足。1851—1864 的太平天国运动曾禁止妇女缠足。有识之士如康有为等人在 1883 成立"不缠足会",积极从事反缠足活动。但因这一古老习俗自宋代以来渗透到人们的日常生活中,被社会普遍接受,已是根深蒂固,牢不可破,官方的倡导始终收效甚微。第一个发起废除缠足运动的外国人是另一位英国传教士麦高温(John MacGowan, 1835—1922)。他在厦门成立"天足会",强调天赋双足是大自然(造物主)赋予女子的,缠足就是违背了神的意旨。麦氏开始使用的名称是"戒缠足会"。"天足会"一词到 1895 年 4 月立德夫人(Mrs. Alicia Little, 1845—1926)在上海发起"天足会",才真正进入了中文词汇中。在传教士的赞助下,立德夫人在无锡、苏州、扬州、镇江、南京等地设立分会,利用广学会出版书刊大力宣传。继而各省城响应,学校里也出现了宣传废除缠足的热潮。傅兰雅在上海参与并赞助了天足会的创办,并将反缠足一题列入 1895 年 6 月他主办的时新小说有奖征文竞赛中。他希望借小说之力,引起知识分子对这些社会问题的重视,亦激发包括妇女和儿童在内的社会大众的关心和注意。

隋唐以来实行科举制度以八股取士。平民百姓为了考取功名,多竭尽一生精力钻研八股文的写法。八股文成为所有官、私学校的必修课。八股文又称时文、制义、四书文、八比文等。题目内容限于经义，文章必须遵照八股起承转合、对仗排偶的格式，不许违背经注，不能自由有发挥，字数也有限制。时文的教育制度，严重钳制了国人的思想，扼杀了国人的创造力。康熙皇帝曾批判八股文"空疏无用，实于政事无涉"。明清以来，八股文早已为许多有识之士所诟病。傅兰雅对时文的痛恨也是有据可查的。他反对中国当时的教育制度，认为振兴拯救中国必须从教育着手，并且大力呼吁彻底废除时文。他在1903写的一篇名叫《中国的八股文》的文章中写道：

> 八股文的写作阻碍了所有的进步。它只是在复制过去，而对创新严加阻挠。其次，它往往颠倒是非，把无结果的事弄成极其重要的大事。因此，八股文被说成"风雅的谎话"。在这么多代人受了八股文的训练之后，我们并不惊讶声名狼藉的文人阶层谎话成篇、口是心非的这种现象。①

傅兰雅在1900年另一篇《中国的文学》的演讲中同样说到八股文的危害：

> 新的观点，新的哲学体系，新的政府形式，新的解释事物现状的理论，新的可能指引国家前进的方向……都会被中国人置之不理。在一个总是害怕政治变乱和警惕革新的国家里，任何违

---

① 戴吉礼、周欣平、赵亚静编：《傅兰雅档案》。

背常规或离经叛道的东西都会立即遭到反对和强烈抨击。

在"求著时新小说启"中,傅兰雅首次使用了"时新小说"这个术语。他要求征文小说的"时"为"近今",事为"易有",词语要浅明趣雅,立意勿稀奇古怪。言下之意就是说小说应写实,描写普通社会生活,叙事要戏剧化,而不是一味地长篇议论。傅兰雅举办的这次时新小说有奖征文比赛成功地促成了一批新小说的问世。它们摆脱了旧小说的模式,从而在一定程度上,或多或少地影响了晚清时期新小说的创作取向。由于选取了新的社会题材,不少的作品除了对当时的社会弊害进行揭露和谴责外,还积极地设想改革方法,以促进国家的兴盛富强,达到具体教化社会的目标。在这一点上,它们可以被认为是主张改良社会风气的社会小说。它们激发了晚清小说变革的开始,在很大程度上可以被看作是晚清谴责小说发展的先声,而且它们产生的时间比梁启超1902年发起的"新小说运动"早了七年,比晚清的"四大谴责小说"早了八年。其实,傅兰雅当时并无意推动一次文学运动,但他却无心插柳,使他的这次改良社会的诉求促成了中国现代小说的萌芽,这可能是傅氏所始料未及的。

1895年9月18日,傅兰雅的时新小说有奖征文结束,从全国各地共收到162份稿件。傅兰雅仔细阅读了所有的稿件,并邀请了沈毓桂、王韬、蔡尔康等知名人士参与评选作品。次年1896年3月18日,他在《万国公报》第86期和《申报》上,刊登了以下"时新小说出案"和获奖人名单:

时新小说出案

光绪二十一年乙未小阳春中旬格致汇编馆英国儒士傅兰雅谨启

本馆前出告白，求著时新小说，以鸦片、时文、缠足三弊为主，立案演说，穿插成编。仿诸章回小说，前后贯连，意在刊行问世，劝化人心，知所改革，虽妇人孺子亦可观感而化。故用意务求趣雅，出语亦期显明；述事须近情理，描摹要臻恳至。当蒙远近诸君揣摩成稿者，凡一百六十二卷，本馆穷百日之力，逐卷批阅，皆有命意。然或立意偏畸，述烟弊太重，说文弊则轻；或演案希奇，事多不近情理；或述事虚幻，情景每取梦寐；或出语浅俗，言多土白；甚至词意淫污，事涉狎秽，动曰妓寮，动曰婢妾，仍不失淫词小说之故套，殊违劝人为善之体例，何可以经妇孺之耳目哉？更有歌词满篇，俚句道情者，虽足以感人，然非小说体格，故以违式论。又有通篇长论，调谱文艺者，文字固佳，唯非本馆所求，仍以违式论。然既蒙诸君俯允所请，惠我佳章，足见盛情有辅劝善之至意，若过吹求，殊拂雅教。今特遴选体格颇精者七卷，仍照前议，酬以润资。余卷可取尚多，若尽弃置，有辜诸君心血，余心亦觉难安。故于定格外，复添取十名有三，共加赠洋五十元。庶作者有以谅我焉。姓氏润资列后：

茶阳居士酬洋五十元，詹万云三十元，李钟生二十元，清莲后人十六元，鸣皋氏十四元，望国新十二元，格致散人八元，胡晋修七元，刘忠毅、杨味西各六元，张润源、枚甘老人各五元，殷履亨、倜傥非常生各四元，朱正初、醒世人各三元，廖卓生、罗懋兴各二元，瘦梅词人、陈义珍各一元半。

按，其余姓氏，并无润笔，公报限于篇幅，不克备登。（1896年3月18日《万国公报》第86期）

傅兰雅在1896年3月在第26期《教务杂志》上也谈到了这批中文有奖征文小说：

中文有奖小说结束了。有不少于162位作者参加了竞赛，其中155人讨论了鸦片、缠足和八股文这三种弊病，有的写了4—6卷。我对诸多参赛者所费的时间、心力与金钱毫无回报而深感不妥，所以又增加了13名获奖者，他们分享另加的50元奖金。这样，奖金共达200元。优等奖名单在《申报》上公布，162个人名及解说也已经发布，并在《万国公报》和《传教士评论》上公布。另外还会转寄到教会所在地。至少有一半征文的作者和教会学校或大学有关。总体来说，这些小说达到了所期望的水平。……这次征文大赛中也有人写出了确实值得出版的小说，希望今年年底能够出版其中一些，以便为读者提供有道德和教育意义的消遣读物。（1896年3月《教务杂志》第26期）

傅兰雅在原设定的七名获奖作品外，又增加了13个名额，一共确定了20名获奖人和新小说作品。作品中包括了由学生们写的短短几页的文章到由乡村塾师写的长达数卷的感人故事，其中不乏颇具水准的小说和诗文作品，有些字体精美，还附有插图。所征稿件主要来自福建、广东、江苏、浙江、山东、河北、陕西、湖北、安徽、江西和上海等地。有相当一部分稿件的作者是分布在全国各地的教会学校和教会大学的学生和老师。作品中也不乏空洞和滥竽充数的文章，甚至还有少量淫秽之作，有两篇作品还被傅兰雅退还给原作者。应征的作品也不都是小说，还有少量戏曲、弹词、道情、歌词等，也有不少是议论文和书信。作品中出现参差不齐的现象也应是意料之中的事。总体来说，这次时新小说征文活动是一次具有重要历史意义的新小说大赛，为开启时风之举。

图2-9　获奖小说《五更钟》和《澹轩闲话》书影

这些清末时新小说把文学作品创作与社会批评联系在了一起,针砭时弊,揭露社会的阴暗面,实际上是一种现实主义文学的雏形,在中国小说史上开了先河。它们也反映了19世纪末中国社会的矛盾与当时的人们向往社会改良和进步的愿景。这都可以从作品中的一些常见的关键词中反映出来。我把从各类作品中收集到的一些常见关键词罗列如下:时新、富强、格物、新趣、救时、启蒙、觉世、唤醒、祛弊、民生、新法、西法、崇西、学思、除弊、新气象、新治化、离俗妙法、民富国强、移风易俗、唤醒、变通、力革颓风、变风、转机、除害、改革、安民、新政、求新、风俗一变、国制一新。这些关键词代表了当时社会下层民众的心声,是非常宝贵的社会历史写照。

傅兰雅在1895发起的这一次时新小说有奖征文竞赛也在一定程度上影响了晚清小说的走向,因此它所产生的这一批小说也被韩南等学者认为是现代小说的源头和前奏。据韩南所述,最先注意到这次小说征文竞赛并认为它是"晚清小说界具有开创意义的第一篇文章"的是台湾学者黄锦珠,她在1991年5月号的台湾大学《中国文学研究》上发表了一篇名为"甲午之役与晚清小说界"的文章,详细介绍了傅兰雅在1895年举办的时新小说有奖征文活动。令人遗憾的是傅氏所征得的这162部稿件,在百年间没有一篇得以发表,大多学者认为这些作品已经佚散失传。因此韩南叹息道:"如果它们还存在,单单从这个数字来看,它们会给当时的小说界开辟怎样的一个新天地!"

虽然韩南、黄锦珠和其他学者认为傅兰雅在19世纪末举办的这次时新小说征文是中国现代小说的起源,但可惜的是他们的看法缺乏有力的文献支持,仅仅是一种学术观点而已。这一批时新小说自从傅兰雅刊登了告示发给奖金后就无影无踪了。人们无法判定这些作品在现代中国小说发展史上的价值,有关这次时新小说征文的信息仅局限于一些报道和傅兰雅本人的评论。因此,这批从未为人目睹的珍贵文献之下落也就成了学术界的一个悬案。然而,时光荏苒,岁月不居,一百多年后的2006年11月22日,美国加州大学伯克利分校东亚图书馆的中文部馆员在图书馆新馆落成搬迁时,在一间堆满书刊杂物的储藏室里,在两个尘封已久的纸箱中找到了这批傅兰雅1895年时新小说征文的原始手稿。

图 2-10 获奖小说中的插图"华女出洋不缠足图"书影

这些被认为已经失散了的文稿赫然出现,不啻是学术界一件幸事。

这批珍贵历史文献为什么会在这次时新小说征文全部消失踪迹百年后的今天才得以重见天日呢?要回答这个问题,我们还要从傅兰雅离开中国一事说起。关于傅氏为什么要在1896年匆匆离开中国去美国加州伯克利任教,学界有不同说法。美国耶鲁大学著名的中国史

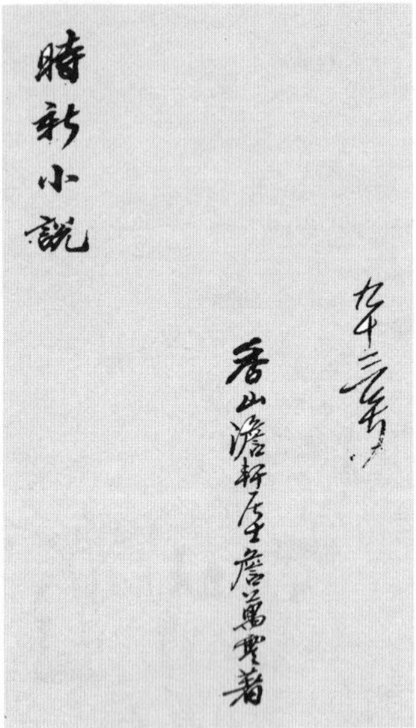

图 2-11 时新小说稿本部分书影

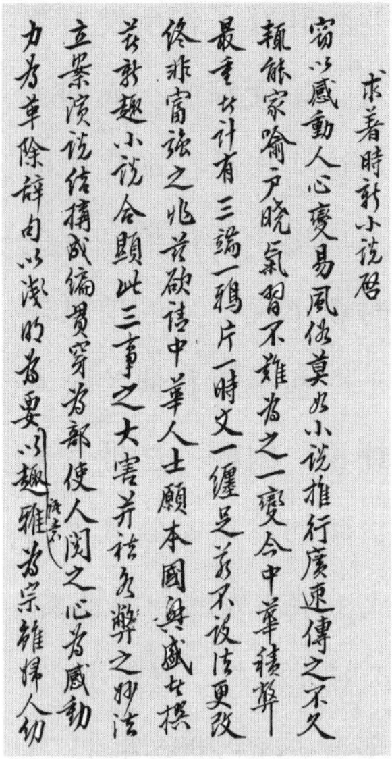

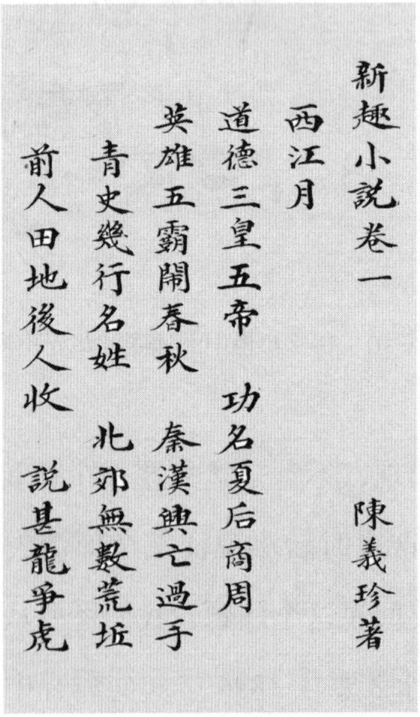

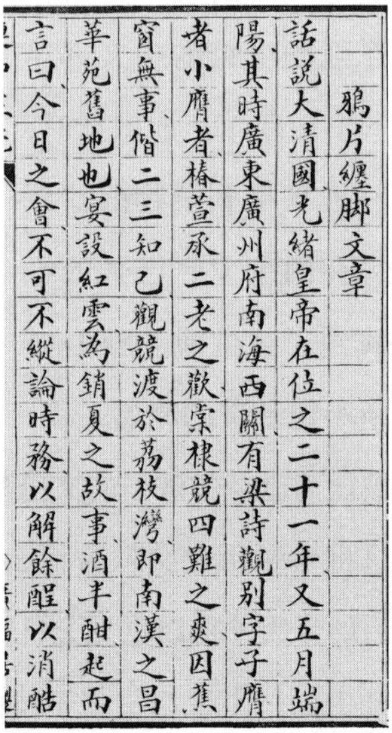

专家史景迁教授（Jonathan Spence）认为傅兰雅离去是对中国感到失望，觉得他本人在中国的努力是个失败。[1] 哈佛大学的韩南教授则认为傅兰雅的离开是出于家庭和经济方面的考虑。我们知道的情况是傅兰雅在1896年3月在《万国公报》上刊登了时新小说出案和获奖人名单后两个月就接受了美国加州大学的聘请，离开了他生活了35年的中国到美国西岸的伯克利教书。作为一个重要的历史人物，傅兰雅选择他在中国事业鼎盛之时，突然离开中国，这个问题值得探讨。

通过阅读傅兰雅的全部档案，我们发现他确实对中国的社会政治和文化曾有批评，但他对中国的赞扬和对中国文化的崇拜则大大超过他的批评之辞。事实上，他在与加州大学签署应聘合同时，即已提出每年只在加州大学工作三分之二的时间，余下三分之一的时间允许他回到中国继续工作的要求，这不太像是一个绝望失败者的心态，也不是要和中国绝交。他后来在中国继续开展的活动，如讲学、帮助中国学生赴美留学，于1911在华创办盲人学校并由他的幼子傅步兰担任校长等善举，都说明他深深地热爱中国，并没有对它感到失望。这一点还可以从他在1915年关于《中国的未来》的演讲稿中找到证明。傅兰雅写道：

中国的未来不仅对她本身乃至全世界都是一个越来越引人关注和重视的议题。占人类总人口相当大比例的中国人的命运的确值得那些不断与他们密切交往和发展关系的世界各国做最

---

[1] 见 Jonathan Spence, *To Change China, Western Advisers in China, 1620-1960*, Boston: Little Brown, 1969, pp. 156-157。

认真和全面的思考。我可以断言,几年后世界各地的人们都不可避免地会感受到中国的变化给他们带来的直接或间接的影响。国家之间的交流方式迅速改进发达,没有一个国家再能与世隔绝。她必须与其他国家保持一定程度上的和谐。人类的统一和团结似已命定(中国人占了全人类的三分之一),它的到来是指日可待的。

总之,我对中国的未来是乐观的。据我在中国生活三十五年的经验,中国人非常精明,他们不做看不到结果的事。他们做任何事都要有理由。如果他们的行事方式与我们的不一致或互相颠倒,我们可以推断他们会很快走上正途。中国人将再次在同时代人中占据相当高的位置,就像马可波罗或其他欧洲旅行家的时代那样,与六七百年前欧洲最好的文明相比较,这些人会惊讶他们看到或听到关于中国文明的事迹。中国的进步可能一开始较缓慢,但可以肯定的是她将最终达到目的地,尤其是在得到一些友好国家的帮助下,比如退回庚子赔款一举;这是我们可以轻易做到的,而中国将永远会感激。(《傅兰雅档案》)

傅兰雅在一百多年前对中国所作出的这个预言今天已成为事实,这也说明他不但对中国没有失望,而且还充满乐观与信心。在《傅兰雅档案》的书信中,处处可见傅氏对中国的深厚情感和他对离开生活了多年的"家乡"的不舍。他对中国的社会国情观察细微、了解透彻,对中国的文化艺术有高度的评价,对中华民族有无限的信心与期待,对中国的问题与改进也给予诚挚中肯的建言。诚如傅氏自述:

"果觉此编有益于华，则灯下苦工、半生心血，犹未为枉用于无何益之地矣。唯望中国多兴西法、推广格致、自富自强、浸昌浸炽，以成百世之盛。是编虽不敢居与有功，然亦未尝非开人之先导也……"（《格致汇编》第七年冬季卷，1892年目录）

从经济上来看，傅氏受聘美国伯克利的加州大学其实并不能得到一份比在中国更为优厚的俸禄，所以他离开中国也不会是出于经济原因。他在举办时新小说征文之前四个月，于1895年1月26日致函加州大学董事会，申请该校的阿加西东方语言文学讲座教席的职位。他在这封信里提到了他当时的经济状况：

> 我在翻译馆做了超过四分之一世纪的首席翻译，放弃现在的职务，放弃担任这么长时间的公职所应享受的养老金和其他好处，这是一种相当大的牺牲。这是放弃已知和确定，投向未知和不定……为了每年仅有的3000美金，我要放弃每月400两银子的俸禄，有燃料供应的舒适花园洋房。现在虽然兑换率低下，每月400两银子换成年薪只比每年3000美金多一点，但它曾经相当于5000多美金，兑换率高时甚至更多。（《傅兰雅档案》）

傅兰雅最后从加州大学董事会拿到的年薪其实只有2000美元。在《傅兰雅档案》中，书信占全书相当重的比例，而其中一大部分是为傅氏家书。傅兰雅自1861年离英赴华，后在美教书直至逝世的数十年期间写给他父母、弟妹、妻子、姑叔、亲朋等家人的信件从未间断过。在这些书信里，他时时关心万里外家乡亲友的情况，更不厌其烦地细述报道他的旅游经历、生活点滴、教学译作以及事业进展等。他也不时向家人诉说他的抱负与计划,毫无保留地向家人倾吐他的困境与彷徨。从他的家书中,我们可以看到傅兰雅是一个非常爱家,注重孩子教育的人。早在 1891 年,傅兰雅的第二任美国妻子伊莱莎·尼尔逊(Eliza Nelson)就已经携带他的四个子女到加州奥克兰市定居。他在 1895 年 1 月 6 日给加州大学董事会写信曾提到这件事:

我承认打算放弃我[在中国]现有的好职位与利益,转而请求贵董事会提供新的职位似乎有些荒谬。这只因为我的妻子和孩子们都在美国受教育。我希望有幸能享天伦之乐和加州宜人的气候。如果我未能被选任,我会长期在现有的职位上工作下去。(1895 年 1 月 26 日写给加州大学董事会的申请函,《傅兰雅档案》)

我们从这些书信中基本可以确定傅兰雅在 1896 年离开他生活了 35 年之久的中国移居美国主要是出于家庭的因素。此外在 1895 年 5 月 22 日写给加州大学凯洛格校长(President Kellogg)的一封信里,傅兰雅也披露他移居美国的另一原因。此时傅兰雅已经在上海江南制造局翻译馆工作了 28 年,他觉得翻译西书、传播西学的工作可告一段落,特别是甲午战争的结局使他感到改造中国需要加速,译书费时太长,跟不上时代的需要。中国的知识分子应该学习外国语言,直接去欧美接受教育才有希望赶上邻国。傅兰雅认为中美关系会日益密切，接受加州大学东方语言文学讲座教席的职位可让他在教授中国语文和文化的同时，尽一切可能协助中国学生留美，从而继续帮助中国。从以下傅氏的信件中可以看到这一点。

最近的中日战争在很大程度上改变了时局，这使我在中国政府里的职位比过去更牢靠。在中国的上层阶级中已经出现了强烈追求西方知识的潮流，他们从自己的国家轻易就被打败这件事中渐渐意识到他们对现代艺术和科学的无知。我翻译的书籍正在以最快的速度印刷，建立西方教育体系已经提上议事日程。我年复一年耐心等待的这股潮流到来，现在潮流开始涌动，这个时候离开这个我长期以之为家、为她的启蒙倾尽心力的国家似乎是个错误。……不过我所从事的工作中也有一点缺憾，也正是这点缺憾使我愿意接受伯克利这个空缺职位。对中国来说，起初需要把西方的艺术和科学翻译成本国文字并在全国流传，但显而易见，这只能在某种程度上获得成功。超过这个程度，再多译著也跟不上时代进步的需要。只有通过学习外国语言，通过在外国的学校、学院和大学里接受教育，中国的知识分子才有希望赶上邻国。只有等到很多中国人来到欧洲和美国接受教育，她才能建立起一个有效的教育体系，实现大多数人的利益。简而言之，我认为中国的教育完善需要经过三个阶段。第一，把西方的著作翻译成中文。第二，派很多人到欧美接受教育。第三，由受过西方教育的人在帝国各处建立起受政府控制的学校和大学。(《傅兰雅档案》)

当时年已53岁的傅兰雅看到了阿加西讲座教席的重要性。在以上这封信中，他还提到了四位可以证明他能够胜任阿加西讲座教席资格的人：他们是在牛津大学教汉语的理雅各博士、在剑桥大学任教的汉学家威妥玛爵士、在京师同文馆担任总教习的丁韪良博士和当时居住在上海的中国文学专家艾约瑟博士。这些人都是当时著名的汉学家。此时，傅兰雅兴趣开始转向学术界。他认为他在中国三十多年的经历和知识可以派上用场。在当时还没有真正汉学的美国，他将是一个鹤立鸡群的人物。另外，在加州大学这所美国西岸的著名学府里，他还可以培养从中国来的留学生，这是他为之心动的事。

傅兰雅在他中国的事业处于顶峰时并不是急流勇退，而是为了实现他的心愿，他乐意接纳中国学生去美国学习。他认为这些人将来能够回国去改变中国状况，引用西方教育体系替代陈旧的中式教育，走科学救国的道路。这可能比他翻译的那些西方科学技术著作更有成效。那个时期的美国还处在排华法案的阴影之下，但他不顾这一切，果断在伯克利接纳中国留学生，还开办一个"中国留学生之家"，并建立了东方学院。当时伯克利的中国留学生因排华法案的原因不能在大学生宿舍住宿。傅兰雅开设的"中国留学生之家"就为找不到居室的中国留学生提供了一个立足之地。此时，我们看到傅兰雅已经从一个传教士和传播西方科技之火于中国的先行者转变成为了一个教育家。

在了解了傅兰雅离开中国的原因后，再来看这150篇时新小说征文是如何来到美国的。傅兰雅在1896年3月公布了时新小说获奖人名单两个月后，便离开了上海，前往美国履新任职。此时，他把在中国收集的私人藏书和手稿一起运到了加州伯克利,这当中也包括他在中国收集的2000多册中英文书籍、他的100多部译著和个人档案、手稿等。这时,他已经没有时间把时新小说征文中较好的作品整理刊登出来。他的工作重心很快就转到了美国。于是这批时新小说也就被打包,运到太平洋彼岸的伯克利了。1896年8月傅兰雅开始在加州大学教课,他的私人藏书也被放在校园供他和学生们使用。这批时新小说也被藏于校园里的那些中文图书资料之中。后来,傅兰雅在去世之前,将他的私人图书馆全部捐赠给了加州大学伯克利分校,成了伯克利和美国西海岸的第一批中文藏书。

这150篇时新小说自从来到美国后可能就再也没有被人打开过。虽然傅兰雅后来多次回中国,但他也从没有把这150篇征文中的任何作品拿回中国发表,或许他已经忘却了他原来的计划:即"果有佳作,足劝人心,亦当印行问世。并拟请其常撰同类之书,以为恒业"的初衷。为什么傅兰雅不谈这些时新小说了呢?我们只能猜测其中的原因:首先,这时傅兰雅已经全力投入到伯克利加州大学的工作中,无暇顾及这批小说的整理和出版事宜。其次,傅兰雅恐怕也并没有意识到这批小说的产生在中国现代小说史上的重要性。当时的中国正处在一个社会更迭、新思潮兴起的年代,一次小说征文活动在当时看来恐怕不那么重要,引不起人们的重视。对傅兰雅来说,他在1895年举办的时新小说有奖征文,仅仅是他许多成就与贡献中的一个插曲而已吧。

事过境迁,一百多年之后,2011年我作为主编把这批时新小说整理后在上海古籍出版社出版,书名为《清末时新小说集》。通过把这批中国文学史上的一次重要的小说征文作品公之于世，并送它们回到诞生地上海，也就为百年前的这次时新小说有奖征文活动划下了一个圆满的句点，这可能是傅兰雅生前从未想到的。这次傅兰雅的时新小说有奖征文共收到162篇稿件，经整理后发表的共有150篇，缺12篇。傅兰雅选定的20部获奖作品中现仅存15部，有5部已佚失，其中包括第一名、第五名、并列第十名的两部作品和第十一名中的一部作品。

获奖作品名单：

第一名　茶阳居士（作品已佚）

第二名　詹万云：《澹轩闲话》，4卷14回，1册

第三名　李钟生：《五更钟》，11卷22回，6册

第四名　清莲后人：《扪虱偶谈》，上下卷10回，2册

第五名　鸣皋氏（作品已佚）

第六名　望国新：《时新小说》，4卷40回，4册

第七名　格致散人：《达观道人闲游记》，上下卷14回，2册

第八名　胡晋修：《时新小说》，5卷10回，1册

第九名　刘忠毅：《无名小说》，12回，1册；杨味西：《时新小说》，4卷30回，4册

第十名　张润源（作品已佚）和枚甘老人（作品已佚）

第十一名　殷履亨（作品已佚）；倜傥非常生：《瓢剩新谈》，4卷28回，4册

第十二名　朱正初：《新趣小说》，8回，1册；醒世人：《醒

世新书》，上下卷12回，2册

第十三名　廖卓生:《缠足明鉴》，1册；罗懋兴:《醒世时新小说石琇全传》，上下卷9回，1册

第十四名　瘦梅词人:《甫里消夏记》，16回，1册；陈义珍:《新趣小说》，4卷20回，4册

在过去的那些岁月里，曾经有许多学者在寻找这批小说的下落，但都无获而终。这批小说的问世不仅仅给我们展示了中国现代小说的萌芽，而且还把我们带回了那个久远的年代。它们反映了中国社会从腐朽的封建时代向一个科学民主时代的转变。我们从这些小说中可以看出这个转变是艰难的甚至是幼稚的，并充满了旧时代的痕迹，但它们可能是我们目前可以见到的最早向封建社会发起如此鲜明批判的社会小说。傅兰雅举办的这次清末时新小说征文活动将矛头直接对准了封建社会的陋习，以改良社会为宗旨，是中国近代小说史上一次具有历史意义的开创之举，这些作品代表了清末新小说时代的开始。它们和后来以批判现实主义作品为代表的20世纪中国社会写实小说有着异曲同工之处。它们的出现可以被看成是以小说为武器向封建势力发起冲锋的一声号角，随后而来的则是改变了中国的波澜壮阔的新文学、新文化运动。

方保罗与民国电影史料研究

"方保罗中国电影资料特藏"是目前西方最大的中国电影资料文库。它共有7400多件藏品，其中主要的特色文献包括271种、4729册民国时期的电影期刊；165种、1172册民国影院特刊；239种、4638册1950年之后的电影期刊；4000多份电影海报；20000多张影院大堂剧照；3000多种影院介绍和相关出版物；13000多张老照片，以及电影剧本、评论等资料。2015年我代表加州大学成功收购了这个珍贵的特藏文库，它现存伯克利。该文库为研究中国电影史和近代社会文化提供了丰富资源。

方保罗（Paul Fonoroff）1954年出生于美国俄亥俄州的克利夫兰市。上高中的时候他开始学习中文，本科在布朗大学和新加坡南洋大学（后为新加坡南洋理工大学）学习中文，后在美国南加州大学专做电影方面的研究，并获得艺术学硕士学位。他于1980—1982年间到北京大学留学，从事中国电影研究。他一直关注中国电影，爱好中国电影，是享有盛名的中国电影评论家和收藏家。他从20世纪70年代中期开始收集中国电影资料，数十年不间断，勤奋不怠。他对中国电影有着强烈兴趣，独具慧眼，终能集中国电影资料之大成。他的收藏始于20世纪中国改革开放初期，为中国电影研究尚未广受关注之时。他收集的方法主要是靠造访北京、上海、中国大陆其他地方、香港地区以及东南亚的旧书刊店和跳蚤市场,遍地寻宝。他对中国电影主题的了解及作为一个收藏家的执着和勤奋努力,使他对诸多藏品的苦心探寻和多样题材的追求取得了满意的结果。他的近作《中国电影期刊——从卓别林到毛主席,1921—1951》以现存伯克利的这一批"方保罗中国电影资料特藏"中选取的590多幅图片为线索,系统介绍了民国期间中国电影期刊概况。[①] 以下我将引用他的这本书的内容并根据该书内的一些珍贵图片来谈谈我购得的这批稀见中国电影史料,并对其中重要的民国电影刊物做一些点评。[②]

图 2-12　2017 年作者与方保罗(右)在伯克利的合影

---

① Fonoroff, Paul, *Chinese Movie Magazines: From Charlie Chaplin to Chairman Mao, 1921-1951*, Berkeley: Thames & Hudson and University of California Press, 2018.

② 本篇所采用的图片均由方保罗制作并提供。本篇引用的所有电影期刊均来自加州大学伯克利分校东亚图书馆特藏部。方保罗对本篇提出了宝贵修改意见,特此一并表示感谢。

通过电影资料来研究中国社会和通俗文化是当今西方学界热衷的途径。"方保罗中国电影资料特藏"为这项研究提供了较为完整的史料。民国时期电影期刊是这个特藏的主要部分，内容丰富生动，且不乏许多电影期刊孤本，为独家收藏。例如，上海图书馆2009出版的《中国现代电影期刊全目书志》可谓是至今收录中国电影期刊最全的一部目录，其中收录的民国时期电影期刊共有376种，而伯克利方保罗特藏中却有163种电影期刊或影院特刊，未被这本目录所记录，而这批民国时期的电影期刊在世界最大的图书馆目录数据库OCLC里可以找到的更是少之又少，仅有22种记录而已。由此可见这些期刊的罕见与独特，它们足可填补中国电影资料收藏上的空白。此外，"方保罗中国电影资料特藏"还具有其他类似电影资料特藏所没有的优势，即它除了民国大陆国语电影期刊包括粤语电影刊物以外，还有香港等地的刊物，以及大量东南亚地区的华语电影资料。

李少白主编的《中国电影史》（2006）一书将中国电影划分为五个时期：分别为发明时期（1895年之前）、无声时期（1895—1930年）、有声时期（1930—1945年）、转型时期（1945—1970年）及当代（1970年—）。（参见《中国电影史》，高等教育出版社2006年版。）初创时期的电影期刊今天几乎无迹可寻。故而本文着重讨论的是1921年第一本中国电影期刊创刊至1945年抗战结束之间，即无声电影和有声电影两个时期所发行的电影期刊，这两个时期是电影期刊最为兴旺繁荣的时段。另外，我也对1945—1949年的电影期刊及少量建国后1950—1951年的电影期刊稍加点评。

（一）无声电影时期（1895—1930年）

《影戏杂志》被公认为是中国最早的电影杂志之一，创刊于1921年4月1日，1922年5月25日至第1卷第3期后停刊（见下图）。该刊的编辑为顾肯夫、陆洁、张光宇等，由中国影戏研究会发行，从第3期起，转由明星公司发行。此刊的发行宗旨为：发扬影戏在文学美术上的价值；介绍有价值的影片给读者；防止有害影片的流行；在影剧界上替国人争人格（顾肯夫：《发刊词》，1921）。该刊第3期还发表了《明星影片股份有限公司组织缘起》等一些有关明星公司的介绍，并首次向中国读者介绍了动画、卡通的制作过程。

图2-13
《影戏杂志》为中国电影史上最老的电影期刊杂志之一

其他几种早期的电影期刊还有1924年创刊的《电影杂志》、1926年创刊的《电影周刊》和《电影画报》等。

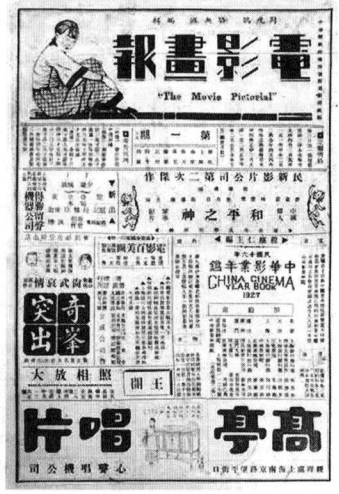

图2-14 部分民国早期电影期刊书影

另外，上海地区一些早期的无声电影制作公司，如20世纪20年代成立的明星股份有限公司、大中华百合影片公司和天一影片公司等都出版过自己公司的刊物。

随着商业电影的发展，从20年代起，中国第一批电影明星开始出现，电影期刊业也相继开始刊登有关电影明星的内容，例如《影戏世界》1925年10月号就介绍了胡蝶，1926年刊出并分别介绍了林楚楚、沈化影和丁子明等。

《中国电影杂志》在1926年举办了影后评选活动，张织云成为由观众评选的中国第一位影后。她主演了无声片《人心》《战功》；1925年转入明星影片公司后，主演了《可怜的闺女》《新人的家庭》和《空谷兰》等。《影戏生活》1931年第24期刊登的无声电影女星钱似莺是中国第一代武打女星，因主演杨小仲执导的《江南女侠》而成名，后被称为"中国第一女侠"。有意思的是钱似莺是今天著名香港男演员、导演和动作指导洪金宝的祖母，这对祖孙艺术家可谓是一脉相承。这本杂志在同年第34期上还刊登了女星殷明珠，她主演了中国第一部完整无声电影《海誓》。

同一时期的影星还有《戏剧电影半月刊》1926年第一期刊登的陆剑芬，她于1927年入复旦影片公司，因主演影片《红楼梦》反串贾宝玉一角而成名。此外，《银光》1927年第二期上刊登的女星李旦旦以擅演少女形象著称，主演过《玉洁冰清》《海角诗人》《天涯歌女》《西厢记》和《木兰从军》等片，今天看来仍熠熠生辉。《银光》杂志后来也被认为是香港的第一份电影杂志。

这一时期的电影期刊中不乏以设计装帧艺术唯美主义为追求者。

图2-15　良友公司1927年艺术画报《银星》封面

这些刊物往往讲究封面设计和艺术造型。它们当中尤以上海良友印刷公司1926年创刊的《银星》杂志最佳，它可谓是开创了民国时期高档艺术画报的先河。创作这个封面的艺术家万籁鸣留有题名，万籁鸣是中国动画片的创始人。

六合影片营业公司旗下的《电影月报》更是以艺术期刊为设计追求。六合影片营业公司于1926年成立，由"明星""大中华百合""民新""上海""华剧""友联"电影公司组成。《电影月报》第八期上刊登有胡适的题字，封面由1926年成立的上海漫画会发起人之一的丁悚设计，非常罕见。上海漫画会的成立标志着中国漫画家第一次有组织地联合起来，推动漫画艺术的发展并发挥其社会影响。该刊物在1928年第十期上刊登了由漫画艺术家叶浅予创作的封面。

方保罗与民国电影史料研究　303

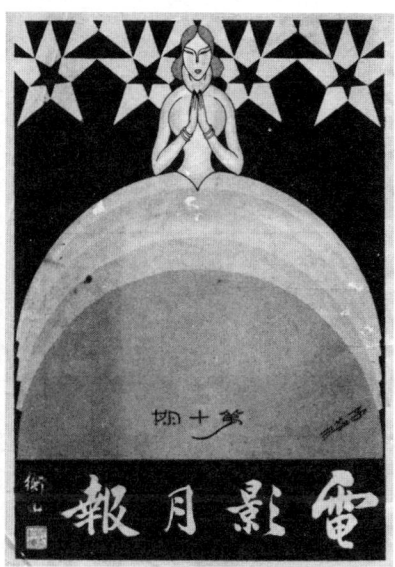

图 2-16 《电影月报》第八期、第十期封面

除了艺术封面的设计，此类期刊也开始展现人体造型艺术。1928 年出版的《电影月报》第 9 期刊出了影星黄柳霜（Anna May Wong）的照片特辑。黄柳霜是好莱坞第一位美籍华人影星，在默片《红灯照》中首次登上银幕，其后又在《上海快车》《羞耻》《海上灾祸》《雷鸣的黎明》等影片中出演重要角色。1924 年，她因在范朋克主演的神话片《巴格达窃贼》中扮演女奴一角而成名。这份杂志封面上有版面设计人万古蟾的题名。万古蟾是上面提到的《银星》艺术画报封面创作人万籁鸣的孪生弟弟，两人都是中国动画片创始人。

这一时期的电影期刊表明西方电影及好莱坞影片已经开始进入中国电影刊物。比如《影戏世界》1925 年第一期上就刊登了好莱坞女

图2-17 设计人万古蟾题名的封面和好莱坞第一位华人女星黄柳霜（Anna May Wong）

星丽莲·吉许（Lilian Gish）的照片。值得一提的还有1929年上海出版的《第八艺术》。此刊仅出一期就停刊了。这是我们目前可以见到的唯一的一期《第八艺术》，它以欧洲女星玛丽亚·雅各比尼（Maria Jacobini）为封面，非常珍贵。另外，1930年12月份出版的《新银星与体育》杂志合刊还刊载了于一年前访问过上海并造成轰动的好莱坞影星玛丽·毕克馥（Mary Pickford）的照片。

20世纪20年代后期，神怪片、武侠片和古装片开始充斥中国电影舞台，以泯灭艺术家个性为代价，造成了商业电影混乱竞争的局面。《上海》杂志在1927年第四期上刊登的《西游记》，《著名电影特刊》1926年4月所刊的《十诫》，《友联特刊》1927年3月刊登的《英雄儿女》，《大中国影片公司特刊》1927年7月刊登的《封神记》均真实地记录了当时影界的这种风气。值得一提的是《十诫》还是一部好莱坞电影。

与此同时,一批影片公司开始了中国电影复兴运动,先后拍摄新派电影,开启了中国电影的第一个复兴浪潮。如《民新特刊》1926年第一期介绍了由民新公司拍摄,张织云、林楚楚主演的《玉洁冰清》。《大中华百合特刊》1925年12月刊登了由该公司拍摄,韩云珍主演的《风雨之夜》等。这些影片公司后来组成"联华影业",并在1931年出版的《影戏杂志》第二期上提出"提倡艺术,宣传文化,启发民智,挽救影业"的口号,并推出以阮玲玉、金焰和王人美为三大台柱的联华明星阵容。

随着国片复兴运动,无声电影后期涌现了一批新明星。《电影三日刊》1930年12月刊登了刚加入联华的影星阮玲玉的照片,其代表作有《野草闲花》《神女》《新女性》和《三个摩登女性》等。《影戏生活》1931年1月刊登了影星王汉伦的素描,王汉伦1923年出演处女作《孤儿救祖记》。她的代表作有《孤儿救祖记》《玉梨魂》和《弃妇》等。《电影月刊》1932年11月刊登了当红武侠女明星,以主演《火烧红莲寺》出名的夏佩珍的照片。

(二)有声电影时期(1931—1945)

相对于前一阶段,这一时期里中国电影的发展更加多样。这一时期的电影期刊反映出当时社会、政治状况的变化和社会现状。首先是有声电影和其他新兴电影形式的兴起而带来的明星现象或明星效应。20世纪30年代初有声电影在中国问世。当时明星公司的胡蝶和联华公司的阮玲玉是两个最著名的当红台柱（虽然阮玲玉从来没有在有声电影中担任过任何有台词的角色）。以胡蝶为例，1931年3月胡蝶主演了中国第一部有声电影《歌女红牡丹》，在上海新光大戏院公映。1932年，她出演了中国的第一部彩色片《啼笑姻缘》（尽管对该电影是不是真正的彩色电影至今仍存争议）。1933年1月，胡蝶以21334的票数当选由上海《明星日报》评选的"电影皇后"，同年她主演的电影《姊妹花》成为她表演生涯的代表作。伯克利藏的《影戏生活》1931年4月刊登了胡蝶在《歌女红牡丹》中的剧照。1935年出版的《星歌集》，虽只出版了一期，以1935年胡蝶主演的电影《夜来香》中扮演的卖花女阿香的剧照为封面，而1933年出版5月出版的《现代电影》杂志封底则刊登了一幅以"1933年之电影皇后"胡蝶命名的香烟广告，这都足以可见胡蝶的影响力。

阮玲玉唱演俱佳。1930年联华出品的《野花闲草》由阮玲玉和金焰主演，虽是无声电影，但配有音乐和歌曲，是留存至今唯一的一部有阮玲玉演唱的原声电影歌曲的影片，其他阮玲玉主演的几部无声电影中仅有音乐而无她的原声演唱。1930年第九期的《影戏杂志》刊登了此片的介绍。

早期的有声电影还有其他明星登场。1931年6月的《影戏生活》刊登了电影男星朱飞的照片，称他是"风流小生""东方美少年"，朱飞后死于吸食鸦片。同年四月，这本杂志还刊登了女星徐琴芳的照片，并于同年6月出特刊报道她主演的爱情电影《虞美人》，该片讲述了歌剧班女演员沈孤萍与编剧郑少华的爱情故事。

如前所述，1931年3月，由上海的明星公司拍摄的第一部蜡盘发音的有声故事片《歌女红牡丹》在新光大戏院公开上映，中国第一部有声电影从此问世。有声电影有"蜡盘发声"和"片上发声"两种技术，前者是将声音刻录在唱盘上，放映时与影片同步播放，为电影配音。后者则是今天普遍使用的在电影胶片上录制声音的技术。由于成本和技术水平的原因，《歌女红牡丹》采用的是成本低廉、制作简单的蜡盘发声方法，因而，它实际上应该称作是中国第一部"蜡盘发声"的有声片。《歌女红牡丹》之后，一部将声音录制在电影胶片上的华语有声电影《雨过天青》在日本拍摄完成，1931年在上海上映。由于牵扯到了日本，遭到国人抵制。1933年，另一部完全由中国人拍摄的将声音录制在电影胶片上的华语有声电影《为国争光》上映，成为第一部爱国主义的有声电影。《影戏生活》1931年7月刊登了由宣景琳主演的《雨过天青》的介绍，而《电影月刊》1933年7月则刊登了黄耐霜主演的《为国争光》。

（三）30年代的左翼电影运动（1932—1937）

1932年"一·二八事变"点燃了对日侵略的反抗战火，1937年"七七事变"全面抗战爆发，中国社会处在一个巨大转变时期。亡国灭种的忧患和国共两党在意识形态方面的斗争，以及日益高涨的抗日救亡运动引发了一场"新兴电影运动"，或称"左翼电影运动"，并产生了一大批杰出的电影艺术家和有声电影的经典之作。与此同时，全国范围内电影杂志更加盛行，包括各电影公司的特刊杂志如《明星月报》《联华画报》《新华画报》等。

1932年创刊的《电声》和1934年创刊的《青青电影》为民国时期发行时间最长、出版量最大的两种电影杂志。《电声》杂志开始称作《电声日报》,后改为《电声》周刊,为民国电影第一刊,从1932年到1941年共计发行901期。《青青电影》则是民国期间不间断出版时间最长的电影杂志,从1934年到1951年共出了250期。这两种电影杂志较为完整地记录了这一阶段中国电影的发展历程。

同时,左翼电影期刊开始兴起。由左翼电影人士出版的《电影艺术》是一部研究电影艺术的严肃杂志,而且出版过多期。相比之下,其他左翼电影杂志很多只出版了一期后就停刊了。与其相反,右翼电影人士则反对将电影作为政治工具,宣扬要把电影视为"养眼的巧克力"。台湾小说家、电影制片人刘呐鸥就曾说:"电影是给眼睛吃的冰淇淋,是给心灵做的沙发椅。"1933年5月由夏衍主编的创刊号《明星月报》杂志刊登了胡蝶的剧照。同年出版的《明星月报》第六期刊登了左翼电影《春蚕》的女星艾霞的剧照。电影《春蚕》改编自茅盾的同名小说,作品为处于战乱中的人民所受的苦难大声呐喊。《明星月刊》1937年5月刊登了《马路天使》剧照,反映上海底层人士的生活,由周璇、赵慧深及赵丹主演。1933年7月香港出版的《电影半月刊》介绍了由沈西苓导演的第一部作品、由王莹主演的《女性的呐喊》。1935年12月出版的《明星》半月刊介绍了沈西苓导演、徐来主演的《船家女》。1937年3月《影与剧》介绍了由赵丹、白杨主演的《十字街头》。这些影片都是现实主义电影的代表作。

联华影业公司与新兴电影运动和左翼电影的发展紧密相关。联华在其短短的七年历史（1930—1937）中，以"复兴国片，改造国片"为旗号，推出了30年代一系列民国时期电影经典之作，很多是由孙瑜导演的，如《天明》《火山情血》《故都春梦》《野花闲草》和《大路》等。同时联华也出版了一批电影刊物，如《联华画报》等。

电通影片公司是中国共产党组织的左翼电影阵地，虽然只存在了一年半（1934—1935）的时间，却拍摄了著名电影《桃李劫》，其中由田汉作词、聂耳作曲的《毕业歌》脍炙人口。该影片与《自由神》《风云儿女》和《都市风光》为该公司所拍摄的四大左翼电影。该公司由司徒慧敏参与，夏衍、田汉等领导，音乐家聂耳、吕骥、贺绿汀参与制作。伯克利所藏的电通公司旗下的《电通半月画报》1935年8月16日刊登了作曲家聂耳的遗照，从这张刊面上我们知道聂耳的英文名为George Njal，资料珍贵。

左翼的新华影业公司成立于1934年。从1936年起，该公司摄制了故事片《长恨歌》《狂欢之夜》《壮志凌云》《夜半歌声》和《青年进行曲》等11部电影，并于1937年初，派摄影师赴绥远前线拍摄新闻片《绥远前线新闻》。上海租界沦为"孤岛"后，新华影业率先恢复拍片，先后摄制了故事片《貂蝉》《武则天》《岳飞尽忠报国》《铁窗红泪》《木兰从军》《日出》和《苏武牧羊》等影片，其中包括一批在中国左翼文艺运动领导人提出"国防文学"口号后创作的国防电影。新华影业公司编辑出版的《新华画报》月刊1936年6月创刊，以探讨电影艺术理论、宣传国产影片、报道影界动态及本公司拍摄花絮为主，先后刊登了《夜半歌声》的两幅剧照和由《新华画报》主编、漫画家丁聪创作的一幅金焰和王人美夫妻的画像以及他根据电影《潇湘夜雨》中扮演女主角的貂斑华画的素描。

（四）商业电影的盛行

与左翼电影运动相比，商业电影在这一时期也大为盛行，以邵氏兄弟经营的天一公司最具代表性。天一同时也进军香港的粤语电影市场和南洋市场。当时的刊物记录了天一公司拍摄影片的情况。天津《北洋画报电影周刊》1932年10月刊登了天一影片公司拍摄的有声纪录片《游艺大会》剧照。

1935年5月《女神》创刊号刊登了汤杰主演的喜剧片《王先生过年》。《电声》1935年9月刊登了主演《似水流年》的女主角叶秋心的个人照，她曾被《良友》电影杂志评选为全国八大明星之一，以"模范美人"著称。《春色》1937年6月刊登天一公司老板邵醉翁的太太、女星陈玉梅的照片。陈玉梅演过《唐伯虎点秋香》《福尔摩斯侦探案》和《红楼春深》等电影，由于歌唱得好，被誉为"催眠姑娘"。

这一时期，与电影相关的杂志大量出现，这些杂志大都聚焦于女明星，如1935年8月的《影舞新闻》和9月的《歌星画报》，它们是最早报道周璇的杂志，当时周璇还是一个在电台唱歌的小女孩，刚刚涉足电影圈。

此外，天津出版的《维纳斯》1937年1月刊登了胡蝶的照片，《花絮》在1935年创刊号上登了胡蝶的照片。《电影漫画》1935年4月也刊登了陈波儿剧照。其他当时著名的影星剧照也频频出现在各种电影期刊上。例如，北平的《文化萃锦》1932年5月就刊登陈燕燕16岁时的照片。这本期刊用的是英文。上海的《银国》和《影城》分别在1935年4月和7月刊登了徐来的剧照。1935年11月的《大都会画报》登载的是袁美云的照片，而《沪声》1936年5月刊则登载了童月娟的照片。

《厦门电影月刊》是一本极为罕见的刊物，它可能是在厦门地区出版的第一本电影期刊。此刊和《电影戏剧》分别在1935年7月和1936年1月报道了袁美云，而1934年11月出版的《明星家庭》则分别介绍了黎莉莉、徐来、阮玲玉等明星。

此外，30年代的女星泳装照开始出现。上海《戏剧杂志》刊有陈燕燕，《联华画报》刊有黎莉莉，香港《影画》刊有的紫罗兰，北平《电影新闻》刊有李莉，广州《优游》刊有林妹妹的泳装照。

民国时期，明星照片一直都是电影刊物的宠儿。1934冬，上海良友图书印刷公司出版了一套由摄影家陈嘉震拍摄的《中国电影女明星照相集》。这套标明为第1辑的照相集共收入八位女明星的照片，按姓氏笔画排列为：王人美、阮玲玉、胡蝶、徐来、袁美云、陈燕燕、叶秋心和黎明辉。每人一本，全套八册，基本上代表了当时影坛女明星的最佳阵容。后来，良友公司刊出启事，规定凡一次性购买全套的，可请八位明星亲笔签名以作纪念。为此，良友公司还特地印了一批供签名的相集。当时能一下子拿出八块银元来买一套的人毕竟不多，因此，有八位明星签过名的照相集在外间流传极少。事隔半个多世纪，这套有八位明星亲笔签名的影集，已是一种极其罕见的版本了。伯克利的藏品中可见这八本特刊中的七种，仅缺陈燕燕的专集，而且这些藏本中大多有影星的亲笔签名。

此外，我们还可以发现一批童星也出现在这个时期的电影期刊封面，如秀兰·邓波儿（Shirley Temple）。当然男星们也不会缺席，赵丹、金焰、张翼、高占飞也都出现在这一时期的各种电影刊物上。

1935年3月8日阮玲玉自杀身亡。有关她的报道很多。《电声》1935年3月15日刊登其生前最后的留影，4月12日刊登阮玲玉多幅照片。《玲珑妇女图画杂志》1933年曾刊登阮玲玉的杂志封面，《万影》杂志1937年在阮玲玉逝世两年后刊登纪念一代艺人阮玲玉的专刊。

在这个民国电影资料库中，我们还发现民国时期一些电影期刊和书籍并没有用影星为刊面，而坚持用艺术设计的封面，如《文艺电影》《十日电影》《中国电影年鉴》《开麦拉》《明星》《联华》和《舞台与银幕》等，这些电影期刊都十分罕见。此外，电影歌曲杂志在这一时期也开始出现，如《当代名歌选》《中国电影名歌选》《时代新歌》和《都会的歌》等。

方保罗与民国电影史料研究 313

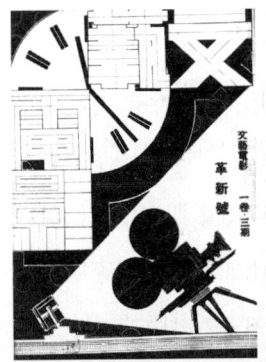

图 2-18 部分民国电影期刊坚守其艺术风格，不采用明星封面

（五）全面抗日战争时期（1937—1945）

全面抗战期间，大部分影业公司停业。明星、联华两大公司关门，天一公司移至香港。在上海地区，唯有新华、艺华和国华三家大公司还在维持电影事业。从伯克利藏的这一时期电影期刊中我们可以看到不少关于这三家公司的明星和影事消息，比如新华的当家明星陈云裳在各种电影期刊上的一系列电影剧照、1939年出版的《陈云裳照相本》、《明星照相本》、香港1936年出版的《影物》、广州1938年出版的《戏星》和1941年的《明星的家》等。

艺华推出该公司的女星李丽华并刊登了李丽华主演的一系列电影。新加坡出版的《电影圈》于1941年4月刊登出了《啼笑姻缘》剧照。《华北映画》1942年9月登出了《复活》剧照。

国华推出了当红女星周璇。《影星专集》1941年7月刊和《金城月刊号外：恼人春色》也于1941年出版了周璇的特辑。

当时电影古装戏也走红，出现了《木兰从军》《武则天》《孔夫子》和《楚霸王》等大量古装片。藏品中可见《孔夫子》《貂蝉》《精忠报国》和《楚霸王》等特刊。

与此同时，香港出现了一些与抗战有关的爱国影片，比如《中泰》期刊1940年12月刊登的《前程万里》剧照，讲述三位在香港的男女回内地参加抗战的故事。1938年12月《银间世》杂志刊登了在延安拍摄的纪录片《西北线上》和毛泽东的题字。《艺林》1938年3月刊登了描写国民党军队1937年上海保卫战的《八百壮士》。《艺林》1937年10月刊登了电影《焦土抗战》中打倒汉奸的剧照。

方保罗与民国电影史料研究   315

图 2-19　抗战期间，香港出版的与抗战有关的爱国影片剧照

武汉、重庆、昆明等当时的国统区的电影和电影刊物也在持续发展。于1940年在重庆拍摄出品，由孙瑜编导，白杨、金焰、王人美等主演的《长空万里》出现在1946年上海出版的特刊中。此外，1943年昆明出版的《电影纪事报》、1941年10月重庆出版的《中国电影》和1944年12月成都出版的杂志《电影与播音》都是当时的代表作。

抗战时期间，电影期刊也在沦陷区传播，包括华北地区和东北地区。美国对日宣战后，北平1944年3月出版的《华北映画》就干脆在封面上直接刊登日本女人和德国军人的照片。

东北长春的"满映"（株式会社"满洲"映画协会）活跃于1937—1945年间。《"满洲"映画》1938年11月刊登了以"标准华北美人"著称的"满映"女星李明的照片。《"满洲"映画》于1941年改名为《电影画报》。《电影画报》1943年7月和8月刊分别刊登了李香兰的广告照片。

民国时期的电影期刊中也有许多记录好莱坞电影在抗战时期进军中国的资料。《银花集》1939年2月刊登了诺尔玛·希拉（Norma Shearer）、蒂龙·鲍尔（Tyrone Power）主演的《绝代艳后》。1938年10月家庭出版社出版了专辑介绍《芝加哥大火》。1940年2月华纳兄弟公司出版了电影剧本《江山美人》。澳门出版的《影报》1940年2月刊登了享誉全中国的好莱坞女星狄安娜·德宾（Deanna Durbin）的照片。

这一时期也出现了一些好莱坞拍摄的以中国为题材电影的相关消息，如1938年7月澳门域多利大戏院特刊登出了美高梅公司（MGM）

根据赛珍珠（Pearl Buck）的小说《大地》改编的电影的介绍。此外还有介绍1943年好莱坞拍的电影《中华万岁》的特刊和《星期影讯》上刊登的"中华万岁献词"。

1945年抗战胜利，一些电影期刊纷纷报道了这一重大消息。《世界影坛》刊登了美国原子弹爆炸的照片。《青青电影》登出了"满映"女星李香兰的剧照，还特别挖苦她，称她是"战后第一个被逮捕的电影演员"。

（六）战后电影复兴和兴旺（1945—1949）

抗战的胜利给中国人民带来了希望，也开始了1945—1949年民国电影史上第三个黄金时代，前面两个黄金时期包括1922—1928年的早期华语电影时期和1932—1937年的新兴电影运动时期。伯克利藏品中的一些民国期刊的封面生动地反映了当时人们对新生活的热情。1946年3月永安百货公司的《永安》杂志刊登前童星胡蓉蓉跳芭蕾舞的剧照，1946年1月《中国影坛》刊登了当时31岁的王人美战后复出影坛的照片，同年4月出版的《艺坛》登出了李绮年的照片。

二战前就已经红遍上海的影星周璇的照片更是频频出现在各种电影杂志上，1946年6月的《银都》、1948年1月的《电影界》和1949年1月的《艺海画报》都刊登了她的剧照。

与此同时，广告类和花边新闻类的商业刊物也在大量出现。1947年11月北平出版的《人人画刊》刊登了该刊设计委员孙景路的签名剧照，《上海滩》1948年2月刊登了"白光苦闷找异性"的报道，《艺海画报》同年10月报道了陈娟娟要出嫁的新闻，《星光》

1946年4月刊登了电影演员袁美云交保出狱和李丽华千里寻母的新闻。天津出版的《星期五画报》1948年1月则登出陈琦国际恋爱的新闻。

也正是在这一时期，中国影坛出现了一大批经典之作，为华语电影的丰收季节，如《一江春水向东流》《乌鸦与麻雀》《夜店》和《忆江南》等，这些电影的剧照都出现在了中国内地、香港和东南亚地区的中文电影期刊上。

中国共产党东北局接管东北"满映"后成立了东北电影公司，为中国共产党直接领导下的一个正规电影制片厂，并于1946年改名为东北电影制片厂，为长春电影制片厂的前身。该厂《电影工作者》于1946年创刊。在这一时期，上海地区的"中电"一厂和二厂也出品了一系列电影，包括"中电"二厂出品的《衣锦荣归》。

抗战后上海的一批电影从业人员去了香港。大中华影片公司1947年出品了陈娟娟主演的《天网恢恢》。启东影片公司于1948年出品了《歌女之歌》，由周璇主演。影业公司1951年拍摄了李丽华主演的《火凤凰》。这些都是抗战后香港出品的具有代表性的华语电影。泰国曼谷的天外天剧院还张贴了《歌女之歌》的剧照，1951年新加坡出版的《电影画报》也刊登了李丽华在《火凤凰》中的剧照，可见华语电影当时在东南亚地区的影响力。

上海以外的城市也出版了许多新的电影期刊，如北平和天津的《电影与戏剧》《电影》《剧坛旬刊》和《银都画报》等。在香港、广州、武汉和芜湖等地出版的电影期刊有《电影论坛》《影与舞》《影剧诗》《电影世纪》和《剧影论谭报》等。

好莱坞电影在抗战后的中国盛行了几年,可谓是"最后的好莱坞"。1948—1949年间,电影杂志《水银灯》《西影》和《西影小说》都分别刊登了好莱坞影星伊丽莎白·泰勒(Elizabeth Taylor)、爱丝娜·威廉斯(Esther Williams)和奥莉薇·黛·哈佛兰(Olivia de Havilland)等人的剧照。

1949年中华人民共和国成立,《青青电影》等电影期刊纷纷刊登庆祝中华人民共和国成立的刊面。1949年在上海出版的《影剧新地》周刊是中华人民共和国成立后的第一份电影期刊,它的封面设计明显地反映出那时电影界期盼以电影的方式来塑造劳动人民的伟大形象,这一显著变化也可以被认为是给民国电影期刊画上了句号。从此,中国电影迈入了一个新的时代,应运而生的是后来一大批新的电影期刊。

图2-20 电影期刊中庆祝中华人民共和国的成立

通过以上对方保罗的这本专著和伯克利收藏的这一大批民国电影史料的梳理，我们可知"方保罗中国电影特藏"是一个丰富多彩，且极具史料价值的中国电影史料文库。最后再来谈谈我收购这一批珍贵电影史料的经过。2015年元月底，我听说家住香港的中国电影评论家方保罗愿意把他毕生收藏的中国电影资料整体出售给一个学术机构。听到这个消息后，我立即开始和方保罗联系，并于2015年4月和9月两次到香港，在其住所与方保罗相见，仔细查看了他的全部藏品。随后，我决定代表伯克利购买，并和他洽谈收购细节。经过双方的沟通和努力，我终于于2015年11月代表加州大学伯克利分校收购了收藏家方保罗的全部中国电影档案。我在给他的一份电邮中写道："对于伯克利及整个北美学术界来说，您收集的这个珍贵电影馆藏将是一个极好的资源。您可以放心，您的这一批藏书和珍贵中国电影史料将在伯克利得到永久保存。"

2016年元月，方保罗的全部电影资料开始运往加州伯克利。在这个庞大的电影史料库装运起航后不久，方保罗给我发来一个电邮，说美国东部地区的一所著名高校刚刚通知他，他们也愿意购买他的藏品。我请方保罗告诉他们，这个珍贵的中国电影文库现在已经被装在太平洋上的一艘货轮上了，它正驶向美国西海岸的伯克利。

这一批珍贵的中国电影史料除了电影期刊以外，还有大量电影海报、照片、电影剧本及影院大堂剧照和来自各个历史时期的中国电影纪念品。这些在本文中没有介绍。它们中的很多电影史料仍有待挖掘和整理。这个海外最重要的中国电影史资料库将会吸引对中国电影史感兴趣的人士来研究和学习。中国电影史料丰富多彩，时间跨度大、题材吸引人，并具有真实的时代烙印。近年来，学界对中国电影的研究方兴未艾。从看似供人娱乐的电影中我们可以看到历史的发展进程，亦可以挖掘出社会和文化方面的深层意义。在探讨方保罗这本书中提到的这些民国电影期刊时，我亦参考了一些中国电影研究方面的著作，但也难免挂一漏万，我相信随着更多历史材料的出现，这方面的研究会更加硕果累累。

史海钩沉

——美国华人移民与致公堂档案

1848年,加利福尼亚地区发现了金矿。1850年,加州正式被纳入美国,成为美国联邦的第31个州。此时,美国需要大批劳工来开发西部。于是就有美国人到中国招聘劳工,开始了华人移民美洲的浪潮。由于当时清政府的软弱以及镇压太平天国运动中造成的巨大破坏,中国的华南地区遭受了严重的政治和经济动荡,许多中国人纷纷移民到其他国家逃避战争和灾难。华人最初是通过成立于1848年的太平洋邮轮公司(Pacific Mail Steamship Company)在船上预订通行证来美国的。做法是先由美国雇主为无法筹集到路费的中国劳工支付太平洋航行的费用,再由这些中国劳工用在美国逗留期间所赚取的工资来偿还他们所借的路费。这样,来自中国南方广东、福建等地的农民和商人就一批又一批地来到了他们梦想之地美国,投身到美西地区的淘金热之中。他们中也有一些来自南洋的华人劳工。据不完全统计,1849年至1852年这三年间,来到美国西岸的华人分别为325、450、2716人。在这之后的10年里,不断有大批华人来到加州追逐淘金梦。截至1860年,在美国的华人总数有30000多人,他们中绝大多数人在加州落户。当年加州的人口仅为38万人,可见华人所占的比例不小，他们是地地道道的西部拓荒者。那时，中国人进入美国是合法而简单的。但是，与欧洲移民政策相比，也存在巨大差异，中国移民为无限期的外国人。与欧洲移民不同，中国人没有成为美国公民的可能。

当时来到加州的华人大多没有受过良好教育，他们仅凭手艺和苦力谋生。他们中可能没有人会想到一百多年后，他们的后代中会出现美国联邦法官、州长、国会议员、教授学者、商界领袖等上流社会精英。在19世纪华人来到美洲大陆时，他们面对的是艰苦险恶的自然环境、求生的困难和抛妻别子的辛酸，还会受到白人地痞流氓欺负和种族歧视，时时有生命危险。这些厄境在当时还是蛮荒之地的美国西部是家常便饭。对于19世纪50年代来到美国的大多数中国移民而言，旧金山是通往加州腹地和内华达山脉金矿场的中转站。据估计，在19世纪50年代后期，有一万多名中国矿工在美国西部的"金山"（金矿）工作。由于金矿地区普遍存在无政府状态，白人矿工对中国矿工可以抢劫而几乎不会受到追究或起诉，大量中国的淘金者成为暴力袭击的受害者。1852年，加州通过了特殊外国矿工税，该税的对象是非美国公民的外国矿工。鉴于当时中国人没有资格获得公民身份，并且是加州非白人人口中最大的群体，此税收就主要针对他们。那时大多数矿工每天的收入在1—3美元之间，但中国工人的收入要少得多，他们每月才赚大约六美元，而这项税要求他们每月支付三美元，即50%的税。[1] 此外，收税员还可以合法地拍卖无法支付税款矿工的财

---

[1] Ronald Takaki, *Strangers from a Different Shore: A History of Asian Americans,* New York: Back Bay Books, 1998.

产，使得许多中国人被驱逐出矿井，被迫寻找其他工作。外国矿工税一直延续到 1870 年。那年，加利福尼亚金矿地区的男子中有三分之一是中国人。

1865 年，横贯北美大陆的中央太平洋铁路开始兴建，来美国淘金的华人也投身到了兴建铁路的洪流中，承受起更为辛苦的劳动。当时中太平洋铁路公司（Central Pacific Railroad）招募了成千上万的中国劳工，其中许多都是五年合同工。他们建设了横贯美国的州际大陆铁路。中国工人吃苦耐劳、工作努力，他们建造了穿越内华达山脉和整个内华达州的大部分铁路。在这些地方的许多小镇里面，今天还可以看到当年修铁路的华工留下的痕迹，如他们曾经住过的小屋、居住过的营地和建造的中国庙宇。他们铺设的铁路穿过了河流和峡谷，蜿蜒在内华达山脉和落基山脉里。许多中国工人在修建铁路隧道时的爆破施工中丧生。他们还必须在极端高温和严寒下施工。有时他们的整个营地都会被雪崩掩埋。[①]

这条横贯美国大陆的铁路于 1869 年 5 月 10 日在犹他州著名的"金色尖峰"仪式上正式竣工。这条覆盖全美的机械化运输铁路彻底改变了美国西部的人口结构，也极大促进了美国经济的发展。在铁路建设完工前不久的施工高峰期，有超过一万多名华工参与了该工程。从数量上来看，尽管白人工人的工资更高，工作条件更好，但他们在中太平洋铁路公司修建铁路劳动力中所占的比例从未超过 10%。到了 1869 年太平洋铁路完工之时，华人占了修路劳工总数的

---

① Alexander Saxton, "The Army of Canton in the High Sierra", *Pacific Historical Review*, 1966, 35 (2), pp. 141-151.

80%以上。① 所以我们可以说这条后来对美国经济腾飞起到了举足轻重作用的铁路是用华人的血汗修建起来的。

除了建铁路外,中国移民还从事许多劳动强度大的工作,如在矿山、沼泽地、建筑工地工作。许多白人不愿意做的工作都由中国劳工去做,中国工人比白人工人便宜得多,他们的生活水平也极为低下。早期来美国的华人对加州的农业也做出了巨大贡献。直到19世纪中叶,小麦是加州的主要农作物。加州温暖的气候也特别适合种植水果、蔬菜和花卉。在太平洋铁路建成之后,加州种植的这些作物被运往美国东部地区销售,市场巨大。同铁路建设一样,迅速发展起来的加州农业也存在着严重的人力短缺问题。白人土地所有者从19世纪60年代开始便招募大量中国移民来他们的农场和农业企业工作。这些中国移民本来就是来自中国南方地区具有丰富经验的农民,他们的技能对加州农业的发展起到了举足轻重的影响。由于当时的加州法律使中国移民无法拥有任何土地,他们只能根据与雇主签订租赁或利润分成合同的方式来从事农业生产。这些中国移民在人迹罕至的河谷中开垦农田,在加州州府萨克拉门托三角洲地区广阔的山谷地区里修建堤坝水利工程。他们修建的堤坝帮助治理了加州农业生产所需要的数千英亩肥沃的沼泽地,保护了农田并控制了洪水。

(一)排华法案

华人对美国早期的开发做出了巨大贡献,但是他们的吃苦耐劳

---

① George Kraus, "Chinese Laborers and the Construction of the Central Pacific", *Utah Historical Quarterly*, 1969, 37 (1), pp. 41-57.

却常常引起白人工人的妒忌。排华事件层出不穷。在19世纪70年代，美国部分地区发生了数次经济危机，许多美国人失业。由此，整个美国西部兴起了一场反华运动。这场反华运动是由加州工人党（Workingmen's Party of California）领导的，该党的头目是丹尼斯·科尔尼（Denis Kearney）。加州工人党于1877年成立，到了1878年，该党在加州参议院中赢得了11个席位，在众议会中赢得了17个席位。他们改写了加州宪法，其中最重要的部分包括成立加州铁路委员会，拿廉价的中国移民劳工和雇用他们的中太平洋铁路公司开刀。他们的目标是"摆脱中国的廉价劳动力"，其臭名昭著的口号是"中国人滚蛋"！科尔尼对中国人的攻击特别具有暴力倾向和种族主义性质，获得了加州大多数白人的支持。这种反华情绪最终导致了1882年的《排华法案》和1910年旧金山附近天使岛移民拘留所的建立。中国移民被视为永久外国人。他们还声称中国工人勤奋而低报酬的工作造成了加州工人工资普遍下降，并阻止了美国白人男性获得工作机会。在1893年的经济萧条之后，反华暴动开始兴起，种族主义暴力和屠杀不断出现。大量中国农场工人被驱逐。这些中国农场工人占了加州农业工人的大多数。他们纷纷到旧金山这样大城市的唐人街找避难所。可是，排华运动并不能解决经济萧条问题。中国移民被迫放弃的农业工作机会对失业的欧洲白人来说并没有太大吸引力。结果大多数空缺都由日本工人填补了。后来菲律宾人和墨西哥人也来填补华人放弃的工作。在这场排华运动中，"中国佬"（Chinaman）一词被用作对华人的称呼，许多中国移民因种族和文化的仇恨而被谋杀。

在《排华法案》下，加州最高法院针对白人公民被控谋杀中国人案件的裁决遵循以下观点："中国人……的天性被认为是劣等的和无能的。他们无法在一定程度上取得进步或智力发展。他们的语言、观点、肤色和身体形态不同。在他们与我们自己之间存在着自然界不可逾越的差异。"① 这样荒诞的法庭裁决使得针对华裔的白人暴力案件无法追究，并导致了更激烈的针对中国人的种族骚乱。可是当时居住在加州的华人处于法律真空中，他们不能在法庭上维护其自身的合法权益。

这场排华运动的另一个目标是阻止更多华人移民美国。1882年的《排华法案》受到1868年《伯林格姆条约》的影响。该法案宣布所有华裔移民到美国为非法行为，并剥夺了已经在该国定居的中国移民的国籍。最初这个法案只针对中国工人，1888年它被扩大了范围，将所有中国人都包括在内。1917年美国的《移民法》更进一步禁止来自亚洲许多地区（包括中国的部分地区）的所有移民，也导致了1924年的《移民限制法》的诞生。其他法律规定还包括强迫留辫子长头发的中国人交税以及禁止中国男人与白人女性结婚等。这些法律大多直到20世纪50年代民权运动开始时才被完全推翻。随着1952年美国的《移民和国籍法》的通过，这些种族歧视条款最终从法律上被废除。

(二) 华人社团与五洲洪门致公堂

华人社团从中国移民来到美国时就开始出现了。这是一个正常现象。来到一个陌生的国度，华人不得不抱团取暖、互相帮助。另外，客观环境也迫使他们这样做。在19世纪，由于种族歧视在美国是合

---

① "The People of the State of California" v. George W. H. Hall, 4 Cal. 399, 1854.

法存在的,中国移民在法律上和人身安全上得不到保障,唯一的办法是团结自卫。由于生存环境恶劣,中国移民甚至连居住的地方都难以找到。白人社区是不让中国移民迁入的。他们只有在一些廉价地区以群居的方式住在一起,用合资租房的办法来解决住宿问题。这很快就导致了华人社区的出现。今天旧金山中国城里那些地皮昂贵的地段里的两层楼小屋,很多都是过去那些华人社团的财产。虽然它们其貌不扬,但价值不菲,处在今天的黄金地段。但在19世纪时这些地段还是贫困社区。在早年,这些小楼由华人社团集资购买,然后转租给会员们住,这是一个为华人移民解决住宿问题的办法。这也是美国一些大城市里都有"中国城"的历史原因。①

1911年前的中国移民社区里的社团大多是由家族、氏族和行会组成的。第一批华人移民定居在旧金山后不久,一些华裔社会的领袖人物便领头建立了侨界的社团组织来帮助新移民,并为他们提供各种协助,比如为新移民提供口译服务,帮助他们安排住宿和找工作。华人社团也涉入了其他领域,包括酒店业、贷款、卫生、教育和殡葬服务。许多早期来美国的华人移民举目无亲,死在美国时身边没有家人。因此,华人社团就承担起了为他们料理后事的工作,包括就地安葬或将骨灰运回中国。这些服务对华人移民来说是非常重要的。除此之外,华人社团组织也在法律上承担起保护华人移民的重任。其中最典型的就是中华会馆。1882年,第一个中华会馆在旧金山成立,以

---

① 美国的一些大城市里也有类似因某一个国家移民群居生活而建的社区,如"日本城""小意大利"等,但这些社区建立的原因和"中国城"建立的原因不太一样,后者更多是由于历史上的种族歧视原因而建成的。

捍卫华裔美国人社区的政治权利和合法权益为宗旨。在排华期间，中华会馆组织华人一起来抵制对他们的公开歧视，还把一些华人遭歧视的案件从市级法院移交给州最高法院审理。此外，中华会馆也广泛联络新闻界，并和中国外交使团合作，保护华人的权利。

对于那些没有加入中华会馆的华人移民，他们则加入了一些秘密社团，通常被称为"堂"。这是仿照三合会成立的地下组织，致力于推翻清王朝。他们采用了兄弟情谊、忠诚和爱国等团规来结成一体。这些"堂"的会员往往是些贫穷和文化程度较低的华人移民。历史上他们中的一些人也参与了有利可图的犯罪活动，包括勒索、赌博、人口走私和卖淫等。另外，在早期的华人移民社区里，"堂"的会员也参加了械斗和枪战，常被称为"堂战"或"堂斗"。这种情况始于19世纪50年代，一直持续到20世纪20年代，常见于旧金山、克利夫兰和洛杉矶等美国大城市里。

美国华人社团现象既是19世纪社会华人移民史上的一个独特现象，也是历史的必然。从中国来的早期移民遭受了许多文化冲击。他们不懂英语，也不懂西方文化和生活方式，通常遭受种族歧视，很难融入美国主流社会。这就导致了许多中国人社区的团体和会盟组织的建立，以达到华人之间的凝聚与合作。这是美国华人赖以生存的一个必要条件。1848年，第一个美洲洪门组织洪顺堂在旧金山开堂，为洪门致公堂的前身。洪门在明朝建立之初，又称三合会，是近代中国历史上的一个民间秘密会党。洪顺堂改名为致公堂的时间不详。目前已知的资料显示1879年致公堂已经在加州政府注册。

洪门致公堂参照了美国源自欧洲的工会组织"义兴会"（Freemasons）的模式，故不少美国人仍把洪门致公堂称为"中国义兴会"（Chinese Freemasons）。由于旧金山是北美地区洪门致公堂的发源地，故这里的致公堂被称为总堂。其他各个地区的致公堂则需向总堂登记会籍，由总堂发出"腰屏"作为会员证，并收取年费。但各公堂的行政都是独立运作的。

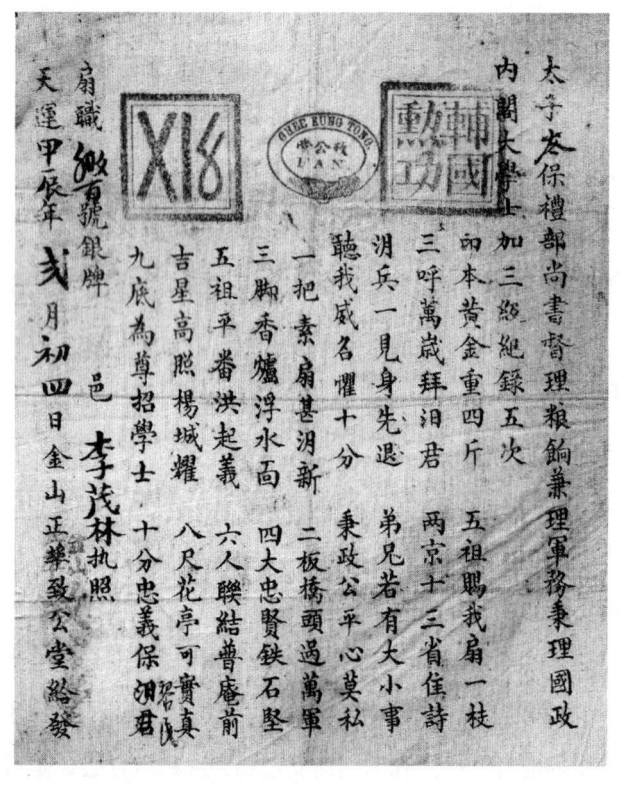

图 2-21　1905 年的致公堂会员腰屏[①]

[①]　本篇中图像均由旧金山五洲洪门致公总堂提供，出自五洲致公总堂:《洪门革命历史图录》170 周年纪念特刊，2018 年版。

洪门在美洲的兴起有其广泛的社会基础。早期来美的华人绝大多数都加入了洪门致公堂，号称有华人的地方就有洪门致公堂。这是因为入了洪门就得了保护，至少在心理上是一个安慰，大家相互有一个照应。致公堂的宗旨是为华人同胞谋福利，提供招工、入境担保、伙食担保等，可谓无所不管。

从19世纪中叶至20世纪上半叶，美洲华人入洪门也成了他们加强与远方的祖国联系的途径之一。洪门明代起就在中国内地盛行，"反清复明"是洪门的纲领口号。洪门创立者被视为反清义士，洪门会员皆以继承祖先遗志为己任。这样，美洲华人入了洪门自然就把个人的命运与祖国的命运联系在了一起。此外，北美华人中许多人当时都有"落叶归根"的想法，又怕"客死他乡"等不到这一天，而入了堂就有组织为他们做主。洪门致公堂当时亦被美洲华人视为"民间领事馆"。它在异国他乡为华人服务谋利，不仅帮助华人解决困难，而且在华人之间出现纠纷时还可以起到仲裁的作用。尽管致公堂各堂口之间也曾经有冲突，但最终还是能化干戈为玉帛，将华人团结在一起，维护他们的权益、抗暴抗争、互利互助，成为身处异国他乡的华人安身立命之依靠。从19世纪末开始，洪门致公堂除了总堂设在旧金山之外，致公堂分堂亦遍布纽约、费城、芝加哥、华盛顿、波士顿、洛杉矶、西雅图、萨克拉门托等美国各地的华人移民社区里。在同一时期，洪门组织也遍布在东南亚、澳大利亚、新西兰和美洲的加拿大、墨西哥等地，其中尤属东南亚地区的洪门人士最多。

（三）致公堂档案

北美洪门组织中历史最悠久、影响力最大的旧金山五洲洪门致公总堂收有该堂19世纪以来的历史档案。这批档案一直是海内外学者非常感兴趣的研究资料。这批档案不仅存有关于致公堂历史的资料，也有辛亥革命前后孙中山等人在美洲从事革命活动的材料，及与致公堂紧密相关的中国致公党的建党资料。这些资料与近现代中国历史紧密相关。可是，由于档案存放在旧金山中国城内致公堂总部的一座三层楼的小房子内，管理不善，亦无防火、防盗措施及恒温措施和设备，档案的遗失问题很严重，现存的纸质档案也因年代久远变得很脆弱。

图 2-22　2010 年部分致公堂档案在旧金山华埠致公总堂的存藏状况

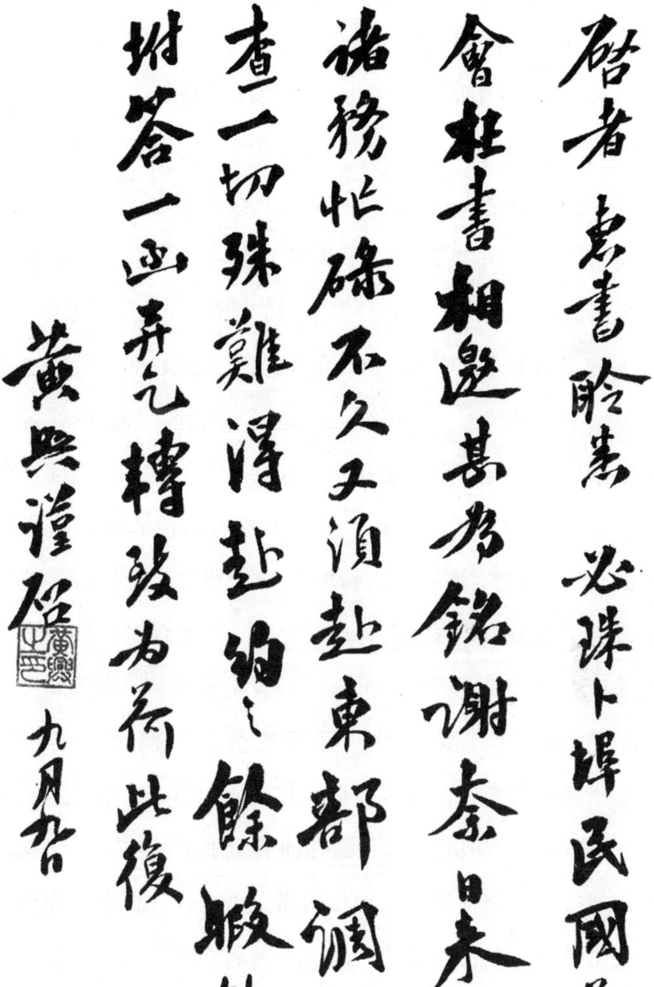

史海钩沉　333

图 2-23　辛亥革命领袖之一黄兴的手书，存于致公堂档案

为了保护这一批珍贵史料，致公堂内的有识人士一直在探索如何找到一个一劳永逸的办法，将这些残存的材料留给后世，不愧对死去的先烈。然而，他们的这一努力却受到了极大的阻扰。从2006年至2016年，致公堂由周国祥控制。周国祥绰号"虾仔"，1959年12月31日出生于香港，从小就加入香港的黑帮组织。少年时他随父母移民美国。他初中时就开始辍学。在加入致公堂之前他曾经多次因触犯法律而坐牢。2006年2月27日时任致公堂总堂会长的侨界领袖梁毅在旧金山的杰克逊街被一名身份不明的嫌疑人枪杀。周国祥在梁毅的葬礼上向梁毅致敬，并在2006年8月的仪式上堂而皇之地登上了致公堂总堂会长的宝座。周国祥的行为立刻遭到了警方的怀疑。不久旧金山警察局和联邦调查局便开始调查梁毅谋杀案，周国祥被定为主要嫌疑人。因为周国祥在梁毅的葬礼上穿着白色悼服，此项对周国祥调查的代号便被称为"白衣行动"。升任致公堂会长后，周国祥摇身一变成为了旧金山湾区亚裔青年的导师，每年他都与数十个社区团体进行交流，并获得了旧金山的美国参议员戴安娜·范斯坦（Dianne Feinstein）的祝贺，还得了一项"变革推动者"奖。周国祥也在各种政治活动中频频露面，与政客合影，并把他和旧金山市长加文·纽森（Gavin Newsom）合拍的照片张贴在他的脸书上。加文·纽森后来成为了加州州长。在担任致公堂堂长期间，周国祥一直在寻找买家，企图将致公堂档案当做文物卖掉，以谋求暴利。他的这一计划遭到了致公堂大部分负责人的反对，双方还为此争执不休。

在调查梁毅谋杀案的过程中，联邦调查局获得情报，周国祥2005年在奥克兰市的一家酒吧里曾经召开过一次会议，指示他人杀害梁毅。作为"白衣行动"的一部分，2010年5月联邦调查局派了秘密特工，由他人介绍给了周国祥。该特工在打入致公堂后逐渐得到了周国祥的信任，并开始参与周国祥的一系列犯罪活动，包括洗钱和诈骗活动。在此期间，这位卧底特工秘密录下了他和周国祥的大量谈话。2013年10月17日旧金山华埠合胜堂成员江达安和女友在旧金山附近被枪杀，周国祥直接参与了此案的策划。2014年3月26日，周国祥在美国联邦调查局突袭行动中被捕，被控与加州华裔参议员余胤良一案有关。余胤良被检方以洗钱、贪污、贩卖和走私军火等罪名起诉。2015年7月余承认贿赂、恐吓及军火走私的罪名，于2016年被判刑5年。周国祥则因此案面临洗钱和串谋处理被盗财产的指控。周国祥不认罪，周国祥的辩护团队将政府的调查视为政治陷害，并于2015年8月提出了动议要求撤销该调查，并称政府多年来试图诱使周国祥犯罪，指控应当被推翻。同年9月，美国联邦检察官宣布了此案的证据：周国祥曾下令谋杀梁毅和江达安。检察官称，两名周国祥案的共同被告人告诉调查人员，周国祥与梁毅有金钱纠纷，并有意取代梁毅成为致公堂会长，周国祥还对江达安曾恐吓合胜堂成员表示不满。此外，联邦调查局卧底探员也曾通过周国祥从致公堂成功洗钱260万美元。周国祥否认了所有指控。对周国祥的审判于2015年11月9日开始。2016年1月8日，周国祥被判多项罪名成立，包括一项谋杀罪。2016年8月4日周国祥被判处两个终身监禁（一个敲诈勒索罪，一个谋杀罪）和20年徒刑。他于2019年5月向美国第9届巡回上诉法院提出了上诉。一个由三名法官组成的小组维持了法院的判决，驳回了他的上诉。

2016年周国祥被捕入狱给致公堂的文物档案带来了生机。与此同时，吴瑞卿、陆国燊等华侨历史研究学者开始向致公堂负责人提议将这一批珍贵档案无偿捐献给一个专业图书馆永久保存，以便抢救这一批文物资料。吴瑞卿、陆国燊等学者的建议得到了致公堂负责人的认可和采纳。致公堂分别向加州大学伯克利分校东亚图书馆和斯坦福大学胡佛研究所提出了捐赠意愿，并分别到这两个典藏机构做了实地考察。最后，致公堂通过考察，并在吴瑞卿、陆国燊等学者的建议下，选定加州大学伯克利分校东亚图书馆作为这一批珍贵文物档案资料的永久保存地。

2017年4月29日，我第一次和旧金山五洲洪门致公总堂的负责人在旧金山华埠见面，讨论了该堂向加州大学捐赠致公堂全部档案的意向。致公堂方面有黄煜铮会长、数位副会长和赵炳贤盟长等人。会后，我们一起去了旧金山华埠唐人街吕宋巷36号的致公堂堂址内查看档案的收藏情况。在了解了档案的存藏情况之后，我随即代表伯克利东亚图书馆向致公堂的诸位负责人表达了我们希望收藏致公堂全部档案的意愿。2018年5月12日，加州大学董事会和旧金山致公总堂在三藩市华埠共同签署了《致公堂文物档案捐赠书》。我们的接收团队于2018年5月16日进入致公堂，与致公堂的负责人黄煜铮会长、赵炳贤盟长以及赵善璘先生等一起见证了档案的清点和移交工作。我们对全部档案大致清点分类后，当天就将最重要的文物档案安全运送到伯克利，剩余的档案也很快由专业运送公司运送。至此，旧金山五洲洪门致公堂总堂的全部文献档案就落户了伯克利东亚图书馆。这批珍贵档案记录了洪门致公堂在北美地区过去一百多年的发展历史。档案里面有许多珍贵文献和不为人知的史料。它们真实、客观地揭示了孙中山和洪门致公堂的紧密关系，以及洪门致公堂在美洲华人移民史上所起到的重要作用。

这批致公堂档案大概有7000多件，其中，信件类占有很大比重，约有1000多件。档案主要反映了洪门致公堂（以美洲为主，兼及东南亚、欧洲、澳大利亚、非洲等地）在20世纪的兴衰史。文献覆盖的年代自辛亥革命前后到20世纪40年代，其间经历的历史事件包括辛亥革命、讨袁运动、三次革命、张勋复辟、日本侵华战争等。相当数量的档案，如洪门设立筹饷局筹款的档案，反映了洪门人士对这些影响中国命运事件的参与。其中有不少比较珍贵的档案真实记录了洪门与孙中山、黄兴、陈炯明、唐继尧、蔡廷锴等政治人物的关系，以及洪门和其他党派，包括同盟会、保皇党、国民党等之间的关系。档案亦涉及旧金山洪门致公总堂与义兴会之间的关系，以及致公总堂与其他各地分堂的联系、合作与矛盾，洪门的组织与宣传机构的建立和财务状况等。

历史上洪门致公堂在美洲地区华人联系中起到过关键纽带作用。20世纪上半叶，洪门致公堂多次召开了美洲各地区致公堂代表参加的洪门恳亲会。在1923年旧金山召开的第三次五洲致公机构恳亲大会上，绝大部分地区的与会代表一致赞成组织政党，并通过了《组党大纲》《存堂细则》和《组党存堂公约》等文件。这次会议有来自64个分堂代表出席，代表来自英国、墨西哥、加拿大、澳大利亚、秘鲁、南非、东非、巴拿马、夏威夷、古巴、菲律宾等地。1925年五洲洪门致公堂在旧金山正式组党，并公举陈炯明为中国致公党首任总理。致公总堂与陈炯明的交往始于辛亥革命时期。陈炯明与致公党的关系也导致了后来五洲洪门的分裂。1945年纽约洪门恳亲大会也决定改堂组党，成立中国洪门致公党。同年9月加拿大致公堂在上海组织中国洪门民治党，再加上1925年成立于旧金山的中国致公党，洪门分裂出三个洪门政党。中国致公党于1946年在香港开设中央党部，后选出李济深为主席。1947年，中国致公党召开第三次全国代表大会，发表《中国致公党政纲》，对当时中国的政治、经济、财政、军事、外交、教育及文化方面和侨务政策发表了政策方针，称"61条"。这个离开了旧金山的中国致公党最终成为了中国政界的一个具有影响力的民主党派。今天，旧金山的五洲洪门致公堂总部虽然和这些政党已经没有关系，但它仍然秉承了洪门致公堂当年的体制和老洪门致公堂的历史传统，即"存堂组党"的初衷，不为后来的洪门产生出的政党所影响。这些史实都在档案中呈现。

致公堂档案中有1923年和1925年的10月10日在旧金山举行的两次洪门恳亲大会的许多资料，包括修订的《致公堂根本章程》，声称"拥护真正共和，发扬民族精神，扩大人类友爱，促进世界和平"的宗旨。此外，具有历史研究价值的档案资料还包括致公堂会员的注册名录和捐款记录、洪门首领黄三德等人的筹饷活动与通信，以及他们对孙中山、陈炯明、赵昱等人物的评价。此外，还有致公堂在上海和广州建五祖祠的材料、推举代表参加国民会议的相关记录，及洪门内部组织资料等。致公堂档案中也有大量反映19世纪末以来海外华人的生活状况的资料，特别是美国的《排华法案》对美国和墨西哥等地华工的影响，以及与华人相关的诉讼纠纷案件等。

（四）从档案看孙中山所领导的辛亥革命与洪门致公堂的关系

从致公堂档案中我们可以看到孙中山和他领导的辛亥革命与洪门致公堂的关系。一百多年前，以孙中山为代表的革命党人发动并领导了辛亥革命，一举推翻了清王朝的统治，结束了两千多年的封建帝制，开创了历史新纪元。海外华侨参与了这场革命并为之做出了不可磨灭的贡献。如果要深入探索美洲华人为近代中国的民主事业所做出的贡献，我们不能不研究洪门致公堂和这个组织与孙中山早年在美洲地区从事革命活动的紧密联系。

孙中山曾在《建国方略》一书中对洪门做过如下评论："洪门者，创设于明朝遗老，起于康熙时代。盖康熙以前，明朝之忠臣烈士多欲力图恢复，誓不臣清，舍生赴义，屡起屡蹶与虏拼命，然卒不救明朝之亡。迨至康熙之世，清势已盛而明朝之忠烈亦死亡殆尽，二三遗老见大势已去无可挽回，乃欲以民族主义之根苗流传后代，故以反清复明之宗旨结为团体……此殆洪门创设之本意。"[①] 孙中山在他的《民族主义第三讲》（《孙中山全集》第一集，三民公司1927年版，第43页）又谈道："到了清朝中叶以后，会党中有民族思想的只有洪门会党。当洪秀全起义之时，洪门会党多来相应。民族主义就复兴起来。"

孙中山本人和洪门致公堂在辛亥革命前的关系甚密。孙中山革命生涯中约有一半以上的时间是在海外度过的，他革命思想最初的形成与发展也是在海外，他所领导的兴中会和同盟会最早的会员大部分也都是海外华侨。1904年他在舅舅杨文纳的建议下，在檀香山加入了

[①] 《孙中山选集》卷上，人民出版社1961年版，第170—171页。

洪门，并被封为"洪棍"，在洪门中具有领导地位。孙中山加入洪门的原因是他深知美洲华侨当中最大的反清团体势力就是洪门致公堂，华人中十之八九是致公堂的成员。因此，要想在北美华侨中宣传革命，就必须与洪门结缘，以扩大与海外华侨的联系，进而推动革命。孙中山认为海外洪门具有极强的反抗意识，他们亲身体验了西方民主共和的优良之处。虽然他们中间许多人在一段时间内属于保皇派，但通过教育，可以成为海外支持革命的重要力量。他明白如果能得到洪门会党的支持，他的革命事业必将事半功倍。1904年4月6日，孙中山来到旧金山，美国移民局以持有错误入境文件的理由拘留了他，并指他为中国乱党，把他关进了木屋。这时孙中山已经是洪门要员，得到了旧金山洪门致公堂大佬黄三德等人的救助，最终得以入境。致公堂人士对他的到来表示了热情欢迎。此时，洪门致公堂总部各分堂自立山头、自行其是。康有为、梁启超的保皇党也趁机在致公堂会员中扩展其势力，鼓吹保皇复辟，与革命党作对。孙中山重组致公堂，清除了保皇党势力，组成统一的革命力量。他要求致公堂会员重新登记，并亲自起草了致公堂章程，明确规定"本堂以驱除鞑虏，恢复中华，创立民国，平均地权"为宗旨，这与次年同盟会四大纲领无异。随着孙中山改组洪门致公堂和他在北美侨界做的大量演说和鼓动工作，北美华侨纷纷转向支持孙中山的革命主张。1911年黄花岗起义失败后，孙中山更觉得有必要整合海外力量，于是他要求同盟会的成员加入洪门致公堂，以利于为革命筹款。

从上可见，北美华侨生活的地区是孙中山从事和策划革命活动的重要根据地之一，其中又以旧金山最为重要。旧金山是洪门致公堂总部所在地，也是当时美国华人居住最集中的一个城市，是美国通往亚洲的门户。辛亥革命之前，孙中山共四次来到旧金山发动和组织华侨参加中国革命。

从1895年的第一次广州起义至1911年的黄花岗起义和武昌起义，乃至辛亥革命成功，在这漫长的十多年里，洪门都发挥了重要作用。洪门义士为支持革命抛头颅洒热血。以1911年的黄花岗起义为例，72烈士中就有29人是华侨，其中多人是洪门会员，此壮举被孙中山称誉为"是役也，碧血横飞，浩气四塞，草木为之含悲，风云因而变色"，"则斯役之价值，直可惊天地，泣鬼神，与武昌革命之役并寿"。在辛亥革命之前，与孙中山合作，支持并参与革命的著名洪门领袖和洪门会员就有黄三德、司徒美堂、郑士良、尤列、邓荫楠、邓子瑜、冯自由、胡毅生、李是男、陈文锡等人。

北美洪门之所以受到孙中山的重视并能和孙中山所领导的同盟会合作，除了其广泛的人脉之外，另一个原因就是北美洪门人士所掌握的财力资源。辛亥革命前，同盟会在中国南方组织的起义都得到了海外华人和洪门人士的资助，尤其是北美洪门为中国的民主革命输送了大量资金。1911年黄花岗起义失败后，北美洪门还成立了"筹饷局"，为同盟会的革命工作积极筹款。同年孙中山第四次，也是最后一次来到旧金山。这次他来的主要目的是筹集革命经费，在旧金山成立洪门筹饷局，发行中华民国金币，为革命筹款。此时，孙中山接到了国内革命党电报，急需15万美金作为黄花岗起义失败后的善后工作。美洲致公堂积极配合筹款，司徒美堂提议将加拿大的多伦多、温哥华和维多利亚市三处的致公堂大楼典押，以支付革命党急需的经费，此意得到了洪门兄弟的全力支持。洪门人士很快将款项筹齐，有力地支持了革命。

1911年10月15日有外电报道，旧金山华侨已捐集30万美金，以救济革命军。孙中山当年回国后说："我这次带回来了华侨的巨款，对革命固有帮助，但最主要的东西还是我这次从华侨同胞方面带回的革命精神。"南京临时政府成立后，财政困难，司徒美堂又在华侨中集资200万元予以支持，这乃是后话。（见《海外洪门与辛亥革命》，中国致公党出版社2011年版，第306页。）

除了为中国民主革命事业出钱出力之外，北美洪门也在舆论界为宣传革命思想，传播革命信息做出了重要贡献。洪门致公总堂机关报《大同日报》和美洲同盟会的机关报《少年中国晨报》都诞生于旧金山。致公堂于1903年创办《大同日报》，行销南北美洲各地，主要报道侨社信息、中美新闻、社会动态及华商广告等，是美国早期重要的中文报纸。1906年旧金山大地震，刚起步的《大同日报》被付之一炬，后来复刊。复刊后的《大同日报》改名《中华民国公报》。接下来，旧金山华埠又出现了一批新的报纸，如《中西日报》《世界日报》《少年中国晨报》等。另外，洪门致公堂总堂还在旧金山办了另外一份报纸叫作《公论晨报》，这份报纸办了十年左右就结束了，今天已经难以看到这份报纸的资料。这些珍贵的历史材料都可以在这批档案中寻到踪迹。

为了扩展影响，1905年司徒美堂在纽约组建"安良堂"，该堂隶属北美洪门致公堂之下。美国总统富兰克林·罗斯福曾担任过安良堂的法律顾问达十年之久。1911年武昌起义爆发后，许多美国大城市的英文主流报纸都给予了显著的报道,明显对革命党人的举动表示了同情。美国社会部分上层人士和新闻界对辛亥革命的好感与洪门致公堂的宣传和舆论工作是分不开的。北美洪门致公堂及广大海外洪门人士为辛亥革命做出了巨大贡献。

因为加州大学伯克利分校东亚图书馆是收藏孙中山在北美地区从事革命活动资料的重要机构,孙中山在美国的后人也与伯克利东亚图书馆合作,积极参与了史料的收集工作。参与工作的有孙中山的孙女孙穗英(孙科与陈淑英的长女)、重孙林俊杰和重孙女林淑真。

除了与辛亥革命相关的历史资料外,洪门致公堂还保留了不少手抄文书和资料,如书信、会议记录、照片、表文、捐款记录等,其中有些直接反映了华人在北美的真实生活,如以下华人撰写的诗集所示。

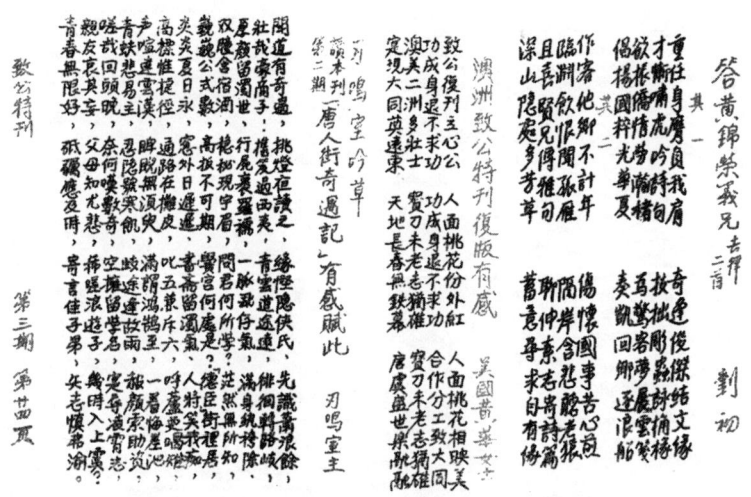

图2-24 致公特刊诗集:"作客他乡不计年 伤怀国事苦心煎"

在完成了致公堂历史档案的收藏之后，致公堂赵炳贤盟长给我来信说："致公堂之文物闪耀着先贤先烈的民族精神光芒，今天总算找到一个理想的归宿，而公之于世。不然的话，将永不见天日，将来或会受不肖之徒出卖牟利，或会在时间岁月中慢慢流失，淹没……毕竟，它是属于我们先侨的奋斗史，更是我们中华民族能够引以为傲的。"他的这段话总结了我们各方为抢救保存北美五洲洪门致公堂历史档案所做的努力。不论洪门这个旧时代的会党随着历史怎么变化，后代如何来评论它的功过，今天学界的任务就是保护好文物，让这些史料永存于世并得到研究利用，以还原历史的真实面貌。吾乃视之为己任也。毫无疑义，这一批资料生动地反映了华夏子民百年来移民美国的艰辛历程和中华文化扩散到美洲的历史篇章。

时 代 篇
数字时代文明的延续

在这一部分，我将讨论文明的传承与未来。21世纪世界文明发展的主要特点是数字革命，它将改变一切，包括人们的生活方式和不同文明之间的共存和发展，同时它也给人们提出了新的机遇与挑战。数字革命把世界变得更小，它将人们之间的交往变得更为紧密。

数字革命为文明的发展传承和延续提供了新的方法与动力。古老的中华民族发明了纸张和印刷术，给世界带来了传承和延续文明的有效办法，亦引发了后来在西方出现的古腾堡印刷革命，这乃是对人类文明进程最具影响的事件之一。21世纪之前，文明传承的载体大多是纸张和印刷品。而这个传统在21世纪将被颠覆。我们已经步入了数字时代，我们也正逐步进入一个无纸时代。这是一项重要且影响深远的变革。我将探讨如何让古老的文化遗产在数字时代得以延续，这一个转变过程有哪些挑战和机遇，如何构建数字文明的路线图，如何在学习研究和知识创造方面利用和把握数字时代的机遇，以及高等学府如何在数字时代领引知识创新。

文明交汇的基础在于不同文化的共存共荣和多元社会的建立。文明的延续也必然促成社会的改良。就拿美国来说，在21世纪里，美国进入了一个巨大的社会动荡和文化对抗的年代，美国的民主机制亦遇到了前所未有的挑战。与此同时，东方的中国正在崛起，成为21世纪的世界强国。我也将在这一部分讨论这些问题。

永恒的敦煌

谈到古老的文明在 21 世纪数字时代的挑战与机遇，我首先就要谈到"数字敦煌"。2011 年 2 月，我有幸受敦煌研究院之邀，以国际专家的身份主持"数字敦煌：石窟壁画及敦煌研究数字资源保障体系"的功能需求及设计和开发的论证工作，前后共两年之久。参与这个项目的美方专家还有我的同事，数字资源保护专家琳达·塔迪奇（Linda Tadic）。经过一年多的艰苦细致的调查和论证工作，我们两人共同撰写了《数字敦煌：石窟壁画及敦煌研究数字资源保障体系用户功能需求报告》，为"数字敦煌"总体设计开发和使用及敦煌数字资源的永久保存提供了一个指导性的蓝图。

"数字敦煌"是由敦煌研究院前院长樊锦诗先生在 20 世纪 90 年代提出并亲自主持的一个宏大的项目，其目的是要通过数字技术手段来永久保存敦煌石窟壁画这个中国古代文明的瑰宝。自项目开展以来，在对文明遗产的数字保存方面，"数字敦煌"项目提供了大量资料和宝贵经验，成为世界文博界同类项目中的佼佼者，为世人瞩目。"数字敦煌"的最基本构想是用当今最好的信息技术手段，以虚拟的方式来永久记录并保存敦煌这个世界文明的遗产，把它永久留给子孙后代。具体来说，就是要将已经获得的和将要获得的图像、影像、文字、考古和石窟保护等多种数据汇集起来，构建一个数字化、集成化的大规模石窟壁画资源库及敦煌研究数字资源保障体系，完整有序并永久储存这些资源。与古代敦煌石窟建筑之不同的是，今天我们可以使用高科技手段，在虚拟空间里再现敦煌艺术，用三维和多媒体的方式，将不同的信息高清合成。随着新的科技手段不断被用于数字敦煌工作，我们将不断使用新的方法来揭示和展现中国古代文明之瑰宝——敦煌石窟壁画。

为什么要做这样的工作呢？如同世界上的万物一样，物质的敦煌总有一天会消失。20世纪90年代，时任敦煌研究院院长的樊锦诗先生首先提出了以数字化手段来永久记录和保护敦煌的想法。用樊院长的话来说，敦煌石窟壁画这个文物不可再生，也不能永生，只能用高科技手段，将洞窟、壁画、彩塑及与敦煌相关的一切文物转换成高智能数字图像，同时也将分散在世界各地的敦煌文献、研究成果以及相关资料汇总成电子档案。我们今天能保存下来的敦煌图像、文献和文物的数字形态就是敦煌研究最宝贵的资料。我们知道，在文物遗产保护上，一座部落、一个石窟和一幅壁画总有一天是会消失的，"数字敦煌"的任务就是最真实地记录并永久保存这些文明的宝藏，让它们千秋万代永不消失，成为永恒的敦煌。此外，通过实现大数据和数字博物馆及数字图书馆的功能，使用自动储存、自动更新技术、云端计算技术、自动核查技术，我们可以全方位地再现敦煌石窟艺术，打造出一个鲜活的、高清的、大规模的、无处不在的数字敦煌艺术库平台，把敦煌宝藏和百年来的敦煌研究成果汇聚起来。

自20世纪初敦煌遗书散落到欧洲、日本和美洲后，敦煌学逐渐成为一门世界性的学问。一百多年来，敦煌的保护工作也从未间断。敦煌研究院前院长、著名敦煌艺术保护专家段文杰先生认为，[①]敦煌保护工作的第一阶段是1900至1941年这40年，这一期间的工作主要包括莫高窟藏经洞出土的经典文献的保存、寻踪、整理、校勘、考证、抄录、发布等活动，重大学术成果有罗振玉的《敦煌石室书目及发行之原始》《莫高窟石室秘录》《鸣沙山石室古籍丛残》《敦煌零拾》，王国维的《敦煌发现唐朝之通俗诗及通俗小说》《近三十年中国学术上的新发现》，刘师培的《敦煌新出唐写本提要》，向达的《唐代佛曲考》《唐代俗讲考》，郑振铎的《敦煌俗文学参考资料》《变文及宝卷选》，陈寅恪的《敦煌劫余录》等。另外还有王重民、向达、于道泉、姜亮夫等人先后去伦敦、巴黎和印度调查、抄录和拍摄的敦煌遗书。敦煌保护工作的第二阶段为1941年至1978年这37年。这一阶段工作的重要特征是中国一批美术家投身到敦煌石窟艺术的临摹、研究、宣传介绍工作中去，他们长住敦煌并开展石窟的整理和保护工作，也包括清理石窟内外的积沙和石窟的加固工作。1944年敦煌艺术研究所成立，常书鸿担任所长。以他为首的一批有志于敦煌艺术研究和石窟保护工作的艺术家，在敦煌坚持工作了数十年，将一生献给了敦煌事业。

根据段文杰先生的回忆，敦煌保护工作的第三阶段是从中国改革开放后1979年开始的，这是中国敦煌学大发展的一个重要时期。在这一时期，敦煌学的研究从国外转到了国内，彻底结束了"敦煌在中国，而敦煌学在外国"的局面。1984年敦煌研究院正式成立，由段

[①] 以下内容参见段文杰：《敦煌之梦：纪念段文杰先生从事敦煌艺术保护研究60周年》，江苏美术出版社2007年版，第158—164页。

文杰任院长。敦煌的研究和保护工作全面展开。在这一期间，中国各高校和科研机构的专家学者也纷纷投身敦煌学各个领域的研究，成果丰硕。尤为重要的是，从20世纪80年代开始，敦煌研究院与美国、欧洲和日本的研究和文物保护机构合作，用现代科学技术保护敦煌石窟，在石窟保护材料的使用、环境检测与治理、石窟加固、壁画颜料变色和褪色机理研究、壁画和彩塑的修复方面都取得了惊人的成绩。敦煌保护工作方面的成就为世人瞩目。

1993年敦煌研究院与有关单位合作，开始用计算机来存储石窟壁画的图像，向敦煌数字化的目标迈出了第一步。1994年由大英图书馆主持的"国际敦煌"项目（IDP）启动，敦煌研究院与国内及英国、俄国、日本、法国等国家的图书馆和博物馆合作将散布在世界各地的敦煌遗书和手稿通过数字扫描后，在互联网上展示。从20世纪90年代中期开始，敦煌研究院逐步建立起了自己的数字化队伍，并有系统地将计算机和信息技术运用到敦煌石窟图像的采集、存储和发布等诸多方面。1997年，敦煌研究院与浙江大学开始了一项合作研究计划，将精选的莫高窟60个石窟用多媒体技术进行数字化展示。1998年，美国梅隆基金会出资，协助敦煌研究院将莫高窟22个石窟进行实地拍摄，并为44个石窟制作了计算机网络的虚拟漫游实景片。20世纪90年代中期，美国西北大学的一个摄影团队专程前来敦煌进行《国际敦煌数字档案计划》的创建工作，为国际合作之典范。2004年，敦煌研究院完成了《敦煌莫高窟保护利用设施》报告。这份报告在以下三个方面，就如何加强敦煌莫高窟的保护和利用设施的投资作出了阐述：(1)数字图像的采集和利用，(2)石窟保护，(3)敦煌宝藏展示。为利用高科技手段来开发一个大型的数字敦煌系统奠定了理论基础。

但是，敦煌数字化所面临的挑战是巨大的：

首先，它所涉及的范围很广，包括所有敦煌石窟、壁画和与之相关的文物、文献等。敦煌石窟是敦煌地区石窟之总称，敦煌市的莫高窟、西千佛洞，瓜州县的榆林窟、东千佛洞，肃北蒙古族自治县的五个庙石窟，同属敦煌石窟范畴。现共有洞窟812个：莫高窟735个、西千佛洞22个、榆林窟42个、东千佛洞7个、五个庙石窟6个。石窟的开凿时间为公元4世纪到14世纪。莫高窟南区为塑像和石窟壁画集中的地区，现存洞窟492个，塑像2000余尊，壁画45000平方米，以及木结构建筑5座。位于北区的五个洞窟也存有壁画等艺术品。这些实物及相关文献都被包含在数字化范围之内。

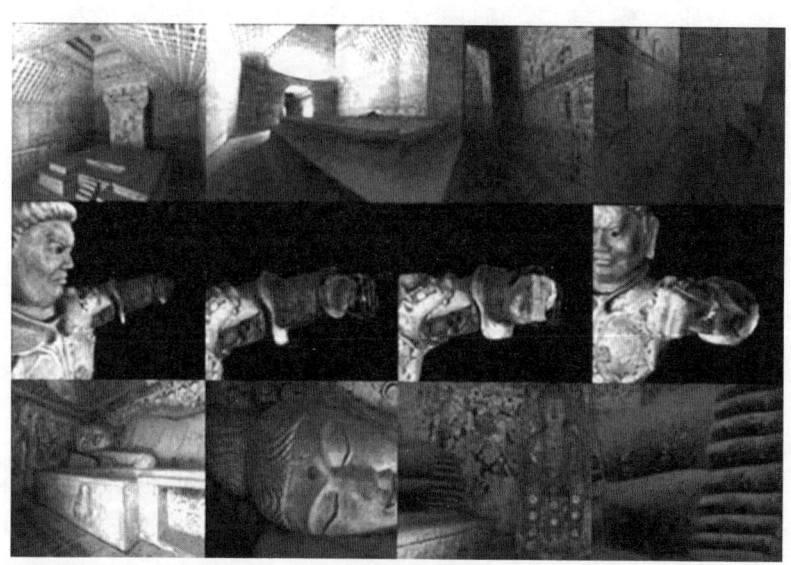

图3-1 敦煌石窟的数字图像，图像由敦煌研究院提供，下同

其次，敦煌数字化所包含的数字资源的数据量巨大，需要拍摄400多个石窟里所有现存壁画的完整图像，包括壁画和塑像的单个和拼接图像，储存完整的石窟考古和保护数据及文献，记录并展现敦煌研究院现存的文物、敦煌遗书和手稿、并汇集有关敦煌研究的出版物、敦煌研究工具书等。敦煌数字化的最终目的是在数字化的环境下，精确并高清展示敦煌石窟艺术的全貌，永久储存并保护有关敦煌的数字资产，并为研究中国乃至中亚古代的石窟艺术，以及历史、地理、宗教、经济、政治、民族、语言、文学、科技等学科提供数量巨大、内容丰富的资料。随着拍摄和制作工作进一步展开，直到"数字敦煌"项目完成，数据量会惊人地成倍增长。大量散落在世界各地的敦煌遗书也必须链接纳入数字敦煌平台，并促成敦煌遗书的数字回归。

另外，"数字敦煌"项目系统的设计也是极其复杂的。它是一个整合许多子系统的庞大系统。同时，"数字敦煌"的数据也是独特和复杂的。所有的敦煌壁画资料都属于结构性数据，即它们都存在相互交叉的联系，如壁画的局部与整体的关系、壁画的"父子"关系（单画与组画）等。不同类型的几十种数据都要在系统里进行符合国际标准的标注和描述，这些数据包括图像、文字、数字等。它们构成了一个多层次、多关联的复合体系。

最后，"数字敦煌"必须是一个动态的系统，它还必须提供对所存储的海量数据进行定期检测、查错、替补。一旦将来出现了新的操作平台和文档格式，还必须将大规模的数据升级、改制和迁移，保证"数字敦煌"的资源百年以后也不损坏，不过时。除此之外，"数字敦煌"系统还必须把大量的图像和文档输送到前台展示，为全球的读者提供及时有效的服务。由于"数字敦煌"拥有的数字资产量已达到兆亿级,随着大规模的石窟拍摄及数字化工作的展开,每时每刻都有新的数据产生,包括石窟壁画拍摄团队现场拍摄的图像、石窟保护部门生成的数据、石窟的温度、湿度、人员流动的检测数据,以及国内外各个研究团队在莫高窟实地采集的数据,如航空摄影图像、考古队在石窟内收集的激光点云图像、美术工作者的壁画临摹、计算机科学家们制作的石窟3D图等。敦煌研究院过去20年拍摄的大量平面图像和动画影像也需要整合,有的还要做制式转换和升级。把这么多复杂的信息源归拢、整合并永久地保存,这就需要由图书馆方面的综合信息管理专家和数字资源保护专家来共同筹划这样一个石窟壁画及敦煌研究数字资源保障体系。这也就是我和琳达·塔迪奇被委派来做这个系统的调研和功能需求研究的原因。

图3-2　莫高窟第254窟　北魏439—534《舍身饲虎图》

图 3-3 石窟壁画拍摄和数据采集现场

我们提出了"数字敦煌"功能及保障体系总体设计方案的三个核心部分：一个基于工作流程的数字资产管理系统，一个基于资源永久保存的数字资产保存系统和一个基于全球发布的数字敦煌数据发布平台。

1）数字资源管理系统：数字资源的生成和编目；图像和影像以及文字资料的管理和输送；数据版本的管理与监控，追踪和纪录；将数字内容和元数据递送到前台；承担管理高清晰原始图像和原始文档的任务。

2）数字资源永久保存系统：追踪和监控数据保存的过程和活动，包括对传送和存储后损坏的数据和错误数据进行检测；完成文档的核准和数据入库时相关技术性元数据的提取；提供过时文档格式的监测，以及文档格式的提升和转换；提供 LTO 开放线性磁带数据拷贝过程的监测。

3）数字敦煌数据发布平台：一个可供世界范围内订阅的数据发布平台；它发布的内容包括图像、影像、论文、敦煌遗书、专家手稿、善本书和敦煌研究出版物等；所有内容都来源后台的数字资源管理体系，使用原始图像和文档生成并经过压缩处理过的替代数据。

数字资产的管理涉及有效组织管理和使用"数字敦煌"内容，例如超高清图像的整合和标引，嵌入高科技手段及衍生的内容，管理虚拟现实、数字地理信息、激光测绘信息、3D 塑模数据，创造大型沉浸式可视化体验，关联精准的环境数据、石窟壁画保护信息及瞬时检测信息等方面。目的是建立科学合理的敦煌数字文献管理和标引系统，统筹整体文献，使用最新的技术手段和方法，确保数字文献和图像的有效永久保存和使用。数字敦煌的内容来自不同渠道，如由不同渠道和团队生产的数据、石窟壁画图像、3D 数据、地理信息系统数据、激光测绘、石窟壁画修复临摹、敦煌遗书文本等。重点是将数字敦煌的内容由分离式存储变为统一存储。另外，还要将过去的老数据迁移至新数据管理体系中的指定区域，把过去文档名中的有关数据信息升级为新的数据，将同一数据源的不同版本进行关联，做重复文档和图像的剔除，替补损坏了的数据，制定数据检错标引机制。除此之外，还需建立一个"数字敦煌"知识库。"数字敦煌"知识库和主题词汇库，包括从上到下、从大到小、从宏观到微观的敦煌学词库,为浏览、检索和展示之用,如主题、分部、流派、人物、核心作品、经典、佛尊、教派、节日、器物、圣地、寺庙、宝塔、组织、历史典故及事件、建筑、文学、艺术等系列专题。

如果要实现数字资源的永久存储和保护,就必须将所保护的资源汇总到一个平台,方能进行各种特定的存储、检测、修复和数据迁移工作。所要做的工作包括产生异地备份,对格式进行检查规整,并进行改制和规范化,去掉罕见专用格式,最终确定格式的表述及文献数字化的技术和参数保存,建立查核记录,建立校验坐标体系,定期自动检查格式及校验坐标,替换已损害了的数据内容,提供数据迁移和格式提升及转换并完整复原所保存的内容。需要关注的问题包括旧有格式的检测、定期替补和迁移、用户参与和检索,数字内容的完善,元数据的更新,数字保存步骤的记录,数据安全保障体系的建立等。

数字存储的终极任务是利于使用。数字敦煌的发布可多样化,如基于石窟的全方位展示及检索,高清图像的使用,数据连接及扩展展示,数据链的导入及图像、实景体验、文献和相关数据使用,高科技的使用,如图像放大缩小、漫游体验及互动等。所要解决的问题包括发布多少、使用多少、有偿还是无偿使用、谁可以使用、如何解决盗版问题、全面开放与限制开放的范围。开放"数字敦煌"资源的好处是可以以此来建立一个大众数字敦煌社区,以众包的模式来形成社会各种力量的合力开发。我们也可以采取开放与封闭两种模式共存的方式。

"数字敦煌"的最终目的是建立一个功能齐全、强大并可持续的敦煌数字化开发管理及使用系统，且建立并完善的相关标准和工作流程，确立基于互联网的高水平的"数字敦煌"发布和使用接口，提供高精度的敦煌石窟壁画虚拟现实体验，能够永久保存数字敦煌的海量数据内容，要解决包括异地存储、文献修复和复原、大数据迁移和平台更新等关键问题，以扩大"数字敦煌"的国际影响。

说完了"数字敦煌"的整体结构功能及保障体系后，我想谈谈自己参与这个项目过程中的一些体会和感受。在这个过程中，我以一个观察者的身份，亲临实地，亲眼看到了敦煌人为保护敦煌这个人类文明遗产做出的奉献和他们无私的精神，感受良多。在2011和2012两年中，我四次来到了大漠之中的莫高窟，做田野调查，并与敦煌研究院各研究所、数字中心和信息中心的五十多位研究人员和专业人员展开了座谈。他们中的许多人都给了我极大的帮助和教育。

我与敦煌的缘分是从著名学者樊锦诗开始的。为了"数字敦煌"项目，从2009年开始，樊院长以七十多岁的高龄，前后三次来伯克利校园找我。在敦煌研究院内有一座石雕，名为"敦煌的女儿"，雕刻了一位二十出头的姑娘，身背斗笠，面向戈壁大漠。她就是敦煌研究院前任院长樊锦诗。樊院长二十多岁时从北大考古系毕业后就来到敦煌，至今已有四十多个春秋。身为一个上海姑娘、北京大学的高材生，她离开大城市，来到地处偏远的敦煌，从一个意气风发的年轻女大学生，到今天白发苍苍的老人，她把一生都献给了敦煌，被誉为"敦煌的女儿"。第一次见到樊院长是在我伯克利的办公室里。面对这位闻名世界考古界和石窟艺术研究界的泰斗，我内心油然起敬。那一次的到访中，樊院长邀请我以国际咨询专家的身份参加"数字敦煌"项目的评审工作。我们详细讨论了这个项目各方面的情况。2010年,她第二次来伯克利时是同微软创始人,比尔·盖茨的继母米米·盖茨(Mimi Gates)一起来的。米米·盖茨当时是敦煌基金会的主席。我那时就想,是什么把我们这三个经历和身份完全不同的人召唤到了一起,一个是蜚声中外的敦煌学学者,一个是世界首富的母亲,一个是伯克利的学者。这大概就是因为当我们面对敦煌的过去、现在和未来之时,我们都具有强烈的责任感,要把这个中华民族引以自豪的世界文明遗产永远保存下去。

和樊院长谈过话的人都会被她平和低调的人格魅力所感染。这位令人尊敬的学者,我其实早有所闻。除了她在敦煌学方面的建树,令我最难忘怀的还是她朴实的学者风范。敦煌研究院的朋友们告诉我,樊院长到北京开会时,总会住在一个最简陋小旅店的地下室,几十年不改,最早的时候每晚住宿费才十几元。文化部派去接她开会的司机都不知到哪去找她。樊院长一身正气、两袖清风,高风亮节,令人佩服。就是这样一位朴素资深的学者却像一个年轻人一样以满腔的热情,极力追赶世界信息革命的浪

图3-4 作者与敦煌研究院院长樊锦诗2012年3月在莫高窟前合影

潮，与海外学界合作，成为国内文博业信息科技事业方面的领军人物。是她第一次提出了"数字敦煌"的概念，引领了国内文博界的信息革命浪潮，打造了一个具有世界先进水平的敦煌数字中心；也是她把具有极高科技含量的激光点云成像技术运用到了敦煌石窟考古领域，把我和其他国外的专家带入了敦煌学和敦煌保护工作的行列，其中也包括美国盖蒂保护所的人员、美国西北大学多媒体研究人员、美国艺术文库（ARTstor）和微软亚洲研究院的专家们。

除了樊锦诗、王旭东、赵声良、吴健、张元林、夏生平、俞天秀等数字敦煌项目的核心人物之外，我也接触了一些普普通通的敦煌研究院的工作人员，他们都给我留下了深刻的印象。其实要想了解敦煌，先要了解敦煌人。他们中间有研究院的学者、工程人员、画家、艺术家、文物工作者和工作人员。让我对敦煌人的了解莫过于一次对榆林窟的实地考察经历。邻近莫高窟的榆林窟同属敦煌石窟，但它比莫高窟的知名度要低得多。从莫高窟到榆林窟乘汽车要一个多小时，途中经过沙漠和绿洲。源自祁连山的党河，冲刷出西千佛洞的断崖。榆林窟就坐落在榆林河畔的峡谷里，十分偏僻。榆林窟最早的洞窟始于唐代，它的壁画可以与莫高窟的壁画媲美，它西夏时期的壁画尤其令人叹为观止。

记得那天到达榆林窟时已经是下午了。榆林窟的负责人先带着我们参观石窟壁画。参观完后已经是傍晚了。此时晚霞映照在崖石上的石窟岩壁上，十分壮丽。远处的榆林河也传来一阵阵涛声。此时，除了榆林窟的十几个工作人员外，只有琳达、我及司机三个客人。负责人热情地邀请我们到他们的食堂去共进晚餐。食堂里只有一张简陋的餐桌，炒的菜是榆林河边菜地里摘的，没有肉。据主人说这里出去买菜很不方便，只能自种自吃。这里也没有电视，没有现代的厕所和抽水马桶。这一切使我回想起20世纪70年代我在湖北农村下乡插队时的情景，条件是那样的原始和艰苦。夜幕逐渐降临，峡谷里一片寂静。我不禁向负责人问道："榆林窟地处如此偏僻之地，你们既无现代的警卫设备，又无部队在此防卫，如果有贼夜里来盗壁画和文物，你们如何应对？"负责人告诉我，一年三百六十五天，他们每天每夜都在此防守和巡逻。他们指着不远处的几只大狼狗告诉我说，每天晚上他们把通向石窟的大门关上后，就把这些狼狗放开，有了这些狼狗，盗贼就不敢靠近了。这些敦煌的看护人都远离家人，每月只能回家几次。无论酷暑还是寒冬，为了守护人类宝贵的遗产，他们年复一年地终日守护在这里，远离现代社会的方便舒适和城市的喧哗，着实令人敬佩。

敦煌人中还有外国学者、外国学生。我在敦煌研究院见到了一位长驻此地的美国姑娘。她名叫阿普丽尔·休斯（April Hughes），是普林斯顿大学的中国艺术史博士生。她硕士是在加州大学伯克利分校的亚洲研究专业念的。她硕士毕业那年碰巧亚洲研究专业请我担任该专业毕业典礼的演讲人，所以这次我们是故人重逢。阿普丽尔·休斯研究的是佛教艺术，志愿来到敦煌研究院为这里的研究人员教授英语。用她的话来说，除了一份微薄的工资外，最重要的是可以得到院里的特批去看她想看的洞窟，这对她的研究工作至关重要。我问她在敦煌工作最困难的是什么，她说最难熬的是寂寞。冬天，一个人待在莫高窟的宿舍里，只有靠看那些从美国带来的光碟打发时光。我问她在这里最高兴做的事是什么,她告诉我她开心的事是乘敦煌研究院的班车到敦煌市里去看朋友。看着这位金发碧眼、美丽且充满了活力的美国姑娘我又不禁问道,在这荒郊野岭的莫高窟,你只身一人害怕吗?她说她不害怕。"中国人都很友善,我在研究院有很多朋友,也有学生,他们对我很好。"我非常欣慰,有这些执着的外国学生,敦煌学这门世界性的学问后继有人了。

敦煌人当中也包括那些已经逝世的专家和学者。在莫高窟对面的三危山下,宕泉河边,有一块墓地。这里埋葬着十几个曾经在敦煌工作过的工作者,包括敦煌研究院的前身——国立敦煌艺术研究所的所长、第一代敦煌学专家常书鸿及夫人李承仙,敦煌研究院第一任院长段文杰及夫人龙时英,以及曾经在研究院工作过的其他一些终身献给敦煌研究和敦煌保护工作的学者和专业人员。他们都把一生献给了敦煌。敦煌研究院的朋友们告诉我,这些前辈来到敦煌时,当时的条件比现在不知要艰苦多少。寒冬腊月他们都只能睡在滴水成冰的破土屋子里,缺少食物和生活必需用品。从莫高窟到敦煌市骑着毛驴要走大半天,才能买回一些食品。今天研究院的职工乘坐班车从敦煌市到莫高窟的研究院上下班,单程仅需二十多分钟。虽然这片墓地比不上西敏寺教堂墓地之显赫、阿灵顿公墓之宏伟、八宝山公墓之著名,但它却是一块极其神圣的墓地。它是中华文明史上的一块丰碑,把一个辉煌的艺术宝殿和终身守护这宝殿的守护神们永远地连在了一起,只有寥若晨星的少数英杰才有资格长眠此地!

"劝君更尽一杯酒,西出阳关无故人",这一千古绝句描述了敦煌特殊的地理位置。敦煌是古代丝绸之路上的一颗明珠、西域边陲之重镇。它以独特的地理、文化及自然条件保存了华夏古代文明的遗产。在离开敦煌的飞机上，我俯瞰千里黄土高坡、戈壁滩，景象宛如另一个世界。这里曾经是繁华之地，有无与伦比的中国古代壁画艺术和令人梦绕魂牵的飞天传说，在古代，它联系了中亚多国文明。从2010年开始至今，我与敦煌结缘已经十多年了。在那里，我有人生难得的经历，也由衷感谢一大批敦煌人对我的启迪和教育。我为他们感到自豪。每当我身处这座巨大的世界文明遗产和艺术宝殿之中时，我的心灵总是会受到震撼，留下了许多刻骨铭心的记忆。直至今日，夜深人静之时，我的思绪还会飘到大洋彼岸戈壁滩中的莫高窟、月牙泉、鸣沙山。敦煌是中国的，也是世界的，它也必将是永恒的。能用数字化的手段永远地保存它是一件功德无量的大事，我何其有幸能参与其中并贡献自己的绵薄之力！

文明的数字传承

随着人类社会进入21世纪，大量的文献以数字化形式出现，其中包括原生性数字文献和由现存纸质文献转换而成的数字文献。如何管理、保存和使用数字文献是目前社会各界所面对的一个亟待解决的问题。与此同时，伴随着数字文献转换的高速发展和各个领域中大数据的使用，数据科学这一新兴学科应运而生。人类社会已经处于数字信息的海洋中。以数字文本为载体的文献在其数量上也正在迅速超越同类纸质文献。大量古代文献的数字文本还通过各种数字存储和发布平台，不断被连接、扩展和重组，产生了新的传世文献。在这些变化中，数字文献的管理、校注、整理和发布的新模式不断出现。随着大量古代文献的数字化，许多大型的全文数据库将分离的古代文献汇及成了大规模集成的数字文献，如"四库全书""中华经典古籍库""中国基本古籍库""汉籍电子文献资料库"等大型全文数字古籍库，它们将现存古籍文献聚集成大型文献平台，提供各种功能的检索。相比之下，传统的文献整理和检索方法，如索引、编目和人工查询则越来越显得低效。机器查询事半功倍，大型学术文献集成和通检潜力巨大。在世界范围内，我们已经开始看到这一潮流的影响。简单说来，古代文献与现代文献汇集的超大型数字文献库已经形成。

比如美国的 HarthiTrust 和 Google Scholar 都是这样的巨型文献库，它们汇集了数千万种各种语言的古代和当代文献。通过有效的机器检索和查询，学者可以做更加广泛的学术研究并探索和发掘出大量新的知识。数字文献除了跨越了传统文献和现代文献的鸿沟以外，它还有以下一些的独特功能：通过海量文献，我们可以将不同形态的文献统统纳入一个可控平台，把文本、图像和数据方面的文献统筹在一起，进行比较、探讨和整理；我们还可以开发出高效的文献检索和管理方式；我们可以通过数据视觉化把文献做成多样化呈现；利用数字文献的高度可塑性，我们可以将文献的内容进行无限的重新组合，如数据开发和再次使用。这些方法都为数字文献的挖掘和整理提供了前所未有的空间和力度。我们还可以把各种数字文献在社交共享平台上进行展示，并通过社会团队的协力合作来做文献的整理与开发。我们也可以对文献之间的关系进行管理性建模，弹指之间掌控千万部典籍。除此之外，我们可以通过海量数字文献的使用，把机器学习和机器解读变为现实，进而促进人工智能的开发。

"数字文献"顾名思义就是以数字形态出现的各类文献。它涵盖所有以数字形态出现的古代与现代文本。与传统文献相比，数字文献可以通过数字技术将不同学科和不同时代的文献连在一起。数字文献所涵盖的领域庞大，涉及一个国家的数字文献整体开发、利用和保障体系。因此如何建立一个科学的、系统的数字文献体系是一个亟待解决的问题。数字文献可以是多种多样的，它们的来源也各自不同。数字文献的收藏和管理机构也是多样的，可以是图书馆、研究和教学机构，也可以是政府机构、商业公司或民间团体等。数字文献的管理离不开完整有效的数字文献管理平台。但就整体而言，数字文献的整体生命周期包括：数字文献的生成、数字文献的内容管理、数据永久保存及数字出版和发布。

数字文献管理使用的三个基本组成部分，包括文献的管理和标引、永久存储和发布获取。文献的管理和标引是核心，向下延伸到后台操作的数字保存，向上连接前台的数字文献发布和使用。这就构成了一个有完整数字文献生命周期的平台。在这个数字文献平台上，我们先要收集数字文献，然后将收集到的数字文献放入一个数据管理库，并对有关数据和数字文献进行标引。在对文献进行标引后，我们就要将所有数据制作备份，然后将所有备份放入永久保存和存储的系统中。这样就完成了数字文献的管理和永久存储的程序。接下来，就是将数据进行发布，供有关人员使用。发布过程中，我们还要进行关联数据连接，建立不同数字文献和数据依据之间的关系和语义联系，再利用应用程序编程接口将数据送达不同功能的发布接口上，这些功能接口包括文献发布、检索、关联和开放数据、行政管理与授权，以及移动装置发布等。

数字文献的内容分析包括提供编目并对数字文献做出标引和分类，将有关数字文献的内容进行关联。与传统文献学研究一样，数字文献的研究包括对文本的解读和注解，保存历史、版本及文献来源考证和研究等，只不过这些工作可以在大平台上进行，亦可以随时修改与发布。此外，数字文献管理还包括对不同文本和数字文档的版本控制，对不同版本的标示。在这一过程中，我们必须对数字文献做出选择和分类、规范和规划，最后，我们可以将整理好了的数字文献有序地在各种平台上发布,并提供检索工具和获取手段。在发布的过程中,我们还要提供数字文献的使用权限管理,包括版权和使用权的界定及规范,以指导数字文献的合法使用。

在数字文献整个生命周期中,文献的永久保存仍是一个尚未解决的问题。与纸质文献不同,数字文献的永久保存绝不是仅仅做备份存储而已。我们需要做格式转换、查错、数据迁移及长期存储和复制等诸多复杂的程序。数字文献的保存不等于数字文献的简单备份。通常说来,备份只是做存储,而保存不仅是做备份,还要长期保存该物件的原始状况。这对数字文献内容来说极其重要,技术要求也极高。有谁知道今天我们看到的数字文献一百年以后还会存在吗?如果我们今天所能看到的数字文献内容几十年以后或一百年以后不存在了,那人类的知识和发明如何延续呢?在纸质文献里,我们至今仍可见到一千年前遗留下来的传世文献。可是在数字化环境下,我们可以做到这一点吗?对于这些问题,我们目前尚无答案,但我们要力求逐步研究并解决这些问题,这对社会和文明的发展和延续尤其重要。数字保存包括制定保存政策、策略及步骤,以确保数字内容不会随着时间的推移而改变,无论载体失效或技术变更都不会流失,而是得以永久保存。数字保存是确保人类文明得以真实、完整延续的关键问题,不解决这个问题,我们就无法确保知识和出版内容永久保存,因此,我们必须确保数字文献的永久使用存藏及可持续性发展,促进数字信息社会的进步,使图书馆、博物馆的文化遗产和产业界的数字资产得以永久存在。数字文献的有效管理、数字文献学研究与国家数字文献的开发利用及存藏关系重大,对教育及科学研究也会起到巨大影响。

数字文献的永久保存首先涉及制式的转换。不同的数字内容，如文本、图像、X光片等所用的制式是多样的。从开始就要把特定的制式尽量转到通用制式，以确保将来文献迁移和改制时文档能顺利地存到新的平台中去。如各种照相机所生成的原格式文档就需要改成通用的TIFF或JPEG格式来处理和存储。其次，在将数字内容进行大规模存储后还必须建立查错机制，以便不断将损坏了的数字文档替换掉，使得文献能完好无损。数字文献的保存寿命是有限的，只有通过自动查错来不断检错和替补才能保证数字内容的永久性、完整性和可用性，使数字文献的生命得以延续。最后，数字内容必须用多备份的方式进行保存。数字文献的长期保存是一个资源管理过程。它侧重于保护文件，而不是存储文件的媒体。文件格式一旦过时，就必须将该文件升级到新的格式和载体中去。因此数字文献永久保存方案必须严谨并行之有效，一旦制定就要严格执行。校验是通过独特的字母和数字组成的字符串，来检查文件的完整性。当一个文件生成后，它被放入数字文献内容管理系统，此时，系统将对该文件做一次校验，通过检验后生成的字符串将被存在数字内容管理系统上。该文件将来无论是下载、上传、核对或数字内容整体迁移，系统会对文件自动重新检验，保证检查校验结果与原来的检验参数完全匹配。如果不匹配，我们就可以肯定该文件已部分或完全损坏，就要对损坏的文献进行替换。文件验证程序是用来确定每一个文档的正确格式和版本的，有一些基于开放源码的工具可以用来验证多种文档格式。数字内容长期保存工作元数据是用来描述数字资产及相关数字内容的元数据的,包括该数字内容创建的方式和环境,是将该数字内容永久保存的关键信息。

数字文献内容迁移则是指数字内容被重新检查并复制迁移到新的媒体(或转码成为其他格式的文件)。这是数字文献长期保存的一个核心工作,也是目前业界采取的一个通行的方法。这个过程必须由数字内容管理系统来记录和跟踪。每个文档的记录都应注明该文档的来源(如数字视频磁带或数字文件),它是用什么软件和硬件转码或改制式而来的,迁移后的文档现存何处,等等。将文件改码转改制后,旧的文件不应抛弃。如果改制后的新文档出现了问题,可以通过旧文档来再处理一遍。同时保存新的和旧的文件会增加对系统存储空间的需求。在系统中尽量使用开放格式而不是专有格式的文档则有利于减少格式迁移的频率。每三到五年将文件迁移到新的媒体,这是目前业界数字保存常用的做法。同时,我们还要建立备份文档的异地存储,以防由灾难所造成的全部数字资产的丧失。

大型数字文献典藏机构往往因为拥有多种海量数字文献且资源过于庞大,无法用一种特定的数字文献管理系统或方法来统筹其拥有的所有数字文献,它们往往需要根据数字资产管理的特点来建构自己的数字资产管理系统,适合本机构的需要,并建立基于云端且功能健全的系统。目前业界和学界尚未有数字文献的永久保存的有效解决方案和途径,但是各行各业都在积极探索,以求将大规模的数字文献和大数据保存到几十年之后。在不久的将来我们可以看到新技术的突破和使用,使数字文献得以延续百年甚至千年,甚至永久保存。这方面的工作包括筹划布局、制定规范标准、数字保存认证系统和分布式的大型数字资产存储方式。美国国会图书馆和史密森学会是世界上最大的图书馆和博物馆机构，它们都建立了自己的数字文献永久保存系统。然而，在数字存储领域中常见的却是由第三方提供数字存储平台，它们功能齐全，但管理模式都不一样。北美地区目前主要使用的数字存储管理模式有多种，其中以代存储模式最为常见，即通过非营利组织来做代存服务。另外也有提供分布式数字存储平台，让参与机构自己做数字存储的；还有采用会员制模式，为机构提供数字存储服务的；也有纯粹将数字存储软件卖给用户使用，并提供售后服务的商业软件公司运作模式。

相对于以上所谈及的数字文献管理系统和数字文献永久保存系统，数字化生命周期的第三个部分，即发布和获取的平台和管理模式则更为多元。近年来，大型的数字文献发布和共享平台开始更多地采用公开代码、合作开发的途径，利用学界、图书馆界和社会大众的力量联合开发，从而带动资源共享。合作研究、共同开发、共享已成为主流。数字文献发布和共享平台为终端用户提供数据的展示、标引、注解、评论、来自不同渠道的数字图像和其他数字资源的合成、数据传送和出版等。此外，公开代码系统，提供类似的数字文献的存储、管理、发布和共享平台的方式也被广为采用。

数字文献的范围也包括自然科学和工程学等方面的数据。由于科学研究的独特性，不同学科的数据产生和管理方式往往要根据该学科的特点和研究需要来确定。数字文献和数据管理存藏机构必须依照通用标准和流程规范来管理和存储科学数据，以利于海量科学数据的研究、使用、检索和永久存储。让我们以高能物理这个学科的大数据研究为例。新一代高能物理实验装置的建成与运行产生了 PB 乃至 EB 量级的数据，这对科学数据的采集、存储、传输与共享等方面提出了巨大的挑战。问题的核心在于数字文献生命周期管理的全过程需要顶层设计和各种标准的建立，以及对数字文献的永久保存所做的长远战略考虑，而不仅仅是考虑到目前的需要。以上第一个问题牵涉文献的科学标引和标准建立。如果在摄取数据时没有进行正确完整的属性标引并建立可靠的元数据，就会导致后来的检索不便和信息流失。我们要针对学术研究的需要来建立管理机制和流程，因为每一个学科的数字内容的使用和需求都是不同的。科学数据管理的一个核心议题是数据的挖掘、使用和再使用。

在数字文献的管理和保存方面，不管是人文社科文献还是科学数据，我们使用的标准和认证机制是一样的。数字文献管理不但涵盖数字文献生命周期的全过程，还包括标准和认证。不同学科数字文献的使用是不一样的。这就容易产生混乱，即不同学科的数字文献管理往往遵从于该学科的需要，而忽略了数字文献的通行标准，各行其是。各个学科、各个部门和机构建立的数字文献生命周期系统无法统一，达不到客观统一标准。因此，近年来，建立数字文献管理统一标准的呼声日益高涨。数字文献内容生命周期管理和保存方面的主要国际标准目前有：开放档案信息系统（OAIS，Open Archival Information System）、数字存储信托模式（Trusted Digital Repository Model）、电子系统永久核查记录国际研究标准（International Research on Permanent Authentic Records in Electronic Systems）等。在认证方面，美国常见的认证系统有：可靠存储库查核和认证系统（Trustworthy Repositories Audit & Certification）和基于危险评估的数字存储库查核法（Digital Repository Audit Method Based on Risk Assessment）。在欧洲则有：欧洲数字存储库认证系统（The European Framework for Audit and Certification of Digital Repositories）、开放存储标准（Open Preservation Foundation）、国际标准局第 16363 标准（ISO 16363）等。开放档案信息系统（OAIS）是由美国国家航空航天局太空数据系统咨询委员会于 2002 年开始制定的一个国际标准，包括标准术语、数字文献内容库的责任、数据和信息管理法则、数字文献存储库的认证等诸多方面。它是一个参照标准系统，这个参照系统包括四个方面：信息的生产者、信息的使用者、管理和档案库。制定一个数字文献生命周期的普遍框架和标准是一项刻不容缓的任务，只有这样才能有效地开发出可以互相兼容的系统，并将文献的生产、数据收割、管理、永久存储和发布纳入一个可控的、具有普遍使用价值的体系之中，使多学科、多领域的数字文献研究走向规范化、一体化的方向。

最后，来谈谈数字化内容的永久保存与文明的延续之间的关系。由于人类活动、环境变化、自然灾害、保存能力和水平的限制等多种原因，人类文化遗产的生存环境受到严重威胁，而数字化技术的发展为文化遗产采集、保存、展示与传播提供了新的发展契机。文化遗产保存最好的方法就是制作一个数字化的替代品，因为原品的实体总有一天会毁坏。文化遗产的数字化复制品比原体可能具有以下的优越性：可扩展性、灵活性；综合数据的合成能够处理文本、数字、数据、图像等海量内容；快速检索特定内容；利用虚拟 VR 和 3D 技术创造身临其境的体验；提供生动的数据可视化；提供内容的无限重复使用；提供动态发布和共享平台；通过链接整合文化遗产的内容；将机器解释和机器学习技术使用到文化遗产的数字化之中。

从上千年来的人类知识管理和发展过程中，我们可以得到启发，即数字文献的生命周期与印刷文献的生命周期一样需要整体管理和可延续性发展。数字文献管理和数字文献学的研究以及相关文化遗产的数字保存目前还是一个亟待开发的新领域，需要解决的问题还非常多，牵涉的问题也极其复杂。我们要在未来确保文化遗产和数字文献的永久存藏，促进数字信息社会的进步，使人类文明的数字传承能够实现。

文史哲中的大数据

"大数据"是人们耳熟能详的词，但同时它又是一个陌生的概念。为什么说是既熟悉又陌生呢？现在人类社会已经进入了大数据时代，我们几乎天天都听到这个词，随着这个大数据的产生也产生了很多的产业和新的科学研究领域。为什么又说它很陌生呢？人们经常会问"什么是大数据"，"怎么用大数据来做研究"，回答这些问题就不是那么简单。特别是利用大数据来做人文社科方面的研究，因为刚刚起步，大量的工作还需要我们去摸索。新的思路和新的方法也有待我们去探讨和发现。

人文科学和社会科学，即我们通常说的文史哲研究中的许多问题是可以通过大数据来解决的，即用大数据来做研究。学界称之为"数据科学"。"数据科学"这个词也代表了一个新的领域的产生，就是把数据作为研究对象，通过对数据的研究得出结论的科学研究叫数据科学。现在世界各国都在推行大数据，也在推行大数据研究。大数据也确实给我们提供了很多解决问题的办法。学界和企业界都参与了这个具有巨大潜能的行业或领域。从陌生冰冷的数据里面，我们可以找到许多新的答案。一些大的商业公司，像谷歌、雅虎、亚马逊等，目前都在做大数据的开发和研究。

为什么大数据这么重要呢？因为大数据和我们创造知识息息相关。也就是说通过大数据的研究，人们创造知识的能力得到了非常大的提升。新的知识和信息每分钟都在全球传播，巨大的数据把我们知识创新的能力给拉动起来了，我们的视野拓展了。同时，由于知识产生的过程变得更集成化和系统化，通过大数据链，我们自然就被卷入一个系统的数据大集成的过程里面，而不是像以前那种仅陷入独立和分离的研究和认知过程。大数据来源很广，它的量很大，即所谓"海量数据"。在这个环境里，知识的产生和传播逐步变成一种全球的行为，不再是一个局部或个人的行为，还能带动群体和团队的研究。一个研究开始以后，很多人都可以跟进，而且数据可以重新利用。下面让我们来看一下大数据和大数据时代的一些特征。

什么叫大数据？通俗说来就是有很多0。怎么有很多0呢？我们现在知道一个PB有1000个TB，一个TB有1000个GB，一个GB有1000个MB，这些都是简单的对数据的计量单位。那么一个EB的话就是1000个PB。基本上来说达到一个PB级就可以说是大数据了。但是这又不是一个很严格的定义。因为做文科研究时，我们往往达不到这么大的一个数据量，不像在自然科学研究领域，数据量很容易达到PB级和EB级。文科研究的数据往往要小很多。所以就不能简单地说一定要达到一个PB才能叫大数据。对于从事文科研究的学者来说，有几千、上万个数据就可以称为大数据了，没有一个刻板的定义。

我们再来看看大数据的来源和运用。我们现在看到最多的数据来自"原始数字数据"（born-digital），英文"born-digital"的意思就是以原始数字形态出现的数据。换句话说，它从来没有以纸本的形式出现过，本身就是由计算机产生的，或者由各种各样的电子产物产生的。除了这种数据之外，另外一种数据就是来自纸本文件，由这些纸本的资料转化成的数字档案。这就是大数据的两种主要来源了。除此之外，大数据还可以衍生，通过链接和媒体形态不断衍生，使数据量变得越来越大。比如说通过社交网络和移动装置、传感器等，都会产生大量的数据群。每天早上，人们去乘坐交通工具。当他进入地铁的时候，他刷了一下卡，而无数的乘客通过同样的方式刷卡产生了一个大数据流。通过这个大数据流，我们就可以知道，每天有多少人乘坐哪一路线的地铁。这个数据群的产生是一个很随机的过程。目前大数据研究的核心领域还是在科学界。人们可以通过大数据研究取得前人所不能达到的成就。主要的科学研究领域，如计算机科学、统计学、天文学、物理学、生物学、基因科学等等都使用大数据。今天我们也看到大数据研究在社会科学和人文科学中也得到了广泛的运用。除此之外，这里还有个误区。通常谈到大数据会认为是指数字。这是不对的，大数据不仅仅是一个量化的问题，大数据不见得非是数字不可，那么什么叫大数据呢？数字当然是大数据的一个部分。但是有很多的数据是非数字的。我这里举几个例子，比如数字文本，它也属于大数据的范畴。数码照片、生物样本、医学上的X光片、社会科学和大众传播中研究的流媒体内容、考古学的样本、地球科学中的遥感图、历史档案等，都是大数据的一部分。不见得一定要以数字形态的大型数据才叫大数据。

大数据基本有几个特点：首先它是不固定的，因为它是可以重组的。大数据和已经出版的文献是不一样的。以前我们做文科研究很多是针对文本的研究，除了手稿等文献外，文本研究的内容大多是已经出版了的书籍。文本研究的对象相对比较固定，除了引用外，被重组和再使用的概率较小。但大数据研究，数据是不固定的，是原始的，它本身不具备知性，也不具备解释性，它是被人解读的。它是未经分析过的。这些我们都称为数据，它们可以被重组或再使用。图书馆以前只收出版物，也就是那些形态固定、不会变化的内容或文献，不收数据，即那些容易变化且形态不固定的内容或文献。现在图书馆已经开始收藏未经出版的原始数据，不论是纸张形态的还是数字形态的，这是一个重大转变。

其次，还有一个数据链的问题。大数据是关联的，我们称之为数据链或关联数据。大规模的数据集成就是数据和数据之间通过关联的方式形成一个大数据链。另外，我们经常看到大数据在时间和空间上开放地传播。通过检索我们可以在网络开放空间里发现大数据。再一个很重要的特征就是数据的可收割性和可重组性。通过每一次的数据收割和重新组合，我们可以发现新的知识。这也正是大数据的魅力。以研究为目的使用的大数据可以针对不同的研究不断修改，再加以使用，在注明数据来源的前提下不易出现侵权问题。

大数据存在的形态可以是云存储或固定存储，大数据也可以被随时精确获取，比如说运用遥感器和卫星探测手段等。很多数据还可以实时发布，现在各个国家都在进行这样的工作，建立一套大数据保障系统。中国现在也在做大数据产业的开发和研究。谈到大数据就一定会牵涉数据的保障和迁移维护的问题，同时还要研发高水平的数据检索技术。工业界和科学界往往要开发一些很特殊的大数据平台来进行大数据的研究。至于文科研究，我们的重点是用已有的大数据资源来做研究。以下我举几个简单例子，讲讲用于社会科学和行为科学的大数据研究，如怎样通过对大数据的分析，了解一些社会行为规律。什么叫社会行为规律呢？通过大量的数据，我们可以判断出一些社会的行为规则。举一个很有趣的例子，我们可以通过在"脸书"上查看一定年龄段的女性头像里她们所穿的服饰来进行研究。其实这个道理很简单，就是通过一个巨大的社交平台上看看18到24岁这个女性群体的服装，可以探讨出她们这个年龄段对时尚的追求、兴趣趋向。人们还可以利用人工智能的方法，通过大数据来进行机器的深度学习。有关"阿法狗"的新闻是一个非常有趣的例子，谷歌的"阿法狗"和韩国的围棋手李世石的对弈，结果"阿法狗"胜了。看似"阿法狗"有强大的智慧，实际上则是一个大数据深度学习的结果。围棋的变法有10的160次方之多，可以让机器不断地记忆这些变法。让它自己和自己下棋，确定深度神经网络的算法。机器不会累，可以不断地下棋，不断地优化，以致穷尽无数次的变化，达到最佳算法，并产生记忆。它通过大数据的分析学习，可以用非常高超的棋法来和人对弈，并战胜人类。用同样的办法，我们让机器学习给人看病，输入大数据，利用机器超高的检索和计算能力，做出最佳判断。通过机器学习，机器记忆，将来最好的医生可能就是机器，它可能比名医医术还要高超，因为它可以把所有的可能性都检索一遍，它的判断可能是最准确的，医疗事故会大大减少。还有一个很有趣的例子。20世纪60年代,美国人曾经试图用机器来做翻译,但是翻译之后,大家觉得机器翻译没有前途,翻译出来的东西都是不伦不类的。比如说英文里面有个成语叫做"out of sight, out of mind"。这个成语大家都知道,中文的正确翻译应该是"眼不见,心不烦"。但那个时候,机器翻译出来的结果是"一个瞎了眼的白痴"。因为"out of sight"就是"看不见","out of mind"就是"白痴"。那时,美国科学院一群专家搞了个报告,他们得出的结论是机器翻译是没有前途的,当时人们认为在开始做人工智能之前,科学界必须先把人的大脑思维功能搞清楚。这就开启了所谓的认知科学浪潮,把科学家们引到探讨人的大脑思维功能的普遍规律去了。20世纪60年代,还没有大数据和计算机深度学习的概念,不少人认为那是一个机械的搞法,无科学规律可循,也没有人想到把巨大的海量数据输入机器里去,让机器反复地学习记忆,而且那个时候计算机的计算速度十分有限,所以就产生了这些误区。今天,随着计算速度的飞速提高和数据存储量的极大提升,我们可以通过大数据的使用,把各种字典里所有的词汇和用法都输入到机器里,把无数最佳翻译组合输入机器,让机器学习和记忆,然后由机器通过检索得出正确的翻译结果。其实这样的做法也跟在图书馆里找资料一样,就像历史学家傅斯年所说的"上穷碧落下黄泉,动手动脚找东西",只不过今天我们不需要自己动手动脚找东西了,可以让机器去帮我们找到正确答案,而且是在瞬间就能找到正确答案,这就是人工智能。今天机器翻译已经可以准确地将之翻译成"眼不见,心不烦"了,因为机器已经把这句成语的各种翻译都存储起来了，并通过学习和与人的互动，知道了最佳翻译是什么。这样，当它看到这句成语后，就可以迅速运算，把最佳的检索结果给用户。再举一个研究例子，如果我们想研究一下土豆是什么时候引进中国的，以前得去翻资料文献，穷尽所有的参考书，去查最早有土豆进入中国的文献记载出现在哪本书里，是什么时候被记录的，这是一个极其艰巨的工作，需要对典籍文献有相当的了解。但是现在这样的工作就不需要由一个资深学者去做了。只要有一个像美国的谷歌图书这样巨大的文献资料库，里面有成千上万的全文书籍，你就可能查到最早有土豆记录的中文典籍，看看中国典籍里最早是什么时候记录土豆的，这只不过是弹指之间的功夫而已。除此之外，你还可以查到与土豆相关的产业在古代有哪些，在哪个地区，是如何发展的，等等。新的知识就这么建立起来了。所以说大数据的开发和使用可以使人类获得知识的速度大大地提高。你不需要是一个饱读诗书、学富五车的学者，仅仅通过一个检索就可以找到很准确的答案和结论，而且这个结论是通过对海量数据检索后得出的，不是通过主观想象得出来的。这个例子表明大数据对文科研究影响非常大。再比如说，研究人口迁移问题，通常一定要等到人口普查资料出炉后才能拿到有关的统计数据，美国大概每十年会有一次全国人口统计。但是现在研究人口迁移问题就不用等十年了。很多的人口迁移数据可以通过其他的途径来获得，包括交通工具的使用，学生登记注册，如你是从哪个州来的，你今天在哪里，等等，这样即时的人口迁移数据都可以获取了。再看一个计量金融学的例子，以前在华尔街投资的那些老手很多是超级天才，他们很可能拥有很高的学位，受过金融学方面多年的训练。他们在做金融研究的时候要对金融市场做分析，找很多数据。但是在未来大数据时代的金融投资分析领域，起主导作用的可能就是机器了。机器可以对市场的大数据进行分析记忆和存储，它的能力会大大超过人的分析判断能力。计量金融学方面使用大数据研究可谓方兴未艾。通过大数据研究分析，机器可以对市场走向做出判断，给顾客提供最好的投资方案。另外在公共卫生和流行病研究等领域，大数据研究更是不可缺少的。2020年新冠病毒在全球泛滥肆虐，科学家们通过由传染和死亡人数的大数据建立的模型，可以掌握病毒的流传和控制情况，作出准确预测。许多有关流行病的传播和来源的研究都离不开大数据。还有天文学、环境科学、灾害研究等领域，它们都和大数据研究息息相关。

对做文史哲研究的人来说，我们怎么运用大数据呢？文史哲研究和自然科学、金融学、公共卫生等领域不一样，文科在大数据方面的研究前景往往就不是那么确定。首先，我觉得文科方面的大数据研究是通过一些大型的社科知识库的产生而出现的。这个社科知识库可以是多元的，比如大型文本数据库，理论上我们可以把世界上最大的图书馆美国国会图书馆所有书籍都数字化，放到几个磁盘上，这就是一个巨大的数据库。对文科研究人员来说，我们今天的便利就是可以使用海量数据库，这种机遇和能量是前所未有的。就中国学术来说，它有两千多年文字记载的历史。前人没有办法用大数据做研究，而今天文科的研究人员可以用大数据来做研究。我们的前人根本无法想象我们今天可以饱览世界上不同文字的材料，通过大数据的检索和存储平台可以任意驰骋在知识的海洋里。在这一点上，前人是做不到的。我们今天也可以通过云端计算，把信息通过无数个服务器的连接变成一个巨大的知识链，通过对信息的收集和存储来形成一个共享知识平台，通过建立知识库进行合作。以前做文科研究的人们大规模合作的机会不多，通常是分散独立、孤军奋战。你做文学的研究，我做历史的研究，我们之间是不相干的。今天有了大数据和云端计算，我们就有可能进行大规模的合作研究，可以进行跨领域、跨学科的研究。在不久的将来，社会科学和人文科学研究方面会出现一些超大型的合作平台，这是可以预见的。通过利用大平台和大知识库，我们可以开启一系列的探索与发现，规模非常可观。我们可以重组数据，收割数据，分离数据。我们就生活在数据之中。社会科学和人文科学研究使用的数据量在某种程度上来说会不亚于自然科学方面的数据量。文科的数据更容易重新使用、修改和组合。这比自然科学的研究来得更便捷。我认为通过大数据来进行社会科学和人文科学研究会给我们带来前所未有的新视野和新方法。就看我们能否把握这个机遇。目前一些大型的文科研究平台和数据库实际上已经形成。我这里举几个例子，主要是美国的例子，也有欧洲的例子，比如说 HathiTrust 数字图书馆就是美国的一个大型的文本数据库，它有超过一千多万册电子图书。谷歌电子书也是一个巨大的文本数据库，有超过数千万册的数字文本图书。还有互联网档案（Internet Archive），欧洲的欧洲藏品联盟（Europeana Collections）等都成为了巨大的云端网络文献数据库。它们给文科研究提供了前所未有的机会。另外还有很多文化遗产机构、典藏机构、学术研究机构，它们也都在随时发布数据。美国盖蒂研究所提供的关于艺术史研究方面的网络接口，为研究艺术史的学者提供了前所未有的机会。他们可以任意搜索和使用这些艺术史的资料，通过一站式的服务，对网上数据进行收割、分析，得出漂亮的研究结果。

文史哲界今天有一个非常响亮的术语叫数字人文。实际上它就是用数字图像和文本及计算机技术来做人文科学和社会科学研究。数字人文的特点是它跨学科、跨领域。通过数据链的产生和大数据平台的使用，我们可以任意地做跨领域、跨学科的探索，而且这种研究还可以是动态和发展的。数据可以重新整合、重新收割，这就造成了数字人文研究的动态发展和跨学科的特点。数字人文有三个基本要素：第一是数据；第二是方法，比如通过使用注释图像、文字组合、原型重塑、多媒体三维图、地理信息系统（GIS）等一系列方法，可以使研究水准得到提升；第三是视野和结论，通过数字人文研究，可以得出新的视野和结论，可以用可视的办法来呈现结果，如图像、表格和形态建模等。在文科领域里利用大数据来研究的案例以前是比较少见的，但是未来会越来越多。

数字人文研究具有跨领域和跨学科性。如果是学历史的学者，往往是根据历史资料来做相关的历史研究。如果是学文学的，就做文学方面的研究。但是，在大数据时代，我们通过数字人文来做研究就没有必要分得那么细了。一旦进入大数据领域，就做数字人文研究了，可以横贯历史和文学两个领域。这种融会贯通是自然形成的，因为数据往往是贯穿不同领域的。不管是学文学的还是学历史的，还是做人类学的，结论是通过来自不同领域的数据进行分析所得到的。研究的能力就大大提高了。数字人文可以把我们的研究变成一个跨学科、跨领域的多学科、多领域的研究范畴。这方面例子实在太多了,比如"伦敦 1690—1800 社会生活百态"网上数据库记录了伦敦 17 世纪到 19 世纪两百年间这个城市的旧貌,它汇集了大概二百四十万件文档,包括二十四万份手稿,还有其他各种各样的档案。另外还提供大概三百万个人名资料。通过对这些大数据的研究,我们可以发现这两百年之间伦敦人的生活百态。如社会行为、规范、文化形态、犯罪行为等等。通过对这些数据的分析,我们可以做量化研究,也可以做直观描述。

下面再举一个案例分析一下怎么在文化研究方面做大数据研究。这就是数字地图。2003 年,我们在开始做这个项目的时候数字人文的研究才刚刚开始。加州大学伯克利分校收集了大量的 16 世纪到 19 世纪的日本古地图。这些日本古地图以前没有很好地被学者使用过。过去几十年里,来伯克利研究这些日本古地图的学者不到一百人。这是资源浪费。我们把这些古地图数字化,然后放在网上全方位展示,加了标注。有些地图是非常珍贵的。以下图 3-5 中的第一幅图反映了江户时期从江户(东京)到京都的一条公路和沿线的情况,第二幅图揭示了日本早期对外通商的历史发展。地图上有两艘船,一艘船是荷兰船,一艘船是中国船。它反映了日本早期海外贸易的两个主要来源国,一个是欧洲的荷兰,一个是临近的中国。图中的第三幅图反映了日本历史上一个很重要的一个事件,就是 1852 年到 1854 年美国海军将领佩里的战舰开到了东京湾,打开了日本的门户。这是一个非常有历史意义的事件,美国人用炮舰把一个封闭的日本打开了。佩里将军的军舰是一艘黑色的蒸汽船。地

384　时代篇/数字时代文明的延续

图3-5
日本古地图的数字化研究

文史哲中的大数据　385

图生动地反映了当时佩里率领美国舰队驶向日本，打开日本门户的场面。

这些地图里还有很多关于中国的描述，以下图 3-6 中的第一、二幅图是京师总图，也就是日本古人对明代紫禁城的描述。我们利用这个网站的分析展示功能，在图 3-6 中的第三幅图中把东京皇宫图和紫禁城图做了比对，可以清楚地看出这两个皇宫在结构上非常相似。中国文化对日本的影响也就非常清楚了。

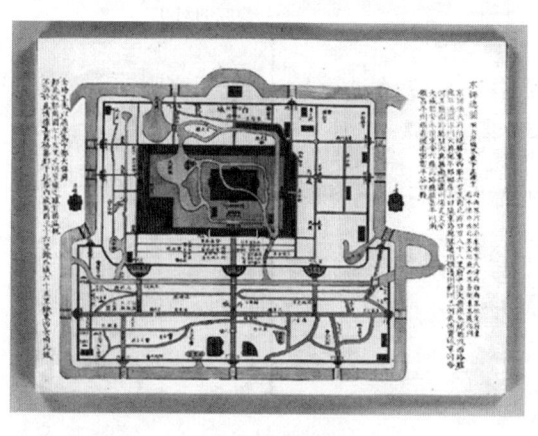

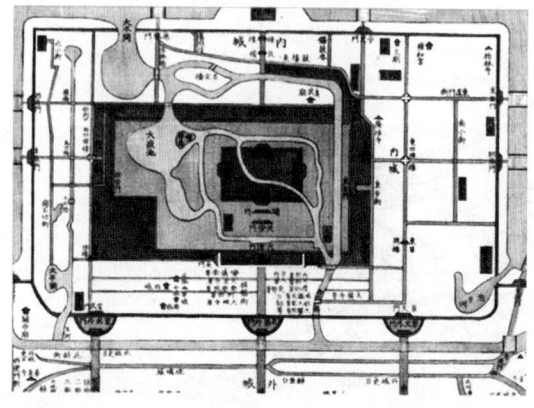

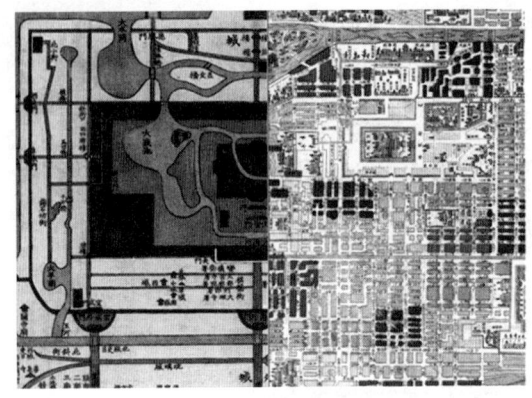

图 3-6
日本东京的皇宫和北京紫禁城的对比

把这些地图做成数据以后,怎么进行下一步的研究呢?数据只是一个部分,研究最主要是要看结果的。首先我们可以将地图放大,如以下图 3-7 所示,有的地图我们通过肉眼是难以看到细节的。但是变成一个数字地图以后,我们能够把它放大,所有细节都变得清楚无误了。通过这样一条停泊在东京湾的渔船,我们可以看到江户时期渔夫们的生活。

图 3-7 古地图的细节放大

我们也可以进行城市地图的比较，比如把东京两个不同历史时期的城市规模和街道建构加以比较，就可以发现不同时期这个城市发展的演变。在这个分析过程里，我们就会发现一个很有趣的历史现象，地图里面有个区被标记为"贱人区"，就是低贱的下人居住的地区。在江户时期的日本，它的城市地区是分等级的。一些劳工和下层人士只能在这些贱人区生活。作为进一步的研究，我们还可以把要研究的不同历史时期的地图放大、排比、进行任意的重组和对照。我们还对地图里的某一个部分进行精确校准，提供注释和分析，然后把注释和分析与被对比的地图拼接在一起，显示研究的结果。我们可以把这个研究推广到一个社交平台上，让别的学者也来进行校准，也来写注释。除此之外，我们还添加了卫星图，把古代地图和现代卫星地图进行比较，比如说把1864年的东京市区图和今天的卫星图进行比较，把1710年的地图和今天的卫星地图进行比较，也把1748、1799、1803、1858、1892、1905、1910年的多个地图进行对比拼接，通过分析后得出新的结论，勾画出这个城市发展的过程。这些例子都演示了在大数据的研究过程中，我们是如何得到新结论、新知识和新视野的。这也表明了数据使用的新方法，即数据可以重组、再生，形成不同数据链。另外，大数据的研究也把我们从单一的研究引向到一个集体开发的研究平台，改变了研究的方式。

　　大数据的特点是直观性，有些数据还具有视觉效果和三维特征。我们可以采取高科技手段，把研究工作做得更新颖和生动。这就是人文科学领域里使用大数据的魅力。大数据还运用于人类文化遗产保存与研究方面。今天可以说文史哲方面的大数据研究方兴未艾，用大数据来做文史哲方面的研究得到的知识和成果也会越来越多。

网络时代的学习

过去我们读书学习依靠书本、报纸、杂志等传统载体，而现在，网络环境下的学习正在逐渐替代依靠纸质书籍成为学习的另外一个重要途径。网络时代的学习有哪些优势呢？首先，它比纸质环境下的学习接触的信息量庞大了许多，信息流动与更新也快了许多，我们可以在弹指之间在网络环境下浏览许多书籍和报刊，也不受周围环境的影响。在书房、图书馆、书店、商场、地铁上人们都可以随时随地阅读学习。由于网络的连接性特点，书籍、报刊、视频流媒体等多种形态的读物可以连接在一起，我们可以轻易地选择和组织阅读，随心所欲地在不同的媒体之间跳跃转换。

网络时代的阅读可以快速找到答案，解疑题，其优越性取决于检索速度和群包知识库的容量。网络成了我们最好的老师和百科全书。中国人的学习向来注重博览群书、死记硬背。历史上许多知名学者满腹经纶，历史典故随手拈来，唐诗、宋词随口而出，皆为鸿儒雅士。这种本事在过去那种孤立分离的学习环境下是不可缺少的。可是到了网络时代，引经据典和博览群书都变得相当容易。互联网上用百度等搜索引擎，可以瞬间将海量文献做迅速浏览检索，从而得到答案。用大数据工具和网络云端计算做检索和查询都是弹指之间的事了。时代变了，学习和研究的方法也变了，获取知识的途径也在变化。这使我想起了西方大学里现在常提的通识教育理念。这种理念提倡人的能力提升和素质培养，重质而不重量。它不注重死记硬背，也不要求学生用大脑主要储存知识，把大脑变成一个机械的存储器，而是把重点放在培养学生的分析能力上。一个考题中，把正确的答案放在多项选择中让学生分析挑选，重在分析判断，而不是重复记忆，着重提高学生的分析和解决问题的能力。这种学习方式与今天网络状态下的学习更为接近。在如今的网络环境下，我们中国人的学习方式是否要改变，是否要与时俱进？如果我们今天的教育仍只是注重灌输知识、强调死记硬背，那我们在网络文明的竞争中必然会落后。

网络时代的学习还有个显著特点就是连接式的学习方式。所谓连接式的学习是指把学习的过程放入一个多元环境或多媒体之中来进行，甚至是在跨学科的环境下来行。通过分析、挖掘和整理，把学到的东西加以升华，使学生的学习能力得到极大提高。这是一种新的网络学习模式。

我最近从美国加州大学伯克利分校的本科生用网络资源学习过程中找到了一些案例。这些是伯克利的学生们用网络学习环境来设计和完成的学期论文，个个都非常精彩。在非网络的环境下，他们是很难完成这样的学习和高水平的研究论文的：

——1967—1993年列宁格勒爵士音乐节系列的社交网络分析
——中世纪转型时期的斯堪的纳维亚：用数字档案来重新审视
——多元对应：重新思考民族志档案

——使用 RTI 和基于图像的自动计量分析技术来归纳陶瓷表面形貌：奇丽帕文化、玻利维亚和其他地区

——家：20 世纪和 21 世纪住宅历史考古学

——布吕赫尔家族档案馆

——比较平等且可适应的教学法和不可适应的教学法及它们所导致的学习结果差异

——通过机器学习得出仇恨语言的分析曲线

——当代中国艺术界的著名艺术家

很难想象这些高深的研究课题竟是一群本科生利用网络学习的方法和数字资源组合的形式完成的。很明显，在网络状态下，学生们的学习研究能力和创造力得到了提升。

今天，除了自我学习之外，我们还可以教机器学习。网络环境使大数据的聚合和机器学习得以实现。人工智能就是多种技术的结合，包括机器学习和自然语言处理，使机器通过不断重复地学习获得领悟、理解、处理数据和归纳的能力。它可以存储大量棋谱并在最短的时间内以极快的速度找到最佳方案。机器的优势在于它们不知道疲劳，可以通过大量存储和搜索海量数据，从大量棋法中找出最佳的步骤和决定。人类的大脑没有办法接近这个水平。比如，IBM 深蓝超级电脑每秒钟可以过滤、分析并处理两亿个特定情况下的最佳下法或在 3 分钟内检讨 500 亿个棋子位置，而人类最好的棋手则只能在 1 秒钟内最多对 5 个下法和棋子位置做出分析。当然，人可以以 5 与两亿博弈，这就足以证明人大脑的综合能力和最佳选择的经验仍然重要并

具有独特的优势。

与非网络状态下的学习不一样，网络状态下的学习还可以是团队学习。团队的成员可以在一地或异地同时学习，相互合作，提高学习效率。在网络状态下，无形的课堂无处不有。更为重要的是，这样的网络学习可以很快把学到的知识用于创造和应用之中，把网络学习变成创意空间，把学习的过程变成研究和创新过程，迅速与实践相结合。比如说，通过3D打印技术，一个网络学习小组可以集体设计一个艺术品，并把设计的结果打印出实物来，很快做到学以致用。通过运用高科技和图像处理手段，网络环境还可以提供一种虚拟沉浸式的学习场景，即一种身临其境的学习。另外，也可以把一个实地环境投射到屏幕上，展现出实地的状况。

在数字时代，由于信息科技的高速发展，人们可以超越时间地域，浏览万里之外图书馆的藏书资源，还可以利用各种手段从远距离直接获取资料。虚拟图书馆、日新月异的数字出版物及检索工具通过庞大的互联网向读者展现了一个前所未有的、超越国度的全球数字阅读平台。网络出版和数字出版物变成了知识存储和传播的有效手段。商业界也趁机搭上了信息咨询业这趟车。信息网站、搜索公司层出不穷，今天全世界都在忙着建立一个巨大的、无形的数字阅读平台和知识库。现在在互联网上查询知识信息的人远比到图书馆去查询的人要多。其实，信息产业所做的工作和传统图书馆的工作是相似的、一脉相承的，比如百度、谷歌、雅虎、阿里巴巴、亚马逊等公司在网络上把信息分类编目并向公众提供检索，这就像传统图书馆里的编目部所做的工作一样。在网络学习的发展过程中，新的模式不断出现。图书馆不需要拥有出版资源的所有权而仅凭使用权就可以向读者提供数字信息资源。数字文献将在某些学科领域，比如工程学、商学和医学等，完全取代纸质文献。这些领域的知识更新快，对回溯性文献需要相对较少。这样一来，数字革命也就造成了各学科之间对数字阅读依赖程度不一。有些学科今天已经可以完全放弃纸质阅读，但人文学科在很长的一段时间里仍需把纸质文献阅读作为最基本研究和学习的手段。

网络数字阅读的一体化和全球化的进程还必然会促成一个包含全球中文图书资源的巨大的文化库和知识库的建立。全球中文数字图书馆可以把散布在全球的中文图书和其他信息资源整合为一体，使散布全球的汉籍得到整合，实现全世界"汉典重光"之愿景。毫无疑问，全球中文数字图书馆系统将与英文全球数字图书馆系统并列成为世界上最大的两个语言文化资源信息库和阅读平台。在过去的一千多年里，中国给世界贡献了造纸术和印刷术，这些了不起的发明使人类社会得以记录和保存几千年来遗留下来的知识和文化遗产。纸本出版物形式固定，利于保存。书的形式在中国上千年中基本没有改变，纸本书在西方也有几百年的历史。读书人离不开书，不管是电子的，还是纸质的，这个道理是永恒不变的。

说了网络环境下学习的优点，再来谈谈它存在的弊端。网络学习最大的弊端在于学习的碎片化和阅读的不连贯性。与传统学习比较，由于信息来源多，干扰多，再加上注重实效，网络学习碎片化和阅读的不连贯性变得尤为突出。传统学习中读整本书的习惯被人忽视。很多在网上阅读的读者仅仅读章节，摘取要点，而不是连贯读完全书或全篇文章。由于这种急功近利的学习求快而忽略了对知识全面系统的汲取，用这种方法培养出来的学生知识的连贯性和整体性会明显不足。网络环境下学习的其他弊端还包括虚假信息的误导，信息来源的不准确性以及可能引起抄袭剽窃的恶劣之风。因此，读纸质书，博览群书，认真地读完整本书还是我们需要保留的传统。

历史上，一本书可以出版上万册，而被不同的官私收藏者保存，人类的文化和知识以这样形式得以保存和传播。今天的数字出版物则不同，它虽然利于传播，但不定型、不固定，看得见、摸不着，而且不断变化，来得快、消失得快。数字阅读还需要依赖计算机平台和软件。新的技术又往往淘汰已有的数字阅读平台，使大量数字内容成为读不出来的废物。长此以往，人类的知识和文明如何得以持续记录并长期保存？再过几年，作家不再有手稿，作品也无所谓版本，因为数字出版物可以随时修改。这些都是数字和网络时代需要探讨并找出解决办法的问题。

在数字时代，人们将具备在很短时间内把自己的数字文化遗产全部清洗的能力，远比秦始皇的焚书坑儒来得方便。这个结果是可怕的和具有灾难性的。目前世界各地的数字出版商都是各自为政，许多人只管出版销售不管永久保存和产品提升。现在许多数字出版物在所藏的图书馆里只有使用权而无所有权和保存权。现存和未来的数字出版物中有多少会被永久保存而成为传世文献呢？目前尚无人可知。即使数字出版物可以得以永久保存，但随着计算机技术的升级，它们有多少不会因为制式老旧而被淘汰？相比之下，现存的纸质书籍形式固定，可以保存千年而不流失。具有讽刺意味的是，今天，我们可以读一本上千年的唐宋古书，但却常常因为计算机格式的变化，而读不出十多年前制作的数字文档。在这个意义上，我们可以说，不管网络信息技术多么发达，我们还是要认真保存好老祖宗传给我们的大量纸质书籍。另外，不管网络文明有什么新技术，它在知识和文化资源的占有上也取代不了传统书籍。纸质书作为人类社会的财富，仍是现代文明发展的基础。

文明交汇的基石

——平等与多元文化

1776年美国十三个州通过的《独立宣言》中有段经典名言：

  我们认为下面这些真理是不言而喻的：人人生而平等，造物者赋予他们若干不可剥夺的权利，其中包括生命权、自由权和追求幸福的权利。

此《独立宣言》乃是美国的立国之本。但是，让我们仔细看看它是否合理。显然，这份历史文件与问世之时美国建国之初的国情和社会现实是矛盾的。1776年，刚刚诞生的美利坚合众国仍然实行奴隶制，有色人种在制度上受到非人的待遇，妇女地位低下，没有投票权，属于下等公民。在宗教上，全国以基督教为主，其他宗教影响微乎其微，基本没有生存的空间。美洲印第安人原住民受到不平等的待遇。当时欧洲移民把印第安人划为"野蛮人"，认为美国有义务将文明赋予印第安人，而欧洲移民占领印第安人的土地则是不可避免的，因为他们给予了这些人文明。因此，独立战争的胜利和美利坚合众国的建立并没有给有色人种带来自由民主的希望。在这样一个不平等的环境里，怎可能侈谈上帝造人、人人平等呢？当时的美国《独立宣言》充其量只可以被认为是只适用于欧洲男性白人的法律文书。所谓的"人人生而平等，造物者赋予他们若干不可剥夺的权利，其中包括生命权、自由权和追求幸福的权利"在普遍性法则的框架里是不被使用的。有色人种、妇女和黑奴在这个法律文件里都被排除在外，得不到"人人平等"之对待。这一理念是与当时社会现实脱节的，我们暂且可将此视为仅存在于书面上的理想主义。

然而，美国《独立宣言》所传播的这一理念之所以能够延续至今并越发强大，也正是因为美国的这一立国之本确定了一种理想主义，尽管当时它只是存在书面上的理想主义，而并不是普遍法则。两百多年来，一代又一代的仁人志士通过不断斗争和社会改良运动，使这种理想主义从纸上谈兵逐步扩大到现实之中。在这个过程中，有成功也有失败。在未来的岁月里，美国的成败在很大程度上也将取决于如何继续将这种书面上的理想主义变为现实和随之而来的社会改良，这是一项社会实验，一场每天都在进行着的改良和革命。

美国的奴隶制度起源于17世纪，那时美洲的殖民者从非洲大陆绑架了大批黑人把他们贩卖到北美，在美洲从事烟草和棉花等农作物生产劳动。这一制度一直延续到19世纪中叶的美国南北战争时期。美国南北战争始于1861年。主张废奴的林肯在1860年当选美国总统。不久美国7个主张奴隶制的南部州便从美利坚联邦分裂了出来，成立了"美利坚联盟"，或称南部同盟。接着又有四个州加入南部同盟，导致了美国南北战争的开始。这场战争前后历时四年。1862年9

月22日，林肯总统发布《解放宣言》，宣布自1863年1月1日起美国各州黑奴成为永久自由人。这场美国内战以1865年南部同盟投降而结束。这场内战也是美国历史上在本国领土上进行的最昂贵和最致命的战争，共造成约62万人丧生，数百万人受伤，美国南部地区大部分变为废墟。虽然美国19世纪的这场废奴运动解放了400万黑奴，但在体制上并未结束对黑人的歧视，他们继续忍受着种族主义的压迫。奴隶制的阴影并没有完全消失，它一直持续到一个世纪后民权运动的出现及后来的一段时期。

从1865年到1877年，美国开始战后重建，南方各州重返美国联邦。1865年到1866年期间，新的南部州议会通过了限制性的"黑人法典"，依旧控制非洲裔美国人的行为，并确保黑人作为劳动力来使用。在这之后，包括3K党在内的反动势力兴起，白人至上的种族主义在南方各州盛行。1865年4月林肯遇刺身亡。这一事件激怒了美国北部地区的选民。1866年初，美国国会通过了《民权法》，并将之送交继任的安德鲁·约翰逊总统签署，该法案规定了黑人的公民权利，将在美国出生的所有人界定为在法律面前享有平等权利的本国公民。但是约翰逊否决了这一法案，而他的否决随后遭到了国会推翻。推翻否决之后生效的法案为南方数百万黑人提供教育、医疗服务、土地和工作。约翰逊与国会关系随之破裂，他最终在1868年遭到弹劾。在此之后，北部共和党人和南部民主党人不断妥协，《民权法》不断被美国最高法院和国会削弱。这一时期与《民权法》相关的其他美国宪法修正案还包括有1868年批准的《美国宪法》第14条修正案，该法案授予在美国出生或归化的所有人（包括以前的奴隶）以公民身份，并保证所有公民"得到法律的平等保护"。1865年通过的宪法第13条修正案废除了"在美国境内或受其管辖的任何地方"的奴隶制。1870年通过的美国宪法第15条修正案保证不能基于"种族、肤色或以前的奴役条件"而拒绝给予其投票权，等等。然而，1867年后，由于非洲裔美国人不断参与美国南方各州的公共活动，导致了越来越多的南部白人转向暴力。白人至上主义在1870年代初期逐渐重新确立了在南方的统治地位，种族主义变成一支强大的力量。种族对立和种族隔离的状况一直延续到20世纪50年代和60年代的民权运动时期。

第二次世界大战之前，大多数黑人都从事低薪的下层工作。二战期间，美国的制造业迅速发展，但是与战争有关的高薪工作却没有美国黑人的份，大多数美国黑人仍没能得到更好的薪酬。为此，罗斯福总统颁布了行政命令，把国防工作和其他政府工作向所有美国人开放，不分种族、信仰、肤色或民族血统。二战后，美国国会于1957年又通过了一部《民权法》，给予包括黑人在内的所有美国人投票权，致使美国许多南方州的白人很难接受这一现实。他们在让黑人参与政治选举上层层阻拦，设立各种关卡，规定黑人在参与投票前必须先通过识字测试和其他名目繁多的测验，不能通过测验的有色人种选民就没有资格去投票。比如，在美国南方，黑人选民在去投票之前被要求目测估算出一个罐子内有多少豆型软糖，如果估算不对，就没有资格投票。实际上不管他们如何估算，选民登记官员都可以说结果是不正确的。因此，黑人选民基本上不可能通过这些测试。为了获得真正的平等权利，从20世纪50年代到60年代，美国黑人发起了公民权利运动。这场运动以在美国的黑人根据法律获得平等权利为目标。在这一时期，美国黑人与许多美国白人一起展开了长达20年、全国范围内前所未有的争取平等的抗争。

1960年，美国最高法院对"博因顿诉弗吉尼亚州"案作出了判决，该判决宣布美国州际运输设施，如巴士站内的种族隔离做法违宪。为了验证美国最高法院的这一判决，1961年5月4日，十三名"自由骑士"（七名黑人和六名白人活动家）从首都华盛顿出发，他们驾着一辆灰狗大巴，开始了驶向美国南部各地区的巴士之旅，并以此来抗议南部一些州的汽车巴士站内种族隔离的厕所和用餐地的使用规则。他们以实际行动来公开挑战这些种族歧视的做法。后来有四百多人加入了这项抗争活动。沿路他们遭到了白人警察的抓捕和白人种族主义者的抗议。1961年秋天，在肯尼迪政府的施压下，美国州际商务委员会发布了禁止在州际公路线上的巴士转运站内实行种族隔离的规定。这是民权运动早期获得的胜利。民权运动最著名的事件之一是1963年8月28日的华盛顿自由大游行。它由马丁·路德·金等著名民权领袖发起。这场在华盛顿举行的和平示威活动吸引了不同肤色的20多万美国民众参加，为执行《民权法》和享有平等的工作机会而抗争。在这次大游行中，马丁·路德·金发表了他著名的演讲，高呼"我有一个梦想……"。他的这一争取平等权利的呼声在美国民众中引起了广泛共鸣，成为响遍全美的争取平等和自由诉求的口号。这也导致了1964年新的《民权法案》的诞生。马丁·路德·金等民权领袖参加并见证了林登·贝恩斯·约翰逊总统签署这项法案。该法律保证所有人享有平等就业机会，限制对选民实行识字测试等活动，废除美国各州的种族隔离政策。然而这场民权运动胜利的代价是两名著名民权领袖被暗杀。1968年4月4日，民权领袖和诺贝尔和平奖获得者马丁·路德·金被暗杀在旅馆房间的阳台上。在此之前，1965年2月21日，美国黑人统一组织创始人马尔科姆·X也被暗杀。然而这场民权运动彻底改变了美国的政治生态，它迫使美国把"人人平等"的立国之本真正扩展到所有种族和肤色的人群，也明确地在法律上确定种族歧视为非法。毋庸置疑，今天在美国的亚洲移民可以在这片土地上享受宪法的保护，过着平等的生活，在很大程度上受惠于20世纪60年代的这场民权运动。美国的亚洲移民是民权运动的最直接受益者之一。举移民数量为例，从1882年美国国会通过《排华法案》到1943年该法案被废止的这一期间，华人很难入籍美国。该法案是美国针对种族而制定的禁止移民法律。尽管该法律遭到了废除，但美国华人的命运并没有得到根本改善。移民美国对华人来说非常困难，他们能得到的移民配额也少得可怜。在民权运动之后，华人在移民、选举权利、就业、和不同族裔的通婚等基本生存权利方面才有了根本改善。1965年，美国国会通过了《移民和国籍法》，废除了基于种族的移民配额制度，取而代之的是优先考虑难民、具有特殊技能的人以及家庭成员的移民制度。这是民权运动的胜利，也是美国亚裔移民生存条件彻底改善的开始。

让我们再来看看美国妇女的平权运动。首先看妇女选举权问题。妇女选举权运动是美国激进派和改革派100年多年来抗争的结果，直到1920年8月18日，美国宪法第19条修正案才最终批准妇女的选举权，使得所有美国妇女像男人一样享有公民身份的所有权利。妇女选举权的运动始于美国南北战争前的几十年。在19世纪20年代和30年代，各种改革团体在美国各地激增，包括宗教运动、道德和社会改革运动、反奴隶制运动等等。1848年，一群废奴主义者（主要是妇女，也有一些是男性）在纽约的塞内卡福尔斯聚会，讨论妇女权利问题。著名改革家伊丽莎白·卡迪·斯坦顿（Elizabeth Cady Stanton，1815—1902）和卢克莱蒂亚·莫特（Lucretia Mott，1793—1880）出席。大多数参会者都同意美国妇女应得到自己的政治身份。他们宣称："我们认为这些真理是不言而喻的：所有人都是平等的，创造者赋予他们某些不可剥夺的权利，其中包括生命，自由和对幸福的追求。"这一诉求意味着妇女和男人一样也应有投票权。从1910年开始，美国西部一些州逐步开始将投票权扩大到妇女。一战期间，美国社会各界逐渐认为，妇女参加战争支援和动员工作，她们与男人一样爱国，应享有同样的公民权益。最终，1920年8月18日，美国宪法第19条修正案获得批准。同年11月2日，全美超过800万妇女首次参加选举，真正获得了平等权利。此时，与宣扬"人人生来平等"的美国《独立宣言》问世已经过了144年。

在现代妇女争取平等权利方面，我们不得不谈到2020年去世的美国联邦最高法院大法官鲁斯·金斯伯格（Ruth Bader Ginsburg，1933—2020）。金斯伯格是个女权主义者，也是美国联邦最高法院历史上第二位女性大法官，她一生倡导性别平等和妇女权利，在美国最高法院赢得了许多辩论，为女权抗争，并坚决主张妇女有堕胎的权利。从1971年开始，金斯伯格就与美国公民自由联盟（ACLU）共同创立了妇女权利计划，并于1973年成为该组织的总顾问。到1974

年为止，妇女权利项目和相关的美国公民自由联盟项目参与了 300 多个性别歧视案件。作为这个妇女权利项目的负责人，金斯伯格在 1973 年至 1978 年之间参与了美国最高法院六项性别歧视案件的辩论，赢得了其中五项。美国法律界普遍称赞金斯伯格根据宪法在平等保护条款上为妇女争取权益的努力，和由她促成的性别平等方面重大的法律进步。此外，金斯伯格还在"美国诉弗吉尼亚州"一案中起了重大作用，该判决推翻了弗吉尼亚军事学院仅接收男性学生的政策。金斯伯格在 2009 年《纽约时报》的一次采访中讨论了她对堕胎和性别平等的看法，她说："政府无权为妇女做出选择。"在国际法方面，金斯伯格主张在司法观点中运用外国法律和规范来塑造美国法律，她认为，参照国际法是美国的立法传统。金斯伯格是 20 世纪美国最著名的妇女平权运动者之一，她不愧为一个卓越的将书面上的理想主义真正变为现实的社会活动家。

我们再来看看宗教多元化在美国的发展及相关的社会变革。今天的美国是世界上宗教最多、最复杂的国家之一。这里有着各种各样的宗教，其中，基督教是最大的宗教。从历史上看，美国建国开始盛行的宗教信仰基本上是基督教和犹太教。早期从欧洲来的新教徒和天主教徒以及信仰犹太教的犹太人和从俄罗斯来的东正教徒们把他们各自的宗教带到了美洲。美国最初的原英国殖民地的 13 个州中，马萨诸塞州殖民地由英国清教徒（公理会）建立，宾夕法尼亚州由英国贵格会建立，马里兰州由从英国来的天主教徒建立，弗吉尼亚州则由英国国教徒建立。在 18 世纪，有神论得到了美国上层阶级和思想家的支持。以基督教为主的各种宗教信仰派别在美国各地迅速传播。到了

19 世纪末，东正教的两个主要分支到达了美国，一支从希腊、俄罗斯、乌克兰、塞尔维亚等东欧国家传播到美国，另一支则由来自中东地区的移民，主要是亚美尼亚人、还有部分科普特人和叙利亚人，他们也将东正教带到美国。

1791 年美国国会通过的宪法《第一修正案》保障美国的宗教自由，同时也阻止了政府建立国教。起初各州不受该规定的约束，但在 20 世纪 20 到 40 年代，美国最高法院开始把《第一修正案》解释为对州和地方政府适用，因而将此法案推广到全美。自 20 世纪后半叶开始，世界上其他宗教开始随着来自亚洲和世界其他地区新移民的到来而在美国传播，包括印度教、佛教、伊斯兰教、锡克教和其他宗教，使得原占主导地位的基督教人口在总人口比例上呈下降趋势。根据有关宗教统计网站提供的信息，今天的美国仍是拥有世界上最多基督教徒人口的国家。2019 年，基督教徒占美国成年人口的 65%，其中新教徒占 43%，天主教徒占 20%，摩门教徒占 2%，剩余为其他教派的基督教教徒。目前犹太教信仰者占美国人口的约 2%，伊斯兰教、印度教、和佛教的教徒分别占美国人口大约 1%，而没有宗教信仰的人也逐渐增多。

皮尤研究中心 2002 年的一项调查显示，60% 的美国人认为宗教对他们的生活起着重要作用。根据美国全国教会理事会 2012 年的调查，美国五个最大的基督教教派是：天主教会，共有 68 202 492 名成员；南部浸信会公约教会，共有 16 136 044 成员；卫理公会派，共有 7 679 850 名成员；摩门教，共有 6 157 238 名成员；基督上帝教会，共有 5 499 875 名成员。南部浸信会公约拥有超过 1600 万信徒，是新教教派中最大的一支。美国最早的著名大学包括哈佛、耶鲁、普林斯顿、哥伦比亚、达特茅斯等都是由主流新教教派创建的。今天，这些大学都脱离了与教派的关系。天主教徒也建立了庞大的学校系统。美国第一所天主教大学乔治敦大学成立于1789年。此后，天主教会建立了数百所其他学院和大学，以及数千所中小学。圣母大学在印第安纳州，乔治敦大学在哥伦比亚特区，它们都是优秀的天主教大学。

美国不同地区各种教派的实力差异很大，南方的农村地区有很多福音派人士，但天主教徒很少。路易斯安那州和墨西哥湾沿岸以及西班牙裔社区的人主要为天主教徒。北大西洋诸州和大湖区的城市地区以及该地区许多工业和采矿城镇里的新教徒和天主教徒混杂。犹他州近72%的人口是摩门教徒。路德教在中西部的中部最盛行。在基督教之后，犹太教是美国第二大宗教派系。从17世纪开始，就有犹太人在美国生活。19世纪后期犹太人大规模移民美国。他们中大多数是东欧地区遭受宗教迫害的犹太人。伊斯兰教是美国第三大宗教，仅次于基督教和犹太教，印度教和佛教在数量上紧随其后。根据美国社会政策与理解研究所（ISPU）的数据，2018年，美国大约有345万穆斯林，其中有205万成年人，其余为儿童。在各个宗教团体中，50%的伊斯兰教徒在美国以外出生。美国的穆斯林社区也是美国最多元化的宗教社区，其中25%的人为黑人或非裔美国人，42%的人为白人（含阿拉伯裔），18%的人为亚裔，5%的人为西班牙裔，剩余的10%为其他族裔或混血裔。美国穆斯林收入较其他宗教人群低。在美国所有的宗教人士中，穆斯林是最有可能受到宗教歧视的群体。另外根据有关研究数据，22.3%的穆斯林居住在纽约市，穆斯林约占纽约市人口的9%，但他们占药剂师、实验室技术人员的12%以上，占医生的9%以上，占工程师的11.3%。由此可见，美国穆斯林活跃于美国人生活的重要领域。印度教是美国的第四大宗教信仰。自1965年美国颁布《移民和国籍法》以来，来自这些国家的印度教徒就一直在移民美国。大量印度教徒从印度、斯里兰卡、尼泊尔、巴基斯坦、孟加拉国、新加坡、马来西亚、印度尼西亚等国家和加勒比海地区、非洲地区移民到美国。在所有宗教群体中，美国的印度教教徒是受教育程度和家庭收入最高的群体之一。佛教徒人数在印度教徒之后。佛教在19世纪随着第一批东亚移民的到来而传入美国。美国华裔于1853年在旧金山建立了第一座佛教寺庙。19世纪末，日本的佛教传教士前往美国。20世纪初，佛教逐渐进入美国主流社会，并成为一种大众宗教。

通过以上数据分析，我们可以看出美国社会从20世纪60年代的民权运动之后在种族、性别和宗教等方面产生了翻天覆地的变革。这些变革最大的成就是把立国之本的"人人平等"的理念从仅针对特定的欧洲移民扩展并实施到了大众身上，以求逐步消除种族、性别和宗教方面的歧视。然而，一些根深蒂固的社会问题虽然通过民权运动和社会改良运动得到了改善，新的问题和社会矛盾亦接踵而来。20世纪60年代的民权运动唤醒了美国大众的良心，白人社会精英开始向左转变，他们对有色人种在美国所受到的歧视产生了极大的同情，率先向种族歧视开战，禁止一切形式的歧视。与此同时，随着大量有色人种涌入美国各大城市居住，许多白人迁移到了城市郊区繁荣的新社区。许多大城市人口增多，社会安全、犯罪、贫困问题日益严重，凸显出一个城市两个社会的贫富悬殊现象。

20世纪60年代之后，随着移民法的修改，大量来自欧洲以外地区的移民来到了美国，他们给美国带来了经济繁荣和巨大的人力资源。来自外国的大量具有高等学历的技术移民为美国的经济发展作出了巨大贡献。然而，大量有色人种移民美国也迅速改变了美国的人口结构。加之有色人种的生育率远远高过白人，使得原来占主导地位的白人人口逐渐势弱，白人在不久的未来将会成为少数族裔的趋势更加明显。此外，来到美国的新移民也带来了他们独特的文化和宗教信仰，使得美国的宗教变得前所未有的多元化，迫使以基督教为信仰的白人社会必须接纳其他宗教并给予尊重。在这样一个社会大变革之中，一种"白人焦虑症"悄然而生。一些"愤怒的白人"认为他们的文化正在衰亡。无形中，一场文化抗争悄悄地开始了。大量患有"白人焦虑症"的福音派人士和其他白人选民极力反对移民，反对社会左倾。他们还把犯罪、吸毒、伦理败坏等诸多社会问题归咎于外来移民，并认为新来的移民不爱美国。更准确地说，他们反对的是有色人种和拉丁裔白人移民美国。更有甚者，他们还认为这一切社会现实都是华盛顿的那些政府精英阶层的左倾主义造成的。他们极端仇视政府精英和政治正确的做法。他们中有的人甚至希望能回到美国的过去，返回到民权运动之前的时代，就像是在电影《乱世佳人》里描述的那种19世纪的美国南方，回到那种已经消失了的以欧洲文化为主的单一社会形态，一个以基督教文明为绝对主导的美国文明，恢复那个独尊欧洲文化的美国。

这种"白人焦虑症"可以在美国目前的人口结构变化中得到证

实。目前美国人口普查承认以下种族，分别是白人、黑人（非洲裔美国人）、美洲原住民、阿拉斯加土著、亚裔美国人、夏威夷原住民和其他太平洋岛民。白人中还以"西班牙裔或拉丁裔白人"和"非西班牙裔或非拉丁裔白人"区分。前者的祖辈是拉丁美洲的白人，后者的祖辈是欧洲的白人。根据有关人口统计数据，截至2016年7月，美国白人总数（包括西班牙裔和拉丁裔白人）在全国总人口中占77%。其中非西班牙裔或非拉丁裔白人人口占全国总数的61%。非洲裔美国人约占人口的13.4%。自20世纪60年代移民政策改变之后，美国50个州和华盛顿哥伦比亚特区的非西班牙裔白人和非拉丁裔白人所占人口的百分比一直在下降。如果按目前的趋势继续下去，到2043年，非西班牙裔白人和非拉丁裔白人将下降到美国总人口的50%以下。更重要的是，根据有关人口统计数据，2017年在美国以外出生人口中（即新移民），约有45%（2070万）的人已经由外国移民变为了公民，约有27%（1230万）的人持有绿卡，为符合归化为公民条件的合法永久居民，约有6%（220万）的人是没有拿到绿卡但可以在美国临时居住和工作的合法居民，剩下的大约22%（1050万）人则是非法移民。这也就是说目前美国非法移民的总人数过了千万，而且还在不断地上升，他们当中有80万左右的非法移民是在幼年时被父母带入美国的，目前他们已经长大成人，仍无合法身份。他们成长在美国，认为美国是他们的祖国。

根据相关人口数据显示，目前居住在美国的新移民中，出生地比例最高的五个国家分别是墨西哥（占移民的25%）、中国（6%）、印度（6%）、菲律宾（5%）和萨尔瓦多（3%）。另外，在2017年之前，美国在难民安置方面一直处于世界领先地位，接纳的难民人数超过世界其他地区总和。从1980年到2017年，逃离战争和迫害来到美国的难民55%来自亚洲，27%来自欧洲，13%来自非洲，5%来自拉丁美洲。根据美国人口普查局的另外一份报告预测，到2050年，非西班牙裔白人和非拉丁裔白人将跌至总人口的46.3%。相比之下，在1960年时此类白人占了美国总人口的85%，下降的幅度巨大。根据2012年皮尤研究中心的一项调查，没有宗教信仰的美国人（无神论者）已经超过美国人口的20%，正在接近福音派新教徒的人数。按此增长率持续下去，到了2050年，大约51%的美国人，即多数美国人将不会信仰宗教。由此可见，目前我们看到的以美国白人为主的大规模反对非法移民运动和反政治正确运动不是没有社会根源的。它是"白人焦虑症"的一种群体反应，因为大量的美国白人感到了丧失文化优势的危机。进入21世纪后，这种情绪更加弥漫于许多白人社区，进一步导致了美国社会极端右翼势力的迅速上涨。

与今天美国社会的一部分人迅速右倾相比，20世纪60年代以来的平权运动也不可避免地导致了反省问责历史的左翼"身份政治"（identify politics）现象的出现。这种社会潮流加剧了社会矛盾的对立，造成了美国社会的分裂。所谓"身份政治"指的是具有特定宗教、种族、社会背景、阶级等群体结合起来汇成的政治力量。这些社会群体具有同样背景，从同样的角度和思维来理解和陈述其经济、政治和文化方面的立场，进而产生了共同语言并制定了政治议题和话语体系。这是美国近几十年来出现的一种政治倾向。一些受到压迫和被边缘化阶层的人们共同分享其受到不公正的经历，他们一起发牢骚，进而构成一股社会力量，挑战并批评社会现实，企图争取更多的自主权。这个潮流也逐步扩展到了美国主流社会，使主流社会的精英形成了各种或左或右的身份群体。在一个缺乏权威政治的社会里，这种"身份政治"的潮流很快就发展成四分五裂的政治格局。"身份政治"也刺激了社会对立和极端行为的发生，亦构成了围绕特定政治诉求的社群，如非裔美国人群体、同性恋群体等基于种族、性取向方面的社会群体。他们各自着眼于自身社会地位的提升与解放。与此相反，许多白人则愈加严厉地质问为什么他们要为他们祖辈所犯下的错误担责。他们对左倾政治正确作出了激烈抗争。目前美国政坛上的尖锐对立正是这种社会群体对立的缩影。左派群体也在很大程度上刺激了右翼的"身份政治"运动组织的出现，造成了美国现在的社会群体撕裂和文化、政治、意识形态上极端对立的社会现状。

从地域上来说，20世纪90年代以来，随着大量制造业流出美国，美国中西部地区和其他偏远乡村的就业机会大大减少，那里的经济迅速萧条。而随着高科技的兴起和金融服务业全球化，东西沿海的大都市地区却得到了经济繁荣和高速发展的好处，造成了美国地区性的经济两极分化。中西部地区成了"铁锈州"。偏远乡村的经济萧条凋零，那里的人民普遍感到失落和绝望。他们其中不少的人甚至沦为吸毒和慢性自杀的牺牲品。这些人普遍反对全球化。而美国东西两岸的人们却因为享受到了好处而积极拥抱全球化。这种地域上的"两国演义"进一步导致了美国的精英与草根阶层之间的对立。与此同时，过去20多年来，美国政府却没能及时在经济方面做出宏观调控，将全球化的红利及时地向经济萧条地区转移。政府也没能按他们所承诺的那样在经济萧条地区组织再就业培训并加快经济转型，也没有制定有力的政策从根本上解决经济萧条地区的振兴问题。与此同时，政客们却相互指责，政府部门之间扯皮拉筋，使得本来就无效率的政府更加办不成大事。在过去的几十年里，美国政府几乎没有进行过任何大规模的国家基础设施建设，也没有颁布改善贫困地区经济发展的重大举措。举国上下现有的基础设施普遍陈旧不堪、急需更新。与此同时，在全球化过程中赚到了大钱的那些大公司和华尔街的大亨们反而还享受着不断减税的优待。他们中有的人甚至根本就不用交税。这样一来，社会财富就不能得到合理的再分配，进一步导致了政府债台高筑、资源枯竭。一个不公正的社会现实和病态的财富分配状况也是今天美国不同地区经济两极分化，人民对立的根本原因之一。

今天的美国，左、右两派都在指责对方热衷"取消文化"（cancel culture），其基本做法是将对手的言论加以放大和定位，无限上纲，而不对实质内容做分析和检讨，采取划清界限，一棍子打死的办法来否定对方。这种现象在社交媒体上尤其普遍。"取消文化"是一种常见的对立和排斥手段，非白即黑，无灰色的模糊空间。"取消文化"的另一个后果是不少政客和媒体人打着反对"取消文化"的旗帜，以更极端的方式来公开散布谣言、阴谋论和诽谤。他们借助大众对"取消文化"的逆反心理来推行别有用心编出的谎言和梦呓般的虚幻，误导大众，形成了反科学、反真理的逆流，造成舆论界和思想界的混乱。在这样的一种状态下，出现了一些奇特的社会现象。右翼媒体对左翼人士基本采取"戴帽子"的办法,把左翼一概简单概括为"激进左派",一棍子打死。左翼则认为右翼都是政治不正确,双方针锋相对,无调和的余地。在这样一个激烈的意识形态之争中,民主的基石遭到了撼动。很多人也不知不觉地卷入了意识形态之争。他们生活在各自的现实空间,对政府和政客们失去了信心。结果是越来越多的优秀人才远离政治,民主机制遭到侵蚀。大多数的美国人面对一个分裂的现实感到困扰和无助。

2020年的"黑人命也是命"(Black Lives Matter)运动更反映出了美国体制内的种族歧视和大部分黑人生活水平低下的社会现实。在这背后是贫富悬殊和社会资源分配不合理的社会。黑人社区与警察的对立不是简单的犯罪与执法、混乱与安定的矛盾,而是政府在社区建设和缩小贫困差距方面无作为的结果,也是一个持续性的社会道德与公益问题。诚然,打、砸、抢必须绳之以法,警察必须得到社会的支持。没有人愿意生活在治安混乱、毒品泛滥、人身安全得不到保障的国家里,这是常识。但是,问题的根源在于政府没有加强贫困社区的建设和保障体系的建立。美国社会里常见对华尔街投资而不对社区投资,盛行弱肉强食之道。富人不愿意承担税务和社会责任,更是把政府的扶贫举措都一概视作政府的浪费和福利手段而群起而攻之,这无疑是造成一些社会问题的根本原因。更令人震惊的是2021年1月6日在美国首都华盛顿发生了暴乱,数千名暴徒攻击了被称为是"民主圣殿"的国会大厦。这一切都说明美国的民主机制是脆弱的。源自盎格鲁-撒克逊法律体系的美国宪政体制是建立在良知与社会严格遵守的公德上的,它依靠政党之间妥协与平衡,并均遵循国家利益至上的原则。其实这一套宪政机制是为君子设立的。一旦小人篡政，他（她）就可以颠覆良知和社会道德底线，危害民主体制。

美国今天所面临的社会分裂其根源是不同文明和文化在相互交汇过程中引发的社会矛盾和对立，这种分裂在人类文明发展过程中可谓屡见不鲜。种族矛盾和冲突、贫富之间的矛盾、宗教的差异和对抗都会极大地阻止文明交汇的进程。美国是世界上人种、文化传统、文明、宗教势力最多元、最复杂的国家之一。如何解决不同文明、文化间的冲突和对抗，化解社会矛盾与对立是美国能否继续繁荣昌盛的最核心的问题。

纵观美国两百多年的历史，我们不难看出，美国自建国以来，各种重大的社会变革无不是将理想变为现实的一场又一场的社会实验与较量。这种社会实验与较量让社会变得更加平等合理。美国是一个在抗争、对抗、妥协中生存和发展的国家。这里每天都有社会变革和反变革的斗争和演变。因此我们可以说今天美国所面临的社会分裂现象并不足以为奇。从19世纪的内战到20世纪大规模的社会改良运动，这个国家都曾经历过，而且过去的社会震荡都使美国社会更进步了，让理想变为了现实。但是21世纪的美国大分裂的社会原因和以前并不太一样。今天的美国社会面临的是前所未有的多元化，同时也面临社会矛盾加剧，种族和宗教对立。如何重新塑造一个美国人民公认的价值观，进而团结人民和各方政治力量，构成新的凝聚力？这些挑战是前所未有的。历史证明任何一个种族要想把自己凌驾于别的种族之上搞所谓的种族优越是行不通的。过去那种白人至上的社会形态早已进入了历史博物馆。历史的火车已经开动，更无后退之路，唯一的办法是各种族之间相互妥协，建立凝聚国家的统一社会价值观和理想，构建一个平等均富的社会，把人民团结起来，把社会建设好。

事实上，今天大多数美国人都认为多元化对国家文化有积极影响。这也和美国今天的种族多元化的现状相符。根据皮尤研究中心2019的一份调查报告，有64%的美国人赞成并认同美国人口应该由许多不同种族和民族的人组成，反对多元文化的人只占美国人口的12%，是明显的少数派。但是，虽然大多数美国人认可多元文化，但他们被问到如何看待黑人、西班牙裔、亚裔和其他少数民族文化成为美国主流文化时，人们的看法马上就变得消极。大约有38%的受访人担心非白人人口占多数将削弱美国的风俗文化和价值观。由此可见，这种复杂的矛盾心理是文明交汇和融合过程中一个难以跨越的鸿沟。

与此同时，自从20世纪60年代民权运动以来的平权和多元文化运动促进了美国社会的繁荣、经济发展和综合国力的提升。仅举华人为例，2021年2月，纽约的美国百人会发布了一份题为"从基础到前沿：美国华人对美国的贡献"的研究报告，以充分的事实说明多元文化及华人移民为美国社会、政治和经济等各个方面都做出了巨大贡献。美国境内今天大约有530万华人，他们中有390万是美国公民，占美国人口总数的1.2%。根据这份报告，美籍华人在联邦和地方各级政府中担任公职的目前有10万多人。在美国，有超过16万华人拥有自己的企业和公司。美国的华人企业每年可产生约2400亿美元的收入，并创造130万个工作岗位。由美籍华人创建或主管的世界500

强公司有 20 个，它们今天的总市值为 1.38 兆亿美元。每 25 个美国科学院和工程学院院士中就有一人是华人。每 25 个美国航天工程师中就有一人是华人。美国硅谷 20% 的高科技初创公司是由华人开办的，如雅虎、Youtube 和 Zoom 等著名公司。另外，美国大学里的国际学生中有三分之一来自中国，这些中国学生有近一半就读科学、工程和医学专业。

文明的交汇和发展需要一个稳定且平等多元的社会。从长远来看，在一个日益多元的国家里，重塑国家认识和价值体系的任务极为重要。对于美国这样一个世界上各族人民的大熔炉来说，四分五裂的文化价值观是社会分裂的根源。纵观全球，没有一个国家能够在一个缺乏为全体人民认可的价值体系的情况下，达到长治久安。在东亚，儒家思想和儒释道的思想体系凝聚了社会，使得东亚国家繁荣昌盛。东亚地区的人民具有极高的国家认同感和共同的价值观。在欧洲，基督教文化联系了欧洲大部分国家的思想命脉和文化价值体系，使欧洲文明强大兴旺。在中东和非洲，伊斯兰文化成为该地区伊斯兰国家统一共荣的基础和行为的准则。美国的国家统一文化价值体系是什么？它不能再是一个单一的文化思想体系，而应是一个多元的，包括世界所有主要思想体系的价值结构，而这一价值结构必须得到人民的一致认同，而不是排斥。这是一个艰巨的使命。只有建立了一个为全民共同认可和接受的价值体系才能使国家有希望。要达到长治久安必须继续把平等多元的现实固化，并不断夯实。美国多元的种族和文化、繁荣的宗教是美国最大的优势，也是美国最大的潜在危机。这个优势如果运用得好可以使国家繁荣昌盛，借世界之资源来发展创新和改善人类社会，让国家强大兴旺。运用得不好则会造成种族对立、社会崩溃。何去何从，令人深思。毫无疑问，美国今天正处在一个十字路口，它的何去何从关乎世世代代美国人的命运，也关乎整个世界格局的演变。这一切都证明不同文明和文化交汇的稳定基石在于对一个平等与多元世界的认同。

两个世界，三个故事

这是2008年5月16日我在加州大学伯克利分校东亚研究所亚洲研究专业硕士生毕业典礼上的致词，根据英文原稿翻译。

我非常荣幸能与你们一起庆祝你们的毕业。在此我谨向你们和你们的家人表示衷心的祝贺。作为亚洲研究专业的硕士毕业生，你们在过去几年的学习中一直将注意力放在亚洲文明的发展和现状研究上。随着你们步入生活的新阶段，无论你们走到何处，去做什么，你们的学识和训练都将助使你们成为文化大使。你们的使命是将东方和西方两个世界融合在一起。

今天，我想与大家分享三个有关东方和西方这两个世界如何相遇和相互影响的故事。

第一个故事：

这是一个关于我自己生活的故事。我出生在中国武汉，生在新中国成立之初。在那个时候，美国被视为中国的敌人。20世纪60年代的"文化大革命"期间有很长一个时期，工厂停摆、学校关门，对于许多人来说，这种动荡是不被接受和令人厌恶的。但对我来说这却是一个机会。那个时候我上小学，由于没有上学的压力，我自己开始在家里大量阅读中国文学和历史方面的书籍，也接触到了西方作品的译本。这成了我的自我启蒙教育。后来学校复课了，我在学校里学了一些粗浅的数理化和文科的知识。高中毕业后我作为一名知识青年和当时城里的许多高中毕业生一样下乡当了农民。

"文革"后期，我上了大学，赶上了中国的经济改革和对外开放浪潮。20岁我才开始正式系统地学习英语，并成了一名英语专业的大学生，在22岁时我第一次遇到了说英语的美国人。23岁那年，我通过了全国考试，获得了读研究生的资格。那个时候，这是一个很大的荣幸，因为那是中国历史上第一次在全国高等教育体系中建立类似西方的那种学位制和研究生教育体系，而且我的导师竟然还是一名从美国请来的加拿大籍教授。在他的指导下，我专攻英美语言文学。那是在20世纪70年代末。在那个年代，美国人仍然被视为我们国家的敌人。这个"敌人"开启了我对西方思想和文学世界的了解，让我阅读了荷马史诗、苏格拉底、亚里士多德、柏拉图、莎士比亚的著作和19世纪英国维多利亚时期的文学著作，如狄更斯、勃朗特姐妹、艾略特等人的作品。当然还少不了美国文学中的巨作，如马克·吐温和杰克·伦敦等人的作品。而我最喜欢的却是以下三部20世纪美国作家的作品，它们是小说家弗·司各特·菲茨杰拉德的《了不起的盖茨比》、剧作家阿瑟·米勒创作的话剧《推销员之死》和诗人罗伯特·弗罗斯特的诗歌《雪夜林边小立》。尤其是他那首诗里的最后一段成了我一生的座右铭，激励我不停地奔向前方：

除此之外唯一的声音
是风飘绒雪轻轻拂过。
夜林迷人幽静深，
但我有许多诺言不能违背，
还要赶多少路才能安睡，
还要赶多少路才能安睡。

在20世纪80年代，我来到美国学习。在这里，我开始攻读语言学的博士学位。我之所以选择学习语言学，是因为我想根据西方的学术研究方法来重新审视中国传统学术。从那时候开始到现在，我在这种跨文化的学术研究环境中度过了20多年。我在东方和西方接受了两种不同教育体系的训练，我也从这两种学术环境中受益匪浅。

中国有句谚语："他山之石，可以攻玉。"你们也将开始在东西方学术和文化的领域中驰骋。和我一样，在经过了不同文化和学术精神的训练后，你们将亲身去感受人类不同文明体系、价值观、学术传统以及文化精髓。它们会给你们带来的崭新视野、好奇心、驱动力，并且使你们收获丰硕。

第二个故事：

第二个故事是关于我的工作。

1985年，我初次来到美国时，美国对我来说是个五彩缤纷的世界。我看到的是大片的私人别墅、无数的小汽车和一望无边的高速公路。那个时候，中国才刚刚开始建起高速公路，建成了20多公里。

此时，美国无处不在的物质优势并没有使我感到敬畏，因为我认为那一切不过是一种不同的生态和生活习惯。在这个幅员辽阔、物产丰富的国度里，人们可以住进宽敞的别墅，随心所欲地使用现代交通工具。但是，那未必就是一种人们都向往的生活方式。但是，让我真正感到敬畏的是当我走进美国一流大学里的图书馆时，我看到了这里整齐排列在书架上的那些来自全世界各地的书籍。它们的数量之大、内容之丰富、收集之有序和完整让我肃然起敬。这是全世界知识库之翘楚，它汇集了人类历史几千年的文明。它跨越国家和民族，彰显出对知识的尊重和博大的人文精神与情怀。

这时我才意识到美国是一个伟大的国家，虽然她历史仅有短短二百多年，但她却是一个充满人类文明资源和人文思想的国家。就我现在管理的东亚图书馆来说，它致力于收集中文、日文和韩文的学术作品；仅其纸质藏品就超过一百多万册，另外还有两百多万件的中、日、韩数字藏品。我来到美国之初是学习现代西方语言学，后来又学了信息管理学。现在我却用着西方的学术思想和信息管理方法来管理着一个收藏东方学术传统宝藏的东亚图书馆。这使我想起另一句中国俗语，"新瓶装老酒"：西方的学术思想很新、很活跃，而东方的学术传承则是几千年的积累和沉淀。这就演示出一种巧妙的结合，即古老的东方文明和现代西方科学技术的相遇和融合。

第三个故事：

在我的生活中，也许没有什么比过去30年来看到的中国崛起更令人惊讶的了，而我看到的中国崛起是在我离开了中国之后，也许这种观察会更全面和客观。这里让我再用上一句中国成语，"不识庐山真面目，只缘身在此山中"。因此，我的第三个故事是关于未来，我们这个世界共同的未来。在这个未来里，东方和西方、中国和美国，这两个国家是和平共处、合作、竞争，还是冲突或战争？

记得那还是在33年前的中国中部一个山村里。那时，我是中国数百万受过中学教育后奔赴农村落户的知识青年中的一员，我在那里向农民学习。每年秋天，我们这些知识青年必须徒步几十公里，到大深山里去砍柴，然后把砍的柴运回知青点，以保证在寒冷的冬天里有燃料烧饭和取暖。在大山里砍柴的那一周里，我们在山里农户的家里借宿，和农民同吃同住在一个房檐下。这是一个极端贫困艰苦的地方。大山深处只有几个村庄，老乡们的日子过得非常清苦。每户人家除了种庄稼以外，别无其他谋生手段，毫无其他经济来源。这是一个与世隔绝的地方。离村庄最近的工厂在山下，徒步要走十几里山路。

一天清晨，我们早上醒来后突然得知在这个偏远的山村里的一个五口之家，父母和三个孩子全部被毒死了。警察来了，他们检查了出事的现场。在这户人家长子上衣的口袋里，他们发现了杀死这个家所有人的毒药的痕迹。这是一种白色的粉末，是一种剧毒的化学品。这种物质在这个偏远的大山里是绝对不可能存在的。那么,它是从哪里来的呢?警察把搜索范围扩大到山下,在山脚下的工厂里找到了这种剧毒物质,它被堆积在厂房内一处露天未受到看管的空地上。警察还在这个男孩的口袋里发现了一毛钱的纸币。根据村里其他小孩提供的信息,在出事的前一天,这个男孩曾经下山去找他的同伴玩。他们得出这样一个推理:孩子的父母当天一定是给了孩子一毛钱顺路去买点盐回来。那个时候,一个当地农民一天工作的工分大约是一毛二分钱。对于一个贫穷的孩子来说,这是一笔数目不小的钱。警察推断,这个男孩把钱装了自己的口袋里,而在路上顺便到了那个工厂的露天存放化学品的地方,装了一包他认为是白色食盐的东西,带回了家里。他的母亲毫无所知,把这个"盐"放进了家里的盐罐子里。晚上做饭时,他们家做的是炖南瓜。在这锅炖南瓜里,就用了这个"盐",让全家遭受了绝命之横祸。

警察的推理得到了确认,他们在这家人的盐罐子里找到了这种像食盐一样的剧毒白色粉状化学药品。

1976年我离开了这个我经常梦魂萦绕的农村。离开之前,我停下来,久久地凝望远处那座藏在环绕的云雾中的高山和那里的人家,我想到了这家人的悲剧,觉得他们就是我的亲人。那是一个极端贫困与无知的年代,而我的人生就是那个时代的一部分。

今天,我们处在一个物换星移的时代。我心中的中国不再是那样的贫穷和无知。在过去短短的30年中,中国已成为世界上最强大的经济引擎之一,其国内生产总值增长之快,使用互联网人口之多，二氧化碳排放量增长之迅速和外汇储备之丰富都是全球之最。她甚至成了美国最大的债权国之一。高盛预测，到了2015年（仅距现在只有七年），中国的GDP将超过日本，到2040年，中国的GDP可能将超过美国。

《新闻周刊》也称今天中国是地球上第二重要的国家，也是"世界上最大的消费国，在五种基本食品和能源、工业商品中，有四种的消费量超越了美国"。根据同一份报告，在过去30年里，中国走完了欧洲完成相同程度的工业化、城市化和社会转型的几个世纪的路程。

历史上中国传统的经济体制是围绕农村建立的。农民和工匠们的劳作使国家和全社会受益。封建时代的中国在过去的两千多年里曾经繁荣，并以中央集权和自由经济的方式给世界带来了纸张、印刷术、罗盘和火药等创新和辉煌的古代文明。中国人向来有聪明勤劳的特性。但是，面对近代欧洲工业革命，这个传统的经济体制系统几近崩溃。西方大国在18世纪将贸易引入中国后，不久便用更优质的产品、全新的工业技术和近代西方擅长的科学使一个古老的文明败下阵来。到了19世纪末，中国的工业能力几乎已不复存在，即使是厨房用的火柴也被称为"洋火"。新中国的成立改变了这个状况，但是直到20世纪80年代之前，中国仍是一个贫穷而制造业落后的国家，尽管她有原子弹、氢弹和人造卫星。从20世纪80年代起，中国吸取了教训，着手建立以出口为基础的经济体系和逐步强大的工业生产体系。今天，她已经成为世界工厂和出口大国，每年可获得数以千亿美元的贸易顺差。

一个世纪以来，许多中国人一直希望中国能成为新兴的世界大国。这是可以理解的，或许每一个大国的国民都会有这样的情怀。但是，这一角色也给中国带来了挑战。特别是中国必须与西方国家和平、和谐地共处，并分享权利和义务。中西方仍存在许多分歧，而要解决这些分歧是不容易的。中美两国之间的和解远比冲突要好，这是个常识。除此之外，未来中国面临的挑战是为13亿人口寻找食物和能源，解决温饱，同时又要努力避免生态灾难，减少污染和其他威胁国民宜居和生态环境的问题。本周发生在四川汶川的可怕地震是一个例子，它表明自然灾害仍然威胁着人类的生存。让我们向这场灾难的受害者祈祷。

我的祝愿：

作为亚洲研究专业的硕士毕业生，你们都研究过日本、韩国、中国、印度和其他亚洲国家复杂的国情。你们都了解那里当前的动态，并探讨过这些地区未来的发展。我相信这是一个复杂的、具有挑战性的议题。但正是这种复杂性和挑战性可以激发你们的好奇心，你们可以用你们的想象力来探讨解决问题的方案。

作为亚洲研究专业的硕士毕业生，你们已为进入一个全球化的多极社会，为一场全球经济合作与竞争做好了充分的准备。你们拥有美好的未来，而未来就从今天开始！

再次恭喜你们的毕业！感谢你们让我与你们分享你们一生中这个非常重要的时刻。

2008年5月16日

"点起光亮"

加州大学伯克利分校诞生于1868年3月23日，是加州大学系统中最老的一所大学。作为美国最优秀的大学之一，它的发展是美国高等教育历史上的一个奇迹。探索这所高等学府的发展历史，需要追溯其办校理念。这要从伯克利的校训"点起光亮"（"Fiat lux"）说起。伯克利办校的理念是：高等学府的职责是开启新思想、探索知识、为改善世界和人类的命运提供光明与动力。

伯克利也是我一生生活、工作最久的地方。每当我走进这所校园时，都会感受到这种探索精神在空气里的凝聚和它所激发出的历史使命感。这里有启蒙者与探索者的精神驱动，有服务于公众和社会的热情，也有通过不断进取达到完美的能量释放。伯克利的学生和教师们无不秉承这一历史使命，在各自的领域里努力。这是一个理想主义的世界，一个充满激情的学校，一个以自由、平等、探索、进取为目标，不畏强权和世俗所动的巨大群体。他们满怀着充当"学术脊梁"的使命与情怀，一起铸就了伯克利的独特校风。

我认为大学的灵魂在于唤起对真理的追求之心，行启蒙之道，尽人才之用，求创新之工，开新思想之门。这里有理想与追求，超脱与自由，对世俗之见无所畏惧和对科学研究的敬畏和严谨之心。加州的阳光、海岸、清新的空气和人们对新事物探索所迸发出的能量汇集在一起，使人性得以提升。伯克利 Sather Gate 校门前广场上的辩论、言论自由咖啡厅里莘莘学子读书的身影、纪念草坪上川流不息的人潮、杜尔图书馆希腊建筑风格的大门，巍然矗立在东亚图书馆上那金碧辉煌、具有东方风格的金属巨屏，都彰显出东西方文明在伯克利这个令人神往之地的交汇和相处。它们代表人类社会的过去，也预示着文明发展的未来。伯克利是一座文明的灯塔，它深深吸引了像我这样的追梦者们，在这里我度过了 20 多年的难忘岁月，并为它的发展尽了一份绵薄之力，把人生中许多美好的记忆和情怀留在了这里。

最近我读到了一位学校职员写的诗歌，描写的是穿流校园里的一条叫作草莓溪的小溪，诗歌语言淳朴简略，却阐述了伯克利这所大学的文化特质，翻译引述如下：

草莓溪边

这是一位名叫何塞·L. 罗德里格斯·诺达尔（José L. Rodríguez Nodal）的加州大学伯克利分校职员写的诗，创作于 2018 年 3 月 23 日。

在这块曾经被称作"大隆"的印第安原住民所崇拜的土地上，
太阳洒下了一缕缕金色的光芒，
照亮了通往前方的小路，
这条路上布满了闪烁的光影和古老的暗光。
今天当我走在草莓溪边苍老的橡树林旁，

我可以感受到伯克利大学诞生之前就有的神圣节奏。

在动荡变化的北美大陆一隅,
地壳的震动声体现出大地的运动与变化,
探索发现的脉搏像电流一样,
充斥弥漫在空中和脚下。

地球构造板块在这里汇聚成一体,
我们就是伯克利,
我们每个人都在发光并在奋斗,
脆弱的平衡得以加固并证明我们的光彩。

使我们找到了回到这神秘的家园之路。
建校之始那十二名学生的呼吸仍充斥在空气中;
第一批被录取的女学生;
第一位黑人终身教授;
今天仍然在克服重重障碍的梦想生们;
正在超越人们的期许。
这里学者的滔滔雄文解释了化学元素、
人们意识的奇异、行动、遗传本质和宇宙的命运;
今天返校的校友们回想起
他们过去在校园里度过的岁月。

伯克利也曾吸引过我的父亲。
那时失业的他来了。
大约在1973年的某一天,
他身穿清洁工的制服带着十一岁的我,
来到了校园玩飞盘。
看着长发飘逸的路人,
在散发着大麻气息的校园里,
听他自豪地为我指出图书馆边的钟楼和灯塔,
像是拥抱着介于牺牲和希望之间那种承诺。
他深爱加州大学伯克利分校。[①]
他告诉我这里打扫实验室的人,
和那些研究复杂问题的教授,
以及花钱求学圆梦的学生一样,
大家都是伯克利人。

四十年后我再次走过这里,
我又一次听到了父亲的脚步声,
走在生命科学大楼那,
茂密的橡树丛中那条石板路上。

对于那些帮助我们来到这里的人,我们要问:

[①] 原文中作者用的是西班牙语"Universidad de California en Berkeley",表示作者的父亲是西班牙语族裔移民,借以表达新移民对上加州大学伯克利分校的渴望。

我们在这里创建了什么？
什么样的力量让我们改变了伯克利？
伯克利的辐射力投射到多远且是否分布均匀？
我们如何继续履行伯克利的承诺？
我们要不断探索，
不断尝试建校宗旨的真谛。

在生命的长河里，
150年不过是瞬间，
草莓溪的弯道边，
是个发光的地方。
让我们点起光亮。
让我们点起光亮。

这首诗歌表述了许多伯克利人共有的情怀，而"点起光亮"这个伯克利的校训则成为了大家共同追求的目标：为社会公正、平等而战，为建立世界大同而奋争，为改变不平等状况与强权抗争。回顾近几十年的历史，20世纪60年代起始于这里并影响了全美国的言论自由运动、反战运动和20世纪80年代的反对种族隔离示威运动都为这个学校贴上了美国最激进大学和左派自由主义大本营的标签。黑人民权运动领袖马丁·路德·金曾经把伯克利的学生称作是"我们国家的良心"。诚然，世界上每一所大学都有其独特的校风，而造就一个一流大学的根基却是一种贯穿学校每一成员心扉的共同理想和信念。缺少了这样一种信念就无法造就一流大学。资金和人才固然是一流大学必不可缺的资源，但使一所大学能延续优秀并不断创新的基础乃是自由的学风、坚实的信念和无所羁绊的开创力和学校成员们自由发展、勇于创新的精神。

谈到创新，伯克利就是这样一所崇尚创新、勇于探索并在科技发展中不断建树的学府。创新意识深深地融于了这个学校的发展之中。这种校风在伯克利第十一任校长斯博尔（Robert Gordon Sproul, 1891—1975）的名言中得以体现：

> 大学不仅仅是传播已有知识的地方，而是产生新思想并导致创造新知识的场所。它的存在不仅是要让学生知道事实，还有告诉他们这些事实是如何被发现的。它不只是一个累积过去智慧的博物馆，而是一个每天都在创造今天最新智慧的工厂。

伯克利校史上为人类提供的重大科学发现和突破包括：19世纪美国地震科学的诞生、维生素E和维生素K的发现、回旋加速器的发明、化学元素锫的首次合成、原子弹的诞生、生物技术、计算机辅助电路设计、UNIX和开源软件、CRISPR基因编辑等。这些探索和发现都改变了世界，也印证了伯克利的办学理念。

伯克利具有一种特殊的吸引力，使我和很多人一样难以离去。与我之前工作过的其他几所美国大学比起来，这里更具有学界的核心价值和精神。在这里，人们会感到自由和放松。学校的行政管理崇尚无为而治，尊重每一个人，让每个人尽情发挥其特长。这里既是大师云集的地方，又是一个学风朴实、平等包容，使个人才能充分得到发挥之地。它追求卓越又不哗众取宠，它超脱又不失平民情怀。诺贝尔得奖者、科学院院士和游民在校园里可以平等相处，大家都以平和的心情享受着大自然和阳光，看着那些富有青春活力的学生们带着狗在校园里漫步。在这里，诺贝尔得奖主的特权仅仅只是一个专属的停车位。在校园里，我们经常见到愤世嫉俗的抗议和游行，大家都习以为常，无论你是否同意抗议者们的诉求，你都绝对不会阻挠他们发声的权利，大家都为容忍之道点赞，宛如一片理想境地、世外桃源。

伯克利的学生必须忍受大班课的煎熬。由于老师和学生之比例远低于美国那些常春藤名校，他们要经历艰苦的学习磨炼和竞争，从进校第一天开始他们就没有得到特殊的照顾。也有些学生忍受不了这些激烈的竞争和艰苦的磨炼而退学，而大多数的学生却顽强地坚持下来，成为有社会责任感的"社会脊梁"。作为公立大学，伯克利必须面向社会开放，并给予弱势群体以平等的机会。由于州政府的年度拨款早已低于学校整体预算的10%以下，从经费来源上来说，它早就改变了公立学校的性质。可是伯克利面向社会公众服务、为大众所有的理念没有变。学校每年都必须自行筹款，从私人捐助、政府和企业提供的研究项目经费和学生缴纳的学费等渠道来解决办校经费问题，这其实与私立大学并无二致。伯克利的财务状况也是美国高等教育最近几十年以来的写照，美国的公立大学早已不是靠吃"皇粮"过日子了，它们必须自给自足、财务独立，通过广开财源才能生存。

在经费缩减的情况下要保持学术卓越就必须进行战略规划和改革。要么就办最好的专业，要么就不办。表现不突出的专业就要压缩，砍掉或改组。比如伯克利原图书馆情报学院在全美的排名不高。20世纪90年代，这个学院做了彻底改革，将传统的图书情报学转变成包含信息经济学、信息政策、城市规划、大数据管理和信息工程紧密相连的新型的信息学院，使这个专业脱胎换骨，一跃成为全国顶尖的专业。这是追求卓越的基本策略。根据美国"国家研究委员会"对全美高校博士教育点的调查，伯克利36个系的博士点中，有35个系居该领域前10名，占伯克利博士项目的97%，超过了美国其他任何一所大学。尽管伯克利的本科生教育由于采用公立大学大班教育的模式等原因在全美高校中排名不算特别高，但是它的博士级研究生的教育则整体优秀。这是因为博士生教育与本科生教育不一样，可以走精英路线。伯克利的科学研究作风严谨、师资优秀，伯克利人崇尚大科学精神，做最基础的研究，不急功近利，不看眼前利益，做艰苦扎实的科学探索。伯克利人追求创新。这些学术基因和校园传统都是学校发展迅速的重要原因。

从近年来伯克利重点发展的科学研究中心和新建设施可以看出这个大学未来发展的新方向：在跨学科研究方面，斯坦利研究中心汇集了生物科学、物理学和工程学等多学科的综合研究和教学。这里有生物分子纳米技术中心、系统工程和生物工程方面的大型实验室和研究机构，同时也提供培育新公司的生物技术孵化器。在医学科学方面，近年来建立的李嘉诚生物医学与健康科学中心把计算机科学家、生物学家、物理学家、工程师、化学家和数学家聚集在一起，为四种主要医学研究进行协作探讨，包括干细胞研究、艾滋病和登革热在内的传染病研究、癌症研究以及阿尔茨海默症等神经科学研究。仅这一个中心就在过去的十年中产生了两位诺贝尔医学奖得主。在计算机和信息科学方面，伯克利成立的为社会服务的信息技术中心把学术界、工业界和公共卫生部门联系在一起，加快新应用程序、平台、商业和新行业的联动发展，包括参与式决策和公民科学、老龄化人口的远程医疗、以人为中心的自动化、云机器人、机器深度学习和仿生学等领域。在大数据研究方面，伯克利最近成立的大数据研究院将计算机科学、数据科学与社会学科部的大数据研究人员聚合在一起，开展跨学科合作，探讨当今社会面临的一些最关键的问题，包括生物医学、气候变化、能源、基于大数据的公共政策等，所涉及的数据科学研究领域包括机器学习、人工智能和统计学研究。这些研究旨在探讨公共卫生、生命科学和其他基础科学等方面的复杂问题，提供新的手段来改善人类生活，比如精准的医疗服务、防止犯罪、无人驾驶的汽车，甚至用人工智能的办法来提高对老年人的照顾和护理水平。

伯克利的校风和校园文化也反映出美国高等教育的一些特点。同伯克利一样，美国有一大批世界一流大学，其学术研究和教育水准为世人称道。美国的中小学教育在世界各国的中小学教育中充其量只能算个二三流而已。相比之下，美国的高等教育和研究型大学是世界一流的，这是如何做到的？美国的一流大学共有特点是拥有顶尖的教师、优秀的学生，高度的国际化程度，庞大的经费和基础设施，自由的学风和探索精神，深厚扎实的基础科学研究传统，创新活力，竞争与淘汰机制以及国家和企业界的资金支持等。在这些一流大学里，师资是来自全世界的。在过去的一个世纪里，美国著名研究大学吸引了世界各地一流的研究人才，可谓"不拘一格降人才"，无国籍和门第之成见。除此之外，美国一流大学的学生也来自世界各地，例如，2019年以下这些著名学府里国际学生的比例是：哈佛大学23%、MIT 29%、斯坦福大学24.6%、伯克利17%、加州理工29%。出生美国之外的学者、研究人员和教授在这些一流学府里占比非常高。可见美国顶尖研究型大学国际化程度之高是世界上罕见的。与世界上其他国家的高校相比，美国一流高校的资金也相对充足。仍旧以以上这些美国名校为例，2019年这些著名高校的年度经费大约是：哈佛大学55亿美金、MIT37亿美金、斯坦福大学68亿美金、伯克利30亿美金、加州理工34亿美金。美国著名的私立大学都有充足的长期发展基金，以维持它们的运作。过去30年来，许多美国著名公立大学，如加州大学伯克利分校、密歇根大学、加州大学洛杉矶分校、伊利诺伊大学厄巴纳-香槟分校等也开始以募捐的方式筹集长期发展基金，像私立大学那样走独立自主的道路，渐渐摆脱完全依靠政府拨款的模式。此外，联邦政府和大企业也都为美国高校的科学研究注入资金，让它们以合约的方式来为政府、企业和军方承担大规模的研究与创新。

美国著名高校的另一个特点是它们具有自由的学术风气和不受限制的科学探究与创造力。在不受外界干预的环境下，它们有很大的自主权和灵活性。它们可以更有效地管理学校的资源并适应研究环境与全球市场的变化和需求。与此同时，美国的一流高校普遍具有扎实的学风和大科学精神，能够沉住气来做耗费巨大且没有短期效益的那些基础科学研究，以纯学术精神来指导科学研究行为，无急功近利的浮躁和那些行政指标式管理。它们采取用同行评估和科学论证的方式来做学术评估，其学术地位通过国际认可，由外界赋予。在美国著名高校里鲜有听说为了达到世界一流大学而制定硬性指标，让大家都按照一个既定模式来发展。它们当然也不会给自己贴标签。

回顾美国历史，我们可以发现美国的高校其实并不是一直都是最优秀的。事实上，它们在开始时其实是非常落后的。哈佛大学、耶鲁大学、普林斯顿大学等殖民地时期建立的大学在建校初期的名气也远远无法与牛津、剑桥那些老牌欧洲大学相比。到了19世纪初期，美国高等教育与当时欧洲的高等教育比起来仍然落后很多，大学无法与欧洲著名大学相提并论。那时，优秀的美国学生都梦想去欧洲留学。19世纪初期的美国，高等教育资金不足，大学缺乏竞争力，不为美国人接受。与欧洲的大学相比，美国高校能吸引的外国留学生更少。当时美国西部的大学更是寥寥无几。伯克利加州大学和位于西雅图市的华盛顿大学是美国西部最早建立的两所大学，始于19世纪中叶。而斯坦福大学还晚于它们20多年才建校。这些西部大学在建校初期规模都很小，不为人知。19世纪的美国西部被认为是高等教育的蛮荒之地。那个时候从亚洲来的留学生乘坐轮船来到美国，在旧金山上岸后，一般都乘火车去美国东部地区上学。

美国建国后不久开始以开发土地方式来办大学。这种模式是由投资人以捐赠土地的方式给州政府或私人来办一所大学。通过这种赠予，投资人可以开发大学附近的房地产和商业圈，提高该地区的土地价值，获得丰厚的收益回报。在当时还是地广人稀的美国，土地是廉价的资源。利用办大学来开发土地资源，提高房地产的收益回报是一个一本万利的途径。此外，教会和神学会为了扩展其影响，也积极参与了学院和大学的建设，以便培养教会所需要的人才。今天很多美国私立大学背后都有教会的影子。这一系列的因素使得18世纪到19世纪之间美国大学开始在东部、西部和中西部广袤大地上的一些小镇里出现，而不像其他国家那样，把大学办在首都或是在大城市及省会城市里。18世纪美国建国初期时，全美国仅有十几个学院或大学。到了19世纪80年代，这个数字达到800多所。19世纪美国大学的增长率超过了人口增长率，在数量上也超过了欧洲大陆同一时期的大学数量。这样，美国就在19世纪末逐渐成为了一个高等教育大国。

美国早期的大学规模一般都比较小，一般仅有几百名学生和几十个教授而已，比如伯克利的第一届毕业生就只有12名。那时大学的社会地位不高，除了如哈佛、耶鲁、普林斯顿、康奈尔等少数名校是富裕家庭子弟镀金的地方之外，大学一般学费低廉、校舍简陋，老师也普遍待遇不高。大多数大学都只是惨淡经营。一般民众上大学的也很少。19世纪中叶开始，美国各个州开始建立州立大学，除了通过州政府的土地馈赠来拉动投资参与校园及周边地区城镇的开发外，联邦政府也提供了资金协助办大学。美国的公立大学在建立初期注重实用科学和工程学，以工程、农业、冶金、矿山开发等为重点，这也反映了州政府在经济发展方面的需求。从20世纪开始，美国各州政府每年逐渐固定给州立大学发放办学经费，这是当时州立大学最重要的经费来源。从20世纪80年代开始，各州政府由于经费紧张，社会福利需求加大，开始逐渐减少对州立大学的拨款。到了20世纪末，州政府的拨款已经在州立大学经费占有比例上普遍下降到大学总体经费的 20%—30%，甚至 10% 以下。

由于美国的大学是通过私人、教会和州政府建立的，与联邦政府无关，这就形成了美国大学各自为政的局面。联邦政府对大学没有管辖力。今天美国教育部在行政上管不了任何公立和私立大学，也不给任何大学发放运作经费。联邦政府只靠发放科学研究基金等手段来辅助和引导相关研究。发放科学研究基金最多的是国家科学基金（National Science Foundation）和美国国立卫生研究院（National Institutes of Health）。2019 年美国国家科学基金共发放了 70 多亿美金的研究经费给各个大学和研究机构，美国国立卫生研究院则发放了 30 多亿美金的研究经费。虽然这些机构给各个大学发放大量研究经费，但它们却对大学没有行政管辖权。美国大学具有高度的独立性。美国的高校并非隶属统一系统，也缺乏统一管理，它们之间的互动与合作是通过协会来运作的。各个高校的运作规则自立，结构清晰，各自依照自己的经验运作，以求得到社会的承认。与世界上其他发达国家比起来，美国的高等教育体系是非常独特的。至今，美国连一所国立大学都没有。在美国第七任总统安德鲁·杰克逊（Andrew Jackson, 1767—1845）之前，所有美国总统都认为有必要建立一所国立大学，以便统一国家高等教育标准，但由于普遍担心强大的中央政府的干预，这项努力失败了。但从另一方面来说，这种分散且松散的美国高校系统也给了美国高等教育发展以极大的优势与发展空间。它们通过市场竞争，优胜劣汰的方式达到自身的提高。由于没有国家政府的扶植，美国高校必须通过激烈竞争来生存。它们依靠自身的名望来抢生源，并让社会大众愿意付出昂贵的学费把子女送来上学，让消费者感到物有所值。在这样的激烈竞争中产生了一批优秀的美国大学。另外，大学通过私人募款和企业合作筹建资金也促成了大学与社会企业界的强强联合，使科学研究和高等教育很快转化为强大生产力，达到双赢。在这样的竞争与联合过程中，一些劣等的学校被淘汰，优秀的学校则脱颖而出。

总体看来，美国大学保留了民粹主义的光环。与牛津、剑桥等老牌欧洲名校所走的社会精英路线不同，美国大学的消费者是大众，它们的学生大部分来自中产阶级，也有社会下层的人士。近年来，美国各名校都纷纷采取提高奖学金和免学费的办法来吸引来自社会下层的贫困优秀生。这种民粹主义的办学理念极为重要。另外，美国的私立大学和公立大学是不同的。私立大学依靠独立运作，私人董事会的管理模式，以收取学费和社会捐赠（包括校友捐赠），外加政府提供的科研经费来办学，而公立大学则依靠州府拨款、社会赞助、联邦政府和企业提供研究经费的方式办学，学费收入在学校经费中相对私立大学所占比例要小很多。因此，公立大学的入学门槛相对私立大学要低。

美国大学的研究型模式源自德国。从19世纪80年代开始，美国大学引进了德国的研究型大学理念。在20世纪30年代初期之前，德国的研究型大学比美国的要强。在20世纪前30年里，德国人办的研究型大学独领风骚。他们赢得了大部分的诺贝尔奖，德国的大学为世人羡慕。但是希特勒上台后，德国的高等教育体系很快就被摧毁了。随之而来的是二战期间大批的德国学者、科学家和工程师包括爱因斯坦等著名科学家出走，迁移到美国，这对美国大学的发展和壮大起到了巨大的推动作用。与此同时，随着世界各地顶尖人才的迁入，美国的大学也开始了它们独特的民粹主义的通才教育和顶尖研究型大学的混合模式，把研究型大学成功转变成了从事尖端科学研究的地方。这种发展一直延续至今。美国的大学既有本科生以消费型为主的通才教育，也有以研究生教育为主的高度象牙塔式的尖端科学研究。这种混合模式为美国大学提供了学术信誉和市场认可，使它们变成世界级的学习和研究场所。此外，联邦政府也通过用纳税人缴纳的税金支持一流大学开展基础科学研究的办法，加大了美国大学的研究力度。仅举加州大学伯克利分校的犹太裔物理学教授罗伯特·奥本海默（Julius Robert Oppenheimer, 1904—1967）在二战期间主持的原子弹计划为例。奥本海默被誉为"原子弹之父"，是曼哈顿计划的负责人。当时在他主持的伯克利理论物理学中心里，著名物理学家和诺贝尔物理奖得主比比皆是，使得伯克利成为了世界理论物理研究中心。他领导的研究团队在新墨西哥州沙漠里的洛斯阿拉莫斯国家实验室成功制造出了人类第一颗原子弹，当时那里的工作人员有10万人之多，包括400多名顶尖的科学家，如"氢弹之父"爱德华·泰勒、著名的科学家恩利克·费米、尼尔斯·玻尔、理查德·费曼、冯·诺伊曼等大师级物理学家。从财政上来说，美国的高等教育模式把大学从本科生那里得到的昂贵学费转用到研究生教育和科研方面，再配上政府扶植的经费和大量社会捐款，这样一流大学就可以去建设那些昂贵的实验室、研究中心、图书馆和科研设施，并以重金聘请一流学者来从事世界一流的科学研究。在过去的一百多年里，美国为世界提供了许多科学发明和重大发现，从电灯、电话到飞机，再到航天工程、计算机和基因工程，很多都与美国研究型大学有关。到了21世纪，在全球前100名大学中美国大学已经占了一半以上，前20名世界顶尖大学绝大多数都是美国的高校。今天，诺贝尔奖获得者中有一半以上是美国学者。美国高校的混合型发展模式造就了一流的高等教育，得到了世界认可，同时也扩展了美国一流大学的捐款来源。以伯克利为例，大学校园里到处可见捐款人命名的大楼，许多是来自亚洲的著名捐款者。这样的良性互动使得美国一流大学如鱼得水、锦上添花。通过这种互动，美国一流高校发展成为强大的创新和探索新知识的基地，还繁衍出了像硅谷这样的高科技中心。在21世纪里，美国的一流高校也面临许多危机。首先，近年来美国一些右翼政客和选民开始挑战和怀疑美国一流高校的精英地位和存在价值。这也是21世纪初在美国兴起的反精英和反大政府浪潮中的一个部分。甚至有人提出要对资金充足的常春藤高校征税，把它们视为商业机构。这将影响美国一流大学的生存和发展。对于像伯克利这样的优秀公立大学来说，它们所面临的挑战是州政府拨款的严重不足，同时还必须应州政府的要求不断扩招新生，这便形成了"要马跑得好，又不给马吃草"的局面，使得本科生教育质量不断降低。此外，由于联邦政府债台高筑，入不敷出，联邦政府拨给的研究经费日益减少，公立大学普遍存在经费不足，甚至财政亏空的状况。举加州大学为例，加州大学系统的十所研究型大学中有四所世界排名位于前30位的大学，包括加州大学伯克利分校、加州大学洛杉矶分校、加州大学圣地亚哥分校和加州大学旧金山分校。它们都被认为是世界上最好的大学之一。然而，从2000年开始，加州议会逐年减少这些学校的经费，削弱了这些大学的竞争力。与此同时，加州政府对州内监狱的拨款数额却超过了它对高等教育的拨款。这是匪夷所思的事情。如此下去，加州大学系统里的这些国际一流大学的前景堪忧。这样的情况不仅仅是在加州，在美国其他州也在发生。随着经费的减少，美国一流大学吸引优秀人才的能力也会降低。最好的教授、研究生、博士后将不再流往那些资金不足的学校。随着美国联邦政府用于支持研究经费的减少，美国优秀大学的自豪感将减弱。此外，在特朗普当政期间，美国政府加大了对美国高校的管控，试图制定政策，限制美国大学里的某些教学与研究项目。更有破坏力的是政府还力图限制外国学生和学者在美国高校里的学习和研究，迫使美国高校减少国际学生的数量，这在很大程度上削弱了美国大学的竞争力、学费收入和国际化程度。从2000年开始，美国政府出台了一系列影响美国高校研究的法律，包括由国会通过的反恐立法，即《美国爱国者法案》和2001年及2002年的《公共卫生安全与生物恐怖主义防范和应对法》。随着这些法律的出台，政府开始干涉美国大学的研究、教学及科研活动，给大学里的正常学术活动制造障碍。更有甚者，从2016年起，特朗普政府的联邦调查机构起诉了数名美国高校里的华裔教授，特别是那些参与了中国"千人计划"的华裔和非华裔教授，理由之一是他们没有向学校当局和美国政府披露他们与中国高校的联系。此风一起，有白色恐怖来临之势。这些举动都伤害到了美国一流大学的根本。

从国际上来看，21世纪的中国、日本、韩国及欧洲高校正在追赶美国的一流高校。在这样的国际竞争环境下，美国的一流高校能否保持其竞争性和卓越地位？从研究水准来看，这些国家和地区的高校正在迅速缩短与美国一流高校的差距。40年前的中国高校要想与美国高校竞争可是天方夜谭。但是，40年后的今天，中国的一流高校在一些研究领域已经和美国一流高校并驾齐驱。在经费上，中国最顶尖的高校今天所得到的经费与美国一流高校的经费也已不分伯仲。目前中国大学每年培养的科学和工程学方面的本科生和研究生数量都已经大大超过了美国的大学。尽管今天中国高校与美国高校之间的差距仍然存在，但这些长足的发展都是不争的事实。我们可以相信在未来的50年里，亚洲也一定会出现像哈佛、MIT、斯坦福、伯克利、加州理工、芝加哥大学等这样世界顶级的大学一样水平的研究型大学。

后　记

　　这本书前后构思有十几年之久。它与我个人经历有关。我先后在中国和美国的多所高校求学、教书、生活、工作了几十年，中西方的学术传统对我都有影响，各自给我留下了深刻的烙印。通过观察和研究积累，我有许多心得，也觉得有必要把这些思绪整理一下，结集成书。本书收入的论文中有一些是我以前在各种书刊上发表过的，这次整理成书时做了修改，也有一些是尚未发表过的。

　　本书讨论的是文明交汇这个主题，其实我自己就是文明交汇的亲历者。我所经历的许多事都与中美两国交流有关。我出生在一个绿荫环绕的美丽校园里，那是在20世纪50年代诞生在中国中部的一所年轻大学，它依喻家之山，傍东湖之水，当时叫作华中工学院，后来改名为华中科技大学。那时我的父亲和母亲随着其他早期建设者们一起来到了这个湖光山色的风水宝地，开始了他们为之奋斗一辈子的职业生涯。我生于斯、长于斯，至今它仍是我梦牵魂绕的故乡。即使我浪迹天涯，我的心始终和它在一起。

　　我这一生除了在农村下乡两年外，无论在中国还是在美国，我都浸润在校园中，一辈子都在大学的象牙塔里。记得年少时，那是一切都靠供给的年代，校园就像个大兵营。清早，旭日东升，嘹亮的喇叭声早早地叫醒了校园里的每一个人，开始了他们一天的忙碌。有的人去喻家山上去晨练，有的人在校园里跑步，高音喇叭里响起一成不变的早操乐曲。那也是一个无忧无虑的年代。物质生活的贫乏和物欲的丧失使人们少了许多骚动和烦恼，20世纪50年代和60年代的校园里有着一种清纯气氛，理想与热情交融在一起。到了60年代后期，"文化大革命"使校园停摆，铺天盖地的大字报和红卫兵的口号成了校园里的主旋律。接着就到了70年代，我下乡做了知青。还记得离开校园的那一天，大学里的军乐团吹起了喇叭，在雄壮的进行曲中把我们这些教职员工子弟们送出了校园大门，走向了广阔天地。想不到我在农村种了两年地后就被推荐上了大学，去安徽大学读书，当时被称作是"工农兵大学生"。一个"面对黄土背朝天"的农民又回到了他熟悉的家园。70年代末，改革开放的春风吹了起来。中国开天辟地仿照欧美国家建立了学位制，首次开始招收硕士研究生。"文革"时期工农兵学员的学制是三年的。大三时，我决定报考硕士生，1979年我考上了武汉大学英语专业的硕士研究生。

那个年代，在中国高校里教书的外国专家极少，可我却偏偏碰上了这样的机会，在一个名叫伊恩·门罗的加拿大籍美国教授的指导下，完成了研究生学习。我的硕士论文研究的是英语语言史，探讨从中古英文到现代英文演变中的词汇发展源流。研究生毕业后我留校任教，开始了我梦寐以求的教书生涯，与那些充满朝气、才华横溢的学生们打成了一片，尽管那时我仅仅比他们大几岁而已。80年代初，中国开始向西方打开大门，改革的浪潮席卷而来，一批又一批的学子走出了国门，到西方求学。我来到了美国。1985年夏天。我乘坐国航CA985航班抵达旧金山，然后转机去了东部的纽约市，在肯尼迪机场降落。那时的留美学生到了机场后都统一由中国驻纽约总领馆的工作人员接到总领馆，再安排前往各自要去的大学。有趣的是30多年后我在伯克利教授俱乐部与中国驻旧金山总领事罗林泉大使的一次谈话中，谈到了我1985年6月20日到达肯尼迪机场的那一幕。罗大使笑着对我说："那年夏天我在纽约总领馆专门负责到机场去接来美国的留学生，那天晚上是我去接你们的呀！"

20世纪80年代的美国对于大多数来到这里留学的中国留学生来说既是陌生的，又是令人新奇的。四通八达的高速公路、高耸入云的摩天大厦、人民富裕的生活和严明的法制，都令人印象深刻。记得到美国的第一夜，从纽约肯尼迪机场到市内的高速公路上车水马龙，一片繁忙景象。80年代的中国就算在大城市里，到了晚上也冷冷清清，更别说高速公路和到处奔跑的汽车了（和今天中国的大城市有着天壤之别）。眼前看到的这种情景与当时还闭塞落后的国内俨然形成了鲜明对比，反差极大。在纽约的中国领事馆，我们这些留学生们三个人住一个房间。大家都难掩来到国外留学的兴奋和好奇，彻夜不眠。第二天，我们一起游览了纽约市，从领事馆所在的42街沿着第五大道一直走到华尔街，沿路上高楼林立、商铺繁荣，令人目不暇接，满眼都是新奇的事和物。

我就读的伊利诺伊大学厄巴纳-香槟分校坐落在一望无际的良田之中，这一地区号称美国的大粮仓。这是个高度发达的农业机械化耕作地区。广袤的田野里几乎看不到农人在耕作。无边无际的玉米和小麦田里翻滚着金色的浪花。那个年代的中国留学生们生活都很艰苦，要依靠美国学校给予的奖学金或其他形式的资助方有可能完成学业。大家学习都很努力,一般都是选修高深而且抽象的学科,如数、理、化、工程、经济学、语言学和文学等专业,而且绝大多数人都是攻读博士学位。读金融、会计、MBA或计算机编程硕士学位的学生寥寥无几。大家都没有市场意识,挣钱、发财、创业这些事与我们这些留学生毫无关系。早期来美国的中国留学生们与90年代后出国的留美学生理念是截然不同的。后来的留学生多以本科生为主,而且多有市场导向,学的专业多为热门。相比之下,80年代的留美学生多以追求学术和科学事业为自己的理想。

经历了十年"文革",乘着改革开放的春风来到美国的这些早期留学生们都很珍惜这个难得的机会。那时美国校园里的中国学生不多,教授和美国学生对我们都非常友好,也对我们很好奇,因为在此之前,他们从来没有见过从中国大陆来的学生。留学生们吃苦耐劳、学业优秀,得到了美国老师和同学的赞扬。那时候,美国各大学都争先恐后地吸纳中国留学生,并给予他们慷慨的资助。在80年代,对他们来说,拿不到美国学校的资助就意味着必须中断学业回国。绝大多数留学生凭着优秀的学业拿资助不是件难事,困难的是由于我们过去成长于一个长期与外界封闭的环境里,大家对西方教育一下子很难适应。记得我刚进语言学系时,由于之前对西方研究理论和方法缺乏了解,上课时就像是听天书,完全不知道教授讲的是什么,老师布置的作业也不知如何去做,一度想打退堂鼓。但想到留学的机会来之不易,只有硬着头皮坚持下去。几乎整天都是在图书馆和教室里度过的,周末也不例外。慢慢也就入了门,成绩明显提高。在两年后全系的博士资格考试上，我居然四门科目都考了最高分，在当年全系博士资格考试里拔了头筹。在学校里的那些日子里，也常常有美国人邀请我们到他们家里做客，去上基督教读经班或是周末到附近的公园去踏青。那是一段欢乐单纯而惬意的生活。转眼就到了90年代，我们这几批留学生陆续读完了博士学位。我们中的许多人在美国高校和公司里开始了各自的职业生涯。

在毕业前的最后一个学期，我接到了爱荷华大学、芝加哥大学、明尼苏达大学和肯塔基州立大学四个学校的工作面试的邀请。我当时已经在伊利诺伊大学拿到了语言学博士学位，图书馆信息管理科学的硕士研究生的学业也即将完成，他们都对我的学术背景感兴趣。最后我去了爱荷华大学，那所学校除了给了我一个图书馆的职位以外，还任命我在该校亚洲语言文学系兼任助理教授。

爱荷华大学和伊利诺伊大学一样也是一个坐落在中西部玉米地里的大学城，两个学校相距只有几小时车程。1991年夏天，我开始了我在美国的第一份工作。这是一个美丽宁静的大学城，蜿蜒曲折的爱荷华河穿城而过，人们享受着田园风光，过着静谧的生活。爱荷华大学是一个不错的研究型大学，有庞大的医学院，国际化的程度也非常高。学校的学风朴实、学科完善。我除了在图书馆里管理中文图书馆藏外，也和柯蔚南（South Coblin）教授合作在亚洲语言文学系讲课，他讲历史语言学，我讲现代语言学。另外，我也和莫琳·罗伯逊（Maureen Robertson）教授合作，讲授汉学研究方法这门课。图书馆和系里两边的教学和工作一肩挑，工作异常繁重。

到校工作不久我就碰上了卢刚事件。那是1991年冬天的一个下午,在距我办公室不远的大楼里传来了枪声。一位名叫卢刚的物理系博士生开枪杀害了五个人,其中包括他的博士研究生导师、导师的助理、物理系主任、爱荷华大学的副校长以及另一名和他一起博士毕业的中国留学生,此外另有一名女学生被击中脊椎全身瘫痪。卢刚是北京人,1985年从北大本科毕业后公费留学到爱荷华大学物理与天文学系就读。他在博士毕业前期,在求职和寻求博士后研究机会时与他的导师产生了矛盾,而起了杀心。他在谋杀了五人后开枪自杀。出事的那天晚上,我们几个在爱荷华大学工作的中国学者聚集在美籍华人作家聂华苓在爱荷华河边的半山别墅里,一起谈论这个事件。大家都感到极度恐惧和不安。在当天的晚间新闻里,我们看到了本地电视台采访爱荷华大学校长的场面。校长特别强调,卢刚的犯罪行为不代表他的种族和文化,他的罪行恰恰是中国文化的反面。校长呼吁民众不要因为这个事件而怪罪学校里的中国学生。校方及时的呼吁让我们大家都为之感动。

在爱荷华大学的那几年里,最令人难忘的是与一些中国作家的交往。爱荷华大学有一个著名的"国际写作项目"。这个项目由著名作家聂华苓和她已故的丈夫保罗·恩格尔(Paul Engle,1908—1991)创立。20世纪80到90年代,许多杰出的中国作家都曾在他们的作品中分享了他们对爱荷华大学的记忆。我也是最早在那个时候通过这些文学作品和刊物认识了爱荷华大学。他们的作品中描述的这个北美大学城和这里著名的"国际写作计划"、中西部的美国农场、肥沃的土地、蜿蜒的爱荷华河,令许多像我这样的中国读者耳目一新、难以忘怀。从20世纪60年代初期开始,在爱荷华大学"国际写作计划",或称"爱荷华作家工作坊"的赞助下,来自中国的80多位华语作家来到爱荷华城。这些华语作家来自不同的社会阶层,有着不同的文化背景。对他们中的许多人来说,爱荷华城是一个新文学思想闪耀的地方。这个美国小城不但给了他们文学创作的灵感和写作的热情,也给了他们与世界其他国家作家交流的机会。除此之外,爱荷华城还是当代中国文学中一些重要作品的诞生地。

爱荷华大学"国际写作计划"的前任主任聂华苓是我的湖北武汉老乡。我来到爱荷华不久,就和她取得了联系。我向她提出在爱荷华大学图书馆建立一个"中文作家作品及手稿"的特藏,把来过爱荷华的中文作家的作品和手稿收藏起来,记录爱荷华大学与中国作家之间的文化联系,亦可永久性存储20世纪后期中国文学中的一些重要历史文献。我们俩一拍即合。于是聂华苓和我共同向这些作家发出了邀请信,希望他们捐出他们的作品和部分手稿给爱荷华大学图书馆。这项工作进展得很顺利。中国作家们的反应也很积极。有的作家寄来了作品,有的作家如王蒙、徐迟、白桦,我曾当面拜访他们,获得了他们的作品。通过阅读这些作家的作品,我对他们与美国和其他国家作家的交往有了更深的了解。例如,已故杰出女作家丁玲的丈夫陈明将丁玲的作品和部分手稿寄给了爱荷华大学。他在给我的来信中写道:"我很高兴听到爱荷华大学正在创建这个中国作家特藏的消息。这将增进美国和中国人民之间的了解。我相信这也是我已故妻子丁玲的愿望,因此我完全支持您的计划。"丁玲第一次来到美国就是来爱荷华参加"国际写作计划",她做了这样的描述:

能量、喜悦和热情是美国人民典型特征：他们像狮子一样勇敢，像鹰一样坚毅……这是一些乐观且健康的人。

著名作家柏杨在写给我的信中说道："我希望爱荷华大学有朝一日能够成为世界领先的中国文学研究中心之一。您今天的努力正在为您的大学带来声望。"柏杨的作品《丑陋的中国人》就是根据他在爱荷华期间所做的讲演整理完成的，爱荷华城是这篇著名作品的诞生地。柏杨是一位卓有成就的作家，他也是最多产的中国作家之一，共出版了一百多本书。

来自中国的二十多位作家先后给我寄来了600多册著作和他们的部分手稿或手稿复印件。这些作品和手稿许多都带有作者的亲笔签名。收到的作品和手稿中大多是小说、诗歌和自传作品，也有关于中国历史和政治方面的学术出版物。作者有著名作家丁玲、白桦、王蒙、张贤亮等。1986年，王蒙被任命为中国文化部部长。在1987年访问爱荷华大学期间，他做了题为"今天中国作家的艺术追求"的演讲，他说："当代中国文学作品中的绝大多数作品都忽略了使用中文最重要的法则，即言简意赅。我们的语言缺乏模糊、含蓄的暗示和含义，也缺乏轻描淡写的幽默。作家倾向于尽力描写他们所能观察到的一切，但常常少有留给读者想象。"他认为中国的创意写作已经沉寂了很多年，现在必须与其他国家的文学竞争。在后来的岁月里，我与王蒙及他的妻子崔瑞芳常有来往，我曾到他们北京四合院的家里做客。1996年我们家搬到了匹兹堡，王蒙夫妇还来我家里做客。我们两家人一起驾车去纽约的尼加拉瓜瀑布游玩，虽然头天晚上下了一晚漫天大雪，尼加拉瓜瀑布整个是白皑皑的，但是什么也挡不住我们的兴致，四人深一脚浅一脚地踩在新雪上，至今仍记忆犹新。

除了那些来自中国大陆的杰出作家外，我还收藏了许多来自中国台湾的重要作家的作品。白先勇代表了一代现代作家，他们出生于中国大陆，在台湾长大。他后来在美国接受了教育。白先勇最重要的作品《台湾人》描绘了许多国民党人在1949年逃往台湾的情景。通过一系列事件，他描绘了20世纪50年代在台湾的广大人民生活的动荡、共同的愿景和仪式。白先勇的作品在中国台湾、香港和大陆都受到了广泛的赞誉。其他重要的台湾作家还有诗人罗门和蓉子夫妇，他们于1992年秋天来到爱荷华。作为一名牧师的女儿，基督教教育在很大程度上影响了蓉子的写作，这在她的诗歌中得到体现，她常常在作品中引用圣经中的典故。她的第一本书《青鸟集》使她成为台湾诗坛上一位重要的女诗人，她以一个现代女性的敏锐眼光来探索生活。她后来的作品有《七月的南方》《千曲之声》《蓉子诗抄》《天堂鸟》等。像蓉子一样，罗门一直是活跃的台湾诗人。在过去的三十年中，罗门出版了十本诗集，包括《曙光》《死亡之塔》《罗门诗选》等。

能成就中文作家作品及手稿的收藏归功于爱荷华大学"国际写作计划"的联合创始人聂华苓。她于1925年生于湖北武汉，经历了抗日战争，后到了台湾，并于1960年代定居美国。1964年，她以作家的身份来到爱荷华大学，之后与她的夫婿、美国诗人保罗·恩格尔共同在这里创立了这个"国际写作计划"项目。她丰富的生活经验、敏锐的观察力以及对中美两国文化的深切了解使她写了20多本文学著作，其中包括著名的《桑青与桃红》《黑色，黑色，最美丽的颜色》《千山外，水流长》和《三生三世》等。在爱荷华工作期间，我们一家和聂华苓老师成了亲密的朋友，聂老师经常约我们去她坐落在爱荷华河边的山顶私宅做客，我们宛若家人。

1995年底，在爱荷华大学工作将近五年后，我接受了匹兹堡大学的任命，前往该校担任东亚图书馆馆长。我们举家东迁，搬到了宾夕法尼亚州这个重要的工业城市。匹兹堡大学的中国研究项目比爱荷华大学要好很多，东亚图书馆的资源也相当丰富。著名的中国研究专家有古代史和社会学专家许倬云、清史研究专家罗友枝（Evelyn Rawski）、中国文学方面的专家孙筑瑾、地理学荣誉教授谢觉民、中古史专家荣誉教授王伊同等，群星灿烂、阵容强大。匹兹堡市就像是美国的后院，它曾经是世界钢铁之都。据说二战期间，这里天空在夜晚都是红彤彤的彻夜闪亮，为美国二战期间的军火工业提供了所需钢材和原料。随着战后工业和制造业的转型以及后来的全球化浪潮，城市开始了转型，向高科技和服务业方面发展，重工业慢慢撤出，城市开始了环境治理。今天它已经成为最适合居住的美国城市之一。匹兹堡大学也逐步向成为世界知名学府的大目标迈进。国际研究和医学是这个大学的重点发展项目。

20世纪90年代网络革命刚刚开始，科学研究工作开始在网络状态下进行。我开始尝试远程网络学术资源交流。从1996年开始，我进行了网上传递中英文学术期刊全文文献的试验。在那个年代，由于中国各高校资金普遍的不足，很多大学无法订阅国外的科学工程方面的学术期刊，给学术研究造成了很大的制约。而美方的一些高校和研究机构的研究人员也需要看到中国出版的学术期刊。当时在美国，网上传递学术期刊只要不是传递一本期刊杂志上所有的文章或是对一篇科技论文传递三次以上就属于合理使用，合法而不算侵权。我的这个想法很快得到了美方两个基金会的支持和资助。1996年匹兹堡大学和北京大学、上海交通大学、复旦大学和武汉大学一起建立了中美两国之间的第一个中英文学术期刊全文传递中心，实现对等的资源共享和学术信息交流。现今20多年已经过去了，这个中心仍然在运行。

2000年千禧年之际，我接受了加州大学伯克利分校的邀请担任该校大学图书馆副馆长兼东亚图书馆馆长，开始了我的美国西部之旅。我们全家搬到了旧金山湾区。旧金山湾区气候宜人、自然环境优美，人文、科技研究环境多元化，给个人的发展提供了极好的空间。对许多在美国生活和工作的华人来说都具有很大吸引力。旧金山湾区对我最大的吸引是这里浓厚的人文气息和多元文化，既有举世闻名的高科技公司，又有伯克利和斯坦福这两所名校，其文化内涵和学术精神更是独树一帜。特别是伯克利这所大学的理想主义精神和情怀对我有特别的吸引，它号称是美国学术自由思想的大本营，更是以反传统而闻名。这些都是令我着迷的。当然，最具吸引力的还是伯克利的中文藏书。在数量上伯克利东亚图书的馆藏是西方世界最大的东亚图书馆藏之一，与美国东部的哈佛大学燕京图书馆及位于首都华盛顿的美国国会图书馆亚洲部的东亚藏书成三足鼎立之局。伯克利东亚图书馆可谓是东方学术思想之宝库和汉学研究之重镇。伯克利藏书中最有特色的地方是它所藏的珍品大多来源于东亚地区的著名藏书家，如日本的三井文库、中国的嘉业堂和密韵楼、新加坡的贺蒋文库等，而且珍稀藏品众多，收有全美三分之一的宋元善本和西方图书馆中最大的中国碑帖和金石拓片特藏。

既然是个宝库，那就必须把它好好管理好，让它起到弘扬文化、促进研究之功用。自从19世纪以来，一些中国书籍和善本以不同的方式流到了海外。这些珍贵的文化遗产也是中华思想文明的结晶和对世界的贡献，必须对这些宝贵文化遗产加以整理。我还有一个心愿，那就是以数字化的方式尽可能把它们扫描出版后送回到它们的母国。它们中有很多是海内外学者很难看到的材料。所以，首要工作就是要对这些文献加以研究和整理，找出精华和罕见的部分，确认它们的价值和出处，去伪存真、考镜源流。这样，面对成千上万的传世典籍，当务之急是要有一个可靠的书目。中国人自古以来就注重书目工作，从汉代刘向、刘歆修《七略》《别录》开始，这个传统一直延续至今。由于海外中国文献方面的专家资源缺乏，我便邀请了上海图书馆陈先行和郭立煊两位著名古籍文献和版本学专家来伯克利协助我们做版本鉴定和目录的编辑工作。陈先行、郭立煊二位专家于2003年来到了伯克利和我们的团队合作进行书志的编写和实物现场核对工作，最终于2005年出版了《柏克莱加州大学东亚图书馆中文古籍善本书志》，并由中国国家图书馆前馆长任继愈先生题写了书名。这部《书志》的问世，不仅将为西方从事中国研究的学者提供研究指南，也为海外中国古籍藏品之调查提供了重要信息。

除了对传世典籍整理之外，流传到海外的其他珍贵文献亦不能忽视。伯克利的碑帖拓片收藏共有近40000件，集藏有序、时代完整、书艺精湛、品类齐全、史料丰富，而整理这一批珍贵文献也极具挑战性。从20世纪90年代起，原台湾"中研院"的金石拓片专家毛汉光和耿慧玲二位学者多次受邀来到伯克利对这一批拓片做了初步编目工作。从2005年开始，我邀请西安碑林博物馆馆长赵力光先生来伯克利协助这一批碑帖拓片的整理。赵力光先生亦调动了西安碑林博物馆的研究人员和上海古籍出版社的摄影师与伯克利的人员一起开展了这个项目，最终我们在2009年出版了《柏克莱加州大学东亚图书馆藏碑帖》（全二册）。在这些项目的基础上，我又与上海古籍出版社和中华书局的同仁们一道陆续整理出版了宋元珍本、稿抄校本和珍稀手稿等系列出版物，使这些散落到海外的文化遗产得以以数字化复制出版的方式回归中国。

2003年夏天的一个下午，哈佛退休教授赵如兰和丈夫麻省理工学院的退休教授卞学璜先生前来访问。我们一起聊起了赵元任先生档案的事。这两位名扬四海的学者对我提出了一个请求，就是请我帮助把赵元任先生的档案整理出来。从2002年开始，赵元任先生的全集陆续在中国出版，可是他的这一批个人档案始终没有整理出来供学界研究和使用。赵元任先生的家人一直都有这个心愿，将他的这批档案整理出版。我答应了他们，这件事由我来做。我与中华书局合作，请该出版社派遣了一个编辑和两位拍摄人员来伯克利工作近一年之久，将赵元任档案整体拍摄。在剔除了不属于赵元任档案的材料和一些重复的材料之后，我们一共拍摄了赵元任档案材料12万件左右，这项工作在2017年完成。拍摄工作完成之后，我们伯克利的团队就开始了档案的整合及出版工作。当这项档案的整理工作完成之时，赵如兰和卞学璜两位长者已经作古，相信他们在天国里会感到欣慰。

除了整理研究和出版珍稀文献之外，我在伯克利做的另外一件事就是筹建亚洲之外第一座东亚图书馆大楼。这座大楼的诞生超出了一般楼堂馆舍的建造之意，因为它是亚洲学术和文化在美国一流学府步入主流殿堂的标志。一般说来，美国高等学府皆是建立在欧洲文明和学术基础上，特别是美国一流学府更是以西学为标杆，而亚洲文明和学术则位于配角的地位，被称作为欧洲大街上灯影之下的学问，谈不上占主导地位。因此，在伯克利这座世界知名的学府中建立一座独立的东亚图书馆大楼，作为东方文明思想和文献的存储地和研究中心，就彰显了东方文明的重要意义。2000年夏我到加州大学伯克利分校的时候，当时的东亚图书馆书架上塞满了书，甚至地板上也堆满了书。不但整个东亚图书馆的馆藏分别在校园内外四个地方存放，就连现刊都被分放两个地方，并使用三套不同的分类体系。图书馆的工作人员常年在狭小拥挤、布满灰尘的场所中工作，设备破旧、通风不良、墙皮纷纷剥落。主阅览室的屋顶漏水，并且布满水渍。善本库位于地下室的两间狭小的房间里，没有恒温、恒湿设备，也没有防盗设备。

新的东亚图书馆以美国斯塔基金会的创立者科尼利厄斯·斯塔（Cornelius Vander Starr，1892—1968）命名。斯塔1892年出生于加州的布拉格堡小镇，他祖籍荷兰，父亲是联合木材公司的一名铁路工程师。1910年，斯塔被加州大学伯克利分校录取，但是一年后他就离校而去。1919年，他来到上海，并在那里创建了美亚保险公司

(American Asiatic Underwriters），这是后来世界最大保险公司"美国保险公司"（AIG）的前身。斯塔到了上海后发现中国人家庭观念很强，但中国历史上从来就没有过保险业。于是，他在上海滩开了中国的第一家保险公司，商业做得非常红火。斯塔在上海赚了他的第一桶金后就把他的保险生意扩展到亚洲其他国家。1949年，他回到了美国，在美国继续他的保险业，并创办了 AIG 公司，是名副其实的保险业大亨。斯塔生前立下遗嘱，去世之后将他的资产拿出来建立斯塔基金会。由于他个人与中国的联系和对中国的感情，斯塔基金会一直把中国研究作为资助重点，先后赞助了哥伦比亚大学和加州大学伯克利分校的东亚图书馆。这个基金会为伯克利东亚图书馆新馆捐赠了第一笔启动资金。

新馆的筹建在我到来之后开始加快脚步。捐款人表现出了极大热情，纷纷解囊相助。他们中很多人是伯克利分校的校友，或者是学生们的父母，还有一些是当地居民，也有远在香港和东京的外国人士，大家都参与其中。从 2001 年到 2006 年间的捐款数额就超过了 3000 万美元。哈斯夫妇（Peter and Mimi Haas）、冯·科曼（Coleman Fung）和方李邦琴每人都捐赠了数百万美元。加上我到伯克利之前学校已筹集到的两千多万美元，东亚图书馆新馆的建设总计花费了 5200 万美元，所有的资金全部来自 1200 多名捐赠者的捐助。

2001年，加州大学伯克利分校第七任校长田长霖逝世。当时的罗伯特·伯达尔校长宣布把东亚图书馆的新馆命名为斯塔东亚图书馆及田长霖东亚研究中心，以此纪念这位为加州大学伯克利分校做出了贡献而广受爱戴的学者和教育家。这座位于加州大学伯克利分校校园中心兼具现代和古典建筑风格的大楼于 2007 年 10 月建成，当时恰逢东亚图书馆成立六十周年，可谓是双喜临门。2008 年 3 月 17 日，斯塔东亚图书馆及田长霖东亚研究中心正式对外开放。这座亚洲以外第一栋专门为收藏东亚文献而建立的大楼象征着加州大学伯克利分校的办校理念：追求卓越，继承世界文化遗产，了解世界。

时光荏苒，日月如梭，一晃眼我已经在中国和美国的数个学府工作了几十年。这些是我学术耕耘和收获的地方。它们让我的生活变得丰富充实。在这些地方，我看到了人性的闪光，感受到了知识的力量。同时，我也体验了东西文明交汇产生出的巨大能量。正是这种不同文明和不同学术传统的交融使得世界变得更加美好，使人类文明的进程生生不息、延绵后世。